MÜNSTERISCHE BEITRÄGE
ZUR RECHTS- UND STAATSWISSENSCHAFT

HERAUSGEGEBEN VON DER
RECHTS- UND STAATSWISSENSCHAFTLICHEN FAKULTÄT DER
WESTFÄLISCHEN WILHELMS-UNIVERSITÄT IN MÜNSTER

21

1976

WALTER DE GRUYTER · BERLIN · NEW YORK

DIE RECHTSFÄHIGKEIT DER VEREINE IM 19. JAHRHUNDERT

EIN BEITRAG ZUR ENTSTEHUNGSGESCHICHTE DES BGB

von

THOMAS VORMBAUM

1976

WALTER DE GRUYTER · BERLIN · NEW YORK

CIP-Kurztitelaufnahme der Deutschen Bibliothek

Vormbaum, Thomas

Die Rechtsfähigkeit der Vereine im 19. (neunzehnten) Jahrhundert: e. Beitr. zur Entstehungsgeschichte d. BGB. Berlin, New York: de Gruyter, 1976.

(Münsterische Beiträge zur Rechts- und Staatswissenschaft; H. 21)

ISBN 3-11-006867-2

D 6

Printed in Germany.

Druck: W. Hildebrand, 1000 Berlin 65
Buchbindearbeiten: Wübben & Co., Berlin

V O R W O R T

Die vorliegende Abhandlung wurde im Herbst 1975 auf Vorschlag der Herren Professoren Dr. GMÜR und Dr. KIEFNER vom Fachbereich Rechtswissenschaft der Westfälischen Wilhelms-Universität Münster als Dissertation angenommen. Mein aufrichtiger Dank gilt in erster Linie Herrn Professor Dr. Rudolf GMÜR für die Anregung und mehrjährige Betreuung der Arbeit sowie für die Unterstützung bei der Publikation. Ferner danke ich dem Fachbereich Rechtswissenschaft der Universität Münster für die Auszeichnung der Schrift mit einem Preis, dem Land Nordrhein-Westfalen für die Gewährung eines Druckkostenzuschusses. Nicht zuletzt möchte ich auch die Bediensteten der von mir benützten Archive und Bibliotheken in meinen Dank einschließen. Sie haben mir das für die Untersuchung benötigte Material stets mit unbürokratischer Hilfsbereitschaft zugänglich gemacht.

Thomas Vormbaum

INHALTSVERZEICHNIS

ABKÜRZUNGSVERZEICHNIS

a.A.	am Anfang; anderer Ansicht
a.a.O.	am angegebenen Ort
Abg.	Abgeordneter
ABGB	Allgemeines Bürgerliches Gesetzbuch
ABR	Archiv für Bürgerliches Recht
Abs.	Absatz
AcP	Archiv für die civilistische Praxis
ADB	Allgemeine Deutsche Biographie
ADHGB	Allgemeines Deutsches Handelsgesetzbuch
aE	am Ende
AG	Aktiengesellschaft
AGBGB	Ausführungsgesetz zum Bürgerlichen Gesetzbuch
AKTE BADEN I	= Quellenverzeichnis U III 4
AKTE BADEN II	= Quellenverzeichnis U III 5
AKTE BADEN III	= Quellenverzeichnis U III 6
AKTE BADEN IV	= Quellenverzeichnis U III 7
AKTE BADEN V	= Quellenverzeichnis U III 8
AKTE BADEN VI	= Quellenverzeichnis U III 9
AKTE BADEN VII	= Quellenverzeichnis U III 10
AKTE BADEN VIII	= Quellenverzeichnis U III 11
AKTE BADEN IX	= Quellenverzeichnis U III 12
AKTE BADEN X	= Quellenverzeichnis U III 13
AKTE BADEN XI	= Quellenverzeichnis U III 14
ALR	Allgemeines Landrecht
Anl.	Anlage
Anm.	Anmerkung
Anwalts-Gutachten	Gutachten aus dem Anwaltsstand über die erste Lesung des Entwurfs eines Bürgerlichen Gesetzbuchs. Hrsg. im Auftrage des Deutschen Anwalt-Vereins von den Rechtsanwälten ADAMS, WILKE, MECKE, HARTMANN, ERYTHROPEL. Berlin 1890
ArchRWPh	Archiv für Rechts- und Wirtschaftsphilosophie
Art.	Artikel
AT	Allgemeiner Teil
Bad.Reg.Bl.	Badisches Regierungs-Blatt
BayCivR	Bayerisches Civilrecht
Bd, Bde	Band, Bände
BEKKER-FISCHER	Beiträge zur Erläuterung und Beurtheilung des Entwurfs eines Bürgerlichen Gesetzbuches für das Deutsche Reich. Hrsg. von E. J. BEKKER und O. FISCHER. Berlin 1888 ff.
betr.	betreffend
BGB	Bürgerliches Gesetzbuch
BGBl.	Bundesgesetzblatt
BGH	Bundesgerichtshof
BHGZ	Entscheidungen des Bundesgerichtshofes in Zivilsachen
Bemerkungen Baden II	Bemerkungen der Großherzoglich Badischen Regierung zum 2. Entwurf eines Bürgerlichen Gesetzbuchs
BlfRA	s. SeuffBl
BlfRTh	Blätter für Rechtspflege in Thüringen und Anhalt

Cod. Max.	Codex Maximilianeus Bavaricus Civilis
D.	Digesten
d.A.	des Antrages
DBJ	Deutsches Biographisches Jahrbuch
DDR	Deutsche Demokratische Republik
DE	Dresdener Entwurf
D.F.	Dritte Folge
d.h.	das heißt
d.T.	des Titels
DtJurTg	Deutscher Juristentag
DJZ	Deutsche Juristen-Zeitung
DöV	Die öffentliche Verwaltung
DtNotZ	Deutsche Notarzeitung
DtPrR	Deutsches Privatrecht
DWBl	Deutsches Wochenblatt
E	Entscheidung; Entwurf
E I	1. Entwurf des BGB
EGADHGB	Einführungsgesetz zum Allgemeinen Deutschen Handelsgesetzbuch
EGBGB	Einführungsgesetz zum Bürgerlichen Gesetzbuch
Einl.	Einleitung
erg.	ergänze
FrzZivR	Französisches Zivilrecht
Fschr	Festschrift
Fschr JAHRREISS	Festschrift, Hermann JAHRREISS zu seinem 70. Geburtstag (19. August 1964) gewidmet. Hrsg. von Karl CARSTENS und Hans PETERS. Köln, Berlin, Bonn, München 1964.
Fschr OLG Köln	Recht und Rechtspflege in den Rheinlanden. Festschrift zum 150jährigen Bestehen des OLG Köln. Hrsg. und bearbeitet von Josef WOLFRAM und Adolf KLEIN. Köln 1969.
Fußn.	Fußnote
G	Gesetz
GA	Goltdammers Archiv
GBl	Gesetzblatt
GenG	Genossenschaftsgesetz
GewO	Gewerbeordnung
GG	Grundgesetz
GHzt	Großherzogtum (Großherzogthum)
GmbH	Gesellschaft mit beschränkter Haftung
GmbHG	Gesetz über die Gesellschaften mit beschränkter Haftung
Gruchot	Beiträge zur Erläuterung des preußischen Rechts durch Theorie und Praxis. Hrsg. von J. A. GRUCHOT, 1857 ff. - Ab 18 : Beiträge zur Erläuterung des Deutschen Rechts. Redaktion RASSOW und KUNTZEL, bearbeitet von Max FRIEDLÄNDER.
GVBl	Gesetz- und Verordnungsblatt
HAnn	Annalen des Deutschen Reichs für Gesetzgebung, Verwaltung und Statistik. Staatswisschenschaftliche Zeitschrift und Materialiensammlung. Hrsg. von Dr. Georg HIRTH und Dr. Max SEIDEL.
HDG	GEBHARD, Handbuch der Deutschen Geschichte. 9. Auflage. Stuttgart 1970 ff.
HGB	Handelsgesetzbuch
HirthsAnn	siehe HAnn

h.M.	herrschende Meinung
HoltzEnc	Encyklopädie der Rechtswissenschaft in systematischer Bearbeitung. Hrsg. unter Mitwirkung vieler Rechtsgelehrter von Franz von HOLTZENDORFF. Erster systematischer Theil. 5. Auflage. Leipzig 1890.
Hrsg.	Herausgeber; herausgegeben
Ibid.	Ibidem
i.d.F.	in der Fassung
i.e.S.	im engeren Sinne
IhJb	Jahrbücher für die Dogmatik des heutigen römischen und deutschen Privatrechts
insb.	insbesondere
i.S.d.	im Sinne des
i.ü.	im übrigen
JbNSt	Jahrbücher für Nationalökonomie und Statistik
JuS	Juristische Schulung
JW	Juristische Wochenschrift
KG	Kammergericht
Kgr.	Königreich
KGaA	Kommanditgesellschaft auf Aktien
KJ	Kritische Justiz
KJbDtR	Kritische Justiz für Deutsches Recht
KÜDGR	Kritische Überschau der deutschen Gesetzgebung und Rechtswissenschaft
KVjS	Kritische Vierteljahresschrift für Gesetzgebung und Rechtswissenschaft
LAG	Landesarbeitsgericht
Leg.Per.	Legislaturperiode
LJb	Landwirtschaftliche Jahrbücher. Zeitschrift für wissenschaftliche Landwirtschaft und Archiv des Königlich Preussischen Landes-Oekonomie-Kollegiums.
Lois annotées	Lois annotées ou Lois, décrets, ordonnances, avis du conseil d'état, etc., avec notes historiques, de concordance et de jurisprudence. 1ère Série: Lois annotées 1789-1830. Paris 1851 6e Série : Lois annotées 1866-1870. Paris o.J. 9e Série : Lois annotées 1881-1885. Paris o.J. 11e Série : Lois annotées 1891-1895. Paris o.J. Nouvelle Série, 1er volume (1901-1905). Paris o.J.
LVG	Landesverwaltungsgericht
LS	Leitsatz
l.Sp.	linke Spalte
LUTZ, Protokolle	= Quellenverzeichnis D III 7
m.w.N.	mit weiteren Nachweisen
NDB	Neue Deutsche Biographie. Hrsg. von der Historischen Kommission bei der Bayerischen Akademie der Wissenschaften
N.F.	Neue Folge
NJW	Neue Juristische Wochenschrift
NZ	Neue Zeit. Revue des geistigen und öffentlichen Lebens
OHGE	Entscheidungen des Reichs-Oberhandelsgerichts
OLG	Oberlandesgericht
ÖstPrR	Österreichisches Privatrecht
OT	Obertribunal
OTE	Entscheidungen des Königlichen Obertribunals in Berlin
PA GEBHARD	Personalakte GEBHARD

PreußPrR	Preußisches Privatrecht
PrGS	Preußische Gesetz-Sammlung
PROT.	Protokolle
PROT.ADHGB	= Quellenverzeichnis D VII 7
PROT.BGB I (V)	= Quellenverzeichnis U I
PROT.BGB I	= Quellenverzeichnis U II 1
PROT.BGB II A	= Quellenverzeichnis U II 2
PROT.BGB II B	= Quellenverzeichnis E II 5
PROT.DE	= Quellenverzeichnis D VII 12
PVS	Politische Vierteljahresschrift
RECHT	Das Recht. Rundschau für den deutschen Juristenstand.
RG	Reichsgericht
RGBl.	Reichsgesetzblatt
RG-Fschr.	Die Reichsgerichts-Praxis im deutschen Rechtsleben. Festgabe der juristischen Fakultäten zum 50jährigen Bestehen des Reichsgerichtes in sechs Bänden. Berlin und Leipzig 1929 (Bd II).
RG-Praxis	s. RG-Fschr.
RGZ	Entscheidungen des Reichsgerichtes in Zivilsachen.
RheinArch	Rheinisches Archiv für das Zivil- und Kriminalrecht.
RN	Randnummer
ROHG	Reichs-Oberhandelsgericht
r.Sp.	rechte Spalte
Rspr.	Rechtsprechung
RT	Reichstag
RUB	Reclams Universal-Bibliothek
RVereinsG	Reichsvereinsgesetz
RVwG	Reichsverwaltungsgericht
s., S.	siehe; Seite; Satz
SABRP	Sächsisches Archiv für bürgerliches Recht und Prozeß
SchweizOR	Schweizerisches Obligationenrecht
SeuffArch	J.A. SEUFFERT. Archiv für Entscheidungen der obersten Gerichte in den deutschen Staaten.
SeuffBl	Blätter für Rechtsanwendung, zunächst in Bayern. Gegründet von Johann Adam SEUFFERT und Christian Carl GLÜCK (später hrsg. v. J. v. STAUDINGER)
SozPr	Soziale Praxis. Centralblatt für Sozialpolitik. Neue Folge der "Blätter für soziale Praxis" und des "Sozialpolitischen Centralblattes"
SPD	Sozialdemokratische Partei Deutschlands
STEN.BER. preußHDA	Stenographische Berichte des preußischen Hauses der Abgeordneten
STEN.BER.RT.	Stenographische Berichte des Reichstages des Deutschen Reiches
STEN.BER.RTNDB.	Stenographische Berichte des Reichstages des Norddeutschen Bundes
StriethArch	Archiv für Rechtsfälle, die zur Entscheidung des königlichen Ober-Tribunals gelangt sind. Hrsg. und redigirt von Theodor STRIETHORST
SZRuV	Zeitschrift für Rechtspflege und Verwaltung für das Königreich Sachsen
TE	Teilentwurf
TEAT	Teilentwurf des Allgemeinen Teils
TEAT BegrJP	= Quellenverzeichnis E II 1
VereinsP	Vereinspatent
VERH bayKDA	Verhandlungen der bayerischen Kammer der Abgeordneten

VO	Verordnung
WRV	Weimarer Reichsverfassung
VU	Verfassungsurkunde
VwA	Verwaltungsarchiv
WiGBl	Gesetzblatt der Verwaltung des Vereinigten Wirtschaftsgebietes (1948/49)
ZACHARIÄ, Verfassungsgesetze	Die deutschen Verfassungsgesetze der Gegenwart einschließlich der Grundgesetze des deutschen Bundes und der das Verfassungsrecht der Einzelstaaten direkt betreffenden Bundesbeschlüsse; gesammelt und mit Einleitungen und Anmerkungen hrsg. von Heinrich Albert ZACHARIÄ. 3 Bde. Göttingen 1855-1858
ZBJV	Zeitschrift des Berner Juristenvereins
ZfPöR	Zeitschrift für das Privatrecht und öffentliche Recht der Gegenwart
ZfSR	Zeitschrift für Schweizerisches Recht
ZGB	Schweizerisches Zivilgesetzbuch
ZHR	Zeitschrift für das gesamte Handelsrecht
ZschrAkDtR	Zeitschrift der Akademie für Deutsches Recht
ZPO	Zivilprozeßordnung
ZSRG, G.A.	Zeitschrift der Savigny-Stiftung für Rechtsgeschichte, Germanistische Abteilung
ZVR	Zeitschrift für vergleichende Rechtswissenschaft
ZstBReg	= Quellenverzeichnis E V 2
ZstgA	= Quellenverzeichnis E V 1

E I N L E I T U N G

Die vorliegende Abhandlung, deren Fragestellungen im 1. Kapitel noch weiter aufgefächert werden, will - vor allem in Anschluß an die bereits vorliegenden Arbeiten von SCHUBERT+) und MERTENS++) - einen weiteren Beitrag zur Erforschung der Entstehungsgeschichte der Vorschriften des Bürgerlichen Gesetzbuches liefern und damit diesen bis vor kurzem noch wenig beachteten Forschungsbereich weiter erschließen helfen. Allerdings unterscheidet sich die Abhandlung von den beiden genannten darin, daß der zeitliche Rahmen ihrer Darstellung in beiden Richtungen erweitert worden ist. Hierfür waren folgende Gründe maßgebend:

Während diejenigen Rechtsinstitute, mit denen sich die genannten Autoren befaßt haben, ihre endgültige gesetzgeberische Gestaltung im BGB bereits bei Abschluß der Beratungen der 2. Kommission fanden, waren die Fragen des Vereinsrechts noch Gegenstand weiterer, teils heftiger Auseinandersetzungen in der Fachwelt, den gesetzgebenden Instanzen und teilweise auch der Öffentlichkeit. Daher liegt der Schwerpunkt der Darstellung, soweit sie die Entstehungsgeschichte des BGB betrifft, nicht - wie in den Arbeiten von SCHUBERT und MERTENS - bei den Beratungen der 1. Kommission. Vielmehr mußten alle Etappen der Entstehungsgeschichte in der gleichen Breite dargestellt werden.

Andererseits war zu berücksichtigen, daß die Kontroversen um das Problem der Entstehung juristischer Personen nicht erst mit Beginn der Arbeiten an der Zivilrechts-Kodifikation anhoben. Die während dieser Arbeiten ausgetauschten Argumente hatten sich vielmehr im Laufe eines jahrzehntelangen Meinungsstreites herausgebildet. An diesem Meinungsstreit waren ungewöhnlich viele Rechtsgelehrte mit zahlreichen Schriften beteiligt. Eine zusammenfassende Darstellung dieser Auseinandersetzungen sowie der Entwicklung in Patikularrechten, Reichsgesetzgebung und Rechtsprechung fehlt, soweit ersichtlich, bisher noch. So schien es angebracht, das zeitliche Spektrum der Darstellung auch in diese Richtung auszuweiten.

+) SCHUBERT, Entstehung (s. Lit.-Verz.)
++) MERTENS, Entstehung (s. Lit.-Verz.)

Für das A k t i e n r e c h t hat allerdings GROSSFELD+) eine Darstellung der Entwicklung gegeben. Dieses Gebiet konnte daher verhältnismäßig knapp abgehandelt werden, und es konnten stattdessen die Regelungsvorschläge zweier bedeutender Torsi deutscher Rechtsentwicklung, des Dresdener Entwurfes von 1866 und der Gesetzentwürfe von SCHULZE-DELITZSCH, in die Darstellung aufgenommen werden.

Als Quellen dienten neben parlamentarischen Druckwerken und zahlreichen Gesetzestexten in erster Linie die Protokolle der 1. und 2. Kommission zur Ausarbeitung des BGB++) sowie der Teilentwurf des Redaktors GEBHARD zum Allgemeinen Teil des BGB. Die Protokolle beider Kommissionen sind relativ knapp gefaßt und geben nur den groben Ablauf der Verhandlungen wieder. Für die Beratungen der 1. Kommission kann allerdings ein Vergleich mit dem Teilentwurf und dessen Begründung wenigstens darüber Auskunft geben, wie weit sich der Redaktor mit seinen Vorschlägen hat durchsetzen können. Über einige Einzelheiten und Begleitumstände der Beratungen der 2. Kommission konnte mancher Aufschluß den Akten des Großherzoglich-Badischen Staatsministeriums im Badischen Generallandesarchiv in Karlsruhe entnommen werden.

Das Manuskript der vorliegenden Untersuchung wurde im Herbst 1973 abgeschlossen. Inzwischen ist Ende 1974 eine Abhandlung von KÖGLER erschienen+++), deren Untersuchungsgegenstand sich zum Teil mit demjenigen der hier vorliegenden Arbeit deckt++++). Ich habe mich nach einiger Überlegung entschlossen, von einer nachträglichen Einarbeitung der Forschungsergebnisse KÖGLERs abzusehen: KÖGLER hat in dem hier interessierenden Teil seines Buches weitgehend dieselben Quellen benutzt wie ich. Dementsprechend stimmen die von ihm vorgetragenen Ergebnisse mit den im 4. Kapitel der vorliegenden Arbeit dargestellten weitgehend überein. In einigen Details allerdings weichen unsere Forschungsergebnisse

---

+) GROSSFELD, Aktiengesellschaft S. 120 ff.

++) Gedruckt liegen lediglich die Protokolle der 2. Kommission vor. Außerdem liegen die Protokolle beider Kommissionen metallographiert vor (s. Quellenverzeichnis U II). Die gedruckten Protokolle der 2. Kommission weichen, soweit sie den hier behandelten Stoff betreffen, nicht von den metallographierten Protokollen ab.

+++) KÖGLER, Peter: Arbeiterbewegung und Vereinsrecht. Ein Beitrag zur Entstehungsgeschichte des BGB (Schriften zum Bürgerlichen Recht Bd 16). Berlin 1974.

++++) KÖGLER behandelt im 3.Teil seiner Untersuchung "die Entstehung des Vereinsrechts des BGB".

voneinander ab. Diese Abweichungen sollen zunächst so stehen bleiben. Eine Ergänzung der vorliegenden Schrift um von KÖGLER gefundene Details wäre m.E. ein einseitiges und wenig nobles Unterfangen, da dann bei einem Vergleich beider Abhandlungen ein möglicherweise schiefes Bild entstehen könnte. Ich hoffe, auf die erwähnten Abweichungen demnächst an anderer Stelle eingehen zu können.

ERSTES KAPITEL

ALLGEMEINE FRAGEN

I. Rechtsnatur und Entstehung rechtsfähiger Personenverbindungen

Rechtswissenschaft und Gesetzgebung haben den Personenvereinigungen stets besondere Aufmerksamkeit geschenkt und bemühen sich bis heute, die Vielfalt der Gestaltungsformen durch systematische Erfassung überschaubar zu machen.

Die üblichste Einteilung ist diejenige in rechtsfähige und nicht rechtsfähige Personenverbindungen[1]. Die ersteren gehören zu den juristischen Personen; sie bereiten - wie die juristischen Personen überhaupt, zu denen das BGB auch noch die rechtsfähigen Stiftungen zählt[2] - der rechtsdogmatischen Erfassung besondere Schwierigkeiten.

Die Rechtsnatur der juristischen Person als eines vom Gesetzgeber mit eigenen Rechten und Pflichten ausgestatteten Gebildes hat Philosophen wie Juristen seit jeher zu heftigen Kontroversen veranlaßt, ohne daß jemals eine allgemein anerkannte Entscheidung in dieser Frage gefallen ist. Heute hat die Rechtswissenschaft die Fruchtlosigkeit dieser Auseinandersetzung weitgehend eingesehen[3]. Im 19. Jahrhundert jedoch hat man dieser "konstruktiven, theoretischen Seite" des Vereinsrechts"... ein ganz außerordentliches Maß von

---

1) Zur zeitweisen Kritik der Genossenschaftstheorie an dieser Zweiteilung s. GIERKE, Genossenschaftstheorie S. 2.

2) Der von manchen gemeinrechtlichen Schriftstellern gelehrte weitere Unterschied zwischen Anstalten und Stiftungen ist dem BGB ebenso fremd wie das Rechtsinstitut der hereditas iacens (zu beiden s. BUCHKA, BGB und gemeines Recht S. 9 und die dortigen Nachweise; s. ferner PROT.BGB I, Bd VII, S. 3090 (276. Sitzung v. 2. Jan. 1884), MOTIVE, Bd 1, S. 80; PROT.BGB II A Bd II, S. 1001; PROT.BGB II B, Bd 1, S. 497 (65. Sitzung v. 1. Dez. 1891). - s. ferner UHRIG, Kritik S. 94, insb. Anm. 1.).

3) Teilweise auch schon am Ende des 19. Jahrh.; s. z. B. HELLMANN, Vorträge S. 16; RGRK(-DENECKE) vor § 21 BGB, Anm. 1; NUSSBAUM, ABR 42/136, 170; KUHLENBECK, Pandekten bis BGB, S. 170, bezeichnet den Streit als ein Nachspiel des mittelalterlichen Scholastikerstreites um Nominalismus und Realismus der Begriffe.

geistiger Kraft gewidmet"[4].

1. Der Theorienstreit um die Rechtsnatur

Den zahlreichen ausführlichen Darstellungen des Theorienstreites über die Rechtsnatur der juristischen Person braucht keine weitere hinzugefügt zu werden[5]. Da dieser Streit jedoch im 19. Jahrhundert in engem Zusammenhang mit der Frage gesehen wurde, wie Vereine Rechtsfähigkeit erlangten, werden die beiden wichtigsten Theorien über die Rechtsnatur der juristischen Person noch einmal in Erinnerung gebracht.

a. Fiktionstheorie

Die Fiktionstheorie, bis in die 2. Hälfte des 19. Jahrhunderts hinein dank dem überragenden Einfluß SAVIGNYS[6] die herrschende Lehre, geht davon aus, daß an sich nur der Mensch Rechte haben und damit Rechtssubjekt sein könne. Aus praktischen Bedürfnissen wird jedoch im positiven Recht ein Rechtssubjekt künstlich geschaffen, d.h. "fingiert"[7]. Die so entstandene juristische Person ist demnach nichts wirklich Existierendes. Sie wird daher auch nicht als solche handlungsfähig. Die Handlungen ihrer Organe - schon dieser Ausdruck widerspricht an sich der Fiktionstheorie - werden der juristischen Person vielmehr ebenso zugerechnet wie den

---

4) HEDEMANN, Fortschritte S. 39. Als Beispiel für die Auseinandersetzung s. den Streit zwischen ZITELMANN und BÖHLAU in dieser Frage: BÖHLAU, Rechtssubjekt; ZITELMANN, Begriff; BÖHLAU, in: AcP 56/351 ff., insb. S. 353, 354.

5) S. außer der unter Fußn. 7 angegebenen Literatur auch die ausführliche Übersicht über die Vertreter und Gegner der Fiktionstheorie bis 1887 bei GIERKE, Genossenschaftstheorie S. 5 ff, sowie ibid. in den Nachträgen S. 906 ff.; die wohl umfassendste Literaturübersicht für das 19. Jahrhundert findet sich bei STOBBE, DtPrR Bd 1, S. 337 ff.; s. ferner TÖBBEN, Theorien, passim; LARENZ, Allg. Teil S. 103 ff.

6) Über die älteren Quellen der Fiktionstheorie, insb. deren Errichtung durch INNOCENZ IV., s. BINDER, Problem S. 3; zur Geschichte der jur. Person im r ö m i s c h e n Recht s. SCHNORR v. CAROLSFELD, Geschichte, insbesondere zur universitas S. 59-146; ferner SILBERSCHMIDT, ArchRWP 11/329.

7) So ausdrücklich SAVIGNY, System Bd 2, S. 241; die Fiktionstheorie wurde überwiegend, wenn auch nicht ausschließlich, von den Romanisten vertreten. Unter den Germanisten bekannte sich zu ihr u.a. GERBER (s. GERBER, System, S. 88/89, Fußn. 1; GERBER-COSACK, DtPrR S. 65).

handlungsunfähigen natürlichen Personen die Handlungen ihrer Vertreter[8].

Das dieser Theorie zugrundeliegende Persönlichkeitsbild ist beeinflußt von der kantischen Philosophie. SAVIGNY steht ihr gerade in diesem Punkt besonders nahe[9]. Jedes Rechtsverhältnis wird betrachtet "als eine Beziehung zwischen Personen, durch eine Rechtsregel bestimmt. Diese Bestimmung besteht aber darin, daß dem individuellen Willen ein Gebiet angewiesen ist, in welchem er unabhängig von jedem fremden Willen zu herrschen hat"[10]. Einen solchen individuellen Willen hat nur der Mensch. Person, Mensch und Rechtssubjekt sind identisch.

b. Realitätstheorie oder Theorie der realen Verbandsperson

Dem "Phantom der persona ficta"[11] setzten die Vertreter der Genossenschaftstheorie die Vorstellung von der Körperschaft als "realer Verbandsperson" entgegen[12]. Diese Lehre faßte die juristische Person als etwas ebenso Reales wie den Menschen auf. Körperschaften wie Staat, Gemeinden, Vereine sind zwar keine leiblichen, aber soziale Organis-

---

8) Zur Frage der Deliktsfähigkeit der jur. Person, die hiermit zusammenhängt, s. u.a. AFFOLTER, ZBJV 32/312 ff.; KRIWZOW, Beiträge passim - Speziell zur Strafbarkeit der jur. Person ENGISCH, Referat S. 7-18; FRIEDRICHS, VwA 23/1, 32; ferner ausführlich unter Darlegung der historischen Entwicklung HAFTER, Personenverbände.

9) Hierzu eingehend KIEFNER, Einfluß a.a.O. S. 3 ff, hier S. 13/14. Zum Verhältnis SAVIGNYS zur Philosophie KANTS s. ferner GMÜR, Savigny S. 26 und die dortigen Nachweise sowie LARENZ, Rechtsperson S. 8; s. ferner zur Einstellung SAVIGNYS zum Problem der juristischen Persönlichkeit HÖLDER, IhJb 53/40, welcher die von BINDER a.a.O. (Fußn. 6) geäußerte Ansicht ablehnt, SAVIGNY sei ein Vertreter individualistischer Ethik und Rechtsphilosophie gewesen. Nach HÖLDER, der auf SAVIGNY, System Bd 2, S. 236 verweist, hat SAVIGNYS Lehre von den juristischen Personen "nichts damit zu tun". SAVIGNY habe diese Lehre "nicht als Philosoph, sondern lediglich als Jurist aufgestellt".

10) SAVIGNY, System Bd 1, S. 334; Darstellung und Kritik auch bei BINDER, Problem S. 12 ff.

11) GIERKE, Genossenschaftstheorie S. 5.

12) Ibid.

men[13]. Die Handlungen solcher Körperschaften sind daher Handlungen der Körperschaften selbst. Hieraus leiten die Vertreter dieser Theorie u.a. die Deliktsfähigkeit der juristischen Personen ab[14].

c. Zusammenfassung

Diese beiden Theorien - sie sind nicht die einzigen, welche im 19. Jahrhundert zur Frage der Rechtsnatur der juristischen Personen entwickelt wurden - haben bei aller Verschiedenheit doch eines gemeinsam: Übereinstimmend gehen sie davon aus, daß die Rechtsordnung neben den natürlichen Personen stehende - juristische - Personen anzunehmen habe. Lediglich die Begründung dieser Annahme ist verschieden. Demgegenüber versuchten andere Theorien, die natürlichen Personen als die Träger der Rechte der juristischen Person hinzustellen[15]. Die Auseinandersetzungen in der Rechtswissenschaft des 19. Jahrhunderts wurden jedoch in erster Linie zwischen den Anhängern der Fiktionstheorie und denen der

---

13) Noch weitergehend DAHN, Vernunft S. 161 ff., wonach die juristische Person ebenso wie die natürliche Person eine "selbstbewußte Rechtsvernunft" und einen "Leib" als Substrat dieser Vernunft hat. Zur Kritik an DAHN s. CURTIUS AcP 64/151, 152, welcher aber die Fiktionstheorie ebenfalls ablehnt, sowie BÖRNER, SABRP 8/22, 30: "Für manche haben ja Vereine Fleisch und Blut und sind handlungsfähig wie ein gewöhnlicher Sterblicher."; s. ferner ENDEMANN, BGB Bd 1, S. 194 u.

14) Vgl. Fußn. 8; Rechtsprechungsnachweise der oberen Gerichte zu dieser Frage bis 1880 finden sich bei CURTIUS a.a.O. S. 164, Fußn. 7; zur Rspr. des RG bis 1895 s. KUHLENBECK, JW 24/499 ff.

15) ENNECCERUS-NIPPERDEY S. 608 ff., Fußn. 2, Ziff. 2, 2. Abs. (kritisch RGRK(-Denecke) vor § 21, Anm. 1); ibid. auch eine Übersicht über die anderen Theorien. Es werden aufgeführt: die "Genießertheorie" von IHERING (IHERING, Geist Bd 3, § 61; vgl. zu dieser Theorie auch BEKKER, IhJb 12/1, 127 und System Bd 1, S. 196 ff.), die "Amtstheorie" von HÖLDER, die von ENNECCERUS-NIPPERDEY selbst vertretene "Theorie der Zweckpersonifikation" und die "Zweckvermögenstheorie" von BRINZ (Vgl. zu dieder die nächste Fußnote). - Ausführliche Übersicht und Besprechung der Theorien auch bei GEBHARD, TE AT JP S. 2-13.

Realitätstheorie ausgetragen[16].

Der Grund für den Vorrang dieser beiden Theorien dürfte nicht zuletzt darin zu suchen sein, daß sie geistesgeschichtlichen und politischen Richtungen des 19. Jahrhunderts entgegenkamen: Die Fiktiontheorie und die ihr zugrundeliegende Persönlichkeitsauffassung vertrug sich gut mit dem Gedankengut des politischen und wirtschaftlichen Liberalismus, während sich in der Genossenschaftstheorie und in der mit ihr zusammenhängenden Realitätstheorie das Unbehagen über die im letzten Drittel des 19. Jahrhunderts besonders deutlich gewordenen Schattenseiten des Liberalismus ausdrückte. Allerdings wies auch die Genossenschaftstheorie selbst einige Unklarheiten auf, auf welche unten (S.53) noch einzugehen sein wird.

2. Der Theorienstreit um das Zulassungssystem

Der Verein als soziale Erscheinung entsteht durch die Vereinigung der ihn gründenden Personen mittels eines Gründungsaktes[17]. Dieser Akt allein macht den Verein aber

---

16) Gewisse Bedeutung erlangte in der 2. Hälfte des 19. Jahrhunderts die von BRINZ vertretene Zweckvermögenstheorie, welche auf den Begriff der juristischen Person ganz verzichten will. BRINZ, Pandekten S. XI: "Im Rechtssystem ist unter den Personen der juristischen Person ebenso wenig zu erwähnen, als in der Naturgeschichte unter den Menschen der Vogelscheuche". S. auch die Einteilung der Personen durch BRINZ in "Personengesammtheiten", "Personen im Einzelnen", "Personificationen". Während B. zur ersten Gruppe die (öffentlichrechtlichen) "Corporationen" zählt, subsumiert er unter die dritte Gruppe "die sogenannten juristischen Personen"; Vgl. BRINZ a.a.O. Bd 1, S. 162, 198, 222 (unrichtig insofern das Inhaltsverzeichnis); zur Kritik der Lehre von Brinz s. RÜMELIN, Zweckvermögen, insb. S. 10 ff.; zu neueren Versuchen, den Begriff der juristischen Person zu vermeiden und durch den Begriff des "zweckgebundenen Rechtes" zu ersetzen, vgl. ROHDE, Jur. Person und Treuhand; zur Kritik an RHODE vgl. SCHÖNFELD, AcP 136/331 ff und die Entgegnung von RHODE ibid. S. 346 sowie die erneute Anmerkung von SCHÖNFELD, ibid. S. 346, 349, Fußnote.

17) Auf die Kontroverse über die Rechtsnatur dieses Gründungsaktes kann hier nicht näher eingegangen werden; s. dazu u.a. HAFF, Persönlichkeitslehre S. 183, GIERKE, Genossenschaftstheorie S. 133, insb. Fußn. 3; außer Betracht bleibt ferner die Entstehung durch Umwandlung aus einer anderen Form des Zusammenschlusses, s. hierzu WESTERMANN, HbPG S. I 3.

noch nicht ohne weiteres zu einem von seinen Mitgliedern verschiedenen Rechtssubjekt[18]. Hierzu ist vielmehr die Anerkennung der Körperschaftseigenschaft durch die Rechtsordnung erforderlich. Darüber, wie diese Anerkennung erfolgen sollte, wurden im 19. Jahrhundert verschiedene Ansichten vertreten und unterschiedliche Systeme vorgeschlagen. An Heftigkeit stand die Kontroverse um das richtige Zulassungssystem derjenigen über die Rechtsnatur der juristischen Person kaum nach.

Mit einer in der 2. Hälfte des 19. Jahrhunderts üblich gewordenen Einteilung lassen sich die folgenden drei Systeme unterscheiden[19]:

- Konzessionssystem[20]
- System der freien Körperschaftsbildung,
- System der Normativbestimmungen.

a. Das Konzessionssystem, welches zu Beginn des 19. Jahrhunderts in Deutschland fast ausnahmslos in Geltung stand, verlangt für den Erwerb der juristischen Persönlichkeit grundsätzlich einen im Einzelfall vorzunehmenden ausdrücklichen hoheitlichen Verleihungsakt.

b. Diesem obrigkeitsstaatlichen System traten die Anhänger des Systems der freien Körperschaftsbildung entgegen[21]. Sie forderten,

---

18) s. u.a. HELLMANN, Vorträge S. 18.

19) Zu den Systemen s. BEITZKE, ZHR 108/32 ff., ferner ZELLER VwA 6/27,30/31, HAFF, Persönlichkeitslehre S. 181 ff., MEURER, Juristische Personen S. 213 ff., DENKSCHRIFT S. 10 f., ENNECCERUS-NIPPERDEY, Allgemeiner Teil Bd 1, S. 638/639.

20) Das aus der Zeit des Merkantilismus stammende Octroi-System, welches vor allem für Aktiengesellschaften bis in die ersten Jahrzehnte des 19. Jahrhunderts herrschte, bleibt hier außer Betracht; s. zu diesem System GROSSFELD, Aktiengesellschaft S. 116 ff. und die dortigen Nachweise, ferner BEITZKE, ZHR 108/32, 38; dort auch Hinweise auf die dogmatische Fragwürdigkeit der Unterscheidung von Konzessionssystem und Octroi-System; neuerdings auch GMÜR, Fschr. Westermann, S. 167 ff.

21) STAUDINGER (-COING), BGB Bd 1, Vor § 21, RN 33 (S.198) spricht von Rechtsfähigkeit "kraft Daseins der Verbandsperson".

daß die Körperschaft, sobald sie von den Mitgliedern konstituiert worden sei, ohne jede weitere staatliche Mitwirkung auch als Rechtssubjekt solle existieren können. Dies sollte zwar nicht bedeuten, daß die Körperschaftsbildung "völlig frei, etwa ein Naturrecht sei"[22], die Erlaubnis zur Bildung juristischer Personen sollte jedoch von der Rechtsordnung ganz allgemein erteilt werden.

c. Die Anhänger des Systems der N o r m a t i v b e s t i m m u n g e n versuchten, die Vorteile der beiden anderen Systeme miteinander zu verbinden. Sie verzichteten einerseits auf das Erfordernis staatlicher Verleihung der Rechtsfähigkeit, versuchten aber andererseits, dem Erfordernis einer öffentlichen Feststellung der Entstehung juristischer Personen und damit der Verkehrssicherheit zu genügen.

Das System der Normativbestimmungen läßt sich folgendermaßen umschreiben:

"Der Erwerb der Rechtsfähigkeit hängt davon ab, daß ein Verein gewisse, im Gesetz bestimmte Voraussetzungen, die eine geordnete innere Organisation und die Sicherheit des Verkehrs mit Dritten gewährleisten sollen, erfüllt, und daß diese Erfüllung durch einen behördlichen Akt - die Eintragung in einem Register - öffentlich dokumentiert wird."[23]

Die Eintragung und die damit verbundene Erlangung der Rechtsfähigkeit bedeuten also nicht - wie beim Konzessionssystem die Verleihung - einen Ermessensakt der Staatsgewalt; der Staat ist vielmehr gehalten, bei Vorliegen der gesetzlichen Voraussetzungen die Eintragung vorzunehmen; es besteht dann also ein Anspruch des Vereins auf die Eintragung[24]. Die Normativbestimmungen sind meistens so ausgestaltet, daß der Verein unter gleichzeitiger Vorlage bestimmter Dokumente beim Vereinsregister anzumelden ist. Zu den Dokumenten gehören regelmäßig gewisse Angaben über die zu bildende Körperschaft und über ihre Mitglieder sowie eine Abschrift - mitunter auch nur ein Auszug - aus der

---

22) BEITZKE, ZHR 108/32,50.
23) DENKSCHRIFT S. 101; s. auch MEURER, Juristische Personen S. 215.
24) LEHMANN-HÜBNER, Allgemeiner Teil S. 446; ENNECCERUS-NIPPERDEY, Allgemeiner Teil Bd 1, S. 638.

Vereinssatzung; an diese Satzung werden bestimmte Mindestanforderungen gestellt. Zusätzlich wird mitunter noch die Einhaltung weiterer Normativbestimmungen (wie z.B. notarieller Abschluß des Gründungsaktes oder eine bestimmte Mindestmitgliederzahl) gefordert.

Das erste gesamtdeutsche Gesetz, in welchem Normativbestimmungen aufgestellt wurden, war das Allgemeine Deutsche Handelsgesetzbuch von 1861. Als notwendige Voraussetzung für die vorerst noch für erforderlich erachtete Staatsgenehmigung[25] verlangte das Gesetz bei Aktiengesellschaften die Einhaltung folgender Mindesterfordernisse für den Erwerb juristischer Persönlichkeit:

Gem. Art. 209 mußte der Gesellschaftsvertrag u.a. Bestimmungen treffen über

"1) die Firma und den Sitz der Gesellschaft;
2) den Gegenstand des Unternehmens;
3) Die Zeitdauer des Unternehmens, im Falle dasselbe auf eine bestimmte Zeit beschränkt sein soll; ...
7) die Art der Bestellung und Zusammensetzung des Vorstandes und die Form für die Legitimation der Mitglieder desselben und der Beamten der Gesellschaft;
8) die Form, in welcher die Zusammensetzung der Aktionäre geschieht; ...
11) die Form, in welcher die von der Gesellschaft ausgehenden Bekanntmachungen erfolgen, sowie die öffentlichen Blätter, in welche dieselben aufzunehmen sind." 26)

Über die Errichtung und den Inhalt des Gesellschaftervertrages mußte nach Art. 208 Abs. 2 ADHGB eine gerichtliche oder notarielle Urkunde aufgenommen werden, und ins Handelsregister war ein Auszug aus dem Gesellschaftsvertrag einzutragen, in welchen dessen wichtigste Bestandteile aufzunehmen waren (Art. 210 ADHGB)[27].

Im folgenden wird, soweit gesetzliche Bestimmungen, die auf der Grundlage des Systems der Normativbestimmungen beruhen, darzustellen sind, auf deren Inhalt nur in denjenigen Fällen näher eingegangen werden, in denen wesent-

---

25) Art. 208 ADHGB.
26) Die fehlenden Ziffern betreffen typische Erfordernisse des Aktienrechts; zu diesen s. u. S.98, Fußn. 449
27) vor allem die oben zitierten Ziffern 1, 2, 3, und 7.

liche Abweichungen von den soeben zitierten Bestimmungen des ADHGB auftauchten oder zur Diskussion standen.

Die Dreiteilung der Zulassungssysteme ist in der Rechtslehre nicht ohne Kritik geblieben[28]. Auch in der Praxis haben sich Schwierigkeiten bei der Einordnung konkreter Fälle in dieses Schema ergeben; dies um so mehr, als schon in der Rechtswissenschaft des 19. Jahrhunderts die theoretische Abgrenzung der Systeme voneinander nichts weniger als einheitlich war. So faßten manche Schriftsteller unter der Bezeichnung "Freie Körperschaftsbildung" alle diejenigen Arten der Körperschaftsbildung zusammen, bei denen nicht eine ausdrückliche staatliche Konzession im Einzelfall verlangt wurde[29]; das System der Normativbestimmungen wurde also von ihnen als ein besonderer Fall des Systems der freien Körperschaftsbildung angesehen[30]. Sogar von GIERKE, dem konsequentesten Verfechter des Systems der freien Körperschaftsbildung, wurde schließlich für den Erwerb der G r u n d b u c h fähigkeit des Vereins das Erfordernis der Registereintragung zugestanden[31]. Andererseits wurde das System der Normativbestimmungen mitunter als Sonderfall des Konzessionssystems betrachtet[32]. Dementsprechend wurde als Voraussetzung für die Eintragung ins Vereinsregister stillschweigende oder ausdrückliche staatliche Genehmigung vorgesehen[33]. Ob für das System der Normativbestimmungen das Bestehen eines Registers notwendiges Merkmal sei, war sogar unter den Befürwortern dieses Systems unklar. Unklar war auch, ob die

---

28) In neuerer Zeit hat sich vor allem BEITZKE gegen die herkömmliche Dreiteilung der Systeme ausgesprochen (S. BEITZKE, ZHR 108/32 ff.); aber schon GIERKE, Genossenschaftstheorie S. 136 hatte erklärt: "Im Einzelnen entspricht dem unerschöpflichen Reichtum der körperschaftlichen Daseinsformen eine gleiche Mannichfaltigkeit der Werdeformen."

29) S. u.a. ROSIN, 19. DtJurTag Bd 2, S. 147; FULD, AcP 85/124, 135.

30) S. FULD und ROSIN jeweils a.a.O.

31) GIERKE, 19. DtJurTag Bd 3, S. 231; DERS., 23. DtJurTag Bd 2, S. 14

32) s. z.B. das sächsische VereinsG v. 1868 i.V.m. § 52 sächs. BGB.

33) Art. 209 ADHGB; § 59 BGB a.F.

34) entfällt

Registereintragung, soweit sie vorgeschrieben war, konstitutiv für die Entstehung der juristischen Person wirken oder nur deklaratorische Bedeutung haben sollte[35].

Angesichts dieser Unsicherheiten würde es vermutlich der rechtsdogmatischen Durchdringung des Rechtsgebietes förderlich sein, wenn an die Stelle der herkömmlichen Dreiteilung der Zulassungssysteme eine Skala gesetzt würde, welche von der staatlichen Verleihung der Körperschaftsmerkmale im Einzelfall bis hin zur völlig freien Körperschaftsbildung reicht und zwischen diesen äußersten Polen mannigfache Abstufungs- und Einordnungsmöglichkeiten offenläßt; Maßstaß für die Einordnung des konkreten Falles könnte das Ausmaß der jeweils notwendigen staatlichen Mitwirkung sein.

Dennoch soll in der folgenden Darstellung an der Dreiteilung der Systeme festgehalten werden; denn im 19. Jahrhundert markierte diese Einteilung bestimmte Positionen sowohl in den rechtstheoretischen wie auch in den politischen Auseinandersetzungen um das Vereins- und Körperschaftsrecht[36].

Auf rechtswissenschaftlichem Gebiet lief, vor allem in der Mitte des Jahrhunderts, die Auseinandersetzung um das Zulassungssystem fast parallel zur Kontroverse um die Rechtsnatur der juristischen Person. Während die Anhänger des Konzessionssystems überwiegend Befürworter der Fiktionstheorie waren, rekrutierten sich die Vertreter des Systems der freien Körperschaftsbildung überwiegend aus dem Kreise der Anhänger der Realitätstheorie; das System der Normativbestimmungen aber bot sich in einer seiner Formen als Kompromißlösung an.

Im politischen Bereich wurde das Konzessionssystem hauptsächlich von den Repräsentanten und Verteidigern der

---

35) S. z.B. <u>BEMERKUNGEN PREUSSEN</u> S. 14; insb. zur Frage der Wirkung der Handelsregistereintragung bei der OHG s. unten S. 94.

36) Rechtsdogmatische Bedenken können um so eher zurücktreten, als die Einordnung von gesetzlichen Regelungen in eines der drei Systeme rechtlich praktisch folgenlos ist und lediglich für die systematische Durchdringung des Rechtsgebietes von Interesse ist.

obrigkeitsstaatlichen Ordnung befürwortet. Das System der freien Körperschaftsbildung wurde dagegen, vor allem nach der Reichsgründung, von den Vertretern des liberalen Bürgertums sowie der Arbeiterschaft, die im Konzessionssystem eine Waffe des Obrigkeitsstaates gegen die Arbeiterbewegung und deren Organisation erblickte, gefordert.

Auch hier bot sich das System der Normativbestimmungen als Möglichkeit an, um einerseits der Forderung der Zeit nach einer freieren Körperschaftsbildung entgegenzukommen, andererseits aber die politischen Bedenken der Regierungen zahlreicher deutscher Bundesstaaten zu berücksichtigen.

3. Zusätzliche Erschwerungen beim Erwerb der Rechtsfähigkeit

Als im letzten Drittel des 19. Jahrhunderts das Konzessionssystem allmählich gelockert wurde und das System der Normativbestimmungen vordrang, erhoben sich häufig bei den Inhabern der Staatsgewalt Bedenken dagegen, diese Erleichterungen allen Personenverbindungen gleichermaßen zukommen zu lassen. Daher wurden bestimmte Gruppen von Vereinigungen erschwerten Bedingungen beim Erwerb der Rechtsfähigkeit unterworfen.

Bemerkenswert ist nun, daß die Gruppen, denen eine solche Sonderbehandlung zuteil wurde, im Laufe des 19. Jahrhunderts wechselten: Während bis zur Mitte des Jahrhunderts vor allem die Personenverbindungen mit wirtschaftlicher Zielsetzung intensiver Kontrolle beim Erwerb der Rechtsfähigkeit unterlagen, wurde gerade diese Gruppe in der zweiten Jahrhunderthälfte dadurch stark gefördert, daß für sie überwiegend das System der Normativbestimmungen eingeführt wurde.

Demgegenüber wurden innerhalb der Personenverbindungen mit nichtwirtschaftlicher Zielsetzung für einige Gruppen die Körperschaftsbildung erheblich erschwert. Besondere Bedeutung erlangten in diesem Zusammenhang die Sonderbestimmungen für Vereine mit religiösen, politischen und - gegen Ende des Jahrhunderts - "sozialpolitischen" Zielsetzungen.

Die Kontroverse darüber, ob zur Bekämpfung der von diesen Vereinen angeblich ausgehenden Gefahren das private Vereinsrecht der richtige Ort sei, erreichte ihren Höhepunkt bei der Entstehung des BGB.

4. Inhalt und Umfang der Rechtsfähigkeit

Nach Ansicht der heutigen Rechtslehre ist die Rechtsfähigkeit privatrechtlicher Personenverbindungen ein "universales juristisches Vermögen"[37]. Wenn die Rechtsordnung den Vereinen einmal die Rechtsfähigkeit zuerkennt, so gibt sie sie ihnen ganz[38]. Demnach stehen den Juristischen Personen alle diejenigen aus der Rechtsfähigkeit fließenden rechtlichen Eigenschaften zu, welche nicht ihrer Natur nach einen Menschen als Rechtsträger voraussetzen.

Diese Ansicht war im 19. Jahrhundert in der Rechtswissenschaft keineswegs unumstritten; sie war nicht einmal herrschend. Nach überwiegender Ansicht war vielmehr die Fähigkeit der Korporationen, Träger von Rechten und Pflichten zu sein, auf das Vermögensrecht beschränkt[39]. Ihren deutlichen Ausdruck fand diese Auffassung im ersten Entwurf des BGB, wo dieser Grundsatz in Worte gekleidet wurde[40].

Vertreter dieser Auffassung waren vor allem die Anhänger der Fiktionstheorie, aber auch nahezu alle anderen Rechtslehrer, soweit sie nicht Anhänger der Theorie von der realen Verbandsperson waren. Dagegen vertraten vor allem die Anhänger der Genossenschaftstheorie die Ansicht, daß die Körperschaften "alle diejenigen Rechte natürlicher

---

37) FORSTHOFF, Verwaltungsrecht S. 424; ENNECCERUS-NIPPERDEY, Allgemeiner Teil Bd 1, S. 624 m.w.N., insb. Fußn. 2; SOERGEL-SIEBERT (-SCHULTZE- v. LASAULX) Vor § 21, RN 2, 3; einschränkend LEHMANN/HÜBNER, Allgemeiner Teil S. 441. - Zur Rspr. s. RG, Urteil vom 19. November 1926, Rep. II. 463/25 = RGZ 115/246, 249.

38) ENNECCERUS-NIPPERDEY, Allgemeiner Teil Bd 1, S. 625.

39) S. u.a. SAVIGNY, System Bd 2, S. 238; SINTENIS, Civilrecht S. 114/115; PUCHTA, Pandekten S. 37; WINDSCHEID, Lehrbuch Bd 1, S. 144; BARON, Pandekten S. 60; BEKKER, System Bd 1, S. 208; BRINZ, Pandekten Bd 1, S. 229. S. auch KEMNITZ, Rechtsgrundsätze S. 40.

40) § 41 E I.

Personen" haben sollten, "welche nicht nothwendig einen Menschen als Träger des Rechtes voraussetzen."[41].

Ungeachtet des geschilderten Streites bestand jedoch weitgehend Einigkeit darüber, daß die charakteristischen Merkmale rechtsfähiger Personenverbindungen die folgenden seien[42]:

- Eigener Name der Körperschaft (im Handelsrecht: Firma);
- körperschaftlich organisierte Willensbildung;
- Unabhängigkeit vom Wechsel der Mitglieder;
- besonderes Körperschaftsvermögen;
- aktive und passive Parteifähigkeit;
- Haftung der Körperschaft Dritten gegenüber nur bei Vertretungsmacht des Handelnden;
- Beschränkung der Haftung auf das Körperschaftsvermögen;
- kein Anspruch der Mitglieder auf Teilung des Körperschaftsvermögens.

In scharfem Gegensatz zur Körperschaft (universitas personarum) steht nach römischen Recht die societas. Bei ihr "wird der Verband nicht personificirt"[43], sondern es knüpfen sich alle Rechte und Pflichten an die beteiligten natürlichen Personen. Daher ist ein Wechsel der Beteiligten nicht möglich; die Beteiligten haften einerseits persönlich für die gemeinsamen Schulden und sind andererseits gemeinsame Inhaber des Eigentums und der Rechte, welche im Namen der Gesamtheit erworben werden. Klagen und verklagt werden können nur die einzelnen Beteiligten. Von der Gesellschaft i.S.d. §§ 705 ff. BGB unterscheidet sich die societas vor allem dadurch, daß es für sie kein besonderes Gesellschaftsvermögen gibt und daher jeder Beteiligte seinen Anteil am gemeinsamen Vermögen veräußern, einseitig der Vereinigung ein Ende bereiten und Teilung des gemeinsamen Vermögens fordern kann[44].

---

41) So ROCHOLL, Vorschläge S. 20; ebenso GIERKE, Genossenschaftstheorie S. 141 ff.; ENDEMANN, Einführung S. 191; GERBER-COSACK, System S. 71 (§ 41); GOLDMANN-LILIENTHAL, BGB Bd 1, S. 49; CROME, System Bd 1, S. 226; MATTHIASS, Lehrbuch S. 53; BLUNTSCHLI, DtPrR S. 99.

42) S. die Aufzählung bei DERNBURG, Pandekten Bd 1, S. 139/140.

43) Ibidem.

44) Ibidem.

Die vor allem von den Romanisten geforderte Beschränkung der juristischen Persönlichkeit auf die bloße Vermögensfähigkeit wurde auch von den Vertretern der herkömmlichen obrigkeitsstaatlichen Auffassungen betont. Diese Auffassung bedeutete den - lange Zeit erfolgreichen - Versuch, die juristische Persönlichkeit von ihrem Inhalt her einzuengen. Darüber hinaus bestanden in manchen deutschen Staaten noch Gesetze, welche die einmal gewährte Rechtsfähigkeit ihrem Umfang nach, d.h. von ihrem Gegenstande her, einschränkten[45]. Diese Gesetze enthielten namentlich Bestimmungen, nach denen Vermögenstransaktionen von mehr als einer bestimmten Höhe sowie Grundstückgeschäfte der Körperschaften staatlicher Genehmigung bedurften. Diejenigen Bestimmungen des EGBGB, welche den Landesgesetzen die Möglichkeit einräumten, solche Beschränkungen auch nach dem Inkrafttreten des BGB vorzuschreiben, wurden erst 1953 (!) aufgehoben.

Die römischrechtliche Einteilung der Personenverbindungen in universitates und societates blieb von den genannten Beschränkungen der Rechtsfähigkeit grundsätzlich zwar unberührt; sie wurde jedoch dadurch fragwürdig, daß sich im Laufe des 19. Jahrhunderts immer mehr Vereinigungen bildeten, welche mit einigen, nicht jedoch mit allen Merkmalen der juristischen Persönlichkeit ausgestattet waren; die Ausgestaltung ihrer Verhältnisse konnte verschieden sein und sich im Einzelfall mehr derjenigen der Körperschaft oder der des bloßen vertraglichen Schuldverhältnisses annähern.

Die Gründe für das Aufkommen solcher Vereinigungen waren verschieden:

1. Da zahlreiche deutsche Staaten bzw. Partikularrechte am Erfordernis staatlicher Genehmigung für den Erwerb voller Rechtsfähigkeit festhielten, sahen sich Rechtswissenschaft und Rechtsprechung angesichts des mächtigen Aufschwungs, den das Vereinswesen im 19. Jahrhundert nahm,

---

45) S. z.B. für Preußen: § 83 ALR II 6 sowie das Gesetz v. 23. Febr. 1870 (Quellenverzeichnis D III 9) und Art. 6 und 7 des preuß. AGBGB (Quellenverzeichnis D III 10).

einer steigenden Anzahl von Personenverbindungen gegenüber, welche sich zwar eine körperschaftliche Verfassung gegeben, die erforderliche staatliche Verleihung der Rechtsfähigkeit aber nicht erlangt hatten. Das gleiche Problem stellte sich - wenn auch im 19. Jahrhundert seltener als heute - bei denjenigen Personenverbindungen, welche unter der Herrschaft des Systems der Normativbestimmungen die vorgeschriebene Registereintragung nicht beantragt oder nicht erreicht hatten.

Die Rechtsprechung behalf sich teilweise damit, daß sie diesen Personenverbindungen zwar nicht die volle Rechtsfähigkeit zusprach, ihnen jedoch gewisse Einzelmerkmale der Rechtsfähigkeit zubilligte, vor allem solche, die den Verkehr mit Dritten betrafen.

Eine besondere Stellung nahmen im Geltungsbereich des preußischen Landrechts die "Erlaubten Privatgesellschaften" ein; das ALR selbst hatte sie bereits im Innenverhältnis mit Körperschaftsmerkmalen ausgestattet, im Verhältnis zu Dritten jedoch nicht als juristische Personen anerkannt. Die Rechtsprechung näherte die Stellung dieser Personenverbindungen derjenigen von Körperschaften noch weiter an, indem sie ihnen auch nach außen gewisse Körperschaftsmerkmale - z.B. die Gerichtsstandschaft - zuerkannte.

2. Eine weitere Quelle für das Aufkommen von "partiell rechtsfähigen" Personenverbindungen war das Handelsrecht, welches mit der Offenen Handelsgesellschaft und der Kommanditgesellschaft Gestaltungsformen hervorbrachte, die den Bedürfnissen des Handels entsprachen, ohne daß auf die Einhaltung der überkommenen starren Einteilung von universitas und societas Rücksicht genommen wurde[46]. Durch das ADHGB von 1861 wurde der OHG und der KG die Fähigkeit zugesprochen, unter ihrer Firma Rechte zu erwerben und Verbindlichkeiten einzugehen, Eigentum und andere dingliche

46) S. dazu u.a. DAHN, Handelsgesellschaften S. 67/68:"Es ist anziehend zu verfolgen, in welchen verschiedenen mannichfachen und mit großem Scharfsinn den wechselnden Bedürfnissen angepaßten Formen der Geist des Handels die... Arten der Assoziation ausgebildet hat."

Rechte an Grundstücken zu erwerben und vor Gericht zu klagen und verklagt zu werden[47]; andere Korporationsmerkmale, wie z.B. die Beschränkung der Haftung auf das Gesellschaftsvermögen, fehlten jedoch.

3. Die Rechtswissenschaft, teilweise auch Gesetzgebung und Rechtsprechung, bemühten sich, die beiden genannten Gruppen systematisch zu erfassen. In den Gesetzesberatungen tauchte mitunter der Begriff "Kollektivgesellschaft" auf; er sollte die Rechtsform der offenen Handelsgesellschaft auch für andere als handelsrechtliche Personenverbindungen erschließen. Richtig Fuß fassen konnte die Kollektivgesellschaft jedoch in Deutschland nie[48]. Nachdem ihr der Dresdener Entwurf eine ausführliche Regelung gewidmet hatte, wurde ihre Einbeziehung in das BGB in der Form der nichthandelsrechtlichen Erwerbsgesellschaft immerhin noch von beiden Kommissionen ins Auge gefaßt[49]. Daß sie dann doch keinen Eingang in die endgültige Fassung des BGB fand, ist vor allem auf die geänderte gesellschaftsrechtliche Konzeption des BGB wie auch des HGB von 1897 sowie auf die Entwicklung des Genossenschaftsrechtes i.e.S. zurückzuführen, durch welche das Rechtsinstitut der Kollektivgesellschaft letztlich überflüssig wurde.

Während sich die heutige Rechtslehre, die sich derartigen zwitterhaften Gebilden nach wie vor gegenübersieht[50], mit der Feststellung begnügt, daß das positive Recht die Anerkennung eines Verbandes als Rechtssubjekt auch auf

---

47) S. Art. 111 Abs. 1 ADHGB und Art. 164 Abs. 1 ADHGB; wörtlich übernommen von § 124 Abs. 2 und § 161 Abs. 2 i.V.m. § 124 Abs. 2 HGB.

48) Im schweiz.OR (i.d.F. von 1881 wie auch i.d.F. von 1911 und 1936) entspricht der Begriff dem der offenen Handelsgesellschaft.

49) S. u. S. 140 u. S. 170, Fußn. 840.

50) So nach wie vor OHG und KG (vgl. Fußn. 47), nichtrechtsfähiger Verein (§ 54 BGB, § 50 Abs. 2 ZPO), Verein in Liquidation (§ 49 Abs. 2 BGB).

einzelne Punkte beschränken könne[51], haben sich die Rechtstheoretiker des 19. Jahrhunderts zu immer neuen Versuchen zur Erklärung der Rechtsnatur solcher Personenverbindungen veranlaßt gesehen[52]. Die Romanisten versuchten, sie einer der beiden römischrechtlichen Grundformen zuzuordnen und prägten unter anderem den Begriff der "Modifizierten Sozietät", während manche Germanisten, vor allem die Vertreter der Genossenschaftstheorie, zu ihrer Erklärung auf altdeutsche Rechtsformen wie z.B. das Rechtsinstitut der Gesamten Hand und der deutschrechtlichen Genossenschaft zurückgriffen.

Da die genannten Personenverbindungen den Korporationen verwandt sind, sollen sie bei der folgenden Darstellung mitberücksichtigt werden.

II. Zur Benennung der Personenverbindungen

Die heutigen gesetzlichen Vorschriften über Personenverbindungen[53] weisen in Wortwahl und Begriffsbildung nicht nur eine verwirrende Vielfalt, sondern auch mancherlei Widersprüche auf. Das BGB spricht von "Vereinen" (§§ 21 ff.), "Körperschaften" (§89) und "Gesellschaften" (§§ 705 ff.). Die Bezeichnung "Gesellschaft" benutzen ferner das Handelsgesetzbuch, das GmbH-Gesetz und das Aktiengesetz; daneben hat sich auch die Bezeichnung "Genossenschaft" in

---

51) ENNECCERUS-NIPPERDEY, Allgemeiner Teil Bd 1, S. 624; BAUMBACH-DUDEN, HGB, Einführung zu Buch II, 1 C; HEYMANN-KÖTTER, HGB, Übersicht vor Buch II, Ziff. 4 (dort S. III auch der Hinweis auf "eine unverkennbare Renaissance der handelsrechtlichen Dogmatik" in diesem Punkte); SCHLEGELBERGER (-GESSLER), HGB § 125 RN 128; SOERGEL-SIEBERT (-SCHULTZE-v. LASAULX), BGB Bd 1, Vor § 21 RN 6, 7. Umfassend FABRICIUS, Relativität passim, bes. S. 117 ff.

52) S. vor allem den grundlegenden Aufsatz von LABAND, ZHR 30/469 ff.; ferner AFFOLTER, ABR 5/1 ff., KUNTZ, ZHR 6/177 ff., ANSCHÜTZ-VÖLDERNDORF, ADHGB Bd II/1, S. 8/9 Fußn. 8; UNGER, IhJb 25/239 ff.; GENGLER, DtPrR S. 92; LADENBURG, ZHR 1/132 ff.; STAUDINGER, DJZ 5/375, 376.

53) Nicht eingegangen wird hier auf die Geschichte der Bezeichnungen "Juristische Person" und "Moralische Person"; zu diesen s. u.a. STAUDINGER (-COING), BGB, Vor § 21; MOTIVE Bd 1, S. 79, Fußn.

dem gleichnamigen Gesetz erhalten.

Im 19. Jahrhundert war die terminologische Vielfalt noch größer. So wurden außer den bereits genannten auch die Bezeichnungen "Korporation", "Personenverein", "Sozietät" und manche andere verwendet.

Zu dieser Vielfalt der Bezeichnungen tritt ihre unterschiedliche Verwendung. Zwar bezeichnet das BGB mit dem Wort "Verein" grundsätzlich die rechtsfähigen Personenverbindungen (§§ 21, 22); daneben verwendet es diese Bezeichnung aber auch für den nichtrechtsfähigen "Verein" (§ 54). Der Begriff "Verein" umfaßt daher nach dem BGB mehr als nur die rechtsfähige Personenverbindung[54].

Der erste Entwurf des BGB hatte in dieser Hinsicht noch genauer unterschieden. Der von ihm benutzte Terminus "Personenverein" entsprach dem Vereinsbegriff des BGB, während die rechtsfähigen Personenverbindungen als "Körperschaften" bezeichnet wurden. Diese letzte Bezeichnung hat inzwischen eine noch weitere Verengung erfahren und wird heute überwiegend für die rechtsfähigen Personenverbindungen des öffentlichen Rechts benutzt[55]. Dementsprechend ist der Begriff "Verein" heute eindeutig auf privatrechtliche Personenverbindungen beschränkt und wenigstens insoweit deutlich eingegrenzt. Eine andere Inkonsequenz besteht jedoch bis heute fort: Entgegen der in den §§ 705 ff. BGB getroffenen Wortwahl, wonach die Bezeichnung "Gesellschaft" ge-

---

54) GIERKE, Vereine ohne Rechtsfähigkeit S. 11/12: "Entscheidendes Merkmal des Vereins" ist "eine ihrem Gesamtinhalte nach als Körperschaftsverfassung erscheinende Einrichtung. ...Ein Verband ist ein Verein, wenn er so organisiert ist, daß er seinen Mitgliedern als besonderes einheitliches Ganze gegenübersteht und im Verkehr als solches sich giebt und genommen wird." Zum Vereinsbegriff des BGB vgl. ferner FRIEDRICH, DJZ 2/310; COHN, Schuldenhaftung S. 1-4.

55) So auch die II. Kommission des BGB; sie lehnte mit Mehrheit die Bezeichnung "Körperschaft" ab, weil er nur für solche Vereinigungen gelte, "welche im öffentlichen Leben eine Rolle spielten und Inhaber obrigkeitlicher Befugnisse seien." (S. PROT.BGB II A Bd 2 S. 1017; PROT.BGB II B Bd 1, S. 505). Bis zum Beginn des 19. Jahrh. wurde der Begriff "Körperschaft" noch für alle juristischen Personen verwendet (also auch für die Stiftungen); s. dazu GEBHARD, TE AT JurP, Begr. S. 3, Fußn. 1 m.w.N.

samthänderisch gestalteten Personenverbindungen vorbehalten ist, verwenden sie andere Gesetze für eine Reihe von Vereinigungen - wie z.B. die Aktiengesellschaft - welche ihrem Aufbau nach unter die "Vereine" i.S.d. BGB fallen[56]. Diese mangelnde Folgerichtigkeit, welche aus der Entwicklungsgeschichte des Handelsgesellschaftsrechts im 19. Jahrhundert zu erklären ist, versucht die heutige Rechtslehre dadurch zu beseitigen, daß sie die "Gesellschaften im weiteren Sinne" von den "Gesellschaften im engeren Sinne" unterscheidet[57] und unter die letzteren nur die Gesamthandsgemeinschaften des BGB und des HGB subsumiert.

Diese Unklarheiten in der Benennung der Personenverbindungen sind keineswegs eine typische Erscheinung der heutigen Gesetzgebung und Lehre. Sie waren in der Rechtswissenschaft und Gesetzgebung des 19. Jahrhunderts eher noch größer[58]. Der Name "Verein" in seiner heutigen Bedeutung taucht erstmals zu Beginn des 19. Jahrhunderts auf[59], er wurde jedoch von der Gesetzgebung erst in der zweiten Jahrhunderthälfte, und auch dann vorwiegend in öffentlichrechtlichen Regelungen, benutzt[60], während die Bezeichnungen "Körperschaft" und "Gesellschaft" nach wie vor be-

---

56) Dies wird bestätigt durch die Wortwahl des § 6 Abs. 2 HGB; s. auch bereits RENAUD, Aktienrecht S. 168.

57) S. u.a. WESTERMANN, HbPG S. I 3; HUECK, Gesellschaftsrecht S. 2; J. v. GIERKE, Handelsrecht S. 167, bezeichnet die vom BGB vorgenommene Einteilung in "Verein" und "Gesellschaft" als ein "begriffliches und lebensfremdes Schema".

58) Ebenso in der klassischen deutschen Rechtsphilosophie. Bei KANT, Metaphysik der Sitten S. 318, § 49, Allgemeine Anmerkung A sowie S. 314, § 46, werden "Verein" und "Gesellschaft" als Bezeichnungen für das Staatsvolk und den Staat benutzt, während rechtsfähige Personenverbindungen als "Korporationen" bezeichnet werden (a.a.O. S. 325, § 49, Allgemeine Anmerkung B); bei HEGEL taucht der Name "Verein" nicht auf, die Bezeichnung "Korporation" wird im ständischen Sinne verwendet (HEGEL, Grundlinien S. 394, § 251; vgl. auch a.a.O. S. 396, den Zusatz zu § 255). Zur Korporationslehre HEGELS s. F. MÜLLER, Korporation S. 146 ff.

59) S. REICHERT-DANNECKER-KÜHR, Handbuch S. 3 m.w.N., ferner Th. NIPPERDEY, Verein a.a.O. S. 1, Fußn. 1.

60) REICHERT-DANNECKER-KÜHR, a.a.O.

herrschend blieben[61]. Hinzu trat seit der Mitte des Jahrhunderts der schillernde Terminus "Genossenschaft", welcher mitunter von der Gesetzgebung in der heutigen Bedeutung des Wortes "Verein" benutzt wurde und erst im Genossenschaftsgesetz seine endgültige Festlegung fand.

Demnach lassen die Namen, mit denen Gesetzgebung, Rechtsprechung und Lehre des 19. Jahrhunderts die Personenverbindungen belegten, keine sicheren Schlüsse auf den inneren Aufbau der jeweils behandelten Vereinigungen zu. Dieser Aufbau muß vielmehr jeweils besonders erschlossen werden.

In der folgenden Darstellung werden die Bezeichnungen "Verein", "Korporation", "Körperschaft" und "Personenverbindung mit körperschaftlicher Verfassung" im Sinne des weiten Vereinsbegriffes des BGB benutzt.

Für das reine Vertragsverhältnis im Sinne der römischrechtlichen societas wird die von diesem Wort abgeleitete Bezeichnung "Sozietät" verwendet.

Die Bezeichnung "Gesellschaft" wird im Sinne des BGB verwendet als Bezeichnung für Gesamthandsgemeinschaften. Zusammenfassend für alle diese Gebilde werden die Bezeichnungen "Personenverbindung" und "Vereinigung" verwendet.

III. Der Verlust der Rechtsfähigkeit (Übersicht)

Während die folgende Darstellung - von Ausnahmen abgesehen - nur die Frage des E r w e r b s der juristischen Persönlichkeit durch Vereine zum Gegenstand hat, soll hier ein kurzer Überblick über die Frage des Verlustes der Rechtsfähigkeit gegeben werden.

Die juristische Persönlichkeit des Vereins erlischt in jedem Falle dann, wenn der Verein, mithin der Träger der Rechtsfähigkeit, insgesamt untergeht[62].

Dies ist der Fall bei

61) Zum Begriff "Verein" i.S.d. preuß. VO v. 1850 s. auch MUNCKEL, SozPr 5/281 ff.
62) S. u.a. HATSCHECK DJZ 5/492; vgl. ferner zum folgenden die Systematik bei ZITELMANN, Allg. Theil S. 65 ff.

- Vorliegen eines Selbstauflösungsbeschlusses[63];
- Auflösung des Vereins nach öffentlichem Vereinsrecht (Verbot);
- Wegfall aller Mitglieder durch Tod oder Austritt;
- Zeitablauf oder Eintritt einer auflösenden Bedingung, falls sie in der Satzung vorgesehen sind.

Neben diesen Fällen des völligen Erlöschens der Körperschaft gibt es Fälle, in denen zwar der Verein als solcher fortbesteht, jedoch keine juristische Persönlichkeit mehr besitzt[64].

Dies kann der Fall sein bei
- Entziehung der Rechtsfähigkeit;
- Verzicht auf die Rechtsfähigkeit[65];
- Eröffnung des Konkurses[66];
- Herabsinken der Mitgliederzahl unter die gesetzlich festgesetzte Mindestgrenze.

In diesen Fällen wird zwar regelmäßig auch der Verein als solcher untergehen[67]; es ist den Vereinsmitgliedern jedoch grundsätzlich unbenommen, den Verein als nicht-

---

63) Ob ein solcher Beschluß ohne staatliche Genehmigung zulässig sei, war in der Rechtswissenschaft des 19. Jahrh. umstritten. In der gemeinrechtlichen Doktrin wurde die Frage überwiegend verneint. S. z.B. SAVIGNY, System Bd 2, S. 79: "...kann die Auflösung der einmal begründeten juristischen Person nicht durch die Willkühr der gegenwärtigen Mitglieder allein, von deren Daseyn ja die juristische Person unabhängig ist, bestimmt werden, sondern es ist auch dazu die Genehmigung der höchsten Gewalt nöthig." Ebenso SINTENIS, Civilrecht Bd 1, S. 113 - Nach dem Inkrafttreten des BGB hat sich die gegenteilige Ansicht durchgesetzt:"Staatliche Genehmigung ist zur Auflösung selbst dann nicht erforderlich, wenn der Verein die Rechtsfähigkeit durch Verleihung nach § 22 erlangt hat." (v. THUR, Allgemeiner Teil S. 557 m.w.N.).

64) S. u.a. SCHÜCK, Auflösung S. 13.

65) Es gilt das in Fußn. 63 Ausgeführte entsprechend.

66) S. § 42 Abs. 1 BGB, Art. 242 ADHGB. - HELLMANN, Vorträge S. 23, unterscheidet zwischen 1) Auflösung, 2) Eröffnung des Konkurses, 3) Entziehung der Rechtsfähigkeit.

67) Insbesondere wird in manchen Fällen der Entziehung der Rechtsfähigkeit auch die Auflösung des Vereins aus öffentlichrechtlichen Gründen ausgesprochen werden müssen (so z.B. im Falle des § 43 Abs. 1 BGB).

rechtsfähigen Verein fortzusetzen[68].

Die Unterscheidung zwischen der völligen Auflösung des Vereins und dem bloßen Verlust der Rechtsfähigkeit ist allerdings nur unter der Herrschaft des Konzessionssystems und des Systems der Normativbestimmungen von Bedeutung. Wo dagegen die Rechtsordnung mit dem bloßen Bestehen einer nicht rechtswidrigen, körperschaftlich organisierten Personenverbindung auch schon deren Rechtsfähigkeit anerkennt, kann der Verlust der Rechtsfähigkeit nur dann eintreten, wenn der Verein insgesamt untergeht[69].

Die Unterscheidung zwischen dem Untergang des Vereins und dem bloßen Verlust der Rechtsfähigkeit ist in der Rechtstheorie und Praxis des 19. Jahrhunderts nicht immer klar getroffen worden. Sie war allerdings von geringer Bedeutung solange sowohl im öffentlichen als auch im privaten Vereinsrecht das Konzessionssystem herrschte. Als aber diese beiden Seiten des Vereinsrechtes im Laufe des 19. Jahrhunderts allmählich auseinanderfielen, wurde das Problem drängender. Während die Rechtstheorie sich mit sinngemäßer Auslegung behalf, indem sie in bestimmten Fällen die vom Gesetz vorgesehene "Auflösung" als bloßen "Verlust der Rechtsfähigkeit" interpretierte, wurde in den Gesetzeswortlauten die Konsequenz aus dieser Unterscheidung erst verhältnismäßig spät und nur zögernd gezogen[70].

Nach heutigem Recht kann eine völlige Auflösung des Vereins durch staatlichen Eingriff nur dann erfolgen, wenn die Zwecke des Vereins oder seine Tätigkeit den Strafgesetzen zuwiderlaufen oder er sich gegen die verfassungsmäßige Ordnung oder den Gedanken der Völkerverständigung richtet (Art. 9 Abs. 2 GG; § 3 Abs. 1 VereinsG 1964). Ansonsten besteht nur ein staatliches Recht zur Entziehung

---

68) S. SCHÜCK, Auflösung S. 13; PLANCK, BGB Anm. zu § 43. - Zur Frage, ob der auf diese Weise entstandene nichtrechtsfähige Verein eine Fortsetzung der untergegangenen Körperschaft oder ein rechtliches aliud darstellt, s. SCHÜCK a.a.O. sowie ECK, Vorträge S. 68.
69) S. z.B. § 60 schweiz. ZGB.
70) S. z.B. noch Art. 242 ADHGB.

der Rechtsfähigkeit (vgl. z.B. § 43 Abs. 1,2 und 3 BGB) 71)72).

IV. Die politische Seite des Vereinsrechts

Bereits die bisherigen Ausführungen haben gezeigt, daß die Diskussionen um das Vereinsrecht oft nicht frei von politischen Rücksichten waren. In der Tat hat kaum ein anderes Gebiet des Privatrechts eine solch starke politische Bedeutung wie das Vereinsrecht. Dies gilt besonders für das 19. Jahrhundert. "Die Rolle des Vereinswesens und des ihm zugrundeliegenden Vereinsrechtes während des 19. Jahrhundert" ist "kaum zu überschätzen"[73]; denn gerade während dieses Zeitraumes ist die politische und gesellschaftliche Entwicklung untrennbar mit dem Vereinsrecht verwoben.

Regelungen, welche dazu dienen sollten, den von den Vereinen tatsächlich oder angeblich ausgehenden Gefahren für die bestehende Ordnung zu begegnen, mußten nach der damals und auch noch heute geltenden Auffassung vom Aufbau der Gesamtrechtsordnung ihren Platz im öffentlichen Vereinsrecht (Vereinspolizeirecht) finden. Dort standen insbesondere die Instrumente der Erlaubnisversagung und des Vereinsverbotes zur Verfügung. Dagegen gehörte das Problem des Erwerbes der Körperschaftseigenschaft dem privaten Vereinsrecht an. Die Entwicklung bis in die jüngste Vergangenheit hinein zeigt jedoch, daß der vom Vereinswesen ausgehende politische Problemdruck sich häufig - ohne Rücksicht auf rechtsdogmatische Bedenken - auch im privaten Vereinsrecht bemerkbar machte. Ein Überblick über die Entwicklung in Deutschland sowie in drei deutschen Nachbarstaaten mag dies verdeutlichen.

1. Überblick über die deutsche Entwicklung

Mit der Lockerung feudaler und ständischer Bindungen um die Wende vom 18. zum 19. Jahrhundert lösten sich auch die

---

71) Sachlich übereinstimmend u.a. § 81 GenG, § 62 GmbHG.

72) Kraft Gesetzes tritt Verlust der Rechtsfähigkeit ein bei Konkurs (§ 42); Entziehung der Rechtsfähigkeit durch das Registergericht erfolgt bei Herabsinken der Mitgliederzahl unter drei.

73) SCHULZ, PVS 2/124, 133.

mit diesen Bindungen zusammenhängenden Zwangsmitgliedschaften in den ständischen Organisationen. An die Stelle der alten Korporation als einer "durch Geburt und Stand bestimmten, auf das Ganze des Lebens unspezifisch ausgedehnten Organisation.., die für ihre Mitglieder statusbestimmende Rechtsfolgen hatte"[74], trat die Assoziation, der Verein, als "ein freier organisatorischer Zusammenschluß von Personen", in welchem "..Freiheit zum Beitritt, zum Austritt und zur Auflösung" bestand[75]. Statt in eine Organisation eingebettet zu sein, welche den Einzelnen in seiner ganzen Person umfaßte, konnte dieser sich nun zur Verfolgung seiner politischen, kulturellen oder wirtschaftlichen - also "partialen"-Interessen zu gleicher Zeit jeweils verschiedenen Vereinen anschließen. Daher stieg die Zahl der Vereine im Laufe des 19. Jahrhunderts stark an, und bereits "um 1840" war "aus der Vereinsbereitschaft des Bürgers eine Vereinsleidenschaft geworden; alle bürgerliche Aktivität" organisierte sich nunmehr "in Vereinen"[76].

Dieser Potenzierung der Macht der Einzelnen durch Zusammenschluß mit Gleichgesinnten, welche in allen Bereichen des gesellschaftlichen Lebens sichtbar wurde, stand die Staatsgewalt nicht gleichgültig gegenüber. Ihr Mißtrauen richtete sich in erster Linie gegen Vereinigungen mit wirtschaftlichen und mit politischen Zielsetzungen.

a. Die wirtschaftlich ausgerichteten Personenverbindungen blieben vor allem zu Beginn des Jahrhunderts besonderer Kontrolle unterworfen, da der Staat aus der Zeit des Merkantilismus her die Wirtschaft als eines seiner Betätigungsfelder ansah. So galt denn für diese Vereinigungen, besonders für Aktiengesellschaften, bis in die sechziger Jahre hinein fast überall in Deutschland das Konzessionssystem. Erst als zu dieser Zeit die deutsche Industrie einen starken Aufschwung erlebte und das Bürgertum als der Hauptträger der wirtschaftlichen Entwicklung des Jahrhun-

---

74) Th. NIPPERDEY, Verein a.a.O. S. 1
75) Ibidem.
76) Th. NIPPERDEY, Verein a.a.O. S. 3

derts an seinen politischen Forderungen Abstriche machte[77], wurden allmählich die Beschränkungen gelockert, und das System der Normativbestimmungen wurde allmählich für fast alle wirtschaftlichen Personenverbindungen eingeführt.

b. Anders stand es mit den Personenverbindungen mit politischen Zielsetzungen. Im Vormärz wurden sie ebenso mißtrauisch beobachtet wie die wirtschaftlichen Vereinigungen. Nach dem Scheitern der Revolution von 1848 ebbte dann zwar die bürgerlich-demokratische Bewegung ab, an ihre Stelle trat jedoch seit den Sechzigerjahren die Arbeiterbewegung als noch gefährlicherer Gegner der bestehenden Staats- und Gesellschaftsordnung.

Auf Reichsebene wurde die Bekämpfung der Arbeitervereinigungen seit 1871 nicht nur mit den Mitteln des öffentlichen Vereinsrechtes (insbesondere das Sozialistengesetz[77a]) geführt, sondern daneben tauchten diejenigen Beschränkungen, welche früher für die G r ü n d u n g von Vereinen gegolten hatten, nunmehr teilweise auch bei der Frage des E r w e r b s d e r R e c h t s f ä h i g k e i t wieder auf. Vor allem hieraus erklären sich die besonders scharfen Zulassungsvoraussetzungen, welche das BGB für Vereine mit politischen, religiösen und sozialpolitischen Zielsetzungen aufstellte.

Die meisten Rechtswissenschaftler, vor allem die Vertreter der Systeme der freien Körperschaftsbildung und der Normativbestimmungen, wehrten sich gegen diese Vermischung des privaten Vereinsrechts mit vereinspolizeilichen Gedanken; sie forderten, daß politische Überlegungen im öffentlichen Vereinsrecht ihre Berücksichtigung finden sollten[78]. Es könne nicht die Aufgabe des Privatrechtes sein, etwaige Schäden der öffentlichrechtlichen Vereinsgesetzgebung auszubessern[79].

Demgegenüber vertraten die Reichsregierung und die Regierungen der Bundesstaaten die Ansicht, der mit der Rechtsfähigkeit, vor allem mit der Vermögensfähigkeit,

---

77) S. dazu unten S. 125.
77a) S. dazu unten S. 127, Fußn. 610a.
78) S. u.a. GIERKE, 19. DtJurTag Bd 3, S. 227.
79) GIERKE a.a.O.

verbundene Machtzuwachs der Vereine bedeute ein Risiko für die Staatssicherheit; dieses Risiko gehe über das mit der bloßen Existenz der Vereine verbundene Risiko hinaus. Soweit überhaupt noch öffentlichrechtliche Sonderbestimmungen für bestimmte Vereinsgruppen bestünden, würden sie wirkungslos, wenn ihnen nicht "entsprechende privatrechtliche Sicherungen an die Seite gestellt würden"[79a]. Ferner wurde geltend gemacht, angesichts der Uneinheitlichkeit des - bis 1908 von den Bundesstaaten geregelten - öffentlichen Vereinsrechtes könne es nicht verantwortet werden, das System der Normativbestimmungen reichseinheitlich für alle Vereine einzuführen.

So erwies sich die auf den ersten Blick unpolitische privatrechtliche Frage nach dem Erwerb der Rechtsfähigkeit als ausgesprochenes Politikum. Daß dies nicht nur für Deutschland galt, zeigt ein Blick auf die Entwicklung in den drei für das deutsche Recht wichtigsten Nachbarländern[80].

2. Die Entwicklung in Frankreich

Den Trägern der Französichen Revolution waren Körperschaften unerwünscht und verdächtig[81], hatten doch die juristischen Personen in der Zeit vor der Revolution zahlreiche Privilegien besessen und das Ancien Régime gestützt[82]. Auch glaubte man Freiheit und Gleichheit in der Gesellschaft dadurch am besten gewährleistet, "daß man vielen kleinen Produzenten ihr Eigentum und ihren privaten Konkurrenzkampf garantierte und den Zusammenschluß von Sonderinteressen untersagte, deren Macht - wie man glaub-

---

79a) S. u.a. BEMERKUNGEN PREUSSEN S. 13/14.

80) Über die Entwicklung in Frankreich, Österreich und der Schweiz s. HEDEMANN, Fortschritte Bd 1, S. 40 ff., auf den sich die folgenden Ausführungen in erster Linie stützen.

81) SPECKER, Abgrenzung S. 17; SALEILLES, Personnalité juridique S. 3: "Pour les hommes de la Révolution l'existence des corporations jouissant des droits distincts était une anomalie philosophique, juridique et politique."

82) WIEDEMANN, Beiträge S. 46; BARAZETTI, Personenrecht S. 2; SPECKER, Abgrenzung S. 17; DUVERGER, Freiheitsrechte S. 602; GASTROPH, Vereinigungen S. 34; BREMER, Beschränkung S. 30/31.

te - die Freiheit der anderen ja nur behindern konnte"[83].

So gelang es nicht einmal unter der Jakobinerherrschaft, jenes Dekret vom 14. Juli 1791[84] aufzuheben, welches alle Berufsvereinigungen als ein Attentat auf die Freiheit und auf die Déclaration des droits de l'homme et du citoyen verboten hatte[85][86]. Verboten wurden ferner die religiösen Korporationen[87] und schließlich, nach mehrmaliger Wiederzulassung[88], auch die politischen Vereinigungen[89]. Vom Verbot ausgenommen blieben lediglich die handelsrechtlichen Personenverbindungen[90].

So war der Weg bereitet für eine "abolition de toute association"[91]. Der code civil, welcher sonst die Revolutionsgesetzgebung "mehrfach auf eine sehr konservative Linie umbog"[92], behielt hinsichtlich der juristischen Personen die von der Revolution vorgezeichnete Linie

---

83) ABENDROTH, Sozialgeschichte S. 15 - Vgl. ROUSSEAU, Gesellschaftsvertrag 2. Buch, 3. Kapitel (S. 32 ff.): "Wenn sich Parteien, wenn sich kleine Genossenschaften zum Nachteil der großen bilden, so wird der Wille jeder dieser Gemeinschaften in Beziehung auf ihre Mitglieder ein allgemeiner und dem Staat gegenüber ein einzelner; man kann dann sagen, daß nicht mehr so viele Stimmberechtigte wie Menschen vorhanden sind, sondern nur so viele, wie es Vereinigungen gibt. Die Differenzen werden weniger zahlreich und führen zu einem weniger allgemeinen Ergebnis ... Um eine klare Darlegung des allgemeinen Willens zu erhalten, ist es deshalb von Wichtigkeit, daß es im Staat möglichst keine besonderen Gesellschaften geben und jeder Staatsbürger nur für seine eigene Überzeugung eintreten soll." S. auch KAYSER, Société ou association S. 55 sowie REDSLOB, Staatstheorien S. 40/41.

84) Quellenverzeichnis A I.

85) ABENDROTH, Sozialgeschichte S. 15.

86) S. auch die allgemeinen Bedenken von SALEILLES, Personnalité juridique S. 3; dazu TUOR, ZGB S. 94.

87) Dekret v. 13. - 19. Februar 1790.

88) Zu den Gründen hierfür s. P. KAYSER, Societé ou association S. 56/57.

89) Endgültig durch Dekrete vom 30. Oktober 1793 und v. 16. Oktober 1794.

90) S. Dekret v. 2. März 1791; dazu FERID, FrzZivR Bd 1, S. 225.

91) HUBER, Fschr. Jahrreiß S. 110 m.w.N.; ferner GASTROPH, Vereinigungen S. 34.

92) FERID, FrzZivR Bd 1, S. 225.

bei[93]. Er erwähnte jene mit keinem einzigen Wort[94]. Vermutlich wollten die Schöpfer des Gesetzbuches es "vermeiden,..durch Aufnahme eines die juristischen Personen besonders kennzeichnenden Ausdruckes gehässige Erinnerungen an Einrichtungen des Ancien Régime im Volke wachzurufen"[95]. Wo sich eine Berücksichtigung der juristischen Personen nicht vermeiden ließ, bediente sich das Gesetz der Umschreibung[96]. Ausdrückliche Erwähnung ließ es nur den öffentlichrechtlichen Korporationen zukommen[97].

Theorie und Praxis des französischen Rechts leiteten aus der Zurückhaltung des Code jahrzehntelang die Geltung des Konzessionssystems ab[98]. Diese Tendenz wurde noch verstärkt durch Art. 291 des Code pénal von 1810, welcher die Existenz eines Vereins, sobald dieser mehr als zwanzig Mitglieder zählte, unter Strafe stellte. Von dieser Strafdrohung konnten sich die betroffenen Vereinigungen zwar befreien, indem sie sich von der Behörde für erlaubt erklären ließen; diese Genehmigung verlieh dem Verein aber nicht die Rechtsfähigkeit, sondern nahm ihm lediglich den deliktischen Charakter[99].

Rechtswissenschaft und Rechtsprechung modifizierten allerdings den Grundsatz, daß juristische Persönlichkeit nur durch einen individuellen staatlichen Konzessionsakt entstehen könne, schon verhältnismäßig früh dahin, daß dieser

93) FERID a.a.O.
94) Dabei blieb es bis z. Jahre 1968 (!). Erst in diesem Jahre wurde Art. 496 Abs. 2 dahin geändert, daß eine Erwachsenenvormundschaft auch einer "juristischen Person" übertragen werden kann. (s. Quellenverzeichnis A XIII).
95) BARAZETTI, Personenrecht S. 2; s. auch WIEDEMANN, Beiträge S. 46.
96) S. vor allem Art. 537 Abs. 2 :Nachdem in Abs. 1 der Grundsatz der freien Verfügungsgewalt von Privatpersonen über die ihnen gehörigen Sachen aufgestellt worden ist, fährt Abs. 2 fort: "Les biens qui n'appartiennent pas à des particulières, sont administrés et ne peuvent être aliénés que dans les formes et suivant les règles qui leurs sont particulières."
97) S. u.a. Art. 910, 937, 1596, 1712, 2055, 2121, 2153, 2227.
98) S. HEDEMANN, Fortschritte Bd 1, S. 41; WIEDEMANN, Beiträge S. 46 f.
99) Dazu SPECKER, Abgrenzung S. 17; P. KAYSER, Société ou association S. 57; FERID, FrtZivR S. 225.

Akt " sich nicht immer auf einen Einzelfall beschränken muß, vielmehr sich in Gesetzesformen auch in dem Sinne auf eine Reihe gleichartiger Verbände beziehen kann, daß diese ebenfalls Persönlichkeit erwerben, sofern sie sich unter Beobachtung der im Gesetz aufgestellten Voraussetzungen konstituierten"[100)][101)]. Diese Erleichterung galt aber nur für Handelsgesellschaften. Der Kassationshof sprach einer Reihe von ihnen Rechtspersönlichkeit zu, obwohl diese nirgends im Gesetz vorgesehen war[102)]. Er ließ es ausreichen, daß bei der Gründung der Gesellschaft die im Code de commerce[103)] und seinen späteren Zusatzgesetzen [104)] enthaltenen formellen Bestimmungen beobachtet worden waren.

Während bei den Handelsgesellschaften die wirtschaftlichen Erfordernisse über Rechtsdoktrin und politische Bedenken gesiegt hatten[105)], blieb es für Idealvereine beim reinen Konzessionssystem[106)]. Daher kann es nicht erstaunen, daß auch von seiten der Gesetzgebung der entscheidende Durchbruch zunächst auf dem Gebiet des Handelsrechtes erfolgte. Die Loi sur les sociétés von 1867[107)] führte für Aktiengesellschaften das System der Normativbestimmungen

---

100) WIEDEMANN, Beiträge S. 47 - Vgl. ferner FÖRTSCH, Code civil und BGB S. 5; ablehnend ZACHARIÄ-CROME, FrzZivR Bd 1, S. 139.

101) Zu der Frage, ob man hierin nicht schon einen Fall des Systems der Normativbestimmungen sehen kann, s. oben S. 12.

102) WIEDEMANN, Beiträge S. 47/48; BARAZETTI, Personenrecht S. 3; s. auch die Rspr.-Nachweise bei ZACHARIÄ-CROME, FrzZivR Bd 1, S. 140, Fußn. 8.

103) Der Code de commerce forderte für Aktiengesellschaften neben der staatlichen Genehmigung (Art. 37) die öffentliche Beurkundung des Gesellschaftsvertrages (Art. 40). Für OHG und KG galt das System der Normativbestimmungen. Auch bei ihnen war öffentliche Beurkundung erforderlich (Art. 39).

104) Deren Zusammenstellung bei ZACHARIÄ-CROME, FrzZivR Bd 1, S. 138/9, Fußn. 4; s. ferner die Fundstellen bei WIEDEMANN, Beiträge S. 50.

105) P. KAYSER, Société S. 63; FERID, FrzZivR S. 226.

106) WIEDEMANN, Beiträge S. 48.

107) Quellenverzeichnis A VII

gesetzlich ein[108)109)].

In der Folgezeit nahmen auch Personenverbindungen mit nichtwirtschaftlichen Zielsetzungen die Rechtsform der Aktiengesellschaft an, um unter die Bestimmungen des genannten Gesetzes zu fallen. So stellte sich die Frage, ob auch für sie das System der Normativbestimmungen gelten sollte. Diese Frage wurde erst 1893 verbindlich entschieden. Das Gesetz vom 1. August 1893[110)] erklärte alle Vereinigungen, welche sich die Rechtsform der Aktiengesellschaft gegeben hatten, ohne Rücksicht auf ihre Zielsetzung zu Handelsgesellschaften und eröffnete damit den oben genannten Idealvereinen den erleichterten Zugang zur Rechtsfähigkeit.

Dieser Grundsatz wurde dann von der Rechtsprechung auch auf andere Handelsgesellschafts-Formen ausgedehnt[111)]. Dagegen blieb es für Idealvereine, soweit sie sich nicht die Form einer Handelsgesellschaft gegeben hatten, zunächst beim Konzessionssystem.

Auf dem Gebiet des öffentlichen Vereinsrechtes waren allerdings bereits 1884 die Koalitionsverbote der Revolutionszeit durch Gesetz aufgehoben und den Berufsvereinen der Erwerb der Rechtsfähigkeit ermöglicht worden. Von die-

---

108) "A l'avenir les sociétés anonymes pourront se former sans l'autorisation du gouvernement."

109) Zu den tagespolitischen Hintergründen vgl. WIEDEMANN, Beiträge S. 53/54: Durch Abkommen mit England wurden die englischen Aktiengesellschaften in Frankreich als Prozeßparteien zugelassen. Da in England die Entstehung der Aktiengesellschaften nur an wenige formale Voraussetzungen gebunden war, hätte dies für die einheimischen französischen Aktiengesellschaften eine Benachteiligung gegenüber den englischen bedeuten können.

110) S. Quellenverzeichnis A VIII. Art. 6 des Gesetzes: "Quel que soit leur objet, les sociétés en commandite ou anonymes qui seront constituées dans les formes du Code de commerce ou de la présente loi, seront commerciales et soumises aux lois et usages de commerce."

111) S. die Nachweise bei WIEDEMANN, Beiträge S. 52. - Das zitierte Gesetz von 1893 hatte bereits für die Kommanditgesellschaft die gleiche Regelung gebracht wie für Aktiengesellschaften und damit die "Teilrechtsfähigkeit" der Kommanditgesellschaft auch Idealvereinen zugänglich gemacht (s. Fußn. 110).

ser Möglichkeit machte in den folgenden Jahren eine ganze Anzahl dieser Vereine Gebrauch[112)113)]. Aber erst das Gesetz vom 1. Juli 1901 führte für alle Idealvereine das System der Normativbestimmungen ein. Eine Ausnahme machte das Gesetz lediglich für die religiösen Kongregationen. Sie bedurften auch weiterhin der Konzession. Insgesamt brachte das Gesetz von 1901[114)] auf dem Gebiet des öffentlichen wie auch des privaten Vereinsrechts einen Fortschritt. Im Verhältnis zu dem kurz zuvor in Kraft getretenen BGB enthielt es eine vereinsfreundlichere Gestaltung des Vereinsrechts. Die entscheidende Wende für Idealvereine trat somit in einer politisch relativ ruhigen Zeit ein, nachdem die vorangegangenen 100 Jahre mit ihren mehrfachen Régimewechseln den jeweiligen Machthabern eine freiheitlichere Gestaltung des Vereinsrechts nicht erwünscht hatten erscheinen lassen.

3. Die Entwicklung in Österreich

Einen anderen Verlauf nahm die Entwicklung in Österreich. Das österreichische Allgemeine Bürgerliche Gesetzbuch von 1811[115)] bestimmt in § 26 unter der Überschrift "(Personenrechte) aus dem Verhältnisse einer moralischen Person":

> "Die Rechte der Mitglieder einer erlaubten Gesellschaft unter sich werden durch den Vertrag oder Zweck und die besonderen für dieselben bestehenden Vorschriften bestimmt. Im Verhältnis gegen andere genießen erlaubte Gesellschaften in der Regel gleiche Rechte mit den einzelnen Personen. Unerlaubte Gesellschaften haben als solche keine Rechte, weder gegen die Mitglieder, noch gegen andere, und sie sind unfähig, Rechte zu erwerben. Unerlaubte Gesellschaften sind aber diejenigen, welche durch die politischen Gesetze insbesondere verboten werden, oder offenbar der Sicherheit, öffentlichen Ordnung oder den guten Sitten widersprechen."

Nach der Absicht der Schöpfer des ABGB sollte die Vorschrift des § 26 gar nichts über die E r l a n g u n g der Rechtsfähigkeit aussagen, sondern nur die Rechtsverhältnisse einer bereits bestehenden "Moralischen Person"

---

112) Zum Gesetz v. 1884 s. Quellenverzeichnis A IX.

113) S. die Zahlenangaben bei CONRAD, JbNSt 58/379,397; so stieg die Zahl von 68 im Jahre 1884 auf 1250 im Jahre 1891.

114) Quellenverzeichnis A X.

115) Quellenverzeichnis B II.

näher umreißen. Die Redaktoren des Gesetzes hatten ursprünglich für die Frage der Entstehung Moralischer Personen eine eindeutige Verweisung auf das öffentliche Recht vorgesehen[116]. Erst in der Superrevision des Gesetzes wurde darauf hingewiesen, daß einige Gesellschaften schon an sich offenbar unzulässig seien; daraufhin wurde die Unerlaubtheit solcher Gesellschaften, welche der Sicherheit, der öffentlichen Ordnung oder den guten Sitten widerstritten, im Vorgriff auf die öffentlichrechtliche Vereinsgesetzgebung bereits im ABGB festgehalten[117].

In der Rechtswissenschaft des 19. Jahrhundert wurde jedoch aus der sprachlichen Fassung des § 26 ABGB weitgehend der Umkehrschluß gezogen, daß für alle nicht verbotenen und nicht sicherheits-, ordnungs- oder sittenwidrigen Vereine das System der freien Körperschaftsbildung gelte[118]. Dieser Schluß blieb allerdings nicht unbestritten. So leitete z.B. UNGER, einer der bedeutendsten österreichischen Juristen des 19. Jahrhundert[119], aus der von ihm vertretenen Fiktionstheorie[120] das Erfordernis staatlicher Verleihung der Körperschaftsmerkmale ab[121]. Dieser Meinungsstreit dauerte das ganze Jahrhundert an; er war allerdings ohne große praktische Bedeutung, da die in diesem Zeitraum erlassenen Gesetze die Verknüpfung der Erlaubtheit nach öffentlichem Vereinsrecht mit dem Erwerb der Privatrechtsfähigkeit beibehielten. So führte 1852 das

---

116) § 26 S. 3 und 4 in der Revisionsfassung: "Unerlaubte Gesellschaften haben als solche keine Rechte, weder gegen die Mitglieder noch gegen andere, und sie sind unfähig, Rechte zu erwerben. Welche Gesellschaften erlaubte seien, entschieden die politischen Verordnungen." (S. OFNER, Protokolle (Quellenverzeichnis B I) Bd 1, S. 334).
117) S. OFNER, Protokolle Bd 2, S. 496.
118) S. HEDEMANN, Fortschritte Bd 1, S. 40; KRAINZ, System 3. Aufl. S. 188, 4. Aufl. S. 196 - s. ferner GIERKE, 19. DtJurTag Bd 3, S. 233 und DtPrR Bd 1, § 63, S. 488.
119) Über UNGER und seine Schule s. OGRIS, Entwicklungsgang S. 11-19.
120) UNGER, ÖstPrR S. 314.
121) UNGER a.a.O. S. 317, 339.
122) entf.

Vereinspatent[123] für "statutarische" Gesellschaften[124] die Bezeichnung "Verein" ein und verlangte für ihre Gründung "die besondere Bewilligung der Staatsverwaltung". Zusätzlich wurde die Einhaltung gewisser Förmlichkeiten, vor allem ein Statut mit bestimmten Bestandteilen, gefordert [125]. Jede Änderung der Satzung bedurfte nach dem VereinsP ebenfalls obrigkeitlicher Genehmigung[126].

Von der im Allgemeinen Deutschen Handelsgesetzbuch von 1861 eröffneten Möglichkeit, landesrechtlich für Aktiengesellschaften und Kommanditgesellschaften auf Aktien von dem im ADHGB grundsätzlich noch beibehaltenen Erfordernis staatlicher Genehmigung abzusehen, machte die österreichische Gesetzgebung zunächst keinen Gebrauch[127].

Das Staatsgrundgesetz von 1867 gab dann zwar die Gründung von Vereinen grundsätzlich frei[128], band aber die Ausübung der Vereinsfreiheit an "besondere Gesetze". Das im gleichen Jahr erlassene Vereinsgesetz befolgte den gleichen Grundsatz, indem es "Vereine .. nach Maßgabe dieses Gesetzes (für) gestattet" erklärte. In den §§ 2 ff. VereinsG wurde allerdings eine Reihe von Vereinigungen vom Anwendungsbereich des Gesetzes ausgenommen, so insbesondere die auf den Gewinn berechneten Vereine, Vereine für Bank-, Kredit- und Versicherungsgeschäfte, Rentenanstalten, Sparkassen und Pfandleihanstalten. Soweit diese Vereine nicht unter Spezialgesetze fielen, fand auf sie auch

123) S. Quellenverzeichnis B III.

124) "Statutarische Gesellschaften" waren nach dem Hofkanzleidekret v. 1840 solche Gesellschaften, welche "durch bloßen Beitritt zu einem vorläufig oder nachträglich verfaßten Statut" zustande kamen.
Das VereinsP erfaßte neben den Aktiengesellschaften diejenigen Vereine, welche "nach einer vorhinein verabredeten Gesellschaftsregel (Statuten) in einer Art eingegangen werden sollen, daß der Eintritt in den Verein ohne Beschränkung auf die ursprünglichen Theilnehmer jedermann, der die festgesetzten Bedingungen erfüllt und sich der gesellschaftlichen Regel unterwirft, gestattet ist, die Anzahl der Gesellschaftsmitglieder mag vorhinein bestimmt sein, oder nicht."

125) § 9 VereinsP; bes. Bestimmungen für AGen enthielt § 12.

126) § 21 VereinsP.

127) S. öst. EGADHGB (Quellenverzeichnis B V).

128) § 12 StGG (Quellenverzeichnis B VI).

weiterhin das VereinsP von 1852 Anwendung. Der Geltungsbereich des VereinsG von 1867 beschränkte sich somit praktisch auf Idealvereine.

Die in § 1 VereinsG ausgesprochene "apriorische Zulassung" war allerdings nur eine bedingte[129]. § 4 des Gesetzes bestimmte, daß der Verein, "bevor derselbe in Wirklichkeit tritt, von den Unternehmern der politischen Landesstelle schriftlich unter Vorlage des Statuts anzuzeigen" sei. Wenn innerhalb von 4 Wochen keine Untersuchung erfolgte oder die Landesstelle schon früher erklärte, daß sie den Verein nicht untersage, konnte der Verein seine Tätigkeit beginnen.

Bereits das VereinsP von 1852 hatte "die Bildung von Vereinen, welche sich Zwecke vorsetzen, die in den Bereich der Gesetzgebung oder der öffentlichen Verwaltung fallen, .. untersagt"[130]. Auch das VereinsG von 1867 enthielt verschärfte Bestimmungen über politische Vereine[131]. Als politische Vereine wurden u.a. angesehen "Vereine für die mittelbare oder unmittelbare Förderung der Socialdemokratie, für die Pflege der Erinnerungen an die Revolution von 1848, für die Verbreitung politischer Druckschriften, für die Wahrung und Erweiterung der Selbständigkeit der Gemeinden"[132].

Anders als in Frankreich stand also in Österreich der Staat während des ganzen 19. Jahrhunderts nicht nur den politischen und sonstigen Idealvereinen, sondern auch den Vereinen mit wirtschaftlicher Zielsetzung zurückhaltend gegenüber. Noch anders als in diesen beiden Ländern verlief die Entwicklung in der Schweiz.

4. Die Entwicklung in der Schweiz

Auch in der Schweiz war während der ersten Hälfte des

---

129) BURCKARD, System S. 84.
130) § 3 VereinsP 1852.
131) §§ 29 - 35 VereinsG 1867; die Sonderbestimmungen entsprachen weitgehend denjenigen der (öffentlichrechtlichen) Vereinsgesetze in den deutschen Partikularstaaten. (s. dazu unten S. 91.).
132) TEZNER, Vereinsrecht Bd 2, S. 584; zu § 19 VereinsG s. § 1 des Gesetzes von 1870 (Quellenverzeichnis B VIII).

19. Jahrhunderts das Konzessionssystem verbreitet[133], ganz besonders in den französischsprachigen Kantonen, da diese dem Einfluß des französischen Rechts besonders unterlagen[134]. Andere Kantone stellten dagegen leichtere Voraussetzungen für den Erwerb der Rechtsfähigkeit auf[135]. Zürich sah dann im Privatrechtlichen Gesetzbuch (PGB) von 1853[136] für Idealvereine zum ersten Mal das System der freien Körperschaftsbildung vor[137]. Ein Antrag in der Gesetzgebungskommission, wenigstens eine amtliche Publikation als Bedingung für den Erwerb der Rechtsfähigkeit anzuerkennen, wurde abgelehnt[138]. Ausdrücklich wurde darauf hingewiesen, daß ein innerer Grund für die Theorie, juristische Personen bedürften irgendeiner staatlichen Genehmigung, nicht bestehe. Eine Gefahr für den Rechtsverkehr sei in der freien Körperschaftsbildung nicht zu erblicken[139].

Die Regelung des PGB wurde Vorbild für eine Reihe weiterer kantonaler Gesetzeswerke, insbesondere solche der

---

133) Vor allem in den Kantonen Bern, Nidwalden, Luzern, Aargau, Basel-Land, Solothurn, Genf, Waadt, Neuenburg, Tessin; vgl. WIEDEMANN, Beiträge S. 43/44; HUBER, System Bd 1, S. 157 ff., jeweils m.w.N.

134) S. hierzu näher HUBER, System Bd 1, S. 52 ff.

135) Vgl. WIEDEMANN, Beiträge S. 72.

136) S. Quellenverzeichnis C I.

137) § 20 PGB: "Rein privatrechtliche Korporationen, welche zu einem wissenschaftlichen oder künstlerischen oder sonst einem gemeinnützigen Zwecke gebildet werden, bedürfen zu ihrer Entstehung lediglich der in den Korporationsstatuten festzustellenden Übereinstimmung mehrere Korporationsmitglieder."

138) BLUNTSCHLI, PGB Bd 1, S. 35; über BLUNTSCHLIS persönliche Einstellung zu dem hier behandelten Thema vgl. WIEDEMANN, Beiträge S. 72.

139) S. BLUNTSCHLI a.a.O. - Für Aktiengesellschaften - welche die Verfasser anscheinend nicht zu den juristischen Personen zählten - hielt das Gesetz allerdings am Konzessionssystem fest. Vgl. den Wortlaut von § 22 PGB: "Actienverbindungen, welche auf industrielle und andere ökonomische Unternehmungen gerichtet sind, bedürfen der Genehmigung des Regierungsrathes. Die staatliche Prüfung bezieht sich auf den Zweck der Actiengesellschaft und auf die Solidität der Unternehmung. Ergibt sich, daß die öffentliche Wohlfahrt oder der Kredit durch dieselbe gefährdet würde, so ist die Genehmigung zu versagen."

"Züricher Gruppe"[140]. Andere Kantone gingen noch weiter und führten das System der freien Körperschaftsbildung für alle Personenverbindungen ein, so z.B. Graubünden[141] und Thurgau[142].

Die Bundesverfassung von 1874 gab für die gesamte Schweiz die G r ü n d u n g von Vereinen frei[143]. Die erste einheitliche Regelung des Erwerbs juristischer Persönlichkeit brachte dann das am 1. Januar 1883 in Kraft getretene Obligationenrecht von 1881. Es kannte folgende Personenverbindungen:

- Einfache Gesellschaft,
- Collectivgesellschaft,
- Commanditgesellschaft,
- Actiengesellschaft,
- Genossenschaft[144].

Aktiengesellschaften und Genossenschaften wurden als juristische Personen bezeichnet[145]. Die Genossenschaften wurden ihrerseits unterteilt in "wirtschaftliche Genossenschaften" und "andere Vereine"[146].

Für alle Personenverbindungen wurde das System der Normativbestimmungen eingeführt, jedoch in verschiedenen Ab-

---

140) Zur Züricher Gruppe s. HUBER, System Bd 1, S. 56 f. (§ 5, 2).

141) Bündnerisches Zivilgesetzbuch vom 1. Februar 1862 (vgl. WIEDEMANN a.a.O.).

142) Privatrechtliches Gesetzbuch für den Kanton Thurgau vom 11. April 1860 (WIEDEMANN a.a.O.).

143) Quellenverzeichnis C II (Art. 56 der Bundesverfassung 1874: "Die Bürger haben das Recht, Vereine zu biden, sofern solche weder in ihrem Zwecke noch in den dafür bestimmten Mitteln rechtswidrig oder staatsgefährlich sind. Über den Mißbrauch dieses Rechtes trifft die Kantonalgesetzgebung die erforderlichen Bestimmungen.")

144) Zu diesen s. KIRCHHOFER, Beiträge passim (insb. statistische Angaben auf S. 54 ff.).

145) S. dazu BLUNTSCHLI, ZVR 2/337, 356; ferner HEUSLER ZfSR 30/365.

146) Die Wortwahl läßt vermuten, daß der Dresdener Entwurf und das sächsische Gesetz von 1868 einen Einfluß auf die Regelung ausgeübt haben. So ist - ebenso wie im sächsischen Gesetz - ungeachtet der Überschrift "Genossenschaften" im Gesetzestext durchweg von "Vereinen" die Rede.

stufungen[147]. Die leichtesten Voraussetzungen sah Art. 716 für die "anderen Vereine", also die Idealvereine vor. Für sie wurde nur ein "Minimum an Normativbestimmungen statuirt"[148][149]. Darüber hinaus enthielt Art. 718 noch einen Vorbehalt zugunsten der kantonalen Gesetzes, soweit diese noch leichtere Voraussetzungen für die Körperschaftsbildung vorsahen[150].

Das schweizerische Zivilgesetzbuch (ZGB) von 1911 nahm schließlich die Idealvereine aus dem Obligationenrecht heraus und regelte sie im Rahmen seiner eigenen personenrechtlichen Bestimmungen.

Art. 60 ZGB verkündet den Grundsatz der freien Körperschaftsbildung:

"Vereine, die sich einer politischen, religiösen, wissenschaftlichen oder anderen nicht wirtschaftlichen Aufgabe widmen, erlangen die Persönlichkeit, sobald der Wille, als Körperschaft zu bestehen, aus den Statuten ersichtlich ist. Die Statuten müssen in schriftlicher Form errichtet sein und über die Zwecke des Vereins, seine Mittel und seine Organisation Aufschluß geben."

Art. 61 ZGB gibt allen Vereinen das Recht, sich nach Annahme der Vereinsstatuten und der Bestellung des Vorstandes in das Handelsregister eintragen zu lassen. Denjenigen Vereinen, welche für ihren nichtwirtschaftli-

---

147) Vgl. HEDEMANN, Fortschritte Bd 1, S. 43.

148) HEDEMANN a.a.O.

149) Art. 716 OR 1883: "Vereine, welche wohlthätige, gesellige, religiöse, wissenschaftliche, künstlerische oder andere ideale Zwecke verfolgen, können das Recht der Persönlichkeit dadurch erwerben, daß sie sich in das Handelsregister eintragen lassen. Die Eintragung hat den Namen, den Sitz, den Zweck und die Organisation des Vereins, insbesondere die Bildung des Vorstandes und die Stellvertreter im Verkehre anzugeben."

150) Art. 718 bestimmte ferner: " In allen Fällen bleiben die Vorschriften vorbehalten, welche aus Gründen des öffentlichen Rechtes des Bundes und der Kantone bestimmte Arten von Personenverbindungen beschränken oder verbieten." Diese Vorschrift enthielt allerdings - ebenso wie ihr mögliches Vorbild, der Entwurf von SCHULZE-DELITZSCH in der Fassung von 1872 (dazu unten S.112 f.) - lediglich eine Klarstellung; denn die Möglichkeit von Beschränkungen und Verboten im Rahmen des öffentlichen Rechts wurde auch von den Anhängern des Systems der freien Körperschaftsbildung nicht geleugnet.

chen Zweck ein nach kaufmännischer Art geführtes Gewerbe betreiben, macht das Gesetz die Eintragung in das Handelsregister zur P f l i c h t (Art. 61 Abs. 2 ZGB). Die Eintragung ist jedoch auch hier nicht Voraussetzung für den Erwerb der Rechtsfähigkeit; sie hat lediglich deklaratorische Wirkung[151].

Eine Sonderbestimmung für bestimmte Korporationsarten, etwa für politische Vereine, enthält das ZGB nicht. Die politischen Vereine sind vielmehr als eine Gruppe der Idealvereine, für welche der Grundsatz der freien Körperschaftsbildung gilt, in Art. 60 Abs. 1 ZGB ausdrücklich aufgeführt.

5. Vergleich und Folgerungen

Dafür, daß die Schweiz als einziger der betrachteten Staaten für Idealvereine - also auch für Vereine mit politischen Zielsetzungen - das System der freien Körperschaftsbildung eingeführt hat, sind verschiedene Gründe vorgetragen worden, von denen jeder eine gewisse Berechtigung für sich beanspruchen kann. So war es sicher für ein kleines Land leichter, den Vereinen Bewegungsfreiheit zu geben als für die großen Nachbarstaaten[152]. Auch hat mitgespielt, daß die Schweizer ein "historisch verwurzeltes Bedürfnis" hatten, "ihre Verhältnisse durch Gründung genossenschaftlich organisierter, selbstverantwortlicher Körperschaften und den Beitritt zu solchen autonom gestalten zu können"[153]. Vor allem der Umstand, daß in der Schweiz politische, religiöse und sozialpolitische Vereine - anders als in Deutschland, Österreich und Frankreich - keinen erschwerenden Sonderbestimmungen unterworfen wurden, mag darin begründet sein, daß "Knixe vor der hohen Obrigkeit nie des Schweizers Sache" waren[154].

Ein starker, wenn nicht ausschlaggebender Faktor war

---

151) S. dazu GMÜR, ZGB und BGB S. 65 sowie TUOR, ZGB S. 110 f.

152) Hierauf weist besonders HEUSLER in seiner Besprechung der GIERKE'schen Kritik am 1. Entwurf des BGB hin (HEUSLER, KVjS 32/177, 183).

153) So GMÜR, ZGB und BGB S. 65.

154) WIEDEMANN, Beiträge S. 45.

schließlich, daß in der Schweiz "die funktionierende Demokratie ... und die starke Stellung der kleinbürgerlichen und bäuerlichen Mittelschichten ... ständig Einfluß auf die Arbeiterbewegung in diesem Lande" ausübten[155] und daher die politischen Gefahren sozialer Konflikte gering erschienen. Dagegen kam es in Österreich im Dezember 1870 - also drei Jahre nach Erlaß des Vereinsgesetzes - zu Demonstrationen von Wiener Arbeitern, welche die Aufhebung der noch bestehenden Koalitionsverbote zur Folge hatten [156]. 1872 konstituierte sich die Sozialdemokratie als Partei und breitete sich schnell in den Industriezentren des Vielvölkerstaates aus[157].

So spiegelte die jeweils verschiedene Entwicklung des privaten Vereinsrechtes in den betrachteten Gebieten auch deren unterschiedliche politische Entwicklung wider.

Dies bedeutet nun allerdings nicht, daß das Vereinsrecht, einmal gesetzt, nicht auch gegenüber politischen Entwicklungen eigene Bedeutung erlangen kann. Beide Bereiche - der politische und der körperschaftsrechtliche - zeigen vielmehr Wechselbeziehungen. Gerade sie sind es, welche die enge Verpflechtung zwischen privatem Vereinsrecht einerseits und Politik und öffentlichem Vereinsrecht andererseits bewirken[158].

---

155) ABENDROTH, Sozialgeschichte S. 60/61.

156) S. § 1 des Gesetzes von 1870 (Quellenverzeichnis B VIII), ferner ABENDROTH, Sozialgeschichte S. 54.

157) ABENDROTH a.a.O.

158) Auf die wechselseitige Beeinflussung gerade auch im Bereich des (öffentlichrechtlichen) Vereinsrechtes weist RADBRUCH, Vorschule der Rechtsphilosophie S. 14, hin: "Die aufsteigende Bourgeoisie erkämpfte in ihrem eigenen ökonomischen Interesse die Vereinsfreiheit. Aber sie forderte und erreichte die Vereinsfreiheit in der Form Rechtens, d.h. in der Form der Allgemeinheit, als eine für alle gleiche Freiheit. Die Einkleidung in die Rechtsform brachte es mit sich, daß die Vereinsfreiheit über das Wirtschaftsinteresse der Bourgeoisie hinaus auch dem Proletariat zugute kam und in Gestalt der Koalitionsfreiheit sogar zu einem Kampfmittel gegen eben diese Bourgeoisie wurde, welche die Vereinsfreiheit in ihrem Interesse durchgesetzt hatte. So führte die Eigengesetzlichkeit der Rechtsform zu einer Rückwirkung auf die Wirtschaft, die sich ihrer nur hatte bedienen wollen."

Es würde den Rahmen der Darstellung sprengen, wenn sowohl die rechtlichen wie auch die politischen Entwicklungslinien des Vereinswesens des 19. Jahrhunderts im einzelnen nachgezeichnet würden. Entsprechend der rechtsgeschichtlichen Fragestellung der Abhandlung wird daher die Entwicklung in Gesetzgebung, Rechtsprechung und Rechtslehre hinsichtlich der eingangs erörterten Rechtsfragen im Vordergrund der Darstellung stehen. Besonders starke politische Einflüsse auf diese Entwicklung werden im Zusammenhang deutlich gemacht werden. Lediglich für die Entstehungsgeschichte des BGB, deren Darstellung ein eigenes Kapitel einnimmt, soll in einem besonderen Abschnitt auf die politischen und sozialen Begleiterscheinungen eingegangen werden.

ZWEITES KAPITEL

DIE ENTWICKLUNG DER PARTIKULARRECHTE

I. Die gemeinrechtliche Wissenschaft[159]

Die gemeinrechtliche Wissenschaft stand in der ersten Hälfte des 19. Jahrhunderts nahezu einhellig auf dem Standpunkt, daß Personenverbindungen zur Erlangung der Rechtsfähigkeit einer ausdrücklichen staatlichen Verleihung bedürften. Diese Ansicht ergab sich zwar nicht zwingend aus dem positiven Recht, entsprach aber der herrschenden Theorie von der persona ficta[160] sowie der älteren Lehre, nach der die Verfolgung öffentlicher gemeinnütziger dauernder Zwecke Voraussetzung für den Erwerb der Rechtsfähigkeit war. Dieses Erfordernis erfüllten fast nur die öffentlichrechtlichen Körperschaften. Diese aber bedurften unzweifelhaft staatlicher Genehmigung und Verleihung der Rechtsfähigkeit[161].

Der Schwerpunkt der rechtlichen Auseinandersetzung verlagerte sich erst in der Mitte des 19. Jahrhunderts auf das Gebiet des positiven Rechts, als die Gesetzgebung dazu überging, das öffentliche Vereinsrecht - also die G r ü n d u n g von Vereinen - grundsätzlich frei zu geben; denn nunmehr tauchte die Frage auf, ob körperschaftlich organisierte Personenverbindungen trotz Freigabe ihrer Gründung weiterhin staatlicher Verleihung der Rechtsfähigkeit bedürften. Allerdings wurde die Auseinandersetzung um diese Frage von einigen Stimmen im Schrifttum als müßig bezeichnet, da sie fast überall bereits positivrechtlich im Sinne des Konzessionssystems entschieden sei[162]. Hauptvertreter dieser Ansicht war ROTH; er

159) Seit 1806 (Untergang des alten Reiches) war auch das gemeine Recht nur noch Partikularrecht.

160) S. u.a. MÜHLENBRUCH, Lehrbuch § 158 (S. 366); PFEIFER Jur. Personen S. 38; MAURENBRECHER, Lehrbuch § 158; SAVIGNY, System Bd 2, S. 275 f. KIERULFF, Theorie S. 132 - Übersicht bei GIERKE, Genossenschaftstheorie S. 17 m.w.N. und BRUNS, Holtz. Enc. Bd 1, S. 433, 452.

161) MEURER, Jur. Personen S. 214.

162) ROTH, DtPrR § 72; G. MEYER, Staatsrecht § 231, Fußn. 3 - ähnlich STOBBE, DtPrR § 52 (S. 462/3).

wies vor allem für die gemeinrechtlichen Gebiete Preußens auf Art. 31 der preußischen Verfassungsurkunde von 1850 hin, welcher ein Gesetz über "die Bedingungen, unter welchen Korporationsrechte ertheilt oder verweigert werden", in Aussicht gestellt hatte[163]. ROTH entnahm der Formulierung dieses Verfassungsartikels, daß in den gemeinrechtlichen preußischen Gebieten (ebenso wie im Geltungsbereich des ALR[164]) das Konzessionssystem gelte[165]. Er verwies ferner auf die in vielen deutschen Staaten nachweisbare Tatsache, daß "Corporationsrechte an Personenvereine besonders übertragen werden"[166].

Hiergegen wandte sich vor allem GIERKE. Er vertrat die Ansicht, daß die Gesetzgebung im Geltungsbereich des Gemeinen Rechts keineswegs in dem von ROTH behaupteten Umfange durchgegriffen habe[167]. Sie habe lediglich in einigen thüringischen Kleinstaaten, nämlich in Sachsen-Meiningen[168], Sachsen-Altenburg[169] und Sachsen-Coburg-

---

163) ROTH, DtPrR § 72, Fußn. 19 (S. 412).
164) S. dazu unten S. 63.
165) ROTH, DtPrR, § 72, Fußn. 19 (S. 412); gleicher Ansicht ANSCHÜTZ, Verfassungsurkunde S. 535/36 mit Hinweisen auf die Entstehungsgeschichte des Verfassungsartikels.
166) ROTH a.a.O. (Fußn. 188).
167) GIERKE, Genossenschaftstheorie S. 55.
168) § 28 (nicht § 23, wie bei GIERKE, Genossenschaftstheorie S. 56, Fußn. 1 angegeben) des sächs.-mein. Grundgesetzes (Quellenverzeichnis D V 9) : "Es ist zwar den Unterthanen nicht verwehrt, zu Zwecken, welche an sich nicht gesetzwidrig sind, Gesellschaften zu stiften; allein das Recht der Persönlichkeit, die Fähigkeit, auf den Namen der Gesellschaft Grundeigenthum zu erwerben, Beamte zu bestellen, ein Siegel zu führen und Statuten zu errichten, erlangen sie nur durch Bewilligung des Staates." Zur Bedeutung des sächs.-mein. Grundgesetzes s. MÜLLER, Korporation S. 252 f.
169) § 99 der Verfassung von Sachsen-Altenburg (Quellenverzeichnis D V 11): "Die Verbindung mehrer Landesunterthanen zu einem gemeinschaftlichen bürgerlichen Lebenszwecke kann nur dann auf das Recht der Gesamtpersönlichkeit, als Corporation im Staate, gültigen Anspruch erheben machen, sobald solche Verbindung die Genehmigung der Staatsregierung erhält."

Gotha[170] das Konzessionssystem proklamiert. Keineswegs sei dieses System durch Art. 31 der preußischen Verfassungsurkunde für den gesamten Bereich der preußischen Monarchie - und damit auch für die gemeinrechtlichen Gebiete Preußens - eingeführt worden; denn da das durch den besagten Verfassungsartikel in Aussicht gestellte Gesetz niemals ergangen sei, sei es für alle Verbände, welche nicht durch neuere Spezialgesetze erfaßt worden seien, bei der früheren Rechtslage geblieben[171]. Auch die von ROTH behauptete Übung im Sinne des Konzessionssystems wurde von GIERKE bestritten. Seiner Ansicht nach wurde durch die von ROTH angeführten Beispiele zwar bewiesen, daß die Verleihung der Rechtsfähigkeit durch besonderen Akt der Staatsgewalt vorgekommen sei und vorkomme; daraus allein, so meinte GIERKE, könne jedoch ein Schluß auf die Rechtsstellung der nicht konzessionierten Vereine nicht gezogen werden[172]. In den genannten Fällen habe bei den Beteiligten schwerlich die für die Begründung eines Gewohnheitsrechtes erforderliche opinio necessitatis vorgelegen[173].

Hauptgegenstand der Interpretationen waren jedoch nicht neuere Gesetzestexte, sondern die römischen Rechtsquellen. Ausgangspunkt der hier geführten Auseinandersetzung war der um die Jahrhundertmitte in Deutschland allgemein eingeführte Grundsatz der freien Vereinsgründung. Aus dieser Änderung der Rechtslage im Bereich des öffentlichen Rechts wurden innerhalb der gemeinrechtlichen Lehre unterschiedliche Folgerungen gezogen: Ein Teil der Rechtsgelehrten blieb weiterhin auf dem Boden des Konzessionssystems stehen, welches SAVIGNY in klassischer Weise formuliert hatte und wonach für privatrechtliche Vereine

---

170) § 46 des Staatsgrundgesetzes von Sachsen-Coburg-Gotha Quellenverzeichnis D V 10): "Alle Staatsangehörigen haben des Recht zu solchen Zwecken, welche den Strafgesetzen oder der Sittlichkeit nicht zuwiderlaufen, Vereine zu bilden.
Die Ertheilung von Corporationsrechten steht der Staatsregierung zu."

171) GIERKE, Genossenschaftstheorie S. 34 (s. auch a.a.O. S. 55, Fußn. 2).

172) GIERKE, Genossenschaftstheorie S. 56.

173) Ibidem.

"die Regel (galt), daß sie nicht durch die bloße Willkühr mehrerer zusammentretenden Mitglieder...den Charakter Juristischer Personen erhalten können, sondern daß dazu die Genehmigung der höchsten Gewalt im Staate nöthig ist."

Ausgangspunkt für diese Ansicht waren die in der späten römischen Republik und der frühen Kaiserzeit erlassenen Vereinsverbote[174)], deren Tendenz ihren Niederschlag im Corpus iuris civilis fand[175)]. Diese Verbote enthielten nach Ansicht der Verfechter der genannten Lehrmeinung zweierlei:

"erstlich, daß überhaupt ein Verein nicht ohne öffentliche Genehmigung zur juristischen Person werde, und dieser, noch in dem heutigen Recht bestehende wichtige Rechtssatz ist ganz unabhängig von dem unschuldigen oder bedenklichen Charakter des Vereins;
zweytens, daß ungenehmigte Vereine verboten und strafbar sind und dieses geht nur auf Vereine, die wirklich gefährlich sind[176)].

Dieser doppelte Grundsatz war nach Ansicht dieser Rechtslehrer mit der Rezeption nach Deutschland gelangt und im Gebiet des gemeinen Rechts bis in das 19. Jahrhundert hinein in Geltung geblieben[176a)]. Demnach war nur

---

174) S. die Nachweise bei SAVIGNY,System Bd 2, S. 257, insb. Fußn. (m) und (n) sowie bei WIEDEMANN, Beiträge S. 16, insb. Fußn. 36, 37.

175) S. vor allem die immer wieder zitierte Strafdrohung bei ULPIAN, D. 47. 22. 2 (De collegiis et corporibus): "Quisquis illicitum collegium usurpaverit, ea poena tenetur, qua tenentur, qui hominibus armatis loca publica vel templa occupasse indicati sunt." Vgl. ferner die Bestimmungen über die collegia tenuorum ("Vereine geringer Leute", SAVIGNY, System Bd 2, S. 259, § 88) bei MARCIAN D. 47. 22. 1. 1 und 2: "Mandatis principalibus praecipitur praesidibus provinciarum, ne patiantur esse collegia sodalicia neve milites collegia in castris habeant ... Non licet autem amplius quam unum collegium habere, ut est constitutum et a divis fratribus: et si quis in duobus fuerit, rescriptum est eligere eum oportere, in quo magis esse velit, accepturum ex eo collegio, a quo recedit, id quod ei competit ex ratione, quae communis fuit."

176) SAVIGNY, System Bd 2, S. 258/59.

176a) S. u.a. WENDT, Pandekten S. 60 (§ 28); MÜHLENBRUCH, Glücks KOMMENTAR Bd 39, S. 436; Bd 40, S. 4 ff; PUCHTA, Institutionen Bd 2, S. 10/11 (§ 192); PUCHTA, Vorlesungen S. 68 (§ 28).

der zweite Grundsatz, nicht jedoch der Grundsatz staatlicher Verleihung der Rechtsfähigkeit durch die neueren Vereinsgesetze beseitigt worden.

Die Gegenmeinung kam aufgrund einer anderen Interpretation der überlieferten römischen Rechtsquellen zu der Auffassung, daß im Bereich des gemeinen Rechts das System der freien Körperschaftsbildung gelte. Sie berief sich darauf, daß die zur römischen Kaiserzeit ergriffenen Maßnahmen gegen die Vereine lediglich eine Beschränkung der in Rom grundsätzlich bestehenden Vereins- und Körperschaftsfreiheit bedeutet hätten. Nachdem nun auch in Deutschland die öffentlichrechtlichen Beschränkungen der Vereinsfreiheit weitgehend aufgehoben waren, kamen die Vertreter dieser Ansicht zu dem Schluß,

> "daß auch im gemeinrechtlichen Deutschland, wie in Rom vor Erlaß der Vereinsverbote, ein jeder nicht nach allgemeinen Rechtsgrundsätzen widerrechtlicher oder unsittlicher Verein nicht nur öffentlichrechtlich erlaubt sei, sondern auch eo ipso Rechtspersönlichkeit habe, sofern nur die Vereinsmitglieder einen rechtsfähigen Verein bilden wollten"[177)178)].

In dieser Auseinandersetzung gewann die zuletzt geschilderte Ansicht zunehmend an Einfluß und stellte gegen Ende des 19. Jahrhunderts sogar die überwiegende Lehrmeinung dar[179)].

---

177) Formulierung nach WIEDEMANN, Beiträge S. 27, welcher diese Ansicht selber aber ablehnt.

178) Vgl. zu dieser Ansicht: ARNDTS, Pandekten S. 54/55 (§ 44): "...kann nicht behauptet werden, daß es zur Entstehung der juristischen Person einer speciellen Anerkennung oder Verleihung der Corporationseigenschaft bedürfe."; BARON, Pandekten S. 60 (§ 31): "Ist die Erlaubniß der Staatsbehörden ertheilt, so hat der Verein sofort die Rechte einer juristischen Person."; WINDSCHEID, Pandekten Bd 1, § 60 A 3 a.E.: "Daß die erlaubten (Vereine), um als Person anerkannt zu werden, noch einer besonderen Verleihung der Rechtsfähigkeit bedurft hätten, davon findet sich keine Spur."; DERNBURG, Pandekten S. 149/50 (§ 63), war überdies der Ansicht, daß die römischen Vereinsverbote gar nicht rezipiert worden seien; ähnlich REGELSBERGER, Pandekten Bd 1, S. 310 (§ 78).

179) WIEDEMANN, Beiträge S. 27.

II. Die gemeinrechtliche Rechtsprechung (insbesondere ihre Beeinflussung durch die Genossenschaftstheorie)[180]

Auch die gemeinrechtliche Gerichtspraxis stand in der ersten Hälfte des 19. Jahrhunderts auf dem Boden des Konzessionssystems. Im Gegensatz zu Teilen der Lehre verließ sie den Boden dieses Systems auch später grundsätzlich nicht, sah sich jedoch, anders als die strengen Verfechter des Konzessionssystems in der Rechtslehre, immer mehr genötigt, den nichtrechtsfähigen Vereinen nach und nach gewisse Rechte von Körperschaften zuzubilligen.

Allerdings wurde der Bereich, für welchen die Problematik überhaupt bestand, im Laufe der 2. Hälfte des 19. Jahrhunderts zunehmend enger. Die Rechtsstellung der Handelsgesellschaften wurde durch das ADHGB einheitlich für alle deutschen Staaten geregelt. Angesichts der seit 1870 einsetzenden Reichsgesetzgebung für weitere wirtschaftliche Personenverbindungen galt schließlich das gemeine Recht nur noch für Idealvereine. Auch für diese brachte das bayrische Vereinsgesetz von 1869 eine räumliche Beschränkung der Geltung gemeinrechtlicher Rechtsgrundsätze, auch wenn dieses Gesetz das Problem der Behandlung der nichtrechtsfähigen Vereine für Bayern nicht völlig beseitigte[181][182]. Dagegen verlief der Versuch zur Schaffung eines Bürgerlichen Gesetzbuches für das Großherzogtum Hessen nicht erfolgreich[183]. Auch enthielt der veröffentlichte Entwurf keine Bestimmungen über juristische Personen, insbesondere also kein Körperschaftsrecht.

Die Annäherung der nicht konzessionierten Vereine an die Körperschaften wurde von der Rechtsprechung zuerst und am konsequentesten hinsichtlich der Gerichtsstandschaft durch-

---

180) Vgl. zum folgenden: KUBEL, Rechtsgrundsätze S. 10-12; KOLLIGS, Entscheidungen S. 5/6; SCHERER, Entscheidungen GemR S. 6 ff.

181) Vgl. dazu unten S. 88.

182) Zur Behandlung von Genossenschaften, welche sich nicht in das Genossenschaftsregister hatten eintragen lassen, s. z.B. die Entscheidung des BayObGH vom 28. April 1877 in: SeuffArch 33 (1878), Nr. 103 (S. 144, 145).

183) Quellenverzeichnis D V 5 b.

geführt, so daß es das Reichsgericht im Jahre 1888[184)] unter Hinweis auf die bereits ergangene Rechtsprechung[185)] als eine "ganz vorherrschende und völlig zu billigende Meinung" bezeichnen konnte, "auch reine Privatvereine, welchen vom Staat nicht besonders Korporationsrechte beigelegt sind, ohne daß die Personen der einzelnen Mitglieder in Betracht gezogen würden, als Prozeßparteien zuzulassen"[186)].

Auch in anderer Hinsicht wurden die genannten Vereine häufig den juristischen Personen angenähert. So erklärte das Reichsgericht im Jahre 1882, "daß die vielfachen modernen Vereine, nach deren Verfassung das Ausscheiden einzelnen Mitglieder, sowie das Eintreten neuer Mitglieder unbeschadet der Fortexistenz des Vereins gestattet ist, auch wenn sie weder besonderen Gesetzen unterstehen noch vom Staate mit der juristischen Persönlichkeit ausgestattet sind, in ihren civilrechtlichen Beziehungen als rechtsbeständig anzuerkennen sind und ihnen auch die Befugnis zuzuschreiben ist, u n t e r d e m N a m e n d e s V e r e i n e s Rechte zu erwerben (und) Verpflichtungen zu übernehmen"[187)]. Im Gegensatz zur Vorinstanz verlangte das Reichsgericht nicht einmal eine umfassende korporative Organisation, insbesondere nicht das Zustandekommen einer Vereinsverfassung.

Sehr viel zurückhaltender als in den genannten Punkten zeigte sich die Rechtsprechung in der Frage der Schuldenhaftung. Vereinzelt wurde zwar in obergerichtlichen Entscheidungen die Ansicht vertreten, daß die genannten Vereine auch in dieser Hinsicht den juristischen Personen

---

184) RG, Urteil vom 30. April 1881, Rep. I. 106/80 = RGZ 4/155/156

185) S. u.a. SCHÖPPENSTUHL JENA, in: SeuffArch 6 (1853), Nr. 2; OAG DARMSTADT, Erk. v. 12. September 1865, in: SeuffArch 23, Nr. 206; OG WOLFENBÜTTEL, Erk. v. 10. December 1869, in: SeuffArch 25 (1872), Nr. 199; BayObGH, Erk. v. 28.April 1877, in: SeuffArch 33 (1880), Nr. 103; ROHG, Urteil v. 5. Dez. 1871, Rep. 574/71 = OHGE 4/202, 211 ff.; vgl. ferner - auch zur Rspr. bis zum Ende des Jahrhunderts - ADELMANN, Legitimation S. 15/16.

186) RG a.a.O. (Fußn. 184).

187) RG, Urteil v. 22. Oktober 1882, Rep. III. 24/82 = RGZ 7/121, 122/3.

gleichzustellen seien[188]. Überwiegend wurde aber die persönliche Haftung der Mitglieder bejaht. Vor allem das Reichsgericht vertrat diesen Standpunkt[189]. Meistens wurde indessen von der Rechtsprechung die Struktur der betreffenden Vereine insoweit berücksichtigt, als - ähnlich wie bei den "erlaubten Privatgesellschaften" des preußischen ALR[190] - die Haftung auf die zur Zeit der Klageerhebung vorhandenen Mitglieder, allerdings auch auf alle diese Mitglieder, beschränkt blieb[191]. Mitunter wurde auch lediglich subsidiäre Haftung der Mitglieder für den Fall der Insolvenz des Vereinsvermögens angenommen[192]. Weitere Zugeständnisse in dieser Richtung wurden von der Rechtsprechung zwar nicht gemacht; dennoch waren die betreffenden Vereine insgesamt mehr den Körperschaften angenähert worden als den Societäten. Um nun mit dem theoretisch nach wie vor vertretenen Grundsatz der Notwendig-

---

188) S. Urteil des BayObLG v. 23. December 1881, SeuffArch 37 (1882), Nr. 187 (S. 266/267): "Dagegen läßt sich nicht verkennen, daß dieser Verein, wenn er auch der gesetzlichen oder staatlichen Anerkennung als Corporation entbehrt, sonach nicht die Rechte einer solchen beanspruchen kann, nach seinem Bestande die wesentlichsten Merkmale einer juristischen Person in sich vereinigt, weshalb auch die Bestimmungen über juristische Personen auf denselben zur Anwendung zu kommen haben. ... Demzufolge erscheint der Beklagte dem Kläger gegenüber für seine Person nicht haftbar.. ... ..ist auch nur der Verein als selbständiges Subject von Rechten und Pflichten haftbar, nicht aber sind es dessen einzelne Mitglieder."

189) S. u.a. RG, Urteil v. 5. März 1884, Rep. I. 498/83 = RGZ 12/229. In dieser Entscheidung erklärte das RG zwar eine Beschränkung der Haftung auf das Vereinsvermögen dann für möglich, wenn von Seiten des Vereins unter Hinweis auf den Vereinsfond kontrahiert worden war; es wies jedoch gleichzeitig ausdrücklich darauf hin, daß eine solche Haftungsbeschränkung auch bei Einzelpersonen möglich sei, und lehnte eine Behandlung der nicht konzessionierten Vereine "in einer den Korporationen analogen Weise" ab.

190) S. dazu unten S. 61 f.

191) S. u.a. OAG DRESDEN, in SeuffArch 1 (1847), Nr. 54 (S. 58); OAG KASSEL, Decret v. 17. Februar 1866, in SeuffArch 20 (1867), Nr. 200 (S. 333, 334).

192) S. u.a. das von ROTH mitgeteilte und von ihm scharf kritisierte Urteil des BEZIRKSGERICHTS LOHR im Rechtsstreit der Gemeinde Burgsinn gegen die Freiherren von Thüngen (ROTH, Genossenschaft S. 7, 20); ferner HOFGERICHT GIESSEN, in: SeuffArch 20 (1867), Nr. 201 (S. 335, 338).

keit einer staatlichen Konzession nicht in Widerspruch zu geraten, mußte die Rechtsprechung teilweise recht seltsame und mitunter groteske Begriffsspielereien vornehmen. So führte das preußische Obertribunal in einer gemeinrechtlichen Entscheidung aus, der klägerische Verein besitze zwar keine juristische Persönlichkeit, dennoch stehe ihm "Rechtspersönlichkeit" zu, und er sei daher parteifähig [193)194)].

Solange die Rechtsprechung nicht nur am Konzessionssystem, sondern auch an der romanistischen Zweiteilung der Personenverbindungen in universitates und societates festhielt, mußte sie die nicht konzessionierten Vereine trotz deren körperschaftlicher Struktur dem Rechtsinstitut der societas zuordnen, auch wenn die Rechte, welche sie ihnen zusprach, diese Personenverbindungen de facto zu Körperschaften machte. Die Rechtsprechung behalf sich damit, daß sie die betreffenden Vereinigungen als "Modifizierte Societäten" bezeichnete[195)]. Bereits um die Jahrhundertmitte aber hatten obergerichtliche Entscheidungen zum Ausdruck gebracht, daß die Dichotomie von universitas und societas zur Erklärung der Rechtsnatur der genannten Vereine nicht ausreiche; man hatte erkannt, daß mit der Bezeichnung "Modifizierte Sozietät" der Begriff der societas allzu stark überdehnt wurde[196)]. Eine Reihe von Urteilen bediente sich daher der Bezeichnung "Genossenschaft"[197)]. Damit hatte

---

193) Entsch. des PreußOT v. 11. December 1969, mitgeteilt von ADELMANN, Legitimation S. 29/30.

194) ADELMANN a.a.O. S. 30: "Hier wird also Rechtspersönlichkeit im Gegensatz zu juristischer Person, d.h. ebenfalls Rechtspersönlichkeit gestellt."

195) RG, Urteil v. 22. Oktober 1882, Rep. III. 24/82 = RGZ 8/121, 123

196) S. dazu GIERKE, DtPrR Bd 1, S. 631 (§ 76): "...wird durch eine Reihe oft sehr künstlicher Konstruktionen sowohl nach innen wie nach außen der Gesellschaftsbegriff umgebogen."

197) S. vor allem das bereits angeführte Urteil des BEZIRKSGERICHTS LOHR a.a.O. (Fußn. 192); ferner : ROHG a.a.O. (Fußn. 185) E 4/208, 212; OAG JENA, Erk. v. 2. Oct. 1845, in SeuffArch 1 (1847), Nr. 316, S. 326, 329; OAG KASSEL, Decret v. 17. Februar 1866, in: SeuffArch 20 (1867), Nr. 200 (S. 333, 334); OG WOLFENBÜTTEL, Erk. v. 10. Dec. 1869, in: SeuffArch 25 (1872), Nr. 199 (S. 293, 294).

sich ein Teil der Rechtsprechung deutschrechtlichen Gedanken geöffnet, welche etwa seit den Vierzigerjahren des Jahrhunderts entwickelt worden waren und vor allem in der Genossenschaftstheorie ihre Formulierung erfahren hatten.

Wohl selten ist ein Rechtsgebiet durch eine Theorie in einem solchen Umfang beeinflußt und verändert worden wie das Recht der juristischen Persönlichkeit durch die Genossenschaftstheorie, und selten hat eine rechtsdogmatische Theorie so leidenschaftliche Kontroversen in der Rechtswissenschaft ausgelöst. Da diese Theorie auch den Streit um die Art des Erwerbs der juristischen Persönlichkeit stark beeinflußt hat, erscheint eine gedrängte Darstellung ihrer wichtigsten Elemente angebracht. Eine solche stößt allerdings auf Schwierigkeiten; sie ergeben sich daraus, daß einerseits die Genossenschaftstheorie keineswegs eine einheitliche Lehrmeinung darstellte, sondern bereits in einem verhältnismäßig frühen Stadium in verschiedenen Richtungen weiterentwickelt wurde[198], zum anderen auch daraus, daß der Inhalt der Theorie von ihren Vertretern nicht immer mit der wünschenswerten Klarheit dargestellt worden ist.

Gemeinsam war allen Vertretern der Genossenschaftstheorie der historische Ansatzpunkt ihrer Überlegungen, welcher sie zur Bejahung des Systems der freien Körperschaftsbildung führte. Sie stützten sich nicht auf das römische Recht und auf dessen angeblich freie Körperschaftsbildung, welche nach Ansicht mancher Romanisten erst in der späten römischen Republik und der frühen Kaiserzeit unterdrückt worden war[199]; vielmehr beriefen sie sich auf ein "germanisches Urrecht der freien Association[200], welches mit der von ihnen vertretenen Theorie von der Körperschaft als realer Gesamtperson eng zusammenhing. Das germanisch-deutsche Recht hatte ihrer Ansicht

---

198) S. dazu GIERKE, Genossenschaftstheorie S. 2; ROTH, Genossenschaft S. 63 ff.; SOHM, Genossenschaft S. 1/2.
199) S. o. S. 47.
200) GIERKE, Genossenschaftstheorie S. 81; Vgl. auch BÜLOW, Vereinsrecht S. 2.

nach beide Grundsätze enthalten. Erst mit der Rezeption habe die romanisch-kanonistische Korporationstheorie in Deutschland Einzug gehalten[201]. Das juristische Recht als "Niederschlag einer Rechtsgeschichte, welche in ein absolitistisches Staatsrecht und ein individualistisches Privatrecht ausmündete"[202] und weder Vereins- noch Körperschaftsfreiheit gekannt habe, habe als Mittel der Staatsgewalt im Kampf "wider das übermächtige und nunmehr vielfach entartete Corporationswesen des Mittelalters" gedient[203]. Dennoch habe die Rezeption in diesem Punkt nur deshalb Erfolg haben können, weil sie von den Legisten und Kanonisten mit germanischen Rechtsgedanken durchtränkt worden sei[204]. Daher sei auch das germanische Körperschaftsrecht den vereinten Angriffen von Theorie und Gesetzgebung nicht ganz erlegen. "Es lebte im Stillen fort und wahrte auch in der Umschnürung durch eherne Bande die Keimkraft für künftige Zeiten"[205]. Mit dem Wiederaufkommen der öffentlichrechtlichen Vereinsfreiheit, im Grundsatz zuerst vom preußischen Landrecht ausgesprochen[206], sei auch die Frage nach dem Wege des Erwerbs der Rechtsfähigkeit wieder aufgetaucht. Hier nun habe die Genossenschaftstheorie große Fortschritte erzielt bei ihrem Bemühen, "die Anerkennung der selbständigen Persönlichkeit aller ihrem tatsächlichen Bestande nach hierzu geeigneten Verbände durchzusetzen und so als Correlat der wiedergewonnenen Vereinsfreiheit auch die altgermanische Freiheit der Körperschaftsbildung von Neuem zu verwirklichen"[207].

Anders als die römische universitas war die deutsche Genossenschaft nach Ansicht der Vertreter der Genossenschaftstheorie nicht ein Gebilde, welches die Sphären der einzelnen Mitglieder und der Gesamtheit der Mitglieder

---

201) GIERKE, 19. DtJurTag Bd 2, S. 268 ff.; DERS., DtPrR Bd 1, S. 459; DERS., Genossenschaftsrecht Bd 3, S. 129 ff.
202) GIERKE, DtPrR a.a.O.
203) GIERKE, 19. DtJurTag a.a.O.
204) GIERKE, DtPrR Bd 1, S. 460 f.
205) GIERKE, DtPrR Bd 1, S. 461.
206) S. u. S. 61.
207) GIERKE, 19. DtJurTag Bd 2, S. 271.

völlig voneinander trennte; sie kam vielmehr in mannigfachen Formen und Abstufungen vor. Hiervon ausgehend entwickelten die Genossenschaftstheoretiker ihre Lehre, welche ihrer Ansicht nach durch zwei Entwicklungstendenzen der Rechtspraxis des 19. Jahrhunderts gestützt wurde: durch die Entwicklung der nur mit einigen, nicht jedoch mit allen Körperschaftsmerkmalen ausgestatteten Gesamthandsgemeinschaften des Handelsrechts, sowie durch die oben dargestellte Rechtsprechung, welche den nicht konzessionierten Vereinen im Geltungsbereich des Gemeinen Rechts - ähnlich wie im Bereich des preußischen Landrechts[208] - eine Reihe von Körperschaftseigenschaften zusprach.

Bei dem Versuch, diese Gebilde mit den Mitteln des deutschen Genossenschaftsrechts zu erklären, entstanden innerhalb der Genossenschaftstheorie verschiedene Lehrrichtungen[209]:

Die ältere Genossenschaftstheorie, entwickelt vor allem von BESELER und BLUNTSCHI[210], erklärte die Genossenschaft für ein Mittelding zwischen Korporation und societas, und zwar sollte sie alle Personenverbindungen zwischen diesen beiden römischrechtlichen Typen umfassen. BESELER hatte diesen Gedanken zunächst in seinen "Erbverträgen" entwickelt[211] und dann in seinem Werk "Volksrecht und Juristenrecht" weiter ausgebaut[212]. Er rückte allerdings später von dieser Konstruktion wieder ab[213] und gesellte sich denjenigen Vertretern der Genossenschaftstheorie zu, welche von vorherein auch für das deutsche Verbandsrecht die Zweiteilung in rechtsfähige und nichtrechtsfähige Per-

---

208) S. u. S. 71 ff.

209) Die folgende Aufteilung der Lehrmeinungen nach <u>SOHM</u>, Genossenschaft passim, insb. S. 1-9.

210) Zu BESELERS Lehre vgl. die folgenden Fußnoten. Über BESELER s. <u>GIERKE</u>, ZRG, GA 10/1 ff. - <u>BLUNTSCHLI</u>, DtPrR §§ 33 ff.; ebenso wie BESELER und BLUNTSCHLI zunächst <u>RENAUD</u>, Lehrbuch Bd 1, S. 144 (§ 57); RENAUD kehrte später zur romanistischen Doktrin zurück (Vgl. <u>RENAUD</u>, Aktienrecht § 10).

211) <u>BESELER</u>, Erbverträge Bd 1, S. 76 ff., insb. S. 80.

212) <u>BESELER</u>, Volksrecht S. 158 ff., insb. S. 164.

213) <u>BESELER</u>, System Bd 1, S. 261.

sonenverbindungen beibehalten, die von der Rechtsprechung als "Modifizierte Sozietäten" bezeichneten Personenverbindungen aber den juristischen Personen zugerechnet hatten [214]. Für sie war "die Gesammthand .. der letzte Grad von Gemeinschaft, der noch die einzelnen Mitglieder ihren eigenen, nach Belieben veränderbaren Willen bethätigen, somit die Rechtssubjecte des Vermögens sein läßt" [215]. Die alte Zweiteilung von nichtrechtsfähigen und rechtsfähigen Personenverbindungen war damit zwar wieder hergestellt, der Kreis der letzteren jedoch erheblich erweitert worden. Er beschränkte sich nicht mehr auf den engen Bereich der römischen universitas, sondern umfaßte auch den - nunmehr gegenüber der älteren Genossenschaftstheorie enger gezogenen - Kreis der "Genossenschaften". Der schroffe Gegensatz des römischen Rechts zwischen societas und universitas war damit abgeschwächt[216].

Der Gedanke der Zusammenfassung aller zwischen universitas und societas stehenden Vereinigungsformen zu einem einzigen Rechtsinstitut verschwand allerdings nicht ganz. So hat vor allem der Dresdener Entwurf mit der "Kollektivgesellschaft" die Einführung eines solchen Instituts versucht[217], und auch das sächsische Vereinsgesetz von 1868 zeigt noch Anklänge an diese Vorstellung[218].

Die schärfste Ausprägung erhielt die Genossenschaftstheorie durch Otto GIERKE. Er war es, welcher sie über die Ebene einer bloßen dogmatischen Lehrmeinung hinaushob und ihr eine schon ideologische Dimension gab. Auch GIERKE hielt nicht mehr an der Vorstellung der älteren Genossenschaftstheorie von der Genossenschaft als dritter Rechtsform für Personenverbindungen fest[219]; er bemängelte je-

---

214) Demgegenüber blieb BLUNTSCHLI weitgehend auf dem Standpunkt der älteren Genossenschaftstheorie stehen. S. dazu die herbe Kritik WALDECKERs (WALDECKER, Genossenschaften S. 6, Fußn. 1): "Gerade BLUNTSCHLI gehört mit zu denen, die Genossenschaft und Genossenschaftstheorie nie klar erfaßt haben."

215) HEUSLER, Institutionen Bd 1, S. 257 (§ 54); s. auch DERS., ZfSR 30/365 ff.

216) Vgl. BESELER, System a.a.O. (Fußn. 213).

217) S. dazu unten S. 102 ff.

218) S. u. S. 78 ff.

219) GIERKE, Genossenschaftstheorie S. 2.

doch an der zuletzt geschilderten, vor allem von HEUSLER vertretenen Konstruktion, daß sie die Körperschaft kaum noch von der römischen universitas unterscheide und "vor dem Reichtum der deutschen Genossenschaftsbildung nicht bestehen" könne[220]. Für GIERKE war die Genossenschaft d i e (nicht nur e i n e) Körperschaft des deutschen Rechts. Sie unterschied sich von der universitas vor allem dadurch, daß in ihr die "Verbindung von Einheitsrecht und Vielheitsrecht" möglich sein sollte. Sie sollte Raum bieten für eine "organische Verbindung" dieser beiden Rechtsbereiche, und zwar sollte diese Synthese beider Sphären möglich sein, ohne daß dadurch die Genossenschaft "zu einem Mittleren zwischen Gemeinheit und Gesellschaft" wurde[221]. Hinsichtlich des Vermögens sollte eine "vermögensgenossenschaftliche Struktur" bestehen, die Genossenschaft sollte "korporatives Gesammteigenthum" besitzen, welches weder Alleineigentum der Gesamtheit noch Miteigentum der einzelnen Glieder sein sollte[222].

Zur Erklärung dieser Konstruktion reichten - wie GIERKE sah - die Kategorien des Privatrechts nicht aus. Seines Erachtens handelte es sich hier um eine "durch das Sozialrecht ermöglichte Form der Eigentumsordnung"[223], also um ein Rechtsverhältnis, welches auf einer neuen, höheren Stufe der Rechtsordnung angesiedelt war. Bei aller Gemeinschaftsmystik, welche diesen Gedanken anhaftete, enthielten sie doch Ansätze zu einer sozialen Weiterführung des Privatrechts, welche die kommende Rechtsentwicklung stark beeinflußt haben[224].

Die Haftung der Genossenschaftsmitglieder den Genossenschaftsgläubigern gegenüber sollte unbeschränkt und solidarisch sein, jedoch nur subsidiär nach dem Genossenschaftsvermögen[225]. Mit dieser Forderung hatte GIERKE,

---

220) GIERKE a.a.O. S. 906.
221) GIERKE a.a.O. S. 306-309; s. auch SOHM, Genossenschaft S. 5.
222) GIERKE a.a.O. S. 318/19.
223) Ibidem.
224) Zur Person GIERKES und zur Würdigung seiner Lehre vgl. unten S.142 ff., ferner LAUFS, JuS 68/311 ff.
225) GIERKE, Genossenschaftstheorie S. 302.

wie geschildert, einen Teil der Rechtsprechung auf seiner Seite[226].

Kritik an der Lehre GIERKES kam nicht nur von romanistischer Seite, sondern auch aus den eigenen Reihen der Genossenschaftstheoretiker. So warf SOHM der GIERKEschen Konstruktion vor, sie markiere nicht deutlich genug die Grenze zwischen dem privatrechtlichen und dem sozialrechtlichen Bereich[227]. SOHM selbst lehnte auch die Lehre von der juristischen Persönlichkeit der Genossenschaft sowohl in der von HEUSLER vertretenen Form wie auch in derjenigen GIERKES gänzlich ab, unterschied aber selber ebenfalls die Genossenschaften von den Gesamthandsgemeinschaften. Mit der Gesamthandsgemeinschaft sollte die Genossenschaft "die gemeinsame Vermögens - Z u s t ä n d i g k e i t", mit der Körperschaft als juristischer Person "die fehlende Vermögens - V e r w a l t u n g der einzelnen Mitglieder" gemeinsam haben[228]. SOHM unterschied somit vier Formen von Personenverbindungen:

- Societas,
- Gesamthandsgemeinschaft,
- Genossenschaft,
- Körperschaft[229].

Diese Lehre von SOHM hatte angesichts der damaligen Rechtslage den Vorteil, daß sie der Rechtsprechung die beste dogmatische Stütze für ihre Ansicht liefern konnte, es handele sich bei den nicht konzessionierten Vereinen (also den "Genossenschaften") zwar einerseits nicht um juristische Personen, andererseits aber doch um Personenverbindungen, welchen zahlreiche Merkmale von Korporationen eigen seien.

Insgesamt hatten Rechtsprechung und Genossenschaftstheorie in einem Prozeß wechselseitiger Beeinflussung, welcher sich über mehrere Jahrzehnte erstreckte, am Ende des 19. Jahrhunderts einen Rechtszustand herbeigeführt, welcher

---

226) S. o. Fußn. 192.
227) SOHM, Genossenschaft S. 8 - Kritisch E. MAYER, KVjS 32/373 ff.
228) SOHM, Genossenschaft S. 28.
229) SOHM, Genossenschaft S. 36.

zwar wegen des vereinzelten Schwankens der Rechtsprechung und wegen der Fortentwicklung und Zersplitterung der Genossenschaftstheorie manche Rechtsunsicherheit mit sich brachte, insgesamt aber doch den Bedürfnissen der betroffenen Personenverbindungen weitgehend entsprach. Es bleibt das Verdienst der Genossenschaftstheorie, das Verbandsrecht aus den zu eng gewordenen Fesseln der römischrechtlichen Schablone befreit und Konstruktionsmöglichkeiten geliefert zu haben, welche seiner Mannigfaltigkeit gerecht wurden.

Ob man die von der Rechtsprechung, der Genossenschaftstheorie und einem großen Teil der übrigen gemeinrechtlichen Lehre mit gewissen Körperschaftsmerkmalen versehenen, nicht konzessionierten Personenverbindungen als Körperschaften (juristische Personen) auffaßt oder nicht, ist letztlich gleichgültig. Entscheidend ist jedoch, daß im Geltungsbereich des Gemeinen Rechts die Besonderheit solcher Vereinigungen berücksichtigt wurde. Je weiter man den Begriff der juristischen Persönlichkeit ausdehnte, umso eher war man berechtigt, hier von Vorliegen des Systems der freien Körperschaftsbildung zu sprechen. GIERKE gab zu, daß die Rechtsprechung das "erlösende Wort" - nämlich: daß die Genossenschaften Körperschaften seien - nicht gesprochen habe[230]; er leitete jedoch aus der ergangenen Judikatur die Geltung des Systems der freien Körperschaftsbildung im Geltungsbereich des gemeinen Rechts ab. Die Rechtsprechung, auch soweit sie den Gedanken der Genossenschaftstheorie folgte, ließ diese Frage regelmäßig offen [232]. In der Tat mag man geneigt sein, diese Frage, ebenso wie die Frage, ob eine "Modifizierte Sozietät" oder "Genossenschaft" vorliege, angesichts der gleichen Ergebnisse, zu welchen die Anhänger aller dieser Ansichten regelmäßig gelangen, mit dem Bezirksgericht Lohr als "unnützen

230) GIERKE, Genossenschaftstheorie S. 57.
231) entfällt
232) BEZIRKSGERICHT LOHR a.a.O. (Fußn. 192) S. 21; s. ferner OAG JENA SeuffArch 1 (1847), S. 326, welches die Frage nach der Rechtsnatur der Genossenschaft (ob Mittelgebilde oder Körperschaft) ausdrücklich unbeantwortet ließ.

Wortstreit" zu bezeichnen[233]. Es würde dann jedoch übersehen, daß die der Genossenschaftstheorie überwiegend entnommene Forderung nach dem System der freien Körperschaftsbildung eine starke rechtsdogmatische Waffe gegen das von den Vertretern des Obrigkeitsstaates wiederholt geforderte Konzessionssystem darstellte.

So ist es nicht zuletzt dem zähen Festhalten der Vertreter der Genossenschaftstheorie, insbesondere GIERKES, an diesem System zu danken, daß das Bürgerliche Gesetzbuch in seiner Endfassung nicht eine noch obrigkeitsstaatlichere Regelung des Vereinsrechts erhielt, als es schon ohnehin hatte.

III. Das Allgemeine Landrecht und die Rechtsentwicklung in Preußen

1. Die Rechtslage nach dem ALR

Das Allgemeine Landrecht von 1794[234] behandelte Personenverbindungen vornehmlich an drei Stellen:

- Der sechste Titel im 2. Teil des ALR trug die Überschrift: "Von Gesellschaften überhaupt und von Corporationen und Gemeinen insonderheit";
- der siebzehnte Titel im ersten Teil ("Vom gemeinschaftlichen Eigenthume") handelte in seinem dritten Abschnitt "von Gemeinschaften, welche durch Vertrag entstehen";
- der achte Titel des zweiten Teils ("Vom Bürgerstande") behandelte innerhalb seines siebten Abschnitts ("Von Kaufleuten") in den §§ 614 bis 712 die "Handlungsgesellschaften".

Das Verhältnis der Handlungsgesellschaften zu den vertraglichen Gemeinschaften war durch § 614 ALR II 8 positivrechtlich als Spezialitätsverhältnis mit Vorrang der

---

233) BEZIRKSGERICHT LOHR a.a.O.

234) Zum Geltungsbereich des ALR s. DENKSCHRIFT S. 295 (Anl. I.). Zu den einschlägigen Bestimmungen im Entwurf des Allgemeinen Gesetzbuches von 1785 s. FÖRSTER-ECCIUS, PreußPrR Bd 4, S. 666, insb. Fußn. 1.

§§ 614 ff. (ALR II 8) geregelt[235]. Umstritten war dagegen das Verhältnis der in ALR II 6 geregelten Vereinigungen zu denjenigen des 3. Abschnittes in ALR I 17[235a].

a) Die Gesellschaften gemäß ALR II 6

§ 1 ALR II 6 definierte Gesellschaften als "Verbindungen mehrerer Mitglieder des Staates zu einem gemeinsamen Endzweck". Öffentlichrechtlich erlaubt waren Gesellschaften gem. § 2 d. T. dann, wenn dieser Endzweck "mit dem gemeinsamen Wohl bestehen" konnte. "Gesellschaften aber, deren Zweck und Geschäfte der gemeinsamen Ruhe, Sicherheit und Ordnung zuwiderlaufen", waren gem. § 3 d. T. unerlaubt und nicht geduldet [236].

Die Bestimmungen des ALR über die privaten Rechtsverhältnisse der erlaubten Privatgesellschaften waren "nicht ohne Dunkelheiten"[237]. ALR II 6 regelte

- in §§ 11 ff. die "Rechte der erlaubten Privatgesellschaften",
- in §§ 22 ff. die "Priviligierten Gesellschaften",
- in §§ 25 ff. die "Corporationen und Gemeinen".

Nach § 12 waren Mitglieder der erlaubten Privatgesellschaften bei "Handlungen, woraus Rechte und Verbindlichkeiten gegen andere entstehen", als "Theilnehmer eines gemeinsamen Rechtes oder einer gemeinsamen Verbindlichkeit" zu betrachten. § 13 d. T. bestimmte jedoch:

"Dergleichen Gesellschaften stellen im Verhältnis gegen andere, außer ihnen, keine moralische Person vor, und

---

235) "Bei Handlungsgesellschaften finden die allgemeinen Vorschriften von Gesellschaftsverträgen überhaupt, insofern dieselben hier nicht abgeändert worden, Anwendung (Theil I, Titel 13, §§ 183 sqq.)."

235a) Über diesen Streit s. unten S. 64 ff.

236) Weitere Vorschriften über die öffentlichrechtliche Erlaubtheit dieser Gesellschaften sowie über die zivil- und strafrechtlichen Folgen der Teilnahme an unerlaubten Gesellschaften enthielten die §§ 4 bis 10 d. T. - § 10 ordnete an, daß, "wer einer vom Staate ausdrücklich verbotenen Gesellschaft beitritt, ...gegen die in dem Verbotsgesetze bestimmte Strafe durch Vorschützung der Unwissenheit des unerlaubten Zweckes sich nicht entschuldigen" könne. Diese Vorschrift entfiel erst aufgrund § 59 (jetzt §§ 16, 17) StGB. (Vgl. KOCH, Landrecht Bd 3, S. 542, Anm. 8.).

237) FÖRSTER-ECCIUS, PreußPrR Bd 4, S. 622.

können auch, als solche, weder Grundstücke noch Capitalien auf den Nenner der Gesellschaft erwerben."

Lediglich im Innenverhältnis der Gesellschafter zueinander sollten gem. § 14 d. T. diese Gesellschaften, "solange sie bestehen, die inneren Rechte der Corporationen und Gemeinen (§ 25 sqq)" haben.

Die erlaubte Privatgesellschaft gemäß ALR II 6 war also eine Personenverbindung, welche nach innen, nicht jedoch nach außen, die Merkmale einer Korporation trug[238]. Ihre Struktur ist vergleichbar mit derjenigen des Nichtrechtsfähigen Vereins des BGB. Die erlaubte Privatgesellschaft kann daher als Vorläufer des Nichtrechtsfähigen Vereins bezeichnet werden.

"Die Rechte und Verhältnisse einer vom Staat ausdrücklich genehmigten oder privilegirten Gesellschaft" waren gem. § 22 d. T. "hauptsächlich nach dem Inhalte der ihr ertheilten Privilegii" zu beurteilen. Wichtigste Folge des Privilegs war, daß der Gesellschaft die (öffentlichrechtliche) Erlaubtheit nicht schon unter Berufung auf § 4 d. T. - d.h.: wenn sie "anderen gemeinnützigen Absichten oder Anstalten hinderlich oder nachtheilig" war - abgesprochen werden konnte[239], sondern nur in den bestimmten, in den §§ 70 bis 72 der Einleitung des ALR genannten Gründen für die Rücknahme von Privilegien.

Es stand der Staatsgewalt aber auch frei, einer Gesellschaft weitergehende Privilegien einzuräumen. So konnte das Privileg der Gesellschaft "auch nach außen ganz oder

---

238) Dazu, daß im ALR - anders als im österreichischen ABGB - der Begriff "Moralische Person" weitgehend mit dem neuen Begriff "Juristische Person" übereinstimmt, vgl. im ALR selbst § 81, II 6; ferner FÖRSTER-ECCIUS, PreußPrR 3. Aufl. S. 99, Anm. 3; ROSIN Gruchot 27/108, 122, Fußn. 4; RGZ 27/183, 185 - Zur Rechtsnatur der erlaubten Privatgesellschaft vgl. ADELMANN, Legitimation S. 23, Fußn. 2.

239) § 23 a.a.O.: "Soweit aber in diesem (Privilegium) nichts besonderes festgelegt ist, haben dergleichen privilegirte Gesellschaften mit anderen erlaubten in der Regel nur gleiche Rechte." § 24 a.a.O.: "Doch kann der Staat eine von ihm ausdrücklich privilegirte Gesellschaft nur aus eben den Gründen, aus welchen ein Privilegium überhaupt zurückgenommen werden kann, wieder aufheben."

zum Teil eine selbständige Rechtsstellung, namentlich die Rechte der juristischen Person", zuweisen[240]. Waren jedoch im Privileg solche privatrechtlichen Folgen nicht vorgesehen, so blieb es gem. § 23 ALR II 6 insoweit bei der üblichen Rechtsstellung der erlaubten Privatgesellschaft.

Über die "Corporationen und Gemeinen" schließlich[241] bestimmte § 25 d. T.:

"Die Rechte der Corporation und Gemeinen kommen nur solchen vom Staat genehmigten Gesellschaften zu, die sich zu einem fortdauernden gemeinnützigen Zwecke verbunden haben."

Für die Entstehung von Körperschaften galt somit das Konzessionssystem; dieses wurde noch dadurch verstärkt, daß die staatliche "Genehmigung" nur dann erteilt wurde, wenn die betreffende Personenverbindung bestimmte Zwecke verfolgte. Ein Anspruch auf Verleihung der Korporationsrechte bestand allerdings nicht schon bei Nachweis eines solchen Zweckes; die Verleihung stand vielmehr im Ermessen des Königs[242]. Andererseits hatte eine vom König erteilte Konzession auch dann Wirksamkeit, wenn sich der Zweck der Gesellschaft als ein nicht gemeinnütziger herausstellte[243]. § 25 gab somit letztlich nur eine unverbindliche Ermessensrichtlinie.

Die Strenge der Anforderungen, welche § 25 für den Erwerb der vollen Rechtsfähigkeit aufgestellt hatte, läßt sich daraus erklären, daß sich zur Zeit der Entstehung des Landrechts mit dem Begriff "Corporation" noch die Vorstellung einer "öffentlichen Institution"[244] verband, welche vom Staat wegen ihrer Gemeinnützigkeit privilegiert wurde[245].

---

240) FÖRSTER-ECCIUS, PreußPrR Bd 4, S. 671, insb. Anm. 15; FISCHER, PreußPrR S. 67.

241) Eine Doppelbezeichnung, welche ohne rechtliche Bedeutung war (Vgl. u.a. HUBRICH, Gruchot 62/1, 15).

242) HUBRICH, Gruchot 62/1, 16/17; ROSIN, Gruchot 27/108, 116.

243) HUBRICH, Gruchot 62/1, 17; KOCH, Landrecht S. 569, Fußn. 18; FÖRSTER-ECCIUS, PreußPrR Bd 4, S. 679 - Zur Behördenzuständigkeit für das einfache Privileg (§ 22 ALR II 6) vgl. VIERHAUS bei KOCH, Landrecht S. 569, Anm. 18 ff., ferner GIERKE, Genossenschaftstheorie S. 98, Fußn. 2; ROSIN, Gruchot 27/108, 116.

244) GIERKE, Genossenschaftstheorie S. 98.

245) GIERKE, Genossenschaftstheorie S. 99.

Angesichts des eindeutigen Wortsinnes des § 25 ALR II 6 war eine Interpretation der Vorschrift, welche diese an die Erfordernisse der späteren Zeit hätte anpassen können, nicht möglich. Umso mehr bemühte man sich daher um eine solche Anpassung bei den in ALR I 17 geregelten Gesellschaften und bei den erlaubten Privatgesellschaften.

b. Die Gesellschaften des § 169 ALR I 17 und ihr Verhältnis zu den "erlaubten Privatgesellschaften"

Nach § 169 ALR I 17 bestand das Wesen des Gesellschaftsvertrages darin, daß

"mehrere Personen ihr Vermögen oder Gewerbe, oder auch ihre Arbeiten und Bemühungen, ganz oder zum Theil, zur Erlangung eines gemeinschaftlichen Endzwekkes vereinigen".

Mangels anderer Bestimmungen im Gesellschaftsvertrag war gem. §§ 206, 207 d. T. jedes Gesellschaftsmitglied zum Betriebe der gemeinschaftlichen Angelegenheiten berechtigt und verpflichtet, und es sollten daher im Zweifel "die Societätsgeschäfte von sämmtlichen Mitgliedern gemeinschaftlich betrieben und vollzogen werden." Dritten gegenüber sollte die Gesellschaft im Zweifel nur durch gemeinschaftlich abgeschlossene und unterschriebene Verträge verpflichtet werden (§ 230 ALR I 17). Über die Abgrenzung dieser Handelsgesellschaften von den erlaubten Privatgesellschaften bestimmte § 16 ALR II 6:

"Handlungsgesellschaften werden lediglich nach den Vorschriften des 3. Abschnitts des 17. Titels ... beurtheilt."

Bedeutsam wurde die Abgrenzung der beiden Gesellschaftsarten dann, wenn eine Gesellschaft, deren Endzweck in der gemeinsamen Förderung von Vermögenszwecken der Gesellschafter lag, sich nach innen durch den Gesellschaftsvertrag eine korporative Verfassung gegeben hatte. Sollte in diesen Fällen die korporative Tendenz oder der wirtschaftliche Endzweck für die rechtliche Einordnung der Gesellschaft ausschlaggebend sein?

Nach Ansicht der R e c h t s p r e c h u n g war alleiniges Kriterium dafür, ob eine Gesellschaft unter ALR II 6 oder unter ALR I 17 einzuordnen sei, ihr Endzweck[246]. Zur Begründung wurde ausgeführt, § 169 ALR I 17 bezeichne die Gesellschafter als "Personen, d.h. als Subjecte von Privatvermögensrechten"; in der Begriffsbestimmung der §§ 1 und 2 ALR II 6 würden sie dagegen nach einer Eigenschaft des öffentlichen Rechtes als "Mitglieder des Staates" bezeichnet[247]. § 169 a.a.O. betone die "Vereinigung wirtschafltichen Wert besitzender Mittel zur Erreichung eines gemeinschaftlichen Endzweckes[248], die §§ 1 und 2 a.a.O. dagegen betonten "die Verbindung der Mitglieder des Staates zu einem besonderen Verband im Staate behufs Verwirklichung eines gemeinschaftlichen Endzweckes, von welchem die immaterielle Eigenschaft seines 'Bestehenkönnens mit dem gemeinen Wohl' hervorgerufen" werde[249]. Ferner wurde geltend gemacht: Der erste Teil des ALR setze die Normen für die Rechtsverhältnisse der Personen, der zweite Teil dagegen regele die Rechtsverhältnisse, deren Eigentümlichkeit durch "die Existenz sittlicher Institutionen, das gemeinsame Wohl intensiv berührender, der bürgerlichen Gesellschaft und dem öffentlichen Rechtsleben angehörender ... Gliederungen...[250]. Die Stellung des sechsten Titels in diesem Teil des ALR und der Inhalt der §§ 1 bis 21 dieses Titels zeigten "schlagend an, daß der Endzweck einer erlaubten Privatgesellschaft nicht die Beförderung des privatrechtlichen Vermögensinteresses der Gesellschaftsmitglieder als solcher" sein könne, sondern die Förderung eines anderweitigen objektiven Zweckes durch

---

246) ROHG, Urteil v. 8. Juni 1875 (Rep. 391/75) = OHGE 18/354 ff.; ROHG, Urteil v. 17. September 1875 (Rep. 698/75) = OHGE 18/398 ff.; ROHG, Urteil v. 22. Februar 1876 = OHGE 23/348. - In der Entscheidung vom 17. Februar 1875 hatte das ROHG allerdings beide Kriterien - die korporative Konstruktion und die vermögensrechtlichen Zwecke - herangezogen.
Zur Rspr. des RG s. RG Urteil v. 18. April 1883 (Rep. I, 159/83) = RGZ 9/107 ff.; Urteil v. 7. April 1886 (Rep. I. 52/86) = RGZ 16/189 ff.; vgl. ferner die Nachweise bei GIERKE, Genossenschaftstheorie S. 102, Fußn. 4.

247) ROHG a.a.O. (FN. 246), E 18/355

248) RG a.a.O. (Fußn. 247) E 16/189, 191.

249) Ibidem.

250) RG a.a.O. S. 192.

Personenvereinigungen von Staatsangehörigen"[251].

Entgegen dieser Ansicht der Rechtsprechung, welche teilweise auch im Schrifttum Zustimmung fand[252], stellte die Gegenmeinung nicht auf die Zielsetzung der Gesellschaft, sondern auf ihre Organisation ab[253]. Da diese Gegenmeinung sich jedoch in der Praxis nicht durchsetzen konnte, wurde im Geltungsbereich des ALR der Gegensatz zwischen wirtschaftlichen Personenverbindungen und solchen mit ideeller Zielsetzung gleichbedeutend mit dem Gegensatz zwischen Gesellschaften mit Sozietätscharakter[254] und erlaubten Privatgesellschaften. Demnach konnten nur diejenigen wirtschaftlichen Vereinigungen Rechtsfähigkeit erlangen, welchen es gelang, den Status einer Korporation zu erwerben. Für die übrigen brachte erst die Spezialgesetzgebung des Reiches, welche seit der Reichsgründung einsetzte und welche für fast alle wirtschaftlichen Personenverbindungen das System der Normativbestimmungen einführte, eine Erleichterung.

2. Die weitere Entwicklung in Gesetzgebung, Rechtsprechung und Rechtslehre

Der im ALR proklamierte Grundsatz der Vereinigungsfreiheit wurde bereits kurze Zeit nach dem Erlaß des Gesetzes durch eine Reihe von Spezialvorschriften wieder eingeschränkt. Ein Edikt aus dem Jahre 1798[255], welches 1816 erneuert wurde[256] und bis 1848 gültig blieb, erklärte u.a. alle diejenigen Gesellschaften für verboten, welche

---

251) RG a.a.O. (Fußn. 247) E 9/107, 109/110.
252) S. u.a. KOCH, Landrecht Bd 3, S. 540, Anm. 2; FÖRSTER-ECCIUS, PreußPrR Bd 2, S. 392.
253) ROSIN, Gruchot 27/108, 109/113; ROSIN, Gruchot 31/753/759 ff.; GIERKE, Genossenschaftstheorie S. 103; DERNBURG, PreußPrR Bd 1, § 59, Anm. 2; § 214, Anm. 9; ABRAHAMSOHN, Schuldenhaftung S. 49.
254) Zu den Rechtsfolgen s. neben §§ 169 ff. ALR I 17 auch §§ 16-20 ALR II 6; § 17 a.a.O.: "Alles was einer solchen Gesellschaft (sc. einer Handlungsgesellschaft) zufällt, wird nur das gemeinschaftliche Eigenthum der dermaligen Mitglieder."
255) Quellenverzeichnis D III 2.
256) Quellenverzeichnis D III 3.

über Änderungen in der Staatsverfassung und -verwaltung und über die Mittel und Wege zu solchen Änderungen berieten[257]. Ein weiteres Edikt aus dem Jahre 1832[258] übernahm den im selben Jahre ergangenen Bundesbeschluß[259], durch welchen die Volksversammlungen und politischen Vereine verboten worden waren.

1838 wurde ein ausnahmsloses Verbot aller Studentenverbindungen ausgesprochen[260].

Erst im Jahre 1848 wurden infolge der revolutionären Ereignisse alle diese Sondergesetze durch die "Verordnung über einige Grundlagen der künftigen preußischen Verfassung"[261] aufgehoben[262].

Die preußische Verfassungsurkunde von 1850[263] bestimmte in Art. 30:

> Alle Preußen haben das Recht, sich zu solchen Zwecken, welche den Strafgesetzen nicht zuwiderlaufen, in Gesellschaften zu vereinen.
> Das Gesetz regelt, insbesondere zur Aufrechterhaltung der öffentlichen Sicherheit, die Ausübung des in diesem ...Artikel gewährleisteten Rechtes.
> Politische Vereine können Beschränkungen und vorübergehenden Verboten im Wege der Gesetzgebung unterworfen werden."

In Ausführung dieses Verfassungsartikels erging kurz darauf die "Verordnung über die Verhütung eines die gesetzliche Freiheit und Ordnung gefährdenden Mißbrauchs des Vereinigungsrechtes"[264]. Diese Verordnung enthielt einige Sonderbestimmungen für politische Vereine. Insbesondere wurde diesen vorgeschrieben, die schriftlichen Statuten und das Mitgliederverzeichnis sowie in dieser Hinsicht erfolgende Änderungen binnen drei Tagen der Polizeibehörde

---

257) S. dazu BRÜCKNER, BRTh 38/1, 15.
258) Quellenverzeichnis D III 4.
259) Zu diesem s. unten S.91.
260) Gesetz v. 7. Januar 1838; Quellenverzeichnis D III 5.
261) Quellenverzeichnis D III 7.
262) § 4 Abs. 2 der Verordnung.
263) Quellenverzeichnis D III 8.
264) Quellenverzeichnis D III 9.

vorzulegen und dieser auf Verlangen Auskünfte zu geben[265]. Ferner wurde ihnen verboten, "Frauenspersonen, Schüler und Lehrlinge als Mitglieder aufzunehmen" und "..mit anderen Vereinen gleicher Art in Verbindung zu treten" (Grundsatz der L o k a l i s i e r u n g)[266]. Derartige Beschränkungen fanden sich im öffentlichen Recht fast aller deutschen Bundesstaaten[267].

Für die Verleihung der juristischen Persönlichkeit hatte das ALR dem Staat noch einen weiten Ermessensspielraum vorbehalten. Art. 31 der Verfassungsurkunde stellte daher ein Gesetz in Aussicht, welches "die Bedingungen, unter welchen Corporationsrechte ertheilt oder verweigert werden", bestimmen sollte. Ein solches Gesetz wurde denn auch in der Folgezeit mehrfach in Angriff genommen, aber niemals erlassen[268]. Es blieb also im Geltungsbereich des

---

265) § 3 der Verordnung spricht zwar von Vereinen, welche eine "Einwirkung auf öffentliche Angelegenheiten bezwecken". Aus dem Zusammenhang geht jedoch hervor, daß hiermit vorwiegend politische Vereine gemeint sind. Dies wurde auch bestätigt durch die Entscheidung des preußOT v. 7. Okt. 1873 (GA 21/667), wonach "jede durch Übereinkommen unter einer Leitung für längere oder kürzere Zeit zur Einwirkung auf öffentliche Angelegenheiten vereinigte Mehrheit von Personen ein politischer Verein" sei. Im übrigen wurden, wie die Formulierung des sächsischen Vereingsgesetzes v. 1850 i.V.m. der Verordnung vom selben Tage ergibt, unter diesen Begriff außer den politischen Vereinen auch die religiösen Vereine subsumiert (vgl. dazu unten S. 81), S. i.ü. ANSCHÜTZ, Verfassung Bd 1, S. 32.

266) § 8 der Verordnung.

267) S. dazu die Zusammenstellung in ANLEITUNG S. 25/26; zu späteren Lockerungen hinsichtlich der Teilnahme von Frauen vgl. a.a.O. S. 40 - Preußen gehörte mit der Verordnung von 1851, neben Bayern und Sachsen, zu denjenigen Bundesstaaten, welche bereits vor dem Bundesbeschluß von 1854 (s. dazu unter S.91) ihr öffentliches Vereinsrecht entsprechend den dann in diesem Bundesbeschluß enthaltenen Grundsätzen gestaltet hatten.

268) Vgl. BEMERKUNGEN PREUßEN S. 12 - Wegen der infolge der Revolution von 1848 auch in Preußen eingeführten Gewaltenteilung war es allerdings unklar geworden, wer nunmehr für die Verleihung der Rechtsfähigkeit zuständig sei. Die Praxis richtete sich nach dem alten Recht und sprach die Zuständigkeit weiterhin dem König zu. (Vgl. u.a. FÖRSTER-ECCIUS, PreußPrR Bd 4, S. 678; REHBEIN-REINCKE, Landrecht Bd 3, S. 363, Anm. 62 - a.A. KOCH, Landrecht Bd 3, S. 543, Anm. 10.)

ALR bei dem Grundsatz, daß für den Erwerb voller Rechtsfähigkeit ausdrückliche staatliche Verleihung erforderlich sei.

Dieser Grundsatz durchzog auch die Regelungen der wichtigsten bis zur Gründung des Norddeutschen Bundes erlassenen preußischen Spezialgesetze. So forderte das Aktiengesetz von 1843[269)] ausdrücklich die "landesherrliche Genehmigung" für die Errichtung von Aktiengesellschaften. Der Gesellschaftsvertrag mußte gerichtlich oder notariell aufgenommen werden. Er mußte ferner gewisse Bedingungen erfüllen, welche das Gesetz in § 2 aufzählte. Ebenso wie später das ADHGB[270)] enthielt somit das preußische Aktiengesetz eine Kumulierung von Normativbestimmungen und Konzessionssystem[271)]. Dies bedeutete insofern eine Verbesserung der Rechtsstellung von Aktiengesellschaften, als mit der Einhaltung der Normativbestimmungen eine gewisse Gewähr für die Erlangung der Konzession gegeben war.

§ 8 des Gesetzes von 1843 sprach den Aktiengesellschaften zwar ausdrücklich die "Eigenschaft juristischer Personen" zu[272)], die Rechtslehre zögerte aber noch längere Zeit, die juristische Persönlichkeit von Aktiengesellschaften anzuerkennen[272a)]. Von der durch das Allgemeine Deutsche Handelsgesetzbuch den Landesgesetzen 1861 eröffneten Möglichkeit bei Aktiengesellschaften auf das Erfordernis staatlicher Konzession zu verzichten[273)], machte

---

269) Quellenverzeichnis D III 6.

270) § 2 a.a.O. nahm bereits die Vorschrift des § 209 ADHGB (s. o. S. 11) fast wörtlich vorweg.

271) Das Gesetz trennte allerdings nicht deutlich zwischen der öffentlichrechtlichen Genehmigung und der Verleihung der Rechtsfähigkeit. Vielmehr folgte der Erwerb der Körperschaftseigenschaften unmittelbar aus der Genehmigung, während andererseits die Einhaltung der Normativbestimmungen Voraussetzung der Genehmigung war.

272) § 8 a.a.O.: "Aktiengesellschaften erlangen durch die landesherrliche Genehmigung die Eigenschaften juristischer Personen, und insbesondere das Recht, Grundstücke und Kapitalien auf ihren Namen zu erwerben und in das Hypothekenbuch eintragen zu lassen."

272a) Vgl. dazu die Hinweise unter S. 99, Fußn. 452.

273) Art. 249 ADHGB.

das preußische Einführungsgesetz zum ADHGB[274] nur für die Kommanditgesellschaften auf Aktien, nicht jedoch für Aktiengesellschaften Gebrauch[275], so daß es für die letzteren im wesentlichen bei der durch das Gesetz von 1843 geschaffenen Rechtslage blieb. Auf dem gleichen Standpunkt stand auch das Gesetz über nichthandelsrechtliche Aktiengesellschaften von 1864[276], durch welches die aktienrechtlichen Vorschriften des ADHGB im wesentlichen für diese "Civilaktiengesellschaften"[277] entsprechend anwendbar wurden. Ähnlich regelte das Berggesetz von 1865 [278] die Stellung der bergrechtlichen Gewerkschaften[279].

Die im Jahre 1870 einsetzende allgemeine Entwicklung zur reichseinheitlichen Einführung des Systems der Normativbestimmungen erfuhr in Preußen wichtige Einschränkungen durch ein Gesetz aus dem Jahre 1870[280]. Danach bedurften Schenkungen und letztwillige Zuwendungen zu ihrer Gültigkeit der staatlichen Genehmigung,

"1) insoweit dadurch im Inlande eine neue juristische Person ins Leben gerufen werden soll;
2) insoweit sie einer im Inlande bereits bestehenden Korporation oder anderen juristischen Person zu anderen als ihren bisher genehmigten Zwecken gewidmet werden soll".

Die genannten Zuwendungen sollten ferner immer dann der staatlichen Genehmigung bedürfen, wenn ihr Wert die Summe von 1000 Talern überstieg[281].

Das preußische Ausführungsgesetz zum BGB[282] erklärte auf Grund des in Art. 86 EGBGB geregelten Vorbehaltes die oben erwähnten Zuwendungen für genehmigungspflichtig, soweit sie den Wert von 5000 Mark überstiegen[283]. Auch wurde Genehmigung für den Erwerb von Grundstücken im Werte von mehr als 5000 Mark verlangt[284]. Dies sollte aller-

---

274) Quellenverzeichnis D III 10.
275) Art. 10 preuß EGADHGB.
276) Quellenverzeichnis D III 11.
277) RENAUD, Aktienrecht S. 48.
278) Quellenverzeichnis D III 13.
279) S. insb. §§ 94, 96, 99, 100 preuß BergG.
280) Quellenverzeichnis D III 12.
281) §§ 1 und 2 a.a.O.
282) Quellenverzeichnis D III 14.
283) Art. 6 § 1 preuß AGBGB.
284) Art. 7 § 1 a.a.O.

dings nicht für diejenigen juristischen Personen gelten, deren Rechtsfähigkeit auf einem neben dem BGB bestehenden Reichsgesetz beruhte[285]. Da es sich bei diesen reichsrechtlich geregelten juristischen Personen fast ausschließlich um Körperschaften mit wirtschaftlichen Zielsetzungen handelte, brachten die Vorschriften des preußischen Ausführungsgesetzes Vereinen mit nichtwirtschaftlichen Zielsetzungen gegenüber eine schwerwiegende Beschränkung des im BGB ohnehin nur sehr eingeschränkt zum Ausdruck gekommenen Systems der Normativbestimmungen.

Angesichts der stark beschnittenen Rechtsstellung vor allem der Idealvereine versuchten Rechtsprechung und Lehre bis zum Inkrafttreten des BGB, die gravierendsten Behinderungen des Vereinslebens durch eine Weiterentwicklung der Rechtsstellung der "erlaubten Privatgesellschaften" des ALR abzuschwächen. Über die rechtsdogmatische Einordnung dieses "zwitterhaften Gebildes"[286] war in der Rechtslehre niemals Einigkeit erzielt worden. Nach GIERKE waren die erlaubten Privatgesellschaften an sich Körperschaften; der Gesetzgeber habe aber "durch positive Satzung gewissen, an sich daraus fließenden Folgen die rechtliche Sanktion und den staatlichen Schutz verweigert"[287]. Andere gingen dagegen vom grundsätzlichen Sozietätscharakter der erlaubten Privatgesellschaften aus[288]. ROSIN versuchte den Widerspruch dadurch zu lösen, daß er die erlaubte Privatgesellschaft als eine deutschrechtliche Gesellschaft bezeichnete, welche ihre Mitglieder bis zu einem gewissen Grade zu einer kollektiven, mit einem Sondervermögen ausgestatteten Einheit zusammenfaßt"[289].

Die Praxis der Rechtsprechung neigte im Laufe der Zeit dazu, "auf allerlei Umwegen auch nach außen hin die Stellung der erlaubten Privatgesellschaften der einer anerkannten Körperschaft immer mehr" anzunähern[290], soweit

285) Art. 7 § 1 Abs. 2 a.a.O.
286) ROSIN, Gruchot 27/108, 124.
287) GIERKE, Genossenschaftstheorie S. 109 f.
288) DERNBURG, PreußPrR Bd 1, S. 130 f. (§ 59).
289) ROSIN, Gruchot 27/108, 128; DERS., Gruchot 31/753, 764/5 - ihm folgend VIERHAUS bei KOCH, Landrecht S. 545, Anm. 14 H.
290) GIERKE, Genossenschaftstheorie S. 105/106 mit Rspr.-Nachweisen

nicht durch den Gesetzeswortlaut Grenzen gesetzt waren[291]. So erkannte das Reichsgericht ihnen die aktive und passive Gerichtsstandschaft mit der Begründung zu, jene setze begrifflich die juristische Persönlichkeit des Personenvereines, der als solcher klagen wolle oder gegen den als solchen eine Klage erhoben werden solle, nicht voraus[292].

Bereits früher hatte das preußische Obertribunal den Vorstand einer erlaubten Privatgesellschaft als Vertreter der Gesellschaft zur Erhebung der Klage auf Erfüllung eines im Namen der Gesellschaft geschlossenen Vertrages zugelassen[293]. Dieses Vertretungsrecht des Vorstandes hatte es dann auch für andere Geschäfte anerkannt[294]. Zwar mußten diese Vertretungsfälle nach den Grundsätzen der Vollmacht behandelt werden, es wurde jedoch zugelassen, daß das Statut der Gesellschaft diese Bevollmächtigung ein für allemal aussprach[295]. Dagegen konnte wegen des eindeutigen Gesetzesinhalts den erlaubten Privatgesellschaften die Grundbuchfähigkeit nicht zugesprochen werden[296]. Auch wurde ihnen die Erbfähigkeit von der Rechtsprechung versagt[297] und ebenso die Beschränkung der Haftung auf das Gesellschaftsvermögen[298]. Abgelehnt wurde andererseits auch die gesamtschuldnerische Haftung der

---

291) Vgl. zum folgenden auch die Zusammenstellung bei SCHERER, Entscheidungen ALR S. 21-26.
292) RG, Urteil v. 25. September 1890, Rep. IV. 139/90 = RGZ 27/183, 185
293) PreußOT, Urteil v. 21. September 1865 = StriethArch 61 (1867), S. 44 (No. 9) - Vgl. ferner: PreußOT, Praejudiz 2268 = OTE 20, S. 328 (No. 38); PreußOT, Urteil v. 14. Juli 1851 = StriethArch 2 (1851), S. 252 (No. 54); PreußOT, Urteil v. 7. Mai 1861 = StriethArch 42 (1862), S. 66 (No. 15).
294) S. z.B. PreußOT,Urteil v. 8. November 1867 = Strieth Arch 68/341 - Vgl. ferner GIERKE, Genossenschaftstheorie S. 106.
295) PreußOT, Erk. v. 19. März 1877 = JW 1877/81.
296) Vgl. GIERKE, Genossenschaftstheorie S. 105.
297) Vgl. PreußOT in OTE 53/62 - Zustimmend in der Rechtslehre DERNBURG, PreußPrR Bd 3, § 100, S. 281; FÖRSTER PreußPrR Bd 4, § 251, Fußn. 46 - Kritisch ROSIN, Gruchot 27/129, 130; GIERKE, Genossenschaftstheorie S. 106.
298) S. die Nachweise bei GIERKE a.a.O. S. 107, Fußn. 5.

Gesellschafter. Bei der somit bejahten Bruchteilshaftung (pro rata) wurde allerdings der körperschaftlichen Verfassung der Gesellschaft insofern Rechnung getragen, als diese Haftung einerseits nur die Mitglieder der Gesellschaft, andererseits aber auch alle zur Zeit vorhandenen Mitglieder treffen sollte[299].

Diese von der Rechtsprechung entwickelten Grundsätze über die Behandlung der erlaubten Privatgesellschaften wurden auch von der Rechtslehre und insbesondere von den Vertretern der Genossenschaftstheorie gutgeheißen.

Insgesamt hielt somit das preußische Recht im Geltungsbereich des ALR zwar am Konzessionssystem fest; Vereine, für welche bis zum Ende des 19. Jahrhunderts keine Spezialgesetzgebung erging - besonders also Idealvereine[300] - hatten jedoch die Möglichkeit, die in manchen Punkten korporationsgleiche Stellung der "erlaubten Privatgesellschaft" ohne staatliche Mitwirkung zu erwerben.

IV. Rheinisches Recht[301]

1. Gesetzgebung

Der Geltungsbereich des Rheinischen Rechtes - des Rechtes also, welches direkt oder durch Rezeption[302] auf den französischen Code civil zurückging - bestand nach dem Ende der napoleonischen Herrschaft aus zwei großen Gebietskomplexen:

a) denjenigen Gebieten, in denen der Code civil unmit-

---

299) GIERKE a.a.O. S. 109, Fußn. 1 m.w.N.

300) Zu den sprachlichen Folgerungen, welche hieraus gelegentlich hinsichtlich der Benennung der erlaubten Privatgesellschaften (und auch der gemeinrechtlichen Personenvereine) gezogen wurden, s. u. S. 154, Fußn. 756.

301) Die Wortwahl ("Rheinisches Recht" als Oberbegriff zu "Französischem Recht" und "Badischem Landrecht") schließt sich an diejenige der DENKSCHRIFT an (S. 296 unter D). - Kartendarstellungen mit Erläuterungen bei WAGNER, Fschr. OLG Köln, S. 99, 110, 111.

302) Zur Anwendung dieses Begriffes auf das Badische Landrecht s. SCHUMACHER, Recht S. 18; dort auch eine genaue Schilderung des Rezeptionsvorganges (insb. S. 23).

telbar eingeführt worden war[303], und

b) dem Gebiet des Badischen Landrechts, wo der Code leicht verändert in offizieller deutscher Übersetzung galt.

Der Geltungsbereich des französischen Rechts umfaßte am Ende der Befreiungskriege das durch die Koalitionskriege an Frankreich gefallene Gebiet des Rheins sowie diejenigen rechtsrheinischen Gebiete, welche später an Frankreich gefallen waren; ferner galt das französische Recht im Gebiet einiger ehemaliger Rheinbundstaaten direkt[304] - d.h. in französischer Sprache. Die Versuche der preußischen Zentralgewalt, in der nach dem Ende der Befreiungskriege neu geschaffenen Rheinprovinz den Code civil durch das ALR zu ersetzen, hatten nur in wenigen kleinen Gebietsteilen Erfolg[305]. Wohl aber galten diejenigen Spezialgesetze, welche von Preußen, vom Deutschen Bund und später vom Deutschen Reich erlassen wurden, auch in der Rheinprovinz.

Durch das preußische Aktiengesetz von 1843 (s. o. S. 58) sowie durch das ADHGB schied das gesamte Handelsrecht und damit vor allem das Recht der Handelsgesellschaften aus dem französischen Recht aus. Dagegen blieben ihm die Idealvereine bis zum Inkrafttreten des BGB unterworfen, erlebten allerdings die entscheidende Wende durch das französische Gesetz von 1901 nicht mehr mit.

Ähnliches wie für die Rheinprovinz gilt für die anderen deutschen Gebiete französischen Rechts. In der bayrischen

303) S. die Quellennachweise über die Einführung des französischen Rechts in diesem Gebiet bei SCHUMACHER, Recht S. 16, insb. FN 1.

304) Deren Aufzählung bei SCHUMACHER a.a.O. S. 17.

305) Das ALR wurde nach Beendigung der napoleonischen Herrschaft in folgenden Gebieten der preußischen Rheinprovinz eingeführt: Kreise Duisburg-Stadt, Mülheim a.d. Ruhr, Essen-Stadt, Essen-Land, Ruhrort und Rees. Zu den Versuchen, das ALR in weitere Gebiete der Rheinprovinz einzuführen, und über das Scheitern dieser Bemühungen s. CONRAD, Fschr. OLG Köln; SCHUMACHER, Recht S. 20 f. -Ebenso wie gegen die Ersetzung des französischen Zivilrechts durch das ALR wehrte sich das rheinische Bürgertum auch auf anderen Rechtsgebieten gegen die Abschaffung der französischen Einrichtungen; s. z.B. für das Strafrecht Eb. SCHMIDT, Einführung S. 327, für die Kommunalverfassung VORMBAUM, Fschr. Hamm S. 271/72.

Pfalz wurde darüber hinaus 1869 das bayr. Vereinsgesetz aus demselben Jahre[306)] in Kraft gesetzt[307)], so daß das französische Vereinsrecht dort überhaupt keine Geltung mehr besaß.

Das 1810 eingeführte[308)] Badische Landrecht, das auf einer echten Rezeption des Code civil beruhte[309)], galt demgegenüber bis zum Inkrafttreten des BGB. Obwohl es die sprachliche Zurückhaltung seines französischen Vorbildes den Korporationen gegenüber aufgab[310)], wich es materiellrechtlich nicht von diesem ab. Wie der Code erfaßte es nur die öffentlichrechtlichen Körperschaften[311)]. Nur sie wurden überhaupt als juristische Personen angesehen[312)]. Das zweite badische Konstitutionsedikt hatte für die bereits 1807 das Erfordernis staatlicher Verleihung der Rechts-

---

306) Quellenverzeichnis D II 8.
307) Art. 37 bayVereinsG 1869
308) durch das zweite Einführungsedikt (bei Quellenverz. D I 1)
309) S. dazu SCHUMACHER a.a.O. (Fußn. 302).
310) Der bereits zitierte Art. 537 Code Civil (s. o. Fußn. 96) lautete in der Fassung des Badischen Landrechts: "Jede lebende Hand (natürliche Person) kann mit ihrem Vermögen nach Gutfinden schalten und walten, doch mit Beobachtung der Einschränkungen, welche durch die Gesetze festgestellt sind. Güter, welche zu todter Hand (an bürgerliche Personen als Gemeinden, Körperschaften, Staatsanstalten u.s.w.) gehören, werden nur nach den Formen und Regeln, die ihnen eigen sind, verwaltet und veräußert."
311) Dazu allg. DORNER-SENG, Badisches Landesprivatrecht S. 25.
312) Ziff. 9 des 2. Konstitutionsediktes. - Nach dem Inkrafttreten des BGB wurde eine Reihe von badischen Vereinen, denen man die juristische Persönlichkeit dadurch hatte zukommen lassen, daß man sie zu öffentlichrechtlichen Körperschaften machte, in Idealvereine umgewandelt (s. dazu die Materialien zum bad. AGBGB ind AKTE BADEN I-III). Nach einer Entschließung des bad. Staatsministeriums konnte "den vor dem 1. Januar 1900 nach Maßgabe des II. Konstitutionsediktes bestätigten öffentlichen Körperschaften die Rechtsfähigkeit entzogen werden, wenn sie nach Aufforderung des zuständigen Ministeriums nicht binnen 6 Monaten durch Eintragung in das Vereinsregister in privatrechtliche juristische Personen im Sinne der §§ 21 ff. BGB umgewandelt worden sind" (s. Schreiben des bad. Innenministeriums an das Außenministerium v. 31. Oktober 1897 in : AKTE BADEN V).

fähigkeit aufgestellt[313)], und dieser Grundsatz wurde durch eine Verordnung aus dem Jahre 1883 erneut bestätigt [314)]. Pläne aus dem Jahre 1888, für alle Vereine eine landesrechtliche Regelung des Erwerbs der Rechtsfähigkeit zu schaffen und die "zu manchen Bedenken Anlaß gebenden Vorschriften des zweiten Constitutionsediktes" durch ein zeitgemäßes Gesetz zu ersetzen[315)], gelangten nicht zur Vollendung, da der den Überlegungen zugrundeliegende Standpunkt des 1. Entwurfes des BGB, die Regelung dieser Materie dem Landesrecht zu überlassen, später wieder fallen gelassen wurde. Die genannten badischen Gesetzgebungspläne hätten im übrigen für Idealvereine ohnehin keine durchgreifende Änderung gebracht, da sie lediglich auf das Erfordernis des öffentlichrechtlichen Status verzichten wollten, im übrigen aber die Beibehaltung des Konzessionssystems vorsahen[316)]. Den Handelsgesellschaften gegenüber zeigte sich die badische Gesetzgebung allerdings großzügig. Das badische Ausführungsgesetz zum ADHGB[316a)] stellte die Errichtung sowohl von Aktiengesellschaften wie auch von Kommanditgesellschaften auf Aktien von staatlicher Genehmigung frei[316b)]. Von dieser Ausnahme abgesehen war so-

313) Quellenverzeichnis D I 2 - Das 2. Konstitutionsedikt war durch § 18 des 1. Einführungsediktes zum Badischen Landrecht aufrecht erhalten worden. (Zum 2. Konstitutionsedikt s. WIEDEMANN, Beiträge S. 69/70; HEDEMANN, Fortschritte Bd 1, S. 43, dort Abs. 2 der Anmerkung; DORNER-SENG, Landesprivatrecht S. 25).

314) Quellenverzeichnis D I 8.

315) S. Schreiben des badischen Innenministeriums an das Justizministerium v. 29. April 1888 (in: AKTE BADEN VII).

316) a.a.O. - Wie fest 1888 damit gerechnet wurde, daß die Regelung des 1. Entwurfes des BGB Gesetz werden würde, zeigt die Erwiderung des Justizministeriums v. 15 Mai 1888 auf das o.a. Schreiben: "Wir glauben mit Bestimmtheit sagen zu dürfen, daß § 43 des Entwurfs eines bürgerlichen Gesetzbuchs zum Gesetze erhoben werden wird".

316a) Quellenverzeichnis D I 3

316b) Eine Einschränkung wurde - übereinstimmend mit der württembergischen Regelung (Quellenverzeichnis D V 13)-nur für solche Aktiengesellschaften gemacht, welche "Bank- und Creditgeschäfte, Sach- oder Lebensversicherungen einschließlich der Leibrentenverträge zum Gegenstand ihres Unternehmens" machten. (Art. 32, S. 2 bad. EGADHGB)

mit die privatrechtliche Lage der Vereine, was der Erwerb der Rechtsfähigkeit anging, im wesentlichen die gleiche wie in Preußen. Es stellte sich somit die Frage, ob im Gebiet des badischen Rechts denjenigen Vereinen, welche die staatliche Verleihung der Rechtsfähigkeit nicht erreicht hatten, wie im Geltungsbereich des ALR und des gemeinen Rechts gewisse Körperschaftsmerkmale zuerkannt werden sollten.

2. Rechtsprechung

Die Rechtsprechung entschied über diese Frage anders als in den Gebieten des gemeinen Rechts und des ALR. Für den gesamten Bereich des Rheinischen Rechts hielt sie streng am Konzessionssystem fest. Das Reichsgericht führte nämlich aus[317]:

"Daß ... Personenvereine mit wechselnden Mitgliedern nach den Grundsätzen der rheinisch-französischen Gesetzgebung .. nur dann rechts- und erwerbsfähig sind, wenn ihnen Korporationsrechte verliehen wurden, ist in Rechtslehre und Judikatur anerkannt, auch vom Reichsgericht wiederholt ausgesprochen worden ...
Auch die badische Gesetzgebung enthält keine diese Vereine betreffenden Normen, noch sonstige für die Anerkennung ihrer Rechtsfähigkeit verwendbare Vorschrift; ... auch steht der Anerkennung ihrer Rechtsfähigkeit solcher Vereine weder eine gleichmäßige Rechtsprechung, noch eine gewohnheitsmäßige Rechtsbildung zur Seite."

Vor allem die Prozeßfähigkeit wurde den betroffenen Vereinen nicht zuerkannt[318]. Für Idealvereine blieb daher bis zum Inkrafttreten des BGB das Konzessionssystem ohne Einschränkung in Geltung[319].

Da die rechtlichen Erwägungen des Reichsgerichts kaum überzeugen können, liegt die Vermutung nahe, daß politische Gründe für diese strenge Haltung den Idealvereinen

---

317) RG, Urteil v. 3. Juni 1887, Rep. II, 16/87 = RGZ 18/346, 349. Weitere Rspr.-Nachweise bei PLATENIUS, Grundriß S. 40, Fußn. 10, sowie bei DORNER-SENG, Landesprivatrecht S. 28 - Insb. zur Rspr. für das Rheinland s. OLG KÖLN, Urteil v. 9. April 1866 = RheinArch 1/79; kritisch dazu HACHENBURG, Landrecht S. 370.

318) RG a.a.O.

319) Zum öffentlichen Vereinsrecht s. aber Fußn. 320.

gegenüber ausschlaggebend waren[320]. Möglicherweise drückte sich in ihr die Erinnerung daran aus, daß die Rheinlande und Baden während der Revolutionsereignisse von 1848 zu den unruhigsten Gebieten Deutschlands gehört hatten.

V. Sachsen

Im Königreich Sachsen herrschte bereits vor dem Inkrafttreten des sächsischen BGB (1863), ebenso wie im Geltungsbereich des gemeinen Rechts[321], die Meinung vor, daß für den Erwerb der Rechtsfähigkeit durch Vereine ausdrückliche staatliche Verleihung erforderlich sei. Dieser Grundsatz war auch schon verhältnismäßig früh gesetzlich festgelegt worden. Das Vereinsgesetz von 1850[322], welches öffentlichrechtliche Regeln über das Vereins- und Versammlungsrecht enthielt, bestimmte nämlich in § 18:

"Zur Bildung von Vereinen bedarf es keiner Genehmigung. Die Rechte der Körperschaften erhalten sie aber erst durch ausdrückliche Genehmigung des Staates."

Auch das im folgenden Jahr ergangene Gesetz über den Regalbergbau[323] hielt für Berggewerkschaften an diesem Grundsatz fest[324], und auch das Allgemeine Berggesetz von 1868 behielt ihn bei[325]. Das sächsische BGB von 1863[326] behandelte innerhalb seines Allgemeinen Teils in §§ 52 bis 57 die juristischen Personen. Es unterschied sich damit deutlich von dem zur selben Zeit entstandenen Entwurf des hessischen BGB, welcher, dem Vorbild des Code civil folgend, die juristischen Personen nicht in sein Personen-

---

320) Die G r ü n d u n g von Vereinen war durch das Vereinsgesetz von 1851 grundsätzlich freigegeben worden und 1867 noch weiter erleichtert worden. (s. Quellenverzeichnis D I 3 und 6).
321) s. o. S. 44.
322) Quellenverzeichnis D IV 1 und 2.
323) Quellenverzeichnis D IV 3 und 4; dort (4) §§ 106 ff.
324) a.a.O. (Fußn. 323).
325) Quellenverzeichnis D IV 7 und 8; dort § 9 Abs. 2.
326) Quellenverzeichnis D IV 5 und 6 - Zur Vorgeschichte des sächs. BGB s. GRÜTZMANN, Lehrbuch S. 8 ff., ferner WÄCHTER a.a.O. passim, insb. S. 1-7 sowie MITTERMAIER, AcP 36/114 ff.

recht aufgenommen hatte[327]. Nach § 52 stand

"das Recht der Persönlichkeit .. dem Staate, sofern er in Verhältnisse des bürgerlichen Rechtes eintritt, und den Personenvereinen, welche vom Staate als juristische Personen anerkannt sind, zu"[328].

Die §§ 53-57 enthielten Vorschriften über die innere Verfassung und das Erlöschen der juristischen Personen[329]. Alles in allem traf das sächsische BGB damit nur sehr allgemeine Bestimmungen. Hinsichtlich des Erwerbs der juristischen Persönlichkeit beharrte es deutlich auf dem Konzessionssystem[330] und hielt damit an der älteren gemeinrechtlichen Doktrin fest[331].

Nähere Bestimmungen über die Rechtsstellung der Körperschaften brachte erst das Gesetz über die juristischen Personen vom 15. Juni 1868[332]. Es enthielt teils Ergänzungen, teils inhaltliche Änderungen der Vorschriften des sächsischen BGB.

Die Bedeutung des Gesetzes lag nicht nur darin, daß es sowohl wirtschaftliche Personenvereinigungen als auch Idealvereine behandelte; es hatte darüber hinaus von dem kurz zuvor zustandegekommenen, jedoch nicht in Kraft getretenen Dresdener Entwurf[333] zwei Neuerungen übernommen: Die erste bestand darin, daß das Gesetz allen Personenverbindungen wahlweise die Möglichkeit beschränkter oder unbeschränkter Haftung eröffnete. Damit nahm es insbesondere für die Erwerbs- und Wirtschaftsgenossenschaften eine Regelung vorweg, welche in Bayern ein Jahr später, auf Reichsebene erst 1889 nachvollzogen wurde. Zum anderen führte das Gesetz zum erstenmal für fast alle Vereine das System der Normativbestimmungen ein. Nach § 6, Ziff. b des

---

327) S. dazu oben S.30 und S.49, Fußn 183.

328) Gem. S. 2 bestand die jur. Persönlichkeit nur in der Vermögensfähigkeit.

329) § 56: "Juristische Personen hören auf, wenn ihnen der Staat das Recht der Persönlichkeit entzieht, wenn sie auf dieses Recht mit Zustimmung des Staates verzichten und, soviel Personenvereine betrifft, wenn sämtliche Mitglieder gestorben sind."

330) S. GRÜTZMANN, Lehrbuch Bd 1, S. 76.

331) S. SINTENIS, Anleitung S. 21.

332) Quellenverzeichnis D IV 9.

333) S. unten S. 102 ff.

Gesetzes erhielten "Personenvereine (Genossenschaften) die juristische Persönlichkeit durch den Eintrag in das ... Genossenschaftsregister".

Für alle "Personenvereine, welche die Rechte einer juristischen Person erlangen wollen (Genossenschaften)"[334], schrieb § 10 die Errichtung eines schriftlichen Statuts vor. Die Mindestbestandteile des Statuts stimmten mit denjenigen überein, welche der Dresdener Entwurf für das Statut der Kollektivgesellschaften aufgestellt hatte[335]. Soweit unbeschränkte Haftung gewählt wurde, mußten auch die diesbezüglichen Einzelheiten, wie z.B. die Höhe des Gesellschaftsvermögens, im Statut angegeben werden. Die Namen der Vorstandsmitglieder waren bei der Anmeldung[336] anzugeben[337], nicht verlangt wurde jedoch die Vorlage eines Mitgliederverzeichnisses. § 6 stellte die Verbindung her mit dem formell nach wie vor in Geltung stehenden § 52 des sächs. BGB. Danach stellte die Eintragung in das Register "die nach § 52 des bürgerlichen Gesetzbuches erforderliche Staatsanerkennung" dar[338]. Für Verbindlichkeiten, welche vor der Eintragung in das Register im Namen des Vereins eingegangen worden waren, hafteten vorbehaltlich anderer Absprachen die Handelnden "als Selbstschuldner und Gesamtschuldner"[339]. Das Gesetz übernahm damit die rigorose Lösung des Dresdener Entwurfes, welcher den Kollektivgesellschaften, und des ADHGB, welches den Aktiengesellschaften vor der Registereintragung jegliche Körperschaftsmerkmale

334) Zur unklaren Begriffsbildg. des Gesetzes s. FREY, ABRP 8/385, 398.

335) § 11, Ziff. 1-11 des G; Vgl. damit Art. 814 DE sowie Art. 209 ADHGB.

336) Genossenschaften, deren Zweck in gewerbsmäßiger Betreibung von Handelsgeschäften bestand, waren beim Handelsregister anzumelden. (§ 16 Abs. 4 a.a.O.).

337) § 16 Abs. 3 a.a.O.

338) Eine ähnliche Regelung enthielt § 71 für den Verzicht auf die juristische Persönlichkeit. Dieser war gem. § 71 Abs. 1 in das Register einzutragen. § 71 Abs. 2 bestimmte sodann: "Durch diesen Eintrag erhält der zuletzt gedachte Beschluß die nach § 56 des Bürgerlichen Gesetzbuches erforderte Genehmigung."

339) § 15 a.a.O.

abgesprochen hatte. Eine ähnliche Regelung enthielt später auch das BGB.

Noch in einem weiteren Punkte enthielt das sächsische Gesetz von 1868 die Vorwegnahme eines Gedankens, welcher bedauerlicherweise im BGB wieder auftauchte: Gem. § 72 Abs. 2 des Gesetzes durften

"Personenvereine, deren Zweck sich auf öffentliche Angelegenheiten bezieht, nur dann in das Genossenschaftsregister eingetragen werden, wenn das Ministerium des Innern hierzu ausdrücklich seine Genehmigung ertheilt hat. Das gleiche gilt von späteren Abänderungen der Statuten solcher Vereine."

Für diese Vereine galt somit nach wie vor das Konzessionssystem. Nach der am selben Tage ergangenen Verordnung zum Vereinsgesetz fielen unter die "öffentlichen Angelegenheiten" vor allem diejenigen Angelegenheiten, welche die "Politik, Religion, Einrichtungen des Staates ... und andere ähnliche Gegenstände des öffentlichen Lebens" betrafen[340].

Diese Tendenz, Sonderbestimmungen des öffentlichen Vereinsrechtes für politische und religiöse Vereine in das Privatrecht zu übertragen und beim Erwerb der Rechtsfähigkeit zu berücksichtigen, zeigte sich auch in der weiteren Rechtsentwicklung bis zum Ende des 19. Jahrhunderts, so auch in der Entstehungsgeschichte des BGB. Dennoch wird man FREY darin zustimmen müssen, daß das sächsische Gesetz in seinem § 72 klarer und einfacher diejenige Tatsache aussprach, welcher später das BGB "ein Mäntelchen umhängte"[341].

Für Aktiengesellschaften machte das sächsische Gesetz von dem Vorbehalt des ADHGB zugunsten der Landesgesetze Gebrauch[342]. Dagegen hatte das sächische Einführungsgesetz zum ADHGB von 1861 noch an dem Erfordernis staatlicher Genehmigung festgehalten[343].

Das Gesetz von 1868 hatte, wie besprochen, auch die Erwerbs- und Wirtschaftsgenossenschaften in seine Regelung

340) § 1 der VO v. 1868 (Quellenverzeichnis D IV 1 I).
341) FREY, SABRP 8/385, 398.
342) §§ 39 ff. a.a.O.
343) Quellenverzeichnis D IV 4 a; dort insb. § 13; s. ferner die AusfVO zum sächs. EGADHGB (Quellenverzeichnis D IV 4 b), dort insb. § 42.

einbezogen. Nach dem Erlaß des Genossenschaftsgesetzes für den Norddeutschen Bund im selben Jahre und nach der Übernahme des ADHGB durch das Reich im Jahre 1871 tauchte die Frage auf, ob diese Reichsgesetze eine abschließende Regelung getroffen, oder ob sie dem Landesrecht noch Raum für ergänzende Regelungen offengelassen hatten. Während dies für die Aktiengesellschaften von geringer Bedeutung war, da die Novelle von 1870[344)] allgemein das System der Normativbestimmungen für sie eingeführt hatte, stellte die Frage für die Erwerbs- und Wirtschaftsgenossenschaften des sächsischen Rechts, soweit sie sich mit beschränkter Haftpflicht konstituiert hatten, ein ernstes Problem dar, weil das norddeutsche Bundes-, später Reichsgenossenschaftsgesetz von 1868 nur Genossenschaften mit unbeschränkter Haftung kannte. In Sachsen ging man zunächst davon aus, daß die sächsischen Erwerbs- und Wirtschaftsgenossenschaften mit beschränkter Haftung von dem Reichsgesetz unberührt geblieben seien[345)]. Auf vielfache Bedenken hin wurde jedoch durch Gesetz von 25. März 1874[346)] das Gesetz von 1868, soweit es die Erwerbs- und Wirtschaftsgenossenschaften betraf, aufgehoben. Dies brachte für die genannten sächsischen Genossenschaften bis zum Jahre 1889, dem Jahre des Inkrafttretens des Reichs-Genossenschaftsgesetzes, beträchtliche Rechtsunsicherheit mit sich[347)].

Im übrigen jedoch blieb das sächsische Vereinsgesetz bis zum Inkrafttreten des BGB wirksam und behielt für die vor dem 1. Januar 1900 eingetragenen Vereine gem. Art. 166 EGBGB sogar noch weiterhin Gültigkeit.

VI. Bayern

In Bayern galt grundsätzlich bis zum Ende des 19. Jahrhunderts das Gemeine Recht, da der Codex Maximilianeus Bavaricus Civilis von 1756 (Cod. Max.) dieses subsidär in

344) S. unten S. 119.
345) GRÜTZMANN, Lehrbuch Bd 1, S. 81; BEGRÜNDUNG GenG S. 47; MAURER, Genossenschaftsgesetz S. 7.
346) Quellenverzeichnis D IV 11 und 12.
347) Vgl. dazu FREY, SABRP 8/385, 388/389; MAURER a.a.O. (Fußn. 345)

Kraft gelassen hatte[348]; dennoch zeigt die bayrische Rechtsentwicklung einige Besonderheiten, welche es rechtfertigen, ihr eine eigene Betrachtung zu widmen.

Der Cod. Max.[349] enthielt zwar an mehreren Stellen Hinweise auf die Existenz von Korporationen[350], stellte jedoch keine besonderen Bestimmungen über die Rechtsfähigkeit von Personenverbindungen auf. KREITTMAYR[351], der Schöpfer des Cod. Max., bemerkte jedoch im 5. Band seiner "Anmerkungen", in welchem er auch Rechtsgebiete behandelte, die der Codex ausgespart hatte[352]:

"Oft stehen mehr Personen in einem Nexu beysammen, daß man sie conjunctim nur für eine Person halt. Dergleichen personagen machen den statum compositum an Distinctionem simplicis aus, und werden unter die personas fictas, mysticas & imaginarias gezehlet, weil sie mehr durch die innerlich - als äußerlichen Sinn begriffen werden und eine Abstraction in dem Gehirn erfordern, nach welcher man sich die vereinigte Individua nicht einzelner Weis und jedes in particulari, sondern alle miteinander in ihren Zusammenhang als ein ganzes Corpus vorstellt. Eine solche Vereinigung nun, welche unter gemeinem Nam und gemeinem Nutzen wegen, auch in der Absicht beständig also beysammen verbleiben zu wollen mit Beobachtung eines gewissen Regiments und Systematis geschiehet, heißt eine Gemeinde, zu latein Universitas, Corpus, Collegium, Communitas"[353].

KREITTMAYR unterteilt die "Communitäten", mithin die Körperschaften, nach folgenden Gesichtspunkten:

"Die Communitäten seynd entweder zulässig oder unzulässig, hoch oder nieder, groß oder klein, geistlich oder weltlich."

Hier interessiert vor allem die Einteilung in erlaubte und unerlaubte Communitäten. KREITTMAYR schreibt dazu:

"Für zulässig passiren nur jene, welche Authoritate publica errichtet seynd, all übrige werden für unzulässig geachtet"[354].

---

348) GIERKE, DtPrR Bd 1, S. 63-72; ROTH, BayCivR Bd 1, S. 23 m.w.N. - S. auch DENKSCHRIFT S. 293.

349) Zum Geltungsbereich des Cod. Max s. GIERKE, DtPrR Bd 1, S. 70; DENKSCHRIFT a.a.O.

350) Dazu OSTHEIM, Rechtsfähigkeit S. 62 ff.

351) Über KREITTMAYR s. EISENHART, ADB Bd 17, S. 102-115 m.w.N. (S. 115).

352) KREITTMAYR, Anmerkungen Bd 5, S. 2414 (30. Capitel, § I - "Von Gemeinden") (Quellenverzeichnis D II 1 b).

353) KREITTMAYR a.a.O. § II.

354) KREITTMAYR a.a.O. § II a (Satz 2).

Dementsprechend auch die Ausführungen zur E r r i c h - t u n g der Communitäten:

"Zur Errichtung einer Communität ist nicht nur allseitiger Interessen Consens, sondern auch die landesherrliche Bewilligung vonnöthen, denn obwohl der Hauptzweck nur auf den Nutzen der Communität gerichtet ist, so kann doch dem Staat selbst leicht Schade und Unheil dadurch zuwachsen, weswegen jeder Landesherrschaft daran liegt, daß ohne ihrem Wissen und Willen keine neue Communität aufkomme"[355].

Diese Ausführungen, die sich auf ältere Gesetze und Verordnungen stützten[356)], zeigen deutlich das Konzessionssystem an; zwischen öffentlichrechtlichen und privatrechtlichen Körperschaften wird überhaupt nicht, zwischen öffentlichrechtlicher Erlaubnis und privatrechtlichem Erwerb von Körperschaftsmerkmalen kaum unterschieden. Wie das vierzig Jahre später geschaffene preußische ALR zog auch der Cod. Max von vornherein nur einen eng begrenzten Kreis von Personenverbindungen als Körperschaften in Betracht [357)]. KREITTMAYR wich somit alles in allem nicht von den gemeinrechtlichen Prinzipien seiner Zeit ab.

Abgesehen von den Bestimmungen der bayrischen Verfassungsurkunde von 1818 über Religionsgesellschaften[358)] brachte erst das Vereinsgesetz von 1850[359)] Regelungen über Personenvereinigungen. Das Gesetz gab die Bildung von Vereinen grundsätzlich frei[360)]. Für nichtpolitische Vereine forderte es lediglich polizeiliche Anmeldung[361)]. Für politische Vereine enthielt es darüber hinaus eine Reihe

---

355) KREITTMAYR a.a.O. S. 2415 (§ III, Satz 1).
356) S. OSTHEIM, Rechtsfähigkeit S. 64; zur Bedeutung der KREITTMAYR'schen Auffassung ROTH, BayCivR Bd 1, S. 202 ff.
357) KREITTMAYR a.a.O. § I.
358) Quellenverzeichnis D II 2; dort Anl. II.
359) Quellenverzeichnis D II 3.
360) Art. 11: "Die Staatsangehörigen haben das Recht, Vereine ohne vorgängige Erholung polizeilicher Erlaubnis zu bilden."
361) Art. 12: "Vereine, deren Zweck sich nicht auf die öffentlichen Angelegenheiten bezieht, sind, wenn sie Satzungen haben, verpflichtet, ihre Gründung und jede Veränderung ihrer Vorstandschaft oder ihrer Zwecke der vorgesetzten Polizeibehörde binnen drei Tagen anzuzeigen."

von Sonderbestimmungen[362)], welche den zur gleichen Zeit entstandenen, bereits besprochenen preußischen[363)] und sächsischen[364)] Regelungen entsprachen. Keine Aussagen machte das Gesetz jedoch über die privatrechtliche Stellung der Vereine, insbesondere über deren Erlangung der Rechtsfähigkeit.

Auch der Entwurf eines bayrischen BGB, von welchem 1861 Teile veröffentlicht wurden, enthielt in den veröffentlichten Abschnitten des Allgemeinen Teils keine Bestimmungen über Rechtssubjekte. Dies lag allerdings wohl weniger an der Konzeption des Entwurfes als an seiner Unvollständigkeit[365)]. Das Obligationenrecht des Entwurfes enthielt - im Gegensatz zu dem wenige Jahre später entstandenen Dresdener Entwurf - keine Vorschriften über Kollektivgesellschaften oder andere korporationsähnliche Personenverbindungen, sondern lediglich Bestimmungen über den Gesellschaftsvertrag[366)].

Das bayrische Ausführungsgesetz zum Allgemeinen Deutschen Handelgesetzbuch brachte ebenfalls keine Änderungen[367)]. Von der durch das ADHGB eröffneten Möglichkeit, für Aktiengesellschaften partikularrechtlich vom Erfordernis staatlicher Genehmigung abzusehen, machte es keinen Gebrauch[368)].

Das Jahr 1869 brachte für Bayern eine Reihe von privatrechtlichen Vorschriften über Personenverbindungen.

---

362) Art. 15: "Frauenspersonen und Minderjährige können weder Mitglieder der politischen Vereine werden, noch den Versammlungen derselben beiwohnen."
Art. 17: "Politischen Vereinen ist nicht gestattet, mit anderen derart in Verbindungen zu treten, daß entweder die einen den Beschlüssen der anderen unterworfen oder mehrere solche Vereine unter einem gemeinsamen Organe zu einem gegliederten Ganzen vereinigt werden."

363) S. o. S. 67/68; insb. S. 68, Fußn. 265.

364) S. o. S. 67/68; Fußn. 265 aE sowie S. 78, Fußn. 322.

365) S. dazu LANG, Entwurf S. 32. - Zu dem bayE Quellenverzeichnis D II 4.

366) Art. 531-585 des bayE, II. Theil; vgl. dazu LANG a.a. O. S. 180.

367) Quellenverzeichnis D II 5.

368) Vgl. insb. Art. 39 bayEGADHGB.

Den Anfang machte das Bayrische Berggesetz, welches allerdings die Berggewerkschaften noch dem Konzessionssystem unterwarf[369])

Das Gesetz über Erwerbs- und Wirtschaftsgenossenschaften[370]), welches zwei Monate später erging[371]), brach ebenso wie das im Jahr zuvor ergangene sächsische Gesetz, mit den Konzessionssystem und stellte sich auf den Boden des Systems der Normativbestimmungen. Seine Normativbestimmungen entsprachen weitgehend denjenigen des ADHGB, des Dresdener Entwurfes und des sächsischen Gesetzes von 1868[372]) [373]). Nach Art. 5 des Gesetzes sollte die Genossenschaft die Rechte einer Eingetragenen Genossenschaft vor der Eintragung in das Genossenschaftsregister nicht haben. Bedeutsam war das Genossenschaftsgesetz dadurch, daß es, ebenso wie das sächsische Gesetz und anders als das norddeutsche bzw. das Reichsgenossenschaftsgesetz, den Genossenschaften die Wahl eröffnete zwischen beschränkter und unbeschränkter Haftpflicht der Genossen[374]). Für den zweiten Fall wur-

369) Quellenverzeichnis D II 6; dort Art. 85 ff. - Vorbild der Regelung war, wie die parlamentarischen Unterlagen ergeben, das preußische Gesetz von 1856 (zu diesem oben S. 69 und S. 70, Fußn. 278, 279): Bericht des Abg. Stenglein für den I. Ausschuß der bayrischen KdA a.a.O. (Quellenverzeichnis D II 10 a) S. 93, 99/100.

370) Das bayGenG schloß sich in der Begriffsbildung eng an das norddeutsche GenG an, gebrauchte also den Begriff "Genossenschaft" in der bis heute üblichen engen Bedeutung der "Erwerbs- und Wirtschaftsgenossenschaft". Demgegenüber hatte der ursprüngliche bayrische Gesetzentwurf unter dem Begriff "Genossenschaft" "Vereinigungen zu wirthschaftlichen Wohltätigkeits-, Bildungs-, religiösen und geselligen oder sonstigen erlaubten Zwecken" zusammengefaßt. Erst in den Ausschußberatungen wurde diese Konzeption auf Vorschlag des Referenten fallengelassen: Vortrag des Referenten und Protokoll a.a.O. (Quellenverzeichnis D II 10 b) S. 321, 323, 347 f.

371) Quellenverzeichnis D II 7.

372) Mindestbestandteile des Gesellschaftsvertrages: Art. 3 bayGenG; Anmeldung beim Genossenschaftsregister: Art. 4 bayGenG.

373) Zum Einfluß des Dresdener Entwurfes auf das bayGenG s. <u>GEBHARD</u>, <u>TE AT BEGR JurP</u> S. 36/37.

374) Die erste Form nannte das Gesetz "Gesellschaften mit solidarischer Haftpflicht (Genossenschaften)", die zweite Form "Gesellschaften mit beschränkter Haftpflicht".

den die Normativbestimmungen geringfügig verschärft[375]. Im Gegensatz zur Rechtslage in Sachsen wurde zunächst in Bayern auch nach der Reichsgründung das Reichs-Genossenschaftsgesetz eingeführt. Dies geschah vielmehr erst im Jahre 1873. Auch nach diesem Termin unterschied sich die bayerische Rechtslage von der sächsischen, weil bei der Einführung des Reichsgesetzes in Bayern[376] die Bestimmungen des bayerischen Genossenschaftsgesetzes für die bereits entstandenen Genossenschaften mit beschränkter Haftpflicht ausdrücklich aufrechterhalten wurden[377]. In der Praxis war dieser Vorbehalt allerdings ohne große Bedeutung, da er lediglich 26 Genossenschaften betraf[378]. Diese Genossenschaften stellten somit von der Reichsgründung bis zum Jahre 1889 die einzigen ihrer Art im ganzen Reich dar.

Drei Tage nach dem Erlaß des Genossenschaftsgesetzes folgte das Gesetz über die privatrechtliche Stellung der Vereine[379], welches auch für Idealvereine das System der Normativbestimmungen einführte. Vorbild für dieses Gesetz war der Gesetzentwurf, welchen SCHULZE-DELITZSCH kurz zuvor im Reichstag des Norddeutschen Bundes eingebracht hatte[380]. Das Gesetz gab den Idealvereinen bei Einhaltung der Normativbestimmungen und Eintragung in das Vereinsre-

---

375) Art. 70 ff. bayGenG.

376) S. Quellenverzeichnis D II 11 und 12.

377) § 2 des G. von 1873 - S. auch CRÜGER-CRECELIUS, GenG S. 11.

378) S. BEGRÜNDUNG GenG S. 48, Fußn. 1 mit weiterer Aufschlüsselung. Den 26 beschränkt haftenden Genossenschaften standen 109 Genossenschaften mit unbeschränkter Haftpflicht gegenüber. Vgl. auch MAURER, GenG S. 8.

379) Quellenverzeichnis D II 8.

380) Vgl. zu diesem Entwurf unten S. 109 ff. Zur Entstehungsgeschichte des bayVereinsG v. 1869 s. OPPENHEIMER, IhJb 47/99, 104 ff. Dazu, daß ursprünglich, ebenso wie in Sachsen, ein einheitliches Gesetzeswerk für wirtschaftliche und Idealvereine geplant war, s. o. Fußn. 370.

gister die Rechte eines "Anerkannten Vereins"[381]. Die Normativbestimmungen waren im wesentlichen die gleichen wie beim Genossenschaftsgesetz[382]. Ebenso wie für die Genossenschaften[383] wurde auch für die Idealvereine die Einreichung eines Mitgliederverzeichnisses zur Voraussetzung für die Eintragung gemacht[384]. Abweichend vom Genossenschaftsgesetz verpflichtete das Vereinsgesetz darüber hinaus den Vorstand, "dem Gerichte alljährlich im Monat Januar ein vollständiges alphabetisch geordnetes Verzeichnis der Mitglieder des Vereins einzureichen"[385]. Sonderbestimmungen für bestimmte Vereinsgruppen, etwa für politische Vereine, enthielt das Vereinsgesetz dagegen nicht. Es unterschied sich damit in einem wesentlichen Punkt von der im Jahr zuvor ergangenen sächsischen Regelung[386] und der späteren Regelung des BGB.

Die Serie der körperschaftsrechtlichen Gesetze des Jahres 1869 wurde abgeschlossen durch das Gesetz über die nichthandelsrechtlichen Aktiengesellschaften[387]. Dieses erklärte allerdings die aktienrechtlichen Vorschriften des ADHGB im wesentlichen auf diese Gesellschaften für ent-

---

381) Art. 10 des G: "Der anerkannte Verein kann auf seinen Gesammtnamen Rechte erwerben und Verbindlichkeiten eingehen, Eigenthum und andere dingliche Rechte an Grundstücken erwerben, vor Gericht klagen und verklagt werden."
Art. 11: "Für die Verbindlichkeiten des Vereins haftet den Vereinsgläubigern nur das Vereinsvermögen. Die Mitglieder sind lediglich zur Entrichtung der in den Statuten festgesetzten Beiträge verpflichtet."

382) Zusätzlich zu den Erfordernissen der Schriftform für den Gesellschaftsvertrag und der "Annahme eines Gesammtnamens", wie sie auch das GenG aufgestellt hatte, bedurfte es für die Gründung des Vereins "der staatlichen Genehmigung in denjenigen Fällen, in welchen eine solche gesetzlich erforderlich ist." (Art. 2 Ziff. 2) Dies bedeutete aber lediglich eine Klarstellung, keine neue Erschwerung. Das VereinsG selbst enthielt ein solches Erfordernis nicht. - Vgl. VERH. BayKDA a.a.O. (Quellenverzeichnis D II 10 c) S. 351, 355, r. Sp.

383) Art. 4. bayGenG.

384) Art. 4. bayVereinsG.

385) Art. 18. bayVereinsG.

386) Art. 72 Abs. 2 sächs. Gesetz von 1868.

387) Quellenverzeichnis D II 9.

sprechend anwendbar und blieb damit auf dem Boden des Konzessionssystems stehen[388].

Auf Grund von Reichs- und Landesgesetzen galt somit in Bayern am Ende des 19. Jahrhunderts praktisch für alle Personenverbindungen das System der Normativbestimmungen. Insoweit war die Rechtslage derjenigen in Sachsen vergleichbar. Anders als in Sachsen gab es jedoch im zivilrechtlichen Bereich keinerlei Diskriminierung bestimmter Vereinsgruppen. Auf Grund von Art. 165 EGBGB stand das bayrische Vereinsgesetz für die vor 1900 entstandenen Vereine dem BGB nicht entgegen. Art. 1 des bayrischen Übergangsgesetzes[389] erklärte jedoch die am 1. Januar 1900 bestehenden "anerkannten Vereine" zu "eingetragenen Vereinen" im Sinne des BGB. Nachdem das Vereinsgesetz damit gegenstandslos geworden war, wurde es durch Art. 175 Ziff. 23 des bayAGBGB noch ausdrücklich aufgehoben. Das hatte jedoch für die bisherigen "anerkannten Vereine" keine wesentliche Änderung der Rechtslage zur Folge; das BGB brachte ihnen sogar die Verbesserung, daß es sie nicht - wie das Gesetz von 1869 - zur alljährlichen Einreichung eines Mitgliederverzeichnisses verpflichtete, sondern diese Pflicht von der ausdrücklichen Aufforderung durch das Registergericht abhängig machte[390]. Dagegen brachte das BGB für diejenigen Vereine, welche sich noch um die Registereintragung bemühten, sowie generell für Vereine mit politischen und religiösen Zielsetzungen gewichtige Erschwerungen[391], welche noch im Zusammenhang dargestellt werden sollen.

---

388) Die Entscheidung für die Beibehaltung des Genehmigungserfordernisses fiel im Ausschuß der BayKDA mit der knappen Mehrheit von 5:4 Stimmen. Der Referent des Ausschusses, der Abg. Dr. VÖLK, hatte demgegenüber die Einführung des Systems der Normativbestimmungen gefordert. (s. VERH.bayKDA a.a.O. (Quellenverzeichnis D II 10 d) S. 357, 359).

389) Quellenverzeichnis D II 14.

390) Quellenverzeichnis D II 13 - Das bayAGBGB brachte ferner in Art. 7 ff. eine Aufhebung der zahlreichen in den verschiedenen zersplitterten Rechtsgebieten Bayerns geltenden Erwerbsbeschränkungen für juristische Personen und machte von dem Vorbehalt des Art. 86 EGBGB (s. u. S.196) nur für geistliche Gesellschaften Gebrauch. (Vgl. dazu BOGENG, Erwerbsbeschränkungen S. 31-35; HENLE-SCHNEIDER, Ausführungsgesetze S. 25 ff.

391) § 72 BGB a.F.

DRITTES KAPITEL

GESAMTDEUTSCHE GESETZGEBUNG

I. Das öffentliche Vereinsrecht bis 1861

Die Tätigkeit des Deutschen Bundes, soweit sie das Vereinswesen betraf, beschränkte sich bis 1861 darauf, durch eine Reihe von Beschlüssen bestimmten Arten von Vereinen das Dasein zu erschweren. Vor allem die politischen Vereine waren von Beeinträchtigungen bedroht, häufig konnten sie überhaupt nicht zur Entstehung gelangen.

Die lange Kette von Bundesbeschlüssen zum öffentlichen Vereinsrecht, von denen hier nur einige erwähnt werden können, begann mit dem Bundesbeschluß vom 20. Sptember 1819[396]. Er befaßte sich mit den Universitäten, welche bereits kurz zuvor Gegenstand der berüchtigten Karlsbader Beschlüsse gewesen waren. Art. 3 des Beschlusses untersagte "geheime und nicht autorisirte Verbindungen unter den Studierenden, namentlich die allgemeine Burschenschaft", und verpflichtete die Bundesregierungen, die Mitlgieder dieser Verbindungen zu keinem öffentlichen Amt zuzulassen. (Art. 3 Abs. 2). Als Folge der französischen Juli-Revolution und des Polenaufstandes 1830/31 erging am 5. Juli 1832 ein erneuter Bundesbeschluß, wonach Vereine mit politischer Tendenz in allen Bundesstaaten zu verbieten waren[397]. 1840 folgte ein Bundesbeschluß, welcher die Bundesregierungen verpflichtete, "übereinstimmende Maßnahmen hinsichtlich derjenigen Handwerksgesellen zu treffen, welche sich durch Theilnahme an unerlaubten Gesellenverbindungen, Gesellengerichten, Verrufserklärungen u. dgl. gegen die Landesgesetze vergangen haben"[398].

Infolge der revolutionären Ereignisse des Jahres 1848 wurde in einer Reihe von deutschen Teilstaaten die Vereinsgründung grundsätzlich freigegeben[399]. Der Deutsche Bund erklärte am

---

392) bis 395) entfallen.
396) Quellenverzeichnis D VII 1.
397) Quellenverzeichnis D VII 2 - Gem. Bundesbeschluß v. 6. August 1846 sollten alle "communistischen Vereine" unter die Bestimmungen dieses Beschlusses subsumiert werden. (ZACHARIÄ, Staats- und Bundesrecht Bd. 1, S. 469, Fußn. 9).
398) Quellenverzeichnis D VII 3.
399) Vgl. ZOEPFL, Grundsätze S. 662.

2. April 1848 durch Bundesbeschluß alle Ausnahmegesetze für beseitigt[399a)]. Damit waren insbesondere die oben erwähnten Bundesbeschlüsse aufgehoben[400)].

Die Paulskirchenverfassung[401)] bestimmte sodann in Art. 31: "Die Deutschen haben das Recht, Vereine zu bilden. Dieses Recht soll durch keine vorbeugende Maßregel beschränkt werden".

Nach dem Scheitern der Revolution und dem Einsetzen der Reaktion faßte der neu gestärkte Deutsche Bund 1854 einen Beschluß über das Vereinswesen. Er enthielt die Grundsätze des öffentlichen Vereinsrechtes, wie sie bereits von einigen - vor allem den größeren - deutschen Bundesstaaten verwirklicht worden waren[402)], von anderen aber auf Grund dieses Beschlusses in der Folgezeit übernommen wurden[403)]. Der Beschluß gab grundsätzlich die Gründung von Vereinen frei. Für p o l i t i s c h e Vereine wurde jedoch ein ganzer Katalog von einschränkenden Grundsätzen aufgestellt, welcher vor allem die Grundsätze der L o k a l i s i e r u n g[404)] und der P u b l i z i t ä t enthielt. Ferner wurden die Bundesregierungen verpflichtet, die in ihren Gebieten etwa noch bestehenden "Arbeiterverbrüderungen, welche politische, socialistische und communistische Zwecke verfolgen", binnen zwei Monaten aufzuheben und die Neubildung solcher Verbindungen bei Strafe zu verbieten[405)].

Das Gebiet des privaten Vereinsrechtes betrat der Deutsche Bund erstmals mit dem Beschluß zur Ausarbeitung eines Allgemeinen Deutschen Handelsgesetzbuches.

399a) Quellenverzeichnis D VII 5.

400) Quellenverzeichnis D VII 4.

401) ZOEPFL, Grundsätze S. 653, 654, 656.

402) S. o. Fußn. 398; auch das Erfurter Unionsparlament hatte bereits 1849 den in der Verfassung von 1849 ausgesprochenen Grundsatz der Vereinigungsfreiheit als zu weitgehend bezeichnet. Nach seiner Ansicht sollte das Vereins- und Versammlungsrecht "zur Wahrung der öffentlichen Sicherheit durch das Gesetz geregelt werden und politische Vereine Beschränkungen und Verboten im Wege der Gesetzgebung unterworfen werden können." (Vgl. ZOEPFL, Grundsätze Bd 2, S. 243, Fußn. 6 und S. 662).

403) GASTROPH, Vereinigungen S. 40; FÜSSLEIN, Versammlungsfreiheit S. 427 - S. ferner die erschöpfenden Aufzählungen bei G. MEYER, Staatsrecht S. 721, Fußn. 9; BERGER, VwA 1/541, 560 und VwA 2/290, 301; ZACHARIÄ, Staats- und Bundesrecht Bd. 1, S. 471; BRÜCKNER, BlRTh 38/1, 15 ff.

404) S. o. S. 67/68.

405) ZOEPFL, Grundsätze S. 665.

II. Das Allgemeine Deutsche Handelsgesetzbuch von 1861

1. Offene Handelsgesellschaften

Das ADHGB von 1861, bis 1869 von fast allen deutschen Bundesstaaten eingeführt[406], war das Ergebnis mehr als vierjähriger Kommisionsberatungen[407]. Die in Nürnberg tagende Kommission[408] einigte sich 1857 in ihrer ersten Sitzung darauf, einen von der preußischen Regierung vorgelegten Entwurf[409] den Beratungen zugrundezulegen[410] und einen Entwurf der österreichischen Regierung[411] ergänzend zu berücksichtigen.

Der preußische Entwurf (PrE) behandelte in seinem 2. Buch die Handelsgesellschaften, von denen er drei Formen vorsah:

- die offene Handelsgesellschaft;
- die "stille" Handelsgesellschaft;
- die Aktiengesellschaft.

Nach Art. 87 des Entwurfes hatte

> "jede Handelsgesellschaft als solche .. selbständig ihre Rechte und Pflichten und ihr besonderes Vermögen; sie kann vor Gericht klagen und verklagt werden; sie kann auf ihren Namen Grundstücke und Forderungen erwerben."

Während die Ausgangsbestimmungen des PrE von der Kommission sofort ohne Debatte angenommen wurden[412], entspann sich über die Vorschrift des Art. 87 PrE eine längere Debatte[413]. Ein Teil der Kommission monierte, mit der Fassung des Art. 87 PrE werde die über das Wesen der Handelsgesellschaften bestehende Kontroverse in dem Sinne entschieden, daß diese als juristische Per-

---

406) Allgemein zum ADHGB SCHUBERT, Entstehung S. 10 und die dortigen Nachweise; zur Vorgeschichte des ADHGB ausführlich BORNEMANN-WALDECK, ADHGB S. 1-19; kurze Übersicht über die Vor- und Nachgeschichte bei WÜRDINGER, HGB Bd 1, S. 2 ff.

407) Erste Sitzung: 15. Januar 1857; letzte Sitzung 12. März 1861 - Die Namen der Kommissionsmitglieder sind aufgeführt in: PROT. ADHGB, Bd I, S. 1/2 sowie bei BORNEMANN-WALDECK, ADHGB S. 19, ferner bei LUTZ, Protokolle Bd 1, S. 1. Auf die Wiedergabe der Protokollstellen bei LUTZ wird im folgenden verzichtet, da diese mit den Originalprotokollen seitengleich sind. (Vgl. LUTZ, Protokolle, Vorwort S. VII).

408) Lediglich die Beratungen über das S e e - Handelsrecht fanden in Hamburg statt.

409) Quellenverzeichnis D VII 8 - Zur Entstehungsgeschichte dieses Entwurfes s. BORNEMANN-WALDECK ADHGB S. 3.

410) PROT. ADHGB, I. Sitzung vom 15. Januar 1857, Bd I, S. 6.

411) Quellenverzeichnis D VII 9 und 10.

412) PROT. ADHGB, XIX. Sitzung v. 18. Februar 1857, Bd I, S. 153, 154.

413) Ibidem.

sonen zu betrachten seien; es bestehe jedoch kein Interesse des Verkehrslebens, welches dazu zwinge, den Handelsgesellschaften Rechtspersönlichkeit zuzusprechen; das Sozietätsrecht reiche aus. Man solle, wenn eben möglich, davon absehen, "ein bloßes Gedankending zur Person zu machen"[414].

Eine andere Gruppe meinte, dem Wesen der Handelsgesellschaften sei die Bezeichnung als juristische Personen durchaus angemessen[415]. Wenn das Gesetz es unterlassen sollte, zu sagen, daß eine Handelsgesellschaft besondere Rechte und Pflichten habe, werde die Praxis dies sagen, da man ohnehin nicht umhinkommen werde, den Handelsgesellschaften zumindest gewisse Rechte und Pflichten zuzusprechen.

Eine weitere Gruppe beanstandete die im Entwurf vorgesehene Berechtigung der Gesellschaften, auf ihren Namen Grundstücke zu erwerben[416].

Die letzte Gruppe war der Meinung, daß die Kontroverse über das Wesen der Handelsgesellschaften von der Kommission nicht entschieden zu werden brauche. Man solle lediglich diejenigen Rechtssätze in das Gesetz aufnehmen, "welche für das Wesen der Handelsgesellschaft nicht entbehrt werden könnten"[417].

Die Mehrheit der Kommission stimmte schließlich für die Streichung des Art. 87 PrE[418]. In einer späteren Beratung[419] wurde ferner beschlossen, überhaupt keine gemeinsamen Bestimmungen für alle Handelsgesellschaften in das Gesetzbuch aufzunehmen[420]. Der Antrag einer Gruppe von Kommissionsmitgliedern, wenigstens eine gemeinsame Bestimmung über das besondere Vermögen der Handelsgesellschaften aufzunehmen, wurde abgelehnt. Gegen den Antrag wurde vor allem vorgebracht, ein solcher Passus sei überflüssig, da es den Mitgliedern der Gesellschaft ohnehin unbenommen sei, "aus ihrem Vermögen einen Fonds zu separiren". Würde eine solche Wendung ins Gesetz aufgenommen, so werde man am Ende doch daraus folgern, daß damit allen Handelsgesellschaften die

414) PROT. ADHGB a.a.O. (Fußn. 412) S. 155.
415) PROT. ADHGB a.a.O. S. 154.
416) Ibidem.
417) PROT. ADHGB a.a.O. S. 154/155.
418) Die Kommission befaßte sich mit der Rechtsnatur der Handelsgesellschaften, insb. der OHG, nicht nur in dieser Sitzung. Eine Übersicht über die betr. Fundstellen findet sich bei ANSCHÜTZ-VÖLDERNDORF, ADHGB Bd II, S. 6, Fußn. 4.
419) PROT. ADHGB XXXII. Sitzung v. 9. März 1857, Bd I, S. 273 ff.
420) PROT. ADHGB a.a.O. S. 274.

Eigenschaften von juristischen Personen beigelegt sei[421]. Für die Offene Handelsgesellschaft allerdings wurde die Fähigkeit, unter der Firma Rechte und Pflichten zu erwerben, dingliche Rechte an Grundstücken zu besitzen und unter der Firma zu klagen und verklagt zu werden, von der Kommissionsmehrheit bejaht[422]. Somit hatte man zwar die Frage nach der Rechtsnatur der Offenen Handelsgesellschaft - ebenso wie die Frage nach der Rechtsnatur der anderen Handelsgesellschaften - offen gelassen, der OHG aber andererseits eine Reihe wichtiger Korporationsmerkmale gewährt[423].

Die Kommission wandte sich nunmehr der Beratung der Frage zu, auf welche Weise die OHG die ihr zugebilligte partielle Rechtsfähigkeit erlangen sollte. Der preußische Entwurf hatte eine Reihe von Normativbestimmungen aufgestellt. So sollte gem. Art. 92 Abs. 1 PrE der Gesellschaftsvertrag

> "durch schriftliche Urkunde binnen acht Tagen nach dem Abschlusse des Vertrages bei dem Handelsgerichte ... behufs der Eintragung in das Handelsregister eingereicht werden."

Die Absätze 2 und 3 verlangten zwingend bestimmte Mindestbestandteile des einzureichenden Vertragsauszuges[424]. Die Nichterfüllung der Vorschriften des Art. 92 PrE sollte gem. Art. 93 PrE dem Gesellschaftsvertrag die rechtliche Wirkung nehmen.

In der Kommission tauchten hierzu vier Fragen auf, nämlich

1) ob unbedingt ein s c h r i f t l i c h e r Gesellschaftsvertrag zu fordern sei;

2) ob die Mindestbestandteile des Gesellschaftsvertrages unbedingt im Gesetz genannt sein müßten;

3) ob auf der Übergabe des Vertrages beim Gericht zu bestehen

---

421) Ibidem.
422) In der Endfassung Art. 111 Abs. 2 ADHGB.
423) S. dazu auch die Begründung des PrE (abgedruckt bei BORNEMANN-WALDECK, ADHGB S. 74/75: "Der rechtlichen Natur der Handelsgesellschaften entspricht in der That die Annahme einer juristischen Persönlichkeit derselben. Indessen kann füglich überhaupt davon Abstand genommen werden, die Handelsgesellschaften unter einen hergebrachten civilrechtlichen Rechtsbegriff unterzuordnen; der richtige Gesichtspunkt ist gewahrt, wenn die durch das Leben herausgebildete Anschauung, daß die Handelsgesellschaften selbständig (!) ihre Rechte und Pflichten, sowie ihr besonderes, von dem Privatvermögen der Gesellschafter völlig getrenntes Vermögen hat, als Rechtssatz anerkannt wird." S. auch DAHN, Handelsgesellschaften S. 67/68; MAKOWER, ADHGB S. 107.
424) S. o. S. 11.

sei;

4) ob an die nicht erfolgte Übergabe des Vertrages dessen Nichtigkeit zu knüpfen sei (wie Art. 93 PrE es vorsah), oder ob es mit einer Ordnungsstrafe sein Bewenden haben sollte[425].

Mit knapper Mehrheit verneinte die Kommission die Fragen 1 bis 3, nahezu einstimmig die vierte Frage[426]. Dafür beschloß sie, die Art. 92 und 93 PrE durch eine Bestimmung zu ersetzen, welche lediglich eine Anmeldepflicht unter Angabe äußerlicher Merkmale der Gesellschaft und der Gesellschafter vorsah[427]. Damit waren die Bedingungen des Wirksamwerdens der Offenen Handelsgesellschaft gegenüber dem Entwurf erheblich erleichtert worden.

Diese und die anderen hier berührten Regelungen wurden in den späteren Lesungen der Kommission inhaltlich nicht mehr geändert. Da die Bundesregierungen keine Einwände erhoben, gingen diese Bestimmungen in den endgültigen Gesetzestext ein[428]. Somit war zum ersten Mal in einem wichtigen deutschen Gesetzeswerk das System der Normativbestimmungen eingeführt, wenn auch noch nicht für vollgültige Körperschaften. Für die volle Rechtsfähigkeit fehlte es der OHG nach außen vor allem an der Beschränkung der Haftung auf das Gesellschaftsvermögen. Für das Verhältnis der Gesellschafter untereinander sollte zwar in erster Linie der Gesellschaftsvertrag maßgebend sein[429], die dispositiven Vorschriften der Art. 91 ff machten aber deutlich, daß das Gesetz die Anwendung der Regeln über die Gesamthandsgemeinschaft als den Normalfall betrachtete.

Der PrE hatte in den Art. 144 ff. diejenige Gesellschaftsform behandelt, bei welcher

"ein oder mehrere Gesellschafter sich nur

---

425) PROT. ADHGB XX. Sitzung vom 19. Februar 1857, Bd I, S. 166.
426) PROT. ADHGB a.a.O. S. 171.
427) "Die Gesellschafter müssen binnen acht Tagen nach der Errichtung der Gesellschaft eine schriftliche Erklärung bei dem Handelsgericht des Ortes, wo die Gesellschaft ihre Hauptniederlassung hat, behufs der Eintragung in das Handelsregister bei Vermeidung von Ordnungsstrafen einreichen. Die Erklärung muß enthalten den Namen, Vornamen, Stand und Wohnort jedes Gesellschafters, die Firma der Gesellschaft und den Ort, wo sie ihre Hauptniederlassung hat. Die Erklärung muß von allen Gesellschaftern unterzeichnet sein." (Entspr. Art. 85 ADHGB)
428) Art. 86 ff. ADHGB.
429) Art. 90 ADHGB: "Das Rechtsverhältnis der Gesellschafter untereinander richtet sich zunächst nach dem Gesellschaftsvertrage."

durch Vermögenseinlagen beteiligen ..., während ein oder mehrere andere Gesellschafter persönlich und solidarisch haften"[430]. Dieser Gesellschaftsform hatte der Entwurf die Bezeichnung "Stille Gesellschaft" beigelegt, während die Kommission ihr, entsprechend der im österreichischen Entwurfe vorgeschlagenen Wortwahl[431], den Namen "Kommanditgesellschaft" gab, welchen sie bis heute behalten hat[431a]. Für die Entstehung dieser Form der Handelsgesellschaft sah der preußische Entwurf weitgehend dieselben, auf dem System der Normativbestimmungen beruhenden Voraussetzungen vor wie für diejenige der OHG[432]. Die Kommission paßte diese Bestimmungen des Entwurfes lediglich den von ihr beschlossenen Bestimmungen über die OHG an.

2. Aktiengesellschaften

Das wichtigste Problem, vor welches sich die Kommission auf dem Gebiete des Gesellschaftsrechts gestellt sah, war die Behandlung der Aktiengesellschaften. Bei den Beratungen hierüber wurde "der entscheidende Kampf um das Konzessionssystem ... ausgefochten"[433].

Der preußische Entwurf hatte die Aktiengesellschaften in den Artikeln 178 ff. geregelt. Über ihre Entstehung bestimmte Art. 181:

"Aktiengesellschaften[434] können nur mit landesherrlicher Genehmigung errichtet werden." (Abs. 1)
"Der Gesellschaftsvertrag und die Genehmigungsurkunde müssen in das Handelsregister eingetragen werden." (Abs. 3)
"Wenn diese Förmlichkeiten nicht erfüllt sind, und gleichwohl im Namen der Aktiengesellschaft gehandelt wird, so haften die Handelnden persönlich und solidarisch."

Art. 182 PrE enthielt eine Reihe von Bestimmungen über die notwendigen Bestandteile des Gesellschaftsvertrages. Gem. Art. 184 PrE sollte ebenso wie die Errichtung jeder Beschluß der Generalversammlung, welcher die Fortsetzung der Gesellschaft oder die Abänderung des Gesellschaftsvertrages zum Gegenstand hatte, zu

---

430) Art. 144 Abs. 1 PrE.
431) östE II, § 79 - In der ersten Fassung hatte der östE noch von "öffentlichen" und "stillen Gesellschaften" gesprochen (s. §§ 78 ff. östE I).
431a) Bis zum Inkrafttreten des ADHGB entsprach es allgemeinem Sprachgebrauch in Deutschland, die KG als "Stille Gesellschaft" zu bezeichnen (s. z.B. ANSCHÜTZ-VÖLDERNDORF ADHGB Bd II, 1, S. 3/4).
432) Art. 145, 146 PrE.
433) GROSSFELD, Aktiengesellschaft S. 134.
434) Der östE hatte in seiner ersten Fassung noch von "Actien-Vereinen" gesprochen (östE I § 99).

seiner Gültigkeit der notariellen Abfassung sowie der landesherrlichen Genehmigung bedürfen. Für Aktiengesellschaften war somit weiterhin das Konzessionssystem vorgesehen[435]. Erstaunlicherweise entspann sich um diesen Problemkreis in der Kommission keine besonders lange Diskussion. Lediglich die Vertreter Hamburgs stellten den Antrag auf "Streichung des Art. 181 mit allen Konsequenzen"[436]. Hilfsweise forderten sie, partikularrechtliche Ausnahmen vom Konzessionssystem zuzulassen[437]. Zur Begründung ihres Antrages führten sie aus[438]: Es sei zwar zu begrüßen, daß der preußische Entwurf die Aktiengesellschaften als ein selbständiges, von den Personen der einzelnen Gesellschafter verschiedenes Subjekt von Rechten und Pflichten ansehe. In dieser Hinsicht habe er die Voraussetzungen geschaffen, um "die Gesetzgebung mit den in der Handelswelt herrschenden Ansichten in Einklang zu bringen"[439]. Leider aber habe der Entwurf auch "eine dem eigentlichen Handelsrecht als solchem durchaus ferne liegende Seite des Aktienwesens in seinen Kreis gezogen"[440]. Die Extravaganzen und Mißbräuche, welche bei den Aktiengesellschaften vorgekommen seien, wolle zwar niemand beschönigen; gegen solche Mißbräuche gebe es aber nur ein Mittel, nämlich "die eigene Erfahrung des Publikums, welche dahin führt, daß die Einzelnen selbst die erforderliche Vorsicht und Mäßigung anwenden, um sich vor Schaden in Acht zu nehmen, ohne sich vorzugsweise auf die obervormundschaftliche Fürsorge des Staates zu verlassen"[441]. In Hamburg habe man den deutlichen Beweis dafür, daß eine freie Gestaltung des Aktienwesens keineswegs schädlich wirken müsse. Dort mache kein Gesetz die Bildung von Aktiengesellschaften von vorheriger obrigkeitlicher Genehmigung abhängig; es sei lediglich eine Anzeige beim Firmenbureau erforderlich. Auf ihre Unterlassung sei nur eine geringe Ordnungsstrafe gesetzt. Auch die Gestaltung der Verwaltung der Aktiengesellschaften sei dem freien Belieben der Beteiligten überlassen.

---

435) Ebenso in beiden Fassungen des östE (§ 99 östE I; § 107 östE II).
436) PROT. ADHGB XXXV. Sitzung v. 13. März 1857, Bd I, S. 308, 314.
437) Ibidem.
438) Zur Bedeutung dieses Vortrages der Hamburger Vertreter vgl. GROSSFELD, Aktiengesellschaft S. 134.
439) PROT. ADHGB a.a.O. (Fußn. 436).
440) Ibidem.
441) PROT. ADHGB a.a.O. S. 320.

Dennoch sei in Hamburg das Publikum durch Schwindel und Mißbräuche weniger betroffen als in denjenigen Bundesstaaten, in welchen das Konzessionssystem gelte[442].

Die Kommission tendierte zunächst dahin, die Entstehung von Aktiengesellschaften als Rechtssubjekten gar nicht im Gesetz zu regeln und die Behandlung dieses Problems der Partikulargesetzgebung zu überlassen[443]. Es setzte sich jedoch dann die Überlegung durch, daß zahlreiche Fragen des Aktienrechts die vorherige Beantwortung der Frage nach der Art der Zulassung voraussetzten. Man einigte sich daher darauf, "das System des (preußischen) Entwurfes vorerst bei der Beratung und Beschlußfassung über die einzelnen Bestimmungen in Betreff der Aktiengesellschaften beizubehalten und am Schlusse (der aktienrechtlichen Vorschriften) einen allgemeinen Satz in das Gesetz aufzunehmen, wonach es den Landesgesetzen vorbehalten bleibe, zu bestimmen, daß es der staatlichen Genehmigung für die Errichtung, Abänderung oder Auflösung der Aktiengesellschaften nicht bedürfe"[444]. Demgemäß wurde verfahren. Für die Aktiengesellschaften (ebenso wie für die Kommanditgesellschaften auf Aktien)[445] wurde somit in der endgültigen Fassung des Gesetzes die staatliche Genehmigung als Voraussetzung für die Errichtung gefordert[446]. Entsprechend dem Beschluß der Kommission enthielt Art. 249 ADHGB eine salvatorische Klausel zugunsten der Landesgesetze[447]. Zusätzlich zu dem grundsätzlich festgelegten Erfordernis staatlicher Genehmigung des Gesellschaftsvertrages wurde - wie es auch der preußische Entwurf vorgesehen hatte[448] - die Eintragung im Handelsregister verlangt. Diese wurde von der Einhaltung einer Reihe von Normativbestimmungen abhängig gemacht (Art. 210 ADHGB)[449]. Vor er-

---

442) PROT. ADHGB a.a.O. S. 323.
443) PROT. ADHGB a.a.O. S. 315.
444) PROT. ADHGB a.a.O. S. 315/16.
445) Art. 174, 175 ADHGB.
446) Das in Fußn. 271 über das Zulassungssystem des preußAktG von 1843 Gesagte gilt auch für das System des ADHGB.
447) Art. 249 ADHGB: "Den Landesgesetzen bleibt vorbehalten, zu bestimmen, daß es der staatlichen Genehmigung zur Errichtung von Aktiengesellschaften im allgmeinen oder von einzelnen Arten derselben nicht bedarf."
448) S. o. S. 96.
449) Diese sind teilweise bereits auf S.11 aufgeführt. Zu den dort erwähnten notwendigen Bestandteilen des Gesellschaftsvertrags kammen noch hinzu notwendige vertragliche Bestimmungen über:
"4) die Höhe des Grundkapitals und der einzelnen Aktien

folgter Genehmigung und Eintragung sollte die Aktiengesellschaft als solche nicht bestehen. Wurde dennoch im Namen der Gesellschaft schon vorher gehandelt, so hafteten die Handelnden persönlich und solidarisch (Art. 211 ADHGB).

Das Nebeneinander von Genehmigungserfordernis und Normativbestimmungen ermöglichte es denjenigen Landesgesetzen, welche von dem Vorbhalt des Art. 249 ADHGB Gebrauch machen wollten, durch bloße Beseitigung des Erfordernisses staatlicher Genehmigung das System der Normativbestimmungen einzuführen. Es war somit durch diese Regelung gewährleistet, daß das Gesetz im übrigen in allem deutschen Staaten denselben Wortlaut behielt. Von dem landesrechtlichen Vorbehalt machten allerdings zunächst nur wenige Staaten Gebrauch[450)]; dennoch wurde mit diesem Vorbehalt "die erste große Bresche in das Konzessionssystem" gebrochen[451)].

Über die rechtsdogmatische Einordnung der Handelsgesellschaften hatte das ADHGB allerdings keine Klärung gebracht. Während nach seinem Erlaß die überwiegende Meinung in der Rechtslehre der Aktiengesellschaft die juristische Persönlichkeit nicht mehr absprach[452)], ging der von der Gesetzgebungskommission bewußt offen gehaltene Streit um die Rechtsnatur der OHG bis zum Ende des Jahrhunderts weiter[453)]. Erst durch das HGB von 1897 wurde dieser Streit endgültig gesetzlich geklärt[454)].

---

oder Aktienantheile;
5) die Eigenschaft der Aktien, ob sie auf den Inhaber oder auf Namen gestellt werden sollen, ingleichen die etwa bestimmte Zahl der einen oder der anderen Art, sowie die etwa zugelassene Umwandlung derselben;
6) die Grundsätze, nach welchen die Bilanz aufzunehmen und der Gewinn zu berechnen und auszuzahlen ist, sowie die Art und Weise, wie die Prüfung der Bilanz erfolgt;
...
9) die Bedingungen des Stimmrechts der Aktionäre und die Form, in welcher dasselbe ausgeübt wird;
10) die Gegenstände, über welche nicht schon durch einfache Mehrheit der auf Zusammenberufung erschienenen Aktionäre, sondern nur durch eine größere Stimmenmehrheit oder nach anderen Erfordernissen Beschluß gefaßt werden kann."

450) Hamburg, Bremen, Lübeck, Oldenburg, Sachsen (s. o. S. 81) und in beschränktem Maße auch Württemberg und Baden (s. o. S. 76) - S. dazu Quellenverzeichnis D I 3 und D V 1, 4, 6, 8, 13.

451) GROSSFELD, Aktiengesellschaft S. 135.

452) S. die Nachweise bei ANSCHÜTZ-VÖLDERNDORF, ADHGB Bd II/1, S. 8/9, Fußn. 8; ferner KUNTZE, ZHR 6/177, 208 ("Actienverein"); RENAUD, Aktiengesellschaften S. 150, 168; ENDEMANN, Handbuch Bd 1, S. 312.

453) S. u. S. 117, Fußn. 552 und S. 118, Fußn. 565.

454) Ibidem.

III. Der Dresdener Entwurf von 1866

Nach der Fertigstellung des ADHGB bedeutete der Zusammentritt der Kommission zur Ausarbeitung eines allgemeinen deutschen Obligationenrechtes im Jahre 1863 den nächsten wichtigen Schritt zur Verwirklichung der deutschen Rechtseinheit[455].

Mit den Vorarbeiten zu den jeweiligen Beratungsabschnitten betraute die Dresdener Kommission einen dreiköpfigen Ausschuß, bestehend aus den Delegierten Bayerns, Sachsens und Hessen-Darmstadts[456]. Auf Vorschlag dieses Ausschusses beschloß die Kommission, ihr das von der Bundesversammlung übertragene Mandat so auszulegen, daß "die Commission auf das Obligationenrecht beschränkt sei, daß demgemäß allgemeine Bestimmungen nur insoweit in das Gesetz aufzunehmen seien, als für das den Vorwurf desselben bildende Obligationenrecht erfordert werde", daß aber der Partikulargesetzgebung überlassen bleiben solle, in ihrem Bereich noch weitere Materien mit in das Gesetz aufzunehmen[457][458].
Damit war das Personenrecht - mithin auch das Recht der juristischen Personen - ausgeklammert. Die folgende Darstellung betrifft daher nur die Kommissionsberatungen über die Entstehung von Kollektivgesellschaften und Aktiengesellschaften.

Die Kommission begann die Beratungen des Gesellschaftsrechtes in der Sitzung vom 14. November 1864[459]. Der Vorbereitende Ausschuß hatte empfohlen, dem Komplex in die Abschnitte "Gesell-

455) Über das Fernbleiben Preußens und die Gründe dafür s. SCHUBERT, Entstehung S. 10; HEDEMANN, Dresdener Entwurf S. 5; ENNECCERUS-NIPPERDEY, Allgemeiner Teil S. 43 (§ 11), Fußn. 3 a; s. ferner die Anwesenheitsliste der ersten Sitzung der Kommission in: PROT. DE, Sitzung v. 7. Jan. 1863, Bd 1, S. 1.

456) PROT. DE a.a.O. S. 4 - Die Auswahl gerade dieser Delegierten wurde damit begründet, daß ihre Staaten "mit der Bearbeitung von Civilgesetzbüchern vorgegangen seien und die Entwürfe derselben ohnedies die eingehendste Berücksichtigung in der gegenwärtigen Kommission verdienen würden." (PROT. DE a.a.O.).

457) PROT. DE a.a.O. (Fußn. 455) S. 5.

458) Ferner wurde beschlossen, den bayrischen Entwurf unter Berücksichtigung des hessen-darmstädtischen Entwurfes und des sächsischen Gesetzbuches den weiteren Beratungen "als Leitfaden dienen zu lassen". Diese Gesetzeswerke waren allerdings für die im folgenden zu betrachtenden Probleme ohne Bedeutung. (Zum bayrischen Entwurf s. o. S. 85 , zum hessendarnstädtischen Entwurf s. o. S. 49, zum sächsischen BGB s. o. S. 78 ff.

459) PROT. DE, CLXXXVIII. Sitzung vom 14. November 1864, Bd 4, S. 2743 ff.

schaftsvertrag" und "Zufällige Gemeinschaft" zu unterteilen. Der Abschnitt über den Gesellschaftsvertrag sollte außer der "Gemeinen Gesellschaft" auch die Kollektivgesellschaften behandeln[460]. Hierunter sollten hauptsächlich die nichthandelsrechtlichen Aktiengesellschaften sowie die "Collectivgenossenschaften" fallen. Dieser Vorschlag wurde von der Kommission nach eingehender Diskussion gutgeheißen[460a].

1. Aktiengesellschaften

In der Sitzung vom 13. Dezember 1864 wandte sich die Kommission der Beratung des Aktienrechtes zu[461]. Nach Fertigstellung des ADHGB waren diejenigen Gesellschaften, welche zwar die äußeren Merkmale einer Aktiengesellschaft aufwiesen, aber aufgrund der in § 271 f. ADHGB vorgenommenen enumerativen Aufzählung der Handelsgeschäfte nicht unter die Bestimmungen dieses Gesetzes fielen, noch ohne gesamtdeutsche Regelung geblieben. Für die Aufnahme dieser Personenverbindungen in das geplante Obligationenrecht sprach nach Ansicht der Dresdener Kommission vor allem, daß das soeben in Kraft getretene preußische Gesetz über nichthandelsrechtlich Aktiengesellschaften die in der Praxis bereits anerkannte analoge Anwendung der aktienrechtlichen Vorschriften des ADHGB auf diese Gesellschaften angeordnet hatte[462].

---

460) Der Sprachgebrauch der Kommission, soweit er die Aktiengesellschaften und die Kollektivgesellschaften betraf, war uneinheitlich. Während der Vorbereitende Ausschuß offensichtlich Kollektivgesellschaft und Aktiengesellschaft als zwei selbständige Formen von Personenverbindungen ansah, subsumierte ein Kommissionssprecher die Aktiengesellschaft unter den Begriff Kollektivgesellschaft (s. PROT. DE a.a. O. (Fußn. 459) S. 2750). Dagegen heißt es zu Beginn der Beratungen über die zufällige Rechtsgemeinschaft: "..wurde, unter vorläufiger Zurückstellung des von den Collectivgesellschaften handelnden Abschnitts, mit den Beratungen über die zufällige Gemeinschaft begonnen". (PROT. DE, CXCIX. Sitzung v. 14. Dezember 1864, Bd 4, S. 2893). Da die Beratungen über die Aktiengesellschaft zu diesem Zeitpunkt bereits abgeschlossen waren, kann das nur so verstanden werden, daß die Aktiengesellschaft nicht mehr unter den Begriff "Kollektivgesellschaft" subsumiert werden sollte. In der endgültigen Fassung des DE umfaßte der Begriff "Kollektivgesellschaft" doch wieder auch die Aktiengesellschaft. - Im folgenden wird der Begriff in der engeren Bedeutung (also unter Ausklammerung der Aktiengesellschaft) verwendet.

460a) PROT. DE a.a.O. (Fußn. 459) S. 2745.

461) PROT. DE, CXCVIII. Sitzung vom 13. Dezember 1864, Bd 4, S. 2882 ff.

462) PROT. DE, CLXXXVIII. Sitzung vom 14. November 1864, Bd 4, S. 2743, 2745 - Zu dem genannten preußischen Gesetz s. oben S. 70.

Der Vorbereitende Ausschuß hatte eine verhältnismäßig ausführliche Regelung des Aktienrechtes vorgelegt[463]. Dagegen wurde von einem Kommissionsmitglied der Antrag gestellt, die Bestimmungen des ADHGB über Aktiengesellschaften in toto auch für die nichthandelsrechtlichen Aktiengesellschaften für unmittelbar anwendbar zu erklären[464]. Dem schloß sich die Kommission mit 4 gegen 2 Stimmen an[465].

2. Kollektivgesellschaften

a. Die Vorlage des Vorbereitenden Ausschusses

Das ADHGB hatte die OHG als eine handelsrechtliche Personenverbindung geregelt, welche Dritten gegenüber mit einer Reihe von Korporationsmerkmalen ausgestattet war[465a]. Da außerdem die Rechtsprechung für den Bereich des gemeinen Rechts und den Geltungsbereich des ALR mit Unterstützung der Rechtslehre ebenfalls zunehmend Personenverbindungen anerkannte, welche nur bestimmte Körperschaftsmerkmale besaßen[465b], mußte sich für die Mitglieder der Dresdener Kommission die Frage stellen, ob die Rechtsverhältnisse dieser zwischen den Sozietäten und den Körperschaften stehenden Vereinigungen einer umfassenden positivrechtlichen Regelung unterworfen werden sollten.

Der Referent des Vorbereitenden Ausschusses wies darauf hin, daß die Kommission trotz des korporationsähnlichen Charakters dieser Personenverbindungen zur Beratung dieses Rechtsgebietes zuständig sei, wenn sie sich auf die Regelung der - dem Obligationenrecht zuzurechnenden - Verhältnisse der Mitglieder in ihrer Gesamtheit gegenüber Nichtmitgliedern beschränke und die "Vertragsfähigkeit der Kollektivgesellschaften als solcher" feststelle[466]. Dieser Vorschlag erhielt Unterstützung aus der Mitte der Kommission. Insbesondere wurde darauf hingewiesen, daß die römischrechtliche Einteilung der Personenverbindungen in societates und universitates für die Kollektivgesellschaften ohnehin nicht passe, da diese zwischen jenen Rechtsinstituten stün-

---

463) S. Vorlage des Vorbereitenden Ausschusses, Art. 845-862 über Actiengesellschaften in: <u>PROT. DE</u>, Anlage B zur CXCVIII. Sitzung v. 13. Dezember 1864, Bd 4, S. 2889 ff.
464) <u>PROT. DE</u> a.a.O. (Fußn. 461) S. 2883.
465) § 871 der 1. Lesung; Art. 811 DE.
465a) S. o. S. 92 ff.
465b) S. o. S. 49 ff. und S. 71 ff.
466) <u>PROT. DE</u>, CLXXXVIII. Sitzung vom 14. November 1864, Bd 4, S. 2743, 2745.

den. Es gehe nicht länger an, daß sie von den einen zu den juristischen Personen gezählt, von anderen "unter den ziemlich nebelhaften Begriff der deutschrechtlichen Genossenschaft subsumirt" und von wieder anderen als modifizierte Sozietäten behandelt würden. Es sei daher dringend eine Regelung in dem angestrebten Obligationenrecht erforderlich[467].

Zu der eigentlichen Beratung über die Kollektivgesellschaft ging die Kommission in der Sitzung vom 13. Januar 1865 über[468]. Der Referent des Vorbereitenden Ausschusses gab zunächst eine dogmatische Übersicht über die Rechtsnatur der Kollektivgesellschaft, wie der Ausschuß sie auffaßte. Vor allem ging es um die Abgrenzung der Kollektivgesellschaft von der Korporation[469].
1) Die Kollektivgesellschaft - so führte der Berichterstatter aus - stelle unter ihrem Kollektivnamen als Personeneinheit f o r m e l l ein Subjekt von Rechten und Verbindlichkeiten dar; die einzelnen Mitglieder blieben jedoch, anders als bei der juristischen Person, insofern Subjekt des Gesellschaftsvermögens, als ihnen mit der Auflösung der Gesellschaft deren Vermögen zufalle und sie für die Verbindlichkeiten der Gesellschaft, je nach der vertraglich festgesetzten Grenze ihrer Haftpflicht, persönlich mit ihrem Vermögen einzustehen hätten[470][471].
2) Ebenso wie die Korporation erscheine auch "die Kollektivgesellschaft als solche, nämlich die als Personeneinheit nach außen sich darstellende Gesammtheit der Mitglieder, als die Eigenthümerin des beweglichen und unbeweglichen Vermögens[472][473],

467) PROT. DE a.a.O. S. 2748.
468) PROT. DE CCIII. Sitzung v. 13. Januar 1865. Bd 4, S. 2959, 2964.
469) PROT. DE a.a.O. S. 2964/65.
470) Ibidem.
471) Art. 870 der Vorlage des Vorber. Ausschusses: "Die Collectivgesellschaft kann als solche Rechte erwerben und Verbindlichkeiten eingehen. Sie kann insbesondere auch Wechsel ... ausstellen, sie kann Eigenthum und andere dingliche Rechte an unbeweglichen Sachen erwerben und es ist in diesem Falle die Gesellschaft unter ihrem Namen, ohne Benennung der jeweiligen Gesellschafter, in die öffentlichen Bücher einzutragen. Sie kann unter ihrem Namen klagen und verklagt werden." (Anl. B zu PROT. DE, CCV. Sitzung vom 16. Januar 1865, S. 2990, 3003).
Da der Text der endgültigen Fassung des DE leichter zugänglich sein dürfte als die Materialien, werden im folgenden die Texte der Ausschußvorlagen wörtlich zitiert, und auf den endgültigen Text des DE wird nur durch Angabe der Artikel-Zahlen verwiesen.
472) PROT. DE, CCIII. Sitzung v. 13. Januar 1865, Bd 4, S. 2959, 2965.

jedoch mit dem Unterschiede, daß ein einzelnes Mitglied weder an dem Gesellschaftsvermögen ein dingliches Recht erwerben, noch der Gesellschaft als Gläubiger oder Schuldner entgegentreten könne, wie dies bei der Korporation möglich sei.
3) Grundsätzlich habe auch bei der Kollektivgesellschaft ein Wechsel der Mitglieder nicht die Auflösung der Gesellschaft zur Folge[474]; jedoch blieben - im Gegensatz zur Korporation und je nach der vertragsmäßigen Grenze der Haftpflicht - die Austretenden für die bis zu ihrem Ausscheiden begründeten Verbindlichkeiten mit ihrem Vermögen haftbar[475]. Wegen der Vielfalt der unter diesen Gesellschaftstypus fallenden Personenverbindungen - so fuhr der Berichterstatter fort - könne das geplante Gesetz nur allgemeine Regeln über sie aufstellen[476]. Diese Regeln hätten allerdings danach zu differenzieren, ob die Beitragspflicht der Mitglieder beschränkt oder ob sie unbeschränkt sei; denn hiernach beantworte sich die Frage, ob nur das durch die Beiträge entstandene Gesellschaftsvermögen für die Verbindlichkeiten der Gesellschaft hafte oder ob eine unbeschränkte Haftung der Gesellschafter bestehe[477].

In diesem Punkte sollte also nach Ansicht des Vorbereitenden Ausschusses den Gesellschaftern die Möglichkeit eröffnet wer-

---

473) Art. 872 der Vorlage des Vorber. Ausschusses: "Das Vermögen der Collectivgesellschaft gehört der Gesammtheit der jeweiligen Gesellschafter; es darf aber während der Dauer der Gesellschaft seiner ursprünglichen Bestimmung oder statutarischen Verwendung nicht entzogen werden." (PROT. DE a.a.O. (Fußn. 471).

474) Art. 873 der Vorlage des Vorber. Ausschusses: "In die Collectivgesellschaft können jederzeit neue Mitglieder aufgenommen werden, und der Austritt steht jedem Gesellschafter zu jeder Zeit frei, wenn das Statut nicht etwas anderes bestimmt ... . Mit dem Austritte oder Ausschlusse eines Gesellschafters, sowie dessen Tode erlöschen alle seine Ansprüche aus dem Gesellschaftsverhältnisse." (PROT. DE a.a. O.).

475) Art. 887 S. 2 der Vorlage: "Die ausgeschiedenen Gesellschafter mit persönlicher Haftpflicht, ingleichen die Erben solcher verstorbenen Gesellschafter haften für alle von der Gesellschaft bis zur Zeit des Austritts oder Todes eingegangenen Verbindlichkeiten." (PROT. DE, Anl. B zur CCVII. Sitzung v. 20. Januar 1865, Bd 4, S. 3020, 3033).

476) PROT. DE a.a.O. (Fußn. 472) S. 2966.

477) Art. 886 Satz 1 der Vorlage: "Für die einer Collectivgesellschaft gegen Dritte obliegenden Verbindlichkeiten haftet, wenn die Beitragspflicht der Gesellschafter auf einen bestimmten Umfang zum Voraus beschränkt ist, nur das Gesellschaftsvermögen." (PROT. DE, Anl. B zur CCVI. Sitzung vom 17. Januar 1865, Bd 4, S. 3003, 3020).

den, die Rechtsstellung der Kollektivgesellschaft noch mehr derjenigen von Korporationen anzunähern, als dies das ADHGB für die OHG ermöglicht hatte. Allerdings mochte der Ausschuß nicht ohne weiteres das System der Normativbestimmungen für die Zulassung dieser Gesellschaften vorschlagen. Zwar legte er dieses System grundsätzlich seinen Vorschlägen zugrunde[478]; er schlug jedoch eine Vorschrift zugunsten der Landesgesetzgebung vor, wonach diese bestimmen konnte, daß es zur Errichtung der Kollektivgesellschaft oder einzelner Arten derselben der staatlichen Genehmigung bedürfe[479].

2. Beratungen und Beschlüsse der Kommission

In der anschließenden Beratung der Kommission kam es zunächst erneut zu einer grundsätzlichen Diskussion über die Rechtsnatur der Kollektivgesellschaft. Als Beispiel für die begriffsjuristische Argumentationsweise der Kommissionsmitglieder mag der Beitrag eines Mitgliedes stehen. Es hielt die Definition der Kollektivgesellschaft als einer Mischform von universitas und societas für falsch, da "societas und universitas logische Gegensätze seien (und) .. aus einer Verbindung beider eine dritte selbständige Größe nicht hervorgehen könne"; auch erscheine es unhaltbar, daß sie formell Corporationen und materiell einfache Gesellschaften seien, weil "eine solche Duplicität eines Wesens

478) Zu den Normativbestimmungen und zur Prozedur der Registereintragung vgl. Art. 865, 866, 867 der Vorlage. Die Mindestanforderungen an das Statut entsprachen fast wörtlich den oben S.11 aufgeführten Anforderungen des Art. 209 ADHGB (Art. 865 der Vorl.). Auch die Modalitäten der Anmeldung entsprachen denjenigen des ADHGB für Aktiengesellschaften. (Art. 866 d. Vorl.). S. auch Art. 867 der Vorl.: "Sollen die Mitglieder einer Collectivgesellschaft für deren Verbindlichkeiten persönlich haften, so ist bei dem Gerichte mit dem Statut ein Mitgliederverzeichniß zu hinterlegen und dieses mit dem Auszuge aus dem Statut zu veröffentlichen. Auch ist der Vorstand der Gesellschaft verpflichtet, mindestens am Schlusse eines jeden Vierteljahres (!) die neu eingetretenen, sowie die ausgetretenen und gestorbenen Gesellschafter dem Gerichte anzuzeigen und spätestens am Jahresschlusse zu veröffentlichen." - S. ferner Art. 868 der Vorl.: "Vor der Veröffentlichung des Statuts besteht die Collectivgesellschaft als solche nicht. Wenn vor erfolgter Veröffentlichung im Namen der Gesellschaft gehandelt worden ist, so haften die Handelnden persönlich und als Gesammtschuldner." (PROT. DE, Anl. B zur CCIV. Sitzung v. 14. Januar 1865, Bd 4, S. 2980, 2989/90).

479) Art. 863 Satz 2 der Vorlage; s. PROT. DE, Anlage B zur CCIII. Sitzung vom 13. Januar 1865, Bd. 4, S. 2959, 2979.

sich mit der nothwendigen Einheitlichkeit der civilistischen Construction nicht vertrage"[480]. Es bleibe daher nur die Möglichkeit, die Kollektivgesellschaft einer der beiden Grundformen zuzuordnen; vorzuziehen sei die societas, allerdings nicht in der römischrechtlichen Form, sondern in der Form einer "deutschen Genossenschaft"[481]. Mit dieser Bezugnahme auf die Genossenschaftstheorie und die Wortwahl der Rechtsprechung[482] hatte sich allerdings die anfangs abgelehnte Zwischenstufe zwischen universitas und societas teilweise doch wieder eingeschlichen[483].

Endlich wandte man sich in der Sitzung vom 14. Januar 1865 der Diskussion der einzelnen Bestimmungen der Ausschußvorlage zu: An dem vom Ausschuß vorgeschlagenen landesrechtlichen Vorbehalt wurde inhaltlich keine Kritik geübt[484]. Der Referent rechtfertigte den Vorbehalt mit der "Nothwendigkeit einer staatlichen Überwachung derartiger Gesellschaften, deren Lebensfähigkeit ... durch fehlerhafte Bestimmung in den Statuten im Voraus in Frage gestellt werde"[485]. Den Kommissionsmitgliedern war dieser Vorbehalt offenbar selbstverständlich. So erklärte ein Kommissionsmitglied, die Vorschrift sei überflüssig, da es "selbstverständlich sei, daß dem Staat ein jus reformandi bezüglich der Organisation der betreffenden Gesellschaften nicht entzogen werden könne und solle"[486]. Die Mehrheit der Kommission entschied sich jedoch für die Beibehaltung der Vorschrift, weil "hierdurch hervorgehoben werde, es bedürfe in Zukunft zur Errichtung einer Collectivgesellschaft der staatlichen Genehmigung n i c h t , wenn nicht die Landesgesetze diese sich ausdrücklich vorbehielten"[487]. Auch würde den Landesgesetzen durch den Vorbehalt

---

480) PROT. DE, CCIII. Sitzung v. 13. Januar 1865, Bd 4, S. 2959, 2969/70.
481) Ibidem.
482) S. o. S. 48/49.
483) PROT. DE a.a.O. (Fußn. 480) S. 2971 - Bemerkenswert ist allerdings, daß der Referent hierauf antwortete, "er müsse gestehen, daß es ihm gleichgültig zu sein scheine, ob man die Collectivgesellschaften juristische Personen oder anders nennen wolle."
484) Kritik wurde lediglich laut an der Bezeichnung als "Gesellschaft", welche von einem Kommissionsmitglied als Festlegung auf den Charakter der societas verstanden wurde (Vgl. PROT. DE, CCIV. Sitzung vom 14. Januar 1865, Bd 4, S. 2980 f.; s. ferner zu dieser Frage oben S. 20 ff.
485) PROT. DE a.a.O. S. 2981.
486) Ibidem.
487) Ibidem.

"Veranlassung gegeben .., sofort darüber Bestimmungen zu treffen, inwieweit sie davon Gebrauch machen wollten"[488]. Die vom Ausschuß vorgeschlagenen Normativbestimmungen, welche sich an diejenigen des ADHGB für Aktiengesellschaften anlehnten, wurden von der Kommission ebenfalls unverändert übernommen[489]. Auch das Verfahren bei der gerichtlichen Anmeldung wurde im wesentlichen den Vorschlägen des Ausschusses entsprechend[490] geregelt [491], allerdings mit der Erweiterung, daß zu den vom Gericht zu veröffentlichenden Tatsachen auch die Auskunft darüber gehören sollte, ob beschränkte oder unbeschränkte Haftung der Mitglieder bestehe[492]. Aufrechterhalten blieb ferner die Vorschrift, wonach Kollektivgesellschaften mit unbeschränkter Haftpflicht verpflichtet waren, ein Mitgliederverzeichnis einzureichen[493]. Auch der Grundsatz, daß die Kollektivgesellschaft vor der Veröffentlichung des Statuts nicht bestehe, blieb unbeanstandet. Nach erneuter kurzer Debatte über die Rechtsnatur der Kollektivgesellschaft stellte die Mehrheit der Kommission ausdrücklich fest, daß diese Frage vom Gesetz nicht ausdrücklich beantwortet werden solle. Es sei der Interpretation des Gesetzes hier "weiter Spielraum gelassen"[494].

Eine ausgiebige Diskussion rief schließlich noch der Vorschlag des Ausschusses hervor, den Bestand der Kollektivgesellschaft grundsätzlich vom Wechsel der Mitglieder unabhängig zu machen[495]. Ein Gegenvorschlag, welcher im wesentlichen dahin ging, diese Unabhängigkeit der Gesellschaft vom Mitgliederwechsel wenigstens bei den kollektiven E r w e r b s - Gesellschaften zu beseitigen, wurde von der Mehrheit zwar abgelehnt; man einigte sich jedoch darauf, für kollektive Erwerbsgesellschaften insgesamt eine eigene Regelung zu schaffen.

Dies geschah dann in der Sitzung vom 21. Januar 1865[496]. In ihr wurde für kollektive Erwerbs-Gesellschaften, wie vorher

488) Ibidem - Vgl. in der Endfassung Art. 812 Abs. 2 DE.
489) S. oben Fußn. 478 - In der Endfassung Art. 814 bis 817 DE.
490) S. oben Fußn. 478 - In der Endfassung Art. 815 DE.
491) Art. 815, 816 DE.
492) Art. 814 Ziff. 4 und Art. 815 Abs. 1 Satz 2 DE.
493) Art. 816 Satz 1 DE.
494) PROT. DE, CCV. Sitzung vom 16. Januar 1865, Bd 4, S. 2990, 2992.
495) Art. 873 der Vorlage (s. oben Fußn. 474).
496) PROT. DE, CCVIII. Sitzung vom 21. Januar 1865, Bd 4, S. 3036 ff.

schon für nichthandelsrechtliche Aktiengesellschaften, im wesentlichen eine analoge Anwendung von Vorschriften des ADHGB, und zwar derjenigen über Offene Handelsgesellschaften, beschlossen[497)], so daß für diese Personenverbindungen eine sehr viel schmalere Bandbreite von Gestaltungsmöglichkeiten bestehen blieb als für die übrigen Kollektivgesellschaften; insbesondere war für sie die Beschränkung der Haftung auf das Gesellschaftsvermögen ausgeschlossen; andererseits unterlagen sie aber nur den Zulassungsbestimmungen des ADHGB und bedurften daher in keinem Falle staatlicher Genehmigung.

Wegen der politischen Ereignisse des Jahres 1866 wurde der Dresdener Entwurf nicht Gesetz[498)]. Wenige Jahre später wurde die Aktiengesellschaft vom Reichsgesetzgeber zum Kaufmann kraft Rechtsform erklärt, so daß sich außerhandelsrechtliche Vorschriften für sie erübrigten[498a)]. Das Rechtsinstitut der Kollektivgesellschaft hat in der vom Dresdener Entwurf konzipierten Form ebenfalls später keine gesetzliche Regelung mehr erfahren. Dennoch ist der Entwurf nicht ohne Einfluß auf manche späteren Gesetzeswerke geblieben: Mit seinem Vorschlag, die beschränkte und die unbeschränkte Haftpflicht wahlweise zur Verfügung zu stellen, hat er starke Anstöße für die spätere Genossenschaftsgesetzgebung gegeben. Auch die beiden Kommissionen, welche sich mit der Ausarbeitung des BGB befaßten, haben sich unter dem Einfluß des Dresdener Entwurfes mit der Frage einer gesetzlichen Einführung der Kollektivgesellschaft beschäftigt. In das BGB fand jedoch schließlich keine entsprechende Regelung Eingang, da das Bedürfnis nach einer solchen Form des Personenzusammenschlusses dadurch entfallen war, daß das BGB in seiner Endfassung für den Erwerb der vollen Rechtsfähigkeit von Vereinen die Voraussetzungen aufstellte, die der Dresdener Entwurf für die Erlangung der Rechtsstellung einer Kollektivgesellschaft vorgesehen hatte. Zur Zeit der Entstehung des Dresdener Entwurfes bestand jedoch ein solches Bedürfnis durchaus noch, da große Unsicherheit über die Rechtsstellung derjenigen Personenverbindungen

497) Art. 810 DE.

498) Er wurde am 13. Juni 1866, dem letzten Tage des Deutschen Bundes veröffentlicht. Am folgenden Tage trat infolge des Bundesbeschlusses vom 14. Juni 1866 die Auflösung des Deutschen Bundes ein. (Vgl. im einzelnen ECK-LEONHARD, Vorträge S. 4; HEDEMANN, Dresdener Entwurf S. 2).

498a) S. u. S. 119.

herrschte, welche zwischen universitas und societas standen. Trotz ihrer rechtsdogmatischen Starrheit hatte die Kommission dies erkannt. Daß es ihr gelang, mit einer verhältnismäßig geringen Anzahl von Vorschriften den gesamten Bereich der in Frage kommenden Personenverbindungen systematisch zu erfassen, muß sogar als positiver Ausfluß des ihr wiederholt zum Vorwurf gemachten Dogmatismus[499] angesehen werden.

Allerdings hätte das von der Kommission vorgeschlagene System der Normativbestimmungen wohl kaum - wie beabsichtigt - alle Probleme gelöst; denn für diejenigen Vereinigungen, welche die Zulassungsbedingungen nicht erfüllten, wäre die Frage nach ihrer Rechtsnatur von neuem aufgetaucht. Möglicherweise wäre die rigorose Lösung des Entwurfes, solchen Vereinigungen vor ihrer Eintragung jegliche Körperschaftsmerkmale abzusprechen, von der Praxis bald wieder modifiziert worden.

Weiteren Versuchen, zu einer reichseinheitlichen Regelung für nichthandelsrechtliche Personenvereinigungen zu gelangen, war vor dem Inkrafttreten des BGB nur bei den wirtschaftlichen Personenverbindungen Erfolg beschieden. Die bedeutendsten Versuche, dieses Ziel auch für Idealvereine zu erreichen, bildeten die Gesetzesinitiativen von SCHULZE-DELITZSCH. Sie sollen als Nächstes dargestellt werden.

IV. Die Gesetzesentwürfe von SCHULZE - DELITZSCH (1869 - 1872)

Hermann SCHULZE-DELITZSCH (1808 - 1883)[500] war neben GIERKE der bedeutendste Vertreter des Genossenschaftsgedankens im 19. Jahrhundert; doch unterschied er sich in manchem von GIERKE. Zwar waren beide der Überzeugung, daß es angesichts der zügellosen Entwicklung des Individualismus, vor allem im Wirtschaftsleben, neuer Formen sozialer Pflichtigkeit und sozialen Denkens bedürfe. Während aber GIERKES Visionen von ideologischem Ballast beschwert waren und "sich nicht frei machen mochten von der romantischen Tradition wie von der national-staatlichen Gegenwart"[501], ergriff SCHULZE-DELITZSCH, in der bürgerlich-demokratischen Tradition stehend[502], praktische Schritte zur Organisa-

499) S. HEDEMANN, Dresdener Entwurf S. 26; SCHUBERT, Entstehung S. 11.
500) Über SCHULZE-DELITZSCH s. EHEBERG ADB, Bd 33, S. 18 ff. sowie in jüngerer Zeit LAUFS, JuS 68/311, 312 (beide m.w.N.).
501) WIEACKER, Privatrechtsgeschichte S. 455 f.
502) LAUFS, JuS 68/311, 312.

tion der Selbsthilfe der sozial schwachen Bevölkerungskreise. Seine größten Leistungen erbrachte er zweifellos durch seine maßgebliche Mitwirkung bei der Schaffung und Gestaltung der Erwerbs- und Wirtschaftsgenossenschaften und ihrer gesetzlichen Regelung. Nach der Verabschiedung des ersten Genossenschaftsgesetzes (1867/68) setzte sich SCHULZE-DELITZSCH wiederholt dafür ein, daß die Rechtsstellung der nichtwirtschaftlichen Vereine gesetzlich geregelt würde. Seinen ersten Versuch, ein Vereinsgesetz durch die parlamentarischen Instanzen zu bringen, unternahm er im Jahre 1869 im preußischen Abgeordnetenhaus[503]. Sein Gesetzentwurf sah vor, allen Vereinen mit nichtwirtschaftlichen Zielsetzungen die Rechte von "anerkannten Vereinen" nach dem System der Normativbestimmungen zu gewähren[504]. Der Entwurf enthielt eine umfangreiche beispielsweise Aufzählung der in Betracht kommenden Vereine; bemerkenswert ist vor allem, daß in dieser Aufzählung auch "Arbeiter-, Handwerks-, Gewerks- und Bürgervereine zur Förderung der Interessen ihrer Mitglieder" ausdrücklich aufgeführt waren[505]. Der Antrag kam jedoch im preußischen Abgeordnetenhaus nicht zur Verhandlung[506].

Kurz darauf, am 4. Mai 1869, brachte SCHULZE-DELITZSCH seinen Entwurf im Reichstag des Norddeutschen Bundes ein[507]. Nunmehr fehlte allerdings die beispielsweise Aufzählung der in Frage kommenden Vereine. Für die Errichtung des Vereins sah der Entwurf die üblichen Normativbestimmungen vor, wie sie bereits das ADHGB für Aktiengesellschaften (zusätzlich zur Staatsgenehmigung) und der Dresdener Entwurf für Kollektivgesellschaften vorgesehen hatten[508]. Vor der Eintragung in das Vereinsregister sollte der Verein als solcher nicht bestehen[509]. Nach der Eintragung sollte er den Zusatz "anerkannter Verein" führen[510]. Der Vorstand sollte verpflichtet sein, dem Registergericht alljährlich im Januar ein Verzeichnis der Mitglieder einzureichen[511]. Ebenso sollte jede Änderung in der personellen Zusammensetzung des Vor-

503) STEN.BER.preußHDA 1868/69, Anlage 227 (Bd 3, S. 1275 ff.).
504) § 1 Abs. 1 des Entw. 1869 (1).
505) § 1 Abs. 2 des Entw. 1869 (1).
506) S. OPPENHEIMER, IhJb 47/99 ff.
507) Quellenverzeichnis D VIII 3.
508) Vgl. Art. 209 ADHGB und Art. 813 DE; hier: §§ 2 u. 3 des E 1869 (2).
509) § 6 des E 1869 (2).
510) §§ 1 und 4 des E 1869 (2).
511) § 19 a.a.O.

standes angemeldet werden[512]. Die Rechtsfähigkeit wurde den Vereinen voll eingeräumt[513].

Dieser Entwurf, welcher Vorbild für das im selben Jahr erlassene bayrische Vereinsgesetz wurde[514], passierte ohne Debatte die erste Lesung im Reichstag des Norddeutschen Bundes und wurde dem zuständigen Ausschuß überwiesen[515]. Der von BÄHR verfaßte Bericht des Ausschusses bezeichnete es als "eine der inneren Wahrheit entbehrende Lehre", daß die juristische Persönlichkeit eines Vereines nur eine Fiktion sei und die Schaffung dieser Fiktion im Belieben der Staatsgewalt stehe. Vielmehr nehme der Verein in der Art und Weise, wie er die in ihm vereinigten Kräfte einheitlich zusammenfasse, "gewissermaßen die Natur einer Persönlichkeit an"[516]. Durch die Verleugnung dieses ihres persönlichsten Rechtes gerieten die Vereine in die bedrängteste Lage. Um ihr privatrechtliches Dasein zu fristen, seien sie "genöthigt, zu allerlei künstlichen Hilfsmitteln ihre Zuflucht zu nehmen, damit das, was nach allseitigem Bewußtsein Recht des 'Vereins' ist, dem Richter als Recht der einzelnen Personen sich darstelle". Dabei würden diese Vereine aber Gefahr laufen, "der Arglist des Gegners und der richterlichen Verkennung zu unterliegen"[517]. Da jedoch der Wille der Beteiligten das Entscheidende sei, dürfe die Mitwirkung des Staates beim Zustandekommen des Vereins nicht in einer Verleihung liegen, welche willkürlich versagt werden könne, sondern nur in einer das Vorhandensein der Rechtsbedingungen bestätigenden Anerkennung bestehen[518].

Während in dieser grundsätzlichen Frage innerhalb der Kommission keine Meinungsverschiedenheiten bestanden, wurden in wichtigen Einzelfragen Bedenken geltend gemacht und Änderungswünsche

---

512) § 18 a.a.O.

513) § 11 a.a.O.: "Der anerkannte Verein kann unter seinem Gesammt-Namen Rechte erwerben und Verbindlichkeiten eingehen, Eigenthum und andere dingliche Rechte an Grundstücken erwerben, vor Gericht klagen und verklagt werden ..."
§ 12 a.a.O.: "Für alle Verbindlichkeiten des Vereins haftet den Vereinsgläubigern nur das Vereinsvermögen. - Die Mitglieder sind lediglich zur Entrichtung der in den Statuten festgesetzten Beiträge dem Verein gegenüber verpflichtet."

514) S. o. S. 87 ff; vgl. ferner OPPENHEIMER, IHJB 47/99, 104 ff.

515) STEN.BER.RTNB, I. Leg. Per., Session 1869, 40. Sitzung vom 12. Mai 1869, S. 937 ff.

516) STEN.BER.RTNB a.a.O. (Quellenverzeichnis D VIII 4) S. 818 ff.

517) STEN.BER.RTNB a.a.O. S. 818, l. Sp.

518) STEN.BER.RTNB a.a.O. S. 819, r. Sp.

vorgetragen. Die Hauptbedenken, welche von einigen Kommissionsmitgliedern geltend gemacht wurden, richteten sich dagegen, daß politische und religiöse Vereine unterschiedslos den gleichen Bedingungen unterworfen werden sollten wie die übrigen Vereine. Es wurde vorgeschlagen, diese Vereinsgruppen von der Geltung des Gesetzes auszunehmen[519]. Die Mehrheit der Kommission wies jedoch darauf hin, daß das Privatrecht "am wenigsten geeignet sei, als ein verstecktes Mittel für politische Zwecke zu dienen"[520]. Beschränkungen, denen man diese Vereine unterwerfen wolle, könnten selbstverständlich nach wie vor seitens des öffentlichen Vereinsrechtes vorgenommen werden[521]. Um solche Bedenken auszuräumen, beschloß man mit Mehrheit, einen entsprechenden Hinweis in das Gesetz aufzunehmen[522]. Im übrigen blieb der Entwurf im wesentlichen unverändert.

SCHULZE-DELITZSCH bezeichnete in der anschließenden 2. Lesung im Parlament die Vereine als die "organisierte Initiative der freien Menschengesellschaft, die immer bewußter ihre sittlichen und intellektuellen Ziele erfaßt, um mittelst dieser nach Gleichheit der Gesinnung und des Strebens zusammentretender Verbände ihre Aufgaben und Zwecke auf Gebieten des Daseins, in welche der Staat mit seinem bloß äußerlichen Machtgebote nicht hineinreicht, ihrer dereinstigen Lösung entgegenzuführen"[523].

Demgegenüber machte der Sprecher der Konservativen handfeste politische Bedenken geltend. Er warnte davor, allen Vereinen pauschal unter den Voraussetzungen des Entwurfes die Rechtsfähigkeit zuzusprechen. Man werde damit "nicht mehr und nicht weniger" tun, "als das Land mit einem Netze von Klubs bedecken zu lassen, die die Zeit der Ruhe unter Umständen dazu benutzen werden, ein eigenthümliches Vermögen zu erwerben, und die dann vollkommen organisiert und vorbereitet sind, in dem gegebenen Augenblicke aufzutreten und dieses ihr Vermögen in angemessener Weise zu verwerten"[524]. Dagegen helfe auch die öffentlichrecht-

---

519) STEN.BER.RTNB a.a.O. S. 819, 1. Sp.
520) STEN.BER.RTNB a.a.O.
521) STEN.BER.RTNB a.a.O.
522) STEN.BER.RTNB a.a.O. - § 1 Abs. 2 des E in der Fassung der Kommissionsvorlage: "Diejenigen Bestimmungen der Landesgesetze, welche die Zulassung religiöser Vereine und geistlicher Orden und Körperschaften vom Standpunkt des öffentlichen Rechts betreffen, werden durch das gegenwärtige Gesetz nicht berührt".
523) STEN.BER.RTNB, I. Leg. Per., Session 1869, 56. Sitzung vom 21. Juni 1869, Bd 1, S. 1315.
524) STEN.BER.RTNB a.a.O. S. 1317.

liche Spezialgesetzgebung über politische und religiöse Vereine nicht; diese Gesetzgebung ermächtige nicht zum Einschreiten gegen Lese-, Turn- und Gesangvereine; es sei jedoch allgemein bekannt, daß "alle diese Vereine sich um 1848 mit nicht sehr bedeutenden Ausnahmen plötzlich als politische Vereine entpuppten und etablirten"[525]. Der Sprecher forderte daher eine positive Abgrenzung der unter das Gesetz fallenden Vereine und als Voraussetzung für die Eintragung den Nachweis der Gemeinnützigkeit[526].

Der Norddeutsche Reichstag billigte jedoch den Entwurf im wesentlichen in der Fassung der Kommissionsvorschläge[527]. Der Entwurf wurde indessen nicht Gesetz, weil der Bundesrat seine Zustimmung versagte.

Zwei Jahre später, im April 1871, unternahm SCHULZE-DELITZSCH einen neuen Vorstoß, diesmal im Deutschen Reichstag. Sein Gesetzentwurf[528], welcher auf der vom Norddeutschen Reichstag beschlossenen Fassung beruhte, war lediglich redaktionell dem inzwischen erlassenen bayrischen Vereinsgesetz angepaßt worden[529]. Erneut wies SCHULZE-DELITZSCH im Parlament auf die dringende Notwendigkeit eines solchen Gesetzes hin[530].

In der Kommission, welcher der Entwurf nunmehr überwiesen wurde, erhielt dieser einige sprachliche Neuformulierungen. Darüber hinaus wurden die Rechtsverhältnisse geistlicher Orden und Körperschaften sowie die Beschränkung des Vermögenserwerbs durch diese Körperschaften aus dem geplanten Gesetz herausgenommen und der Landesgesetzgebung belassen. Ein Antrag, auch alle anderen Vereine mit religiösen Zielsetzungen sowie die politischen Vereine von der Geltung des Gesetzes auszuschließen, wurde dagegen erneut abgelehnt[531]. Der Entwurf fand in der laufenden Ses-

525) STEN.BER.RTNB a.a.O. S. 1316.
526) Ibidem.
527) STEN.BER.RTNB a.a.O. S. 1321.
528) STEN.BER.RT a.a.O. (Quellenverzeichnis D IX 1).
529) S. die Zusammenstellung a.a.O. (Quellenverzeichnis D IX 2).
530) "Die außerordentliche Bedeutung und Entwicklung des Vereinswesens in allen seinen Zweigen, mittelst dessen die moderne Gesellschaft ihre freie Bethätigung bei dem Erstreben der wichtigsten wirthschaftlichen und Kulturzwecke organisiert, macht es unmöglich, diesen Gestaltungen länger diejenigen vermögensrechtlichen Befugnisse zu versagen, ohne welche sie in Verfolgung ihrer Zwecke theils gehemmt, theils gefährdet sind." (STEN.BER.RT, I. Leg. Per., 1. Session (1871), S. 116).
531) BERICHT der Kommission a.a.O. (Quellenverzeichnis D IX 3).

sion des Reichstages keine abschließende Behandlung mehr[532].

In der Session 1872 brachte SCHULZE-DELITZSCH seinen Entwurf abermals im Reichstag ein, und zwar in der zuletzt von der Reichstagskommission beschlossenen Fassung[533]. Die Kommission, erneut mit dem Entwurf befaßt, nahm diesmal die bereits mehrfach geforderte entscheidende Einschränkung des Geltungsbereiches des geplanten Gesetzes vor. Sie schloß - zusätzlich zu den bereits in den vorangegangenen Fassungen ausgeschlossenen Vereinen mit wirtschaftlicher Zielsetzung - aus:

" ... 2. Vereine, welche politische oder religiöse Zwecke verfolgen oder ihnen thatsächlich dienen,..geistige Orden und Gesellschaften und religiöse Körperschaften jeder Art;
3. Vereine von Arbeitgebern und Arbeitern, welche nach ihren Satzungen oder thatsächlich sich die Veranstaltung von Arbeitsaussperrungen oder Einstellungen zur Aufgabe machen, insofern sie die Verpflichtung, sich an den die Verhütung und Schlichtung von Streitigkeiten über Lohn- und Arbeitsbedingungen bezweckenden Einigungs- und Schiedsämtern zu betheiligen, nicht statutarisch anerkennen."

Die Begrenzung der Haftung auf das Vereinsvermögen wurde ausdrücklich "unbeschadet der Vorschrift des § 152 der deutschen Gewerbeordnung" zugestanden[534].

Da die Kommission wegen des erneuten Ablaufes der Reichstagssession nicht mehr dazu kam, einen Bericht zu ihren Beschlüssen zu erstatten, ist es nur schwer möglich, eine Aussage darüber zu treffen, warum sich nunmehr im dritten Anlauf diejenigen Stimmen durchgesetzt hatten, welche die Herausnahme der politischen und religiösen Vereine aus dem Geltungsbereich des Gesetzes forderten. Vermutlich hoffte man, hierdurch einem - angesichts der inzwischen verschärften sozialpolitischen und konfessionellen Situation erst recht zu erwartenden - erneuten Einspruch seitens der im Bundesrat versammelten Regierungen zuvorzukommen. Für diese Vermutung spricht jedenfalls die noch darzustellende Entstehungsgeschichte der vereinsrechtlichen Vorschriften des BGB. Gerade der Streit um die Behandlung der politischen und religiösen Vereine hätte beinahe das BGB insgesamt zum Scheitern gebracht[534a]. Auch die Herausnahme der Berufsvereine aus dem Entwurf von SCHULZE-DELITZSCH sollte später bei der Entstehung des BGB ihre Entsprechung finden in der Sonderbehand-

---

532) S. OPPENHEIMER, IhJb 47/99, 108.
533) Quellenverzeichnis D IX 4.
534) § 15 des E 1872.
534a) S. u. S. 125 ff.

lung der Vereine mit "sozialpolitischen Zielsetzungen"[535].

V. Weitere Entwicklung bis zum Ende des 19. Jahrhunderts

1. Allgemeine Entwicklung

Mit dem Dresdener Entwurf und den Entwürfen von SCHULZE-DELITZSCH waren die wichtigsten Versuche gescheitert, die Rechtsstellung nichtwirtschaftlicher Personenverbindungen reichseinheitlich auf der Grundlage des Systems der Normativbestimmungen zu regeln. Weitere Versuche in dieser Richtung wurden in der Folgezeit nicht mehr unternommen, weil nunmehr die Arbeiten am BGB begannen, mit dessen Erlaß eine reichseinheitliche Regelung dieses Problemkreises zu erwarten war.

Um so mehr Erfolg hatten dagegen die Bemühungen auf dem Gebiete der wirtschaftlichen Vereinigungen. Hier wurden bis zum Ende der Jahrhunderts nahezu alle Vereinsformen - zunächst im Norddeutschen Bund, dann auf Reichsebene - einer einheitlichen Regelung nach dem System der Normativbestimmungen unterworfen. Dieses System wurde z.B. eingeführt bei der Regelung der eingeschriebenen Hilfskassen[536], der Innungen[537] und der Krankenkassen[538]. Dadurch, daß das ADHGB bereits 1869 zum Bundesgesetz des Norddeutschen Bundes[539] und 1871 zum Reichsgesetz erhoben wurde[540], wurden auch das Aktienrecht und das Recht der OHG und KG vereinheitlicht, soweit dies nicht schon vorher im Rahmen des ADHGB der Fall gewesen war.

1868 erging das Bundes-, später Reichsgesetz[541] über die Er-

---

535) Speziell für die Berufsvereine brachten die freisinnigen Abgeordneten HIRSCH und SCHNEIDER 1892 einen Gesetzentwurf im Reichstag ein, der nach dem Vorbild der Entwürfe von SCHULZE-DELITZSCH das System der Normativbestimmungen vorsah. (Quellenverzeichnis D IX 17). Er blieb aber erfolglos. Daß die Bearbeiter des BGB die Gesetzentwürfe von SCHULZE-DELITZSCH sorgsam studiert haben, ergibt sich vor allem aus den Motiven zum ersten Entwurf des BGB. Die MOTIVE wiederholten z. T. wörtlich diejenigen Argumente, welche im Rahmen der Beratungen über die Gesetzentwürfe von SCHULZE-DELITZSCH zugunsten einer reichsrechtlichen Regelung vorgebracht worden waren. Allerdings hielten die MOTIVE diese Argumente letztlich nicht für durchgreifend (s. MOTIVE Bd 1, S. 87).

536) Quellenverzeichnis D IX 8.

537) Quellenverzeichnis D VIII 2.

538) Quellenverzeichnis D IX 10.

539) Quellenverzeichnis D VIII 5.

540) Quellenverzeichnis D IX 5.

541) Zur parlamentarischen Entstehungsgeschichte des Gesetzes s. MAURER, Genossenschaftsgesetz S. 6 f.

werbs- und Wirtschaftsgenossenschaften[542]), welches ebenfalls auf dem System der Normativbestimmungen beruhte[543]). Es regelte die Rechtsstellung derjenigen "Gesellschaften mit nicht geschlossener Mitgliederzahl, die die Förderung des Kredits, des Erwerbs und der Wirthschaft ihrer Mitglieder mittels eines gemeinschaftlichen Geschäftsbetriebes" bezweckten[544]). Das Gesetz gab den Genossenschaften im wesentlichen die auch der OHG und KG gewährten Körperschaftsmerkmale[545]) und unterwarf ihre Mitglieder ebenso wie die Gesellschaften der OHG der unbeschränkten gesamtschuldnerischen Haftung. Diese Durchgriffsmöglichkeit führte in der Folgezeit zum Zusammenbruch zahlreicher Genossen und damit zu einer Krise des Genossenschaftswesens[546]). Zwar war diese bei weitem nicht mit derjenigen zu vergleichen, in welche zur selben Zeit das Aktienwesen geriet[547]). Dennoch erhob sich der Ruf nach einer Reform des Genossenschaftsrechtes; vor allem wurde die Möglichkeit der Haftungsbeschränkung gefordert[548]). Das Genossenschaftsgesetz von 1889 führte daher neben der im Gesetz von 1868 ausschließlich vorgesehenen "Eingetragenen Genossenschaft mit unbeschränkter Haftpflicht" zwei weitere Genossenschaftstypen ein: Die "Eingetragene Genossenschaft mit unbeschränkter Nachschußpflicht" und die "Eingetragene Genossenschaft mit beschränkter Haftpflicht"[549]). In einer dieser drei

---

542) Zur Bezeichnung dieser Personenverbindungen als "Genossenschaften" s. MAURER a.a.O. S. 1; kritisch WALDECKER, Genossenschaften S. 5.
543) Quellenverzeichnis D VIII 1.
544) § 1 GenG 1868.
545) § 11: "Die eingetragene Genossenschaft kann unter ihrer Firma Rechte erwerben und Verbindlichkeiten eingehen, Eigenthum und andere dingliche Rechte an Grundstücken erwerben, vor Gericht klagen und verklagt werden."
546) S. FREY, SABRP 8/385, 389.
547) Dazu noch unten S.120 ff; s. ferner BEGRÜNDUNG GenG S. 45 mit Zahlenmaterial.
548) BEGRÜNDUNG GenG S. 44.
549) § 2 GenG 1889 - Damit folgte das Gesetz den bereits früher ergangenen Gesetzen Bayerns und Sachsens (S. o. S. 87 bzw. S. 79; vgl. ferner BEGRÜNDUNG GenG S. 47 ff.; MAURER, GenosschG S. 7) - Dazu, daß die bayrische Regelung noch bis 1873 fortgalt s. o. S. 89. - Zum anfänglichen Widerstand von SCHULZE-DELITZSCH gegen eine Haftungsbeschränkung bei den Genossenschaften und zu seiner späteren Sinneswandlung in diesem Punkt sowie zu den Vorkämpfern des Gesetzes von 1889 s. RING, ABR 5/140; GOLDSCHMIDT, ZHR 27/1 ff.; s. ferner GIERKE, KVjS 24/385, welcher der Regelung von 1868 vorwarf, sie stehe auf dem "Bevormundungsstandpunkt". - Zur Geschichte der Genossenschaftsgesetzgebung

nunmehr zur Verfügung stehenden Genossenschaftsformen - der Genossenschaft mit unbeschränkter Nachschußpflicht - hatte damit GIERKES Vorstellung von der Struktur der deutschrechtlichen Genossenschaft[550] wenigstens für einen begrenzten Wirtschaftsbereich ihre gesetzliche Formulierung gefunden. Abgesehen von einigen 1898 vorgenommenen Änderungen[551], welche vor allem die Anpassung des Gesetzes an das BGB bezweckten, ist das Genossenschaftsgesetz bis heute im wesentlichen unverändert geblieben.

Nachdem 1884 die durch die Aktienrechtsnovelle von 1870 stark liberalisierte Gründung von Aktiengesellschaften erneut erschwert worden war[552], erhob sich die Forderung nach Zulassung einer neuen Form des Personenzusammenschlusses, welche ihren Platz zwischen der Genossenschaft und der Aktiengesellschaft haben sollte[553]. So entstand 1892 in äußerst kurzer Bearbeitungszeit[554] das Gesetz über die Gesellschaften mit beschränkter Haftung[555], welches auch diesen neuen Typ der Personenverbindung dem System der Normativbestimmungen unterwarf[556].

Das Handelsgesetzbuch von 1897, welches im Zusammenhang mit der Einführung des BGB eine Überarbeitung des gesamten Handelsrechtes brachte, führte zu einer Anpassung des Rechtes der OHG und KG an das BGB. Das ADHGB hatte die Rechtsnatur der OHG offengelassen. Zwar wurde dieser von der Rechtsprechung und der überwiegenden Lehrmeinung die juristische Persönlichkeit aberkannt[557]; eine Minderheit in der Rechtswissenschaft hatte die

---

allgemein s. CRÜGER-CRECELIUS, Genossenschaftsgesetz S. 10 ff.; ANSCHÜTZ-VÖLDERNDORF, ADHGB Bd I/1, S. 35, Fußn. 59.

550) S. o. S. 47 f.

551) Quellenverzeichnis D IX 24.

552) S. u. S. 122 f.

553) S. bereits die Ausführungen des Reichstags-Abg. SONNEMANN in: STEN.BER.RT, I. Leg. Per., 4. Session; 15. Sitzung v. 4. April 1873, S. 227; später die Äußerungen der Reichsregierung im Zusammenhang mit der Reform des Aktienrechts in: STEN.BER.RT, V. Leg. Per., 4. Session Anlage Nr. 21, Bd 1, S. 214, 244 (1884). Ablehnend BÄHR, GmbHG S. 8/9: "Es kommt gewiß selten vor, daß eine Gesetzgebung, nachdem sie, durch dringende Gründe veranlaßt, eine Reihe sorgfältig ausgearbeiteter Schutzmaßregeln für ein Verhältnis aufgestellt hat, nach wenigen Jahren diese Schutzmaßregeln wieder einreißen und alles freigeben will." - Vgl. insgesamt PARISIUS-CRÜGER, GmbHG S. 3 ff.

554) S. dazu HERGENHAHN, GmbHG S. XVII!

555) Quellenverzeichnis D IX 16.

556) Normativbestimmungen: §§ 2-6 GmbHG; Registerpflicht: §§ 7 und 8 GmbHG.

557) S. DENKSCHRIFT HGB S. 80; HAHN-MUGDAN, Mat. S. 256.

OHG jedoch als Korporation angesehen[558]. Das HGB brachte diese Frage dadurch zu einer Entscheidung, daß es die Vorschriften des BGB über die bürgerlichrechtliche Gesellschaft [559] für subsidiär anwendbar erklärte (§ 105 Abs. 2 HGB)[560]. Diese Fortentwicklung der OHG von einem "geschlossenen, nur sich selbst gleichen Gebilde" zu einem "handelsrechtlichen Ausbau der Gesellschaft des bürgerlichen Rechts"[561] war dadurch möglich geworden, daß das bürgerliche Recht dem Handelsrecht "einen noch viel größeren Schritt entgegengekommen war"[562]. Im Gegensatz zur ersten Kommission zur Ausarbeitung des BGB, welche das Gesellschaftsrecht noch nach den Grundsätzen des Sozietätsrechtes ausgestaltet hatte[563], hatte nämlich die zweite Kommission die Gesellschaft des bürgerlichen Rechts den Regeln der Gesamthandsgemeinschaft unterworfen. Mit dieser "Anbindung" der OHG an das bürgerliche Gesellschaftsrecht hatte der "unsägliche, männermordende Streit" [564] um die Rechtsnatur der offenen Handelsgesellschaft sein Ende gefunden[565]; denn angesichts der systematischen Stellung der bürgerlichrechtlichen Gesellschaft im BGB ließ sich die These von der juristischen Persönlichkeit der OHG nicht mehr aufrechterhalten.

Diese gesetzliche Regelung des Rechts der OHG blieb inhaltlich jedoch dieselbe wie nach dem ADHGB. Die OHG behielt diejenigen Körperschaftsmerkmale, welche ihr auch das ADHGB zugesprochen hatte[566]. § 124 Abs. 2 HGB fügte lediglich hinzu, daß für die Zwangsvollstreckung in das Gesellschaftsvermögen der OHG ein gegen die Gesellschaft selbst gerichteter Schuldtitel erforder-

---

558) Bejaht wurde die Körperschaftseigenschaft vor allem in einem - allerdings überwiegend abgelehnten - Aufsatz von KOHLER (ZfPöR 13/8 ff.) - S. ferner ECCIUS, ZHR 32/1 ff. sowie die ausführliche Übersicht bei STOBBE, DtPrR S. 435.

559) Die Verweisung galt für die OHG und (über § 161 Abs. 2 HGB) auch für die KG.

560) Dementsprechend wurde die Legaldefinition der OHG redaktionell geändert (Vgl. Art. 85 ADHGB und § 105 Abs. 1 HGB). Wegen des im BGB ohnehin geltenden Grundsatzes der freien Gesellschaftsgründung wurde auch die Formvorschrift des Art. 95 Abs. 2 fallengelassen.

561) GIERKE, ABR 19/114, 115.

562) Ibidem.

563) § 631 E I.

564) GIERKE a.a.O. (Fußn. 561) S. 116.

565) Dies wurde von den Motiven zum ADHGB betont. S. DENKSCHRIFT HGB S. 85; HAHN-MUGDAN S. 256; - s. ferner GOLDMANN, HGB Bd 2, S. 467.

566) S. Art. 111 Abs. 1 ADHGB und § 124 Abs. 1 HGB.

lich sei. Diese Klarstellung war dadurch notwendig geworden, daß im Zusammenhang mit der Schaffung des BGB in die ZPO § 736 eingefügt worden war, welcher für die Zwangsvollstreckung in das Vermögen einer bürgerlichrechtlichen Gesellschaft einen gegen alle Gesellschafter gerichteten Schuldtitel fordert. Ohne die genannte Klarstellung hätte wegen der Verweisungsvorschrift des § 105 Abs. 2 HGB die Anwendung des § 736 ZPO auf die OHG in Erwägung gezogen werden müssen[567].

Auch hinsichtlich der Entstehungsvoraussetzungen der OHG brachte das HGB, abgesehen von redaktionellen Änderungen, keine Änderungen der Vorschriften des ADHGB.

2. Entwicklung des Aktienrechts

Die Tendenz zur Lockerung des Konzessionssystems für Aktiengesellschaften, welche sich bereits im landesrechtlichen Vorbehalt des Art. 149 ADHGB angekündigt hatte, setzte sich fort und führte 1870 im Norddeutschen Bund zu einer Novellierung der aktienrechtlichen Bestimmungen des ADHGB[568]. Aktiengesellschaften und Kommanditgesellschaften auf Aktien wurden durch die Novelle unabhängig vom Gegenstand des Unternehmens zu Handelsgesellschaften erklärt[569]. Dadurch wurden besondere gesetzliche Bestimmungen für nichthandelsrechtliche Aktiengesellschaften, wie sie manche Landesgesetze enthielten und wie sie auch der Dresdener Entwurf noch vorgesehen hatte, überflüssig[570]. Das Erfordernis staatlicher Genehmigung des Gesellschaftsvertrages wurde nunmehr fallen gelassen. Die Normativbestimmungen, welche das ADHGB als Mindestvoraussetzungen für die Staatsgenehmigung aufgestellt hatte, wurden geringfügig verschärft. So mußte der Gesellschaftsvertrag als weiteren Pflichtbestandteil die Bestellung eines Aufsichtsrates von mindestens drei aus der Zahl der Aktionäre zu wählenden Mitgliedern vorsehen[571]. Für Inhaberaktien wurde ein Mindestnennbetrag von hundert, für Namensaktien ein solcher von fünfzig Talern festgesetzt[572]. Die Generalver-

567) DENKSCHRIFT HGB S. 90; HAHN-MUGDAN, Mat. S. 263/264.
568) Quellenverzeichnis D VIII 6.
569) § 1 Art. 174 Abs. 1 und Art. 208 Abs. 1 AktG 1870 (= ADHGB i.d.F. von 1870).
570) S. o. S. 101 f.
571) § 1 Art. 209 Ziff. 6 AktG 1870 (= Art. 209 Ziff. 6 ADHGB i.d.F. von 1870).
572) Art. 207 a.a.O.

sammlung der Aktionäre mußte aufgrund der ihr vorzulegenden Bescheinigungen durch notariell beurkundeten Beschluß feststellen, daß das Grundkapital vollständig gezeichnet war und daß zehn Prozent des Betrages für jede Aktie eingezahlt waren[573]. Neben dem Auszug aus dem Gesellschaftsvertrag waren die Urkunden über die Einhaltung dieser Bestimmungen beim Handelsregister vorzulegen[574].

Bedenkt man die Bedeutung des Aktienwesens und berücksichtigt man die bis dahin den Aktiengesellschaften gegenüber geübte Strenge, so war mit dieser gesetzlichen Neuregelung den Aktiengesellschaften ein erstaunlich einfacher Weg zur Erlangung der Rechtsfähigkeit eröffnet worden[575]. Die Motive, mit welchen die Novelle im Reichstag des Norddeutschen Bundes eingebracht worden war, hatten bereits die Erwartung zum Ausdruck gebracht, daß die Erleichterung der Gründung von Aktiengesellschaften möglicherweise zu einer Periode des Aktienschwindels führen werde[576]. Diese Vermutung bestätigte sich in einem weit größeren Umfang als vorausgesehen. Die Auswirkungen der Gesetzesreform waren, bedingt durch das Zusammentreffen mit einer unvorhergesehenen wirtschaftlichen Entwicklung, geradezu verheerend[577]. Die wegen der Reparationszahlungen Frankreichs einsetzende Kapitalflut in Deutschland und der damit verbundene ungewöhnlich hektische Wirtschaftsaufschwung in den Jahren 1871 bis 1873 führte zu einer starken Zunahme der Zahl der Aktiengesellschaften. Hatte es in Preußen zur Zeit des Erlasses der Aktiennovelle insgesamt 203 Aktiengesellschaften gegeben, so waren es drei Jahre später be-

---

573) Art. 209a a.a.O.

574) Art. 210a a.a.O.: "Der Anmeldung behufs der Eintragung in das Handelsregister muß beigefügt sein:
1) die Bescheinigung, daß der gesammte Betrag des Grundkapitals durch Unterschriften gedeckt ist;
2) die Bescheinigung, daß mindestens 10 Prozent...des von jedem Aktionär gezeichneten Aktienbetrages eingezahlt sind;
3) der Nachweis, daß der Aufsichtsrath nach Inhalt des Vertrages in einer Generalversammlung der Aktionäre gewählt ist;
4) betreffenden Falls die gerichtliche oder notarielle Urkunde über die in Art. 209a...bezeichneten Beschlüsse der Generalversammlung".

575) Es wurde allerdings daran festgehalten, daß die Gesellschaft vor Eintragung in das Handelsregister als solche nicht bestehe und für sie Handelnde bis zum Zeitpunkt der Eintragung persönlich und solidarisch hafteten (Art.211 a.a.O.).

576) STEN.BER.RTNB, I. Leg. Per., 4. Session (1870), Anlage Nr. 158, S. 15 - s. auch STEN.BER.RT, V. Leg. Per., 4. Session (1884), Anlage Nr. 21, S. 215, 237.

577) S. STEN.BER.RT a.a.O. (Fußn. 576), ferner KAYSER, Aktienge-

reits mehr als viermal so viele[578]. Im Verlauf dieser "Gründerjahre" kam es zu zahlreichen Schwindelgründungen[579] und sonstigen Mißständen, welche 1873 zum großen wirtschaftlichen Zusammenbruch führten und zahlreiche, vor allem kleine, Kapitalisten ruinierten. Die heftige öffentliche Kritik, welche sich darauf gegen das Rechtsinstitut der Aktiengesellschaft richtete, reichte bis hin zu Forderungen nach Verstaatlichung der Aktiengesellschaften oder ihrer Abschaffung und Ersetzung durch Genossenschaften[580].

Seinen parlamentarischen Ausdruck fand dieser Unwille in einer Reichstagsinterpellation von LASKER vom Jahre 1873[581]. LASKER forderte vor allem Bestimmungen über ein bestimmtes Mindestkapital der Aktiengesellschaften sowie Garantien für eine Offenlegung des Gesellschaftsvermögens[582]. Die Reichsregierung stellte die baldige Ausarbeitung einer gesetzlichen Neuregelung in Aussicht[583], nahm dann aber zunächst Abstand von diesem Vorhaben, weil im Zusammenhang mit der Schaffung des BGB auch eine umfassende Überarbeitung des Handelsrechts zu erwarten sei[584]. Auf

---

setz S. 1; GROSSFELD, Aktiengesellschaft S. 143 ff.; v. STEINLE, Staatslexikon, 4. Auflage Bd 1, Sp. 167, 168; BÄHR, GmbHG S. 7; GRÜNHUT, ZÖRP 1/79, 81.

578) S. STEN.BER.RT und v. STEINLE jeweils a.a.O.

579) Bezeichnend hierfür ist z.B., daß nach Angaben der Reichsregierung trotz der Vervierfachung der Anzahl der Aktiengesellschaften in Preußen (von 203 i.J. 1870 auf 843 i.J. 1873) das Gesamtkapital der Aktiengesellschaften sich im selben Zeitraum nur von ca. 2,2 Md Mark auf ca. 2,5 Md erhöhte, das Grundkapital der einzelnen Aktiengesellschaften also im Durchschnitt von 10,8 auf 2,9 Mill. Mark sank (s. STEN.BER.RT a.a.O. S. 237, 238).

580) S. die Nachweise bei GROSSFELD, Aktiengesellschaft S. 144/145, insbesondere die harte Kritik von IHERING, Zweck im Recht Bd 1, S. 222: "Unter den Augen unserer Gesetzgeber haben sich die Actiengesellschaften zu organisierten Raub- und Betrugsanstalten verwandelt, deren geheime Geschichte mehr Niederträchtigkeit, Ehrlosigkeit, Schurkerei in sich birgt als manches Zuchthaus, nur daß die Räuber und Betrüger hier statt in Eisen in Gold sitzen". - Vgl. auch die im "Verein für Socialpolitik" geführten Debatten über die Reform des Aktienrechts, insb. die Gutachten von BEHREND, GOLDSCHMIDT und WIENER i.J. 1873, sowie von A. WAGNER im selben Jahre (Schriften des Vereins für Socialpolitik Bde I und IV).

581) Interpellation des Abg. LASKER v. 27. März 1873 (Quellenverzeichnis D IX 9).

582) STEN.BER.RT I. Leg. Per., 4. Session, 15. Sitzung v. 4. April 1873 (S. 213 ff.).

583) STEN.BER.RT a.a.O. S. 219.

584) STEN.BER.RT a.a.O. S. 224.

Antrag LASKERS forderte jedoch 1876 das preußische Abgeordnetenhaus mit großer Mehrheit die preußische Regierung auf, auf eine baldige reichsgesetzliche Reform des Aktiengesetzes hinzuwirken. Vor allem sollte ein "besserer Schutz der im öffentlichen Interesse erlassenen Gesetzesvorschriften" sowie die "verstärkte Verantwortlichkeit aller bei der Gründung, Leitung und Beaufsichtigung des Unternehmens betheiligten Personen" ins Auge gefaßt werden[585]. Die preußische Regierung stellte daraufhin im Bundesrat formell den Antrag auf eine Reform des Aktienrechts.

Das nunmehr in siebenjähriger Kommissions- und Parlamentsarbeit unter großer Anteilnahem der Öffentlichkeit zustandegekommene neue Aktienrecht[586] wurde wiederum in das ADHGB eingefügt und trat im Juni 1884 in Kraft[587]. Es brachte erhebliche Erschwerungen für die Errichtung von Aktiengesellschaften. Die Motive, welche mit der Einbringung des Gesetzentwurfes im Reichstag veröffentlicht wurden, bezeichneten es als das Ziel des neuen Gesetzes, einen "sachlichen Anschluß der Beteiligten an das Unternehmen" zu erreichen, bei der Gründung der Gesellschaft die vollständige und richtige Zusammenbringung des Grundkapitals zu sichern und offenzulegen sowie das Verfahren der Gründung so zu gestalten, daß die Gründer gegenüber der zu gründenden Gesellschaft hervorträten und dem Registergericht die formelle Prüfung der Eintragungsvoraussetzungen erleichtert werde[588]. Es wurde daher angestrebt, "die Verantwortlichkeit der bei der Gründung des Unternehmens unmittelbar betheiligten sowie der mit der Verwaltung und Beaufsichtigung beauftragten Personen zivil- und strafrechtlich zu verstärken"[589]. Allerdings wurde als Mittel zur Erreichung dieser Ziele die Wiedereinführung des Konzessionssystems verworfen, weil dieses System angesichts der großen Verschiedenartigkeit und Anzahl der Aktiengesellschaften einen nicht zu rechtfertigenden Aufwand von Kräften und ein "schwer zu ertragendes Eindringen in die geschäftlichen Verhältnisse" mit sich bringe[590]. Demgemäß entschied man sich für eine Fortent-

585) PROT.BR 1874, § 328, sowie STEN.BER.RT a.a.O.
586) STEN.BER.preußHDA 1876, Anl. Nr. 141, S. 915; s. auch STEN. BER.RT a.a.O. (Fußn. 582) S. 236.
587) Über das Zustandekommen des Gesetzes im einzelnen s. KAYSER, Aktiengesetz S. 1/2; dort auch Angaben über die parlamentarischen Quellen und Nachweise über die öffentlichen Stellungnahmen zu dem Kommissionsentwurf.
588) Quellenverzeichnis D IX 13.
589) STEN.BER.RT a.a.O. (Fußn. 588) S. 245.
590) Ibidem.

wicklung des Systems der Normativbestimmungen.

Vor allem wurde nunmehr unterschieden zwischen der - von mindestens fünf Gründern in gerichtlicher oder notarieller Verhandlung vorzunehmenden - sog. "Feststellung der Statuten" der Gesellschaft[591)] und der erst nach Zeichnung aller Aktien möglichen "Errichtung der Gesellschaft"[592)]. Die Gründungsversammlung sollte vom Registergericht einberufen werden, falls die Gründer nicht alle Aktien übernommen hatten[593)]. Für den Fall, daß ein Mitglied des Vorstands oder des Aufsichtsrates zu den Gründern gehörte, wurde eine vorhergehende Prüfung durch besondere, von der Berufsorganisation zu bestellende Revisoren vorgeschrieben [594)]. Für die Zeichnung von Aktien wurde eine Reihe von strengen Formvorschriften eingeführt[595)]. Ferner wurde ein Mindestnennwert von 1000 Mark pro Aktie festgesetzt und die Ausgabe von Aktien unter dem Nominalbetrag verboten[596)]. Die Mindestbestandteile des Gesellschaftsvertrages[597)] und die Zahl der bei der Anmeldung zum Handelsregister vorzulegenden Dokumente wurden vermehrt[598)]. Vor allem aber mußte nunmehr jeder zu Gunsten einzelner Aktionäre im Gesellschaftsvertrag bedungene Vorteil unter Bezeichnung des Berechtigten ausdrücklich ausgewiesen werden[599)].

Diese Erschwerung der Normativbestimmungen wurde durch die aktienrechtlichen Bestimmungen des HGB von 1897 bestätigt[600)]. Sie erwies sich als so praktikabel, daß sie mehrere Jahrzehnte überdauerte.

---

591) Art. 209 ADHGB i.d.F. v. 1884.
592) Art. 210a a.a.O.
593) Art. 210a a.a.O.
594) Art. 209h a.a.O.
595) Art. 209e a.a.O.
596) Art. 207a und 2o9e a.a.O.
597) Zusätzlich zu den Mindestbestandteilen des ADHGB v. 1861, welche das AktG von 1870 lediglich um die Pflicht zur Bestellung des Aufsichtsrates erweitert hatte, bedurften nach Art. 209a a.a.O. der Aufnahme in den Gesellschaftsvertrag "Bestimmungen, nach welchen ....
2)Aktien für einen höheren als den Nominalbetrag ausgegeben werden; 3) eine Umwandlung der Aktien rücksichtlich ihrer Art statthaft ist; 4) für einzelne Gattungen von Aktien verschiedene Rechte, insbesondere betreffs der Zinsen oder Dividenden oder des Antheils am Gesellschaftsvermögen gewährt werden."
598) Art. 210 a.a.O.
599) Art. 209b a.a.O.
600) Gegenüberstellung der Artikel des ADHGB i.d.F. v. 1884 und der §§ des HGB von 1897:
Art. 209 ADHGB = § 182 HGB, Art. 209h ADHGB = § 192 HGB,

Mit dem neuen HGB fand eine Entwicklung ihren vorläufigen Abschluß, welche für die meisten Personenverbindungen mit wirtschaftlichen Zielsetzungen reichseinheitliche Regelungen ihrer Rechtsstellung auf der Grundlage des Systems der Normativbestimmungen gebracht hatte. Demgegenüber waren alle Bemühungen, dieses System auch für Idealvereine auf Reichsebene gesetzlich zu verankern, gescheitert. Seit 1874 richteten sich indessen alle Erwartungen auf die Kodifikation des Zivilrechts, die eine solche Regelung bringen sollte.

Art. 209b ADHGB = § 186 HGB, Art. 210 ADHGB = § 195 HGB,
Art. 209e ADHGB = § 189 HGB, Art. 210a ADHGB = § 196 HGB.

VIERTES KAPITEL

DIE ENTSTEHUNG DER VORSCHRIFTEN DES BGB ÜBER DIE ERLANGUNG DER RECHTSFÄHIGKEIT DURCH VEREINE

I. Politische Begleitumstände

Das Bürgerliche Gesetzbuch, am 1. Januar 1900 in Kraft getreten, regelte die privatrechtlichen Verhältnisse auch der Idealvereine auf der Grundlage des Systems der Normativbestimmungen. Dieses System wurde allerdings stark durchlöchert und dem Konzessionssystem angenähert. Die gesamte Entstehungsgeschichte des BGB war von lebhaften Debatten über vereinsrechtliche Fragen begleitet, und beinahe wäre an den Problemen des Körperschaftsrechtes das Gesetzeswerk gescheitert. Diese Auseinandersetzungen betrafen streckenweise fast ausschließlich politische Fragen. Es soll daher zunächst ein Blick auf die politischen Begleitumstände der Entstehung des Gesetzes geworfen werden.

Die Industrielle Revolution hatte im Verlauf des 19. Jahrhunderts dem Bürgertum die beherrschende Stellung im Wirtschaftsleben verschafft. Während dieser wirtschaftliche Aufstieg jedoch in den westeuropäischen Ländern mit dem politischen Erstarken des Bürgertums Hand in Hand gegangen war, hatte sich in fast allen deutschen Staaten die alte Adelsschicht in den wichtigsten Schaltstellen staatlicher Macht behaupten können. Sie war es auch in erster Linie gewesen, welche das Ziel der bürgerlich-liberalen Nationalbewegung - die deutsche Einigung - politisch durchgesetzt hatte; ihre wichtigsten Repräsentanten, die Partikularfürsten, beeinflußten über den Bundesrat maßgeblich die Reichsexekutive und -gesetzgebung[601], während der Reichstag als Volksvertretung weitgehend ohne Einfluß auf die Staatsgewalt blieb. Während es so auf der einen Seite dem Bürgertum nicht gelungen war, "seine politische Stellung mit seiner wirtschaftlichen Stellung in Einklang zu bringen"[602], wurden andererseits die von ihm errungenen wirtschaftlichen Vorteile durch die erstarkte Arbeiterbewegung, repräsentiert vor allem durch SPD und Gewerkschaften, bedroht. Dem deutschen Bürgertum war somit, noch bevor es ganz, d.h.: auch politisch, zur Herrschaft hatte gelan-

---

601) S. insb. Art. 5 und Art. 7, Ziff. 1 der Reichsverfassung von 1871.

602) BECHTEL, Sozialgeschichte S. 365.

gen können, bereits ein neuer Gegner erwachsen. "Es fürchtete inzwischen die von unten nachdrängenden Proletariermassen beinahe schon stärker als die feudale Reaktion"[603]. Teile des Großbürgertums suchten in dieser Lage das Bündnis mit dem Obrigkeitsstaat. Dieses Zusammengehen "mit Krone, Armee und Beamtenapparat"[604] führte zu einer Erscheinung, welche in der Sozialgeschichtsschreibung als "Feudalisierung des Großbürgertums" umschrieben worden ist[605]. Dagegen verfochten andere Teile des Bürgertums auch weiterhin die alten bürgerlich-demokratischen Zielsetzungen.

Die politische Situation im letzten Drittel des 19. Jahrhunderts fand ihren Niederschlag auch in der Rechtsordnung und dort nicht zuletzt im Vereinsrecht. Das öffentliche Vereinsrecht gehörte zwar nach Art. 4, Ziff. 16 der Reichsverfassung zur Gesetzgebungskompetenz des Reiches; eine allgemeine reichseinheitliche Regelung der Materie erfolgte jedoch bis zum Ende des Jahrhunderts nicht mehr. War somit dieser Teil des Vereinsrechtes in den Händen der Partikularstaaten, mithin der "eigentlichen Träger autoritärer und obrigkeitsstaatlicher Traditionen", geblieben[606], so fanden im Bereich des privaten Vereinsrechtes die wirtschaftlichen Interessen des Bürgertums weitgehend Berücksichtigung. Mit der Übernahme des ADHGB als Reichsgesetz und durch die späteren Spezialgesetze über wirtschaftliche Personenverbindungen wurde derjenige Teil des Körperschaftsrechtes, welcher für das Industriebürgertum von besonderem Interesse war, reichseinheitlich nach dem System der Normativbestimmungen geregelt.

Die nichtwirtschaftlichen Vereine blieben dagegen nicht nur im Bereich des öffentlichen Vereinsrechtes, sondern auch auf privatrechtlichem Gebiet Gegenstand der Landesgesetzgebung. Als dann nach der Reichsgründung aus wirtschaftlichen und politischen Gründen die Schaffung eines einheitlichen Zivilgesetzbuches erforderlich wurde[607], war vor allem die Frage nach dem Erwerb der Rechtsfähigkeit durch jene Vereine besonders umstritten. Vor allem in konservativen und in Adelskreisen bestanden Vorbehalte gegen eine reichseinheitliche Regelung dieser Materie

---

603) KÜHNL, Herrschaft S. 67.
604) UNTERSEHER, KJ 1/95.
605) BORN, Strukturwandel a.a.O. S. 283.
606) WIEACKER, Privatrechtsgeschichte S. 480.
607) S. dazu STAUDINGER, SeuffBl 62/305, 311.

sowie erst recht gegen die Erleichterung oder gar völlige Freigabe des Zugangs zur Rechtsfähigkeit. Hatte die mitunter patrimoniale Gesinnung dieser Kreise gelegentlich auch positive materielle Folgen über die Arbeiter gehabt[608)], so waren sie der Arbeiterschaft als politischer Bewegung gegenüber zu keiner Konzession bereit. An dieser Einstellung waren auch bereits die Gesetzentwürfe von SCHULZE-DELITZSCH gescheitert[609)], obwohl sie viel mehr dem Kleinbürgertum als der Arbeiterklasse hätten dienen sollen.

Für die Arbeiterbewegung waren die Bildung von Personenzusammenschlüssen und deren Rechtsfähigkeit dagegen wichtige Voraussetzungen politischer Betätigung. Es lag somit auf der Hand, daß ihren Vertretern das System der freien Körperschaftsbildung als das einzig annehmbare erscheinen mußte[610)].

Die bürgerlichen Parteien waren in dieser Frage gespalten. Zwar setzten sie sich zunächst lebhaft für eine reichseinheitliche Regelung des Vereinsrechtes ein und bejahten auch die Einführung des Systems der Normativbestimmungen, aber nachdem ihren Wünschen im Bereich der wirtschaftlichen Personenverbindungen weitgehend entsprochen worden war, war ihr Interesse an einer umfassenden reichseinheitlichen Regelung des privaten Vereinsrechts nur noch überwiegend ideller Natur, und um dieser ideellen Interessen willen das für sie so wichtige Werk der Rechtseinheit zu gefährden, waren sie keinesfalls bereit. Sie wichen daher vor der entscheidenen Kraftprobe mit den Vertretern des Obrigkeitsstaates zurück.

Auch die aktuellen politischen Ereignisse im letzten Viertel des 19. Jahrhunderts fanden im öffentlichen wie im privaten Vereinsrecht ihren Niederschlag. Unter Hinweis auf die beiden Attentate auf Kaiser WILHELM I. brachte BISMARCK 1878 im Reichstag gegen den anfänglichen Widerstand auch der bürgerlichen Parteien das Sozialistengesetz durch[610a)]. Der Kampf gegen die Sozialde-

---

608) WIEACKER, Sozialmodell S. 15.

609) Vgl. STAUDINGER a.a.O. (Fußn. 607).

610) Wie wichtig die Sozialdemokraten die Frage der Rechtsfähigkeit nahmen, zeigt ein Ausspruch BEBELS aus dem Jahre 1905: "Man verleihe uns die Rechte einer juristischen Persönlichkeit, dann brauchen wir keine Kranken-, Unfall- und Invalidenversicherung, dann schaffen wir uns alles dieses noch viel besser." (Zitiert nach BALLERSTEDT, Arbeiterorganisation S. 41).

610a) Das Sozialistengesetz (Quellenverzeichnis D IX 11) verbot Vereine, Versammlungen und Druckschriften, "welche durch

mokratie war ihm auch der entscheidende Anlaß, den - inzwischen allerdings aussichtslose gewordenen - Kulturkampf gegen die katholische Kirche und das ZENTRUM abzubrechen[611], welcher durch das Jesuitengesetz von 1872 ebenfalls seinen Niederschlag im öffentlichen Vereinsrecht gefunden hatte[612]. In der Tat bestand für BISMARCK Anlaß genug, die Entwicklung der Arbeiterorganisation mit Besorgnis zu beobachten. Die Anzahl der sozialdemokratischen Reichstagsmandate nahm sogar unter dem Sozialistengesetz nach anfänglichen Rückschlägen kontinuierlich zu[613]; dieser Zuwachs entsprach wegen einer die Sozialdemokraten benachteiligenden Wahlkreisgeometrie nicht einmal dem tatsächlichen Zuwachs an Wählerstimmen[614].

Auch die Gewerkschaftsbewegung hatte seit der Reichsgründung einen starken Aufschwung genommen. Allerdings war ihre Rechtsstellung eine sehr unsichere. § 152 der Gewerbeordnung des Norddeutschen Bundes, später des Reiches, hatte zwar die Koalitionsverbote aufgehoben[615]; angesichts der engen Fassung dieser Vorschrift blieben die Gewerkschaften jedoch den restriktiven Vorschriften des öffentlichen Vereinsrechts über politische Vereine ausgesetzt. Diese Vorschriften galten nämlich außerhalb des

---

sozialdemokratische, sozialistische oder komunistiscne Bestrebungen den Umsturz der bestehenden Staats- oder Gesellschaftsordnung bezwecken" (§§ 1,9,11 SozG). Es bedrohte alle beteiligten Personen mit Strafe. In den ersten 10 Jahren seiner Wirksamkeit wurden auf Grund des Sozialistengesetzes 1.299 Druckschriften, 95 Gewerkschaften, 23 Unterstützungsvereine, 106 politische und 108 "Vergnügungs"-Vereine verboten. Von den 332 Verboten, die in den ersten 10 Jahren über Vereine ausgesprochen wurden, fielen allein 236 auf die ersten drei Monate nach dem Inkrafttreten des Gesetzes. (S. FRICKE, Dokumente S. 134). Vgl. zu den einzelnen Bestimmungen des Gesetzes BORN, HDG 3, S. 295.

611) BORN, HDG 3, S. 221, 293.

612) Quellenverzeichnis D IX 11.

613) Von den Abgeordneten im Reichstag (bis 1873 382, danach 397) gehörten der SPD an:
1871: 2; 1874: 10; 1877: 13; 1878: 9; 1881: 13; 1884: 24; 1887: 11; 1890: 35; 1893: 44; 1898: 56. (Zahlen nach FRICKE, Organisation S. 255; DERS., Dokumente S. 110). Über die Sozialdemokraten in den deutschen Landesparlamenten s. G. A. RITTER, Arbeiterbewegung S. 232 ff.

614) S. FRICKE a.a.O. (Fußn. 613).

615) An diese Vorschrift schloß sich allerdings die diskriminierende privatrechtliche Regelung des § 152 Abs. 2 GewO an ("Jedem Theilnehmer steht der Rücktritt von solchen Vereinigungen oder Verabredungen frei und es findet aus letzteren weder Klage noch Einrede statt.").

sachlichen Geltungsbereiches der GewO nach wie vor[616]. So berührte das Sozialistengesetz zwar an sich nicht das Koalitionsrecht der Arbeiter. In der Praxis benutzte man dieses Gesetz jedoch als Handhabe, die Gewerkschaften als politische Grundlage und Ausdrucksform des Koalitionsrechtes zu unterdrücken. Unter diesem Gesetz setzte "die Aktion der Behörden gegen die Gewerkschaften in großem Stile" ein[617]. Bereits zwei Tage nach Erlaß des Gesetzes wurden die ersten Arbeitervereine verboten, zahlreiche andere in den Wochen danach[618]. Aber auch bloße Streikkomitees, welche keine Vereine darstellten, wurden aufgelöst[619]. Dennoch nahm die Zahl der Gewerkschaftsmitglieder nach anfänglichem völligem Zusammenbruch der Gewerkschaftsorganisation wieder zu[620].

Nach dem endgültigen Auslaufen des Sozialistengesetzes im Jahre 1890 setzte sich zwar die durch die Sozialgesetzgebung der Achtzigerjahre ausgelöste "allgemeine sozialpolitische Stimmung"[621] zunächst noch fort. Als sich jedoch herausstellte, daß diese Politik nicht zur Zurückdrängung des sozialdemokratischen Einflusses führte[622], erlahmte diese Bewegung bald. Das Ende der Neunzigerjahre war gekennzeichnet durch wiederaufgenommene

---

616) BALLERSTEDT a.a.O. (Fußn. 610) - Zu den Vorsichtsmaßnahmen der Gewerkschaften, welche hieraus resultierten, s. NESTRIEPKE, Gewerkschaftsbewegung S. 246. (z.B.: "Die Generalversammlung des Allgemeinen Deutschen Schneidervereins entfernte" aus einem Statutenentwurf "die zur Kennzeichnung des Vereinszweckes aufgeführten Forderungen 'Regelung der Arbeitszeit', 'Aufbesserung der Arbeitslöhne' und 'Unterstützung bei Arbeitsausschlüssen und Arbeitseinstellungen'. Was übrig blieb, waren die Satzungen eines Hilfsvereins von vollendeter Harmlosigkeit.").

617) NESTRIEPKE, Gewerkschaftsbewegung Bd 1, S. 246; s. ferner KULEMANN, Berufsvereine Bd 2, S. 41. - Von 25 Verbänden wurden bis zum Ende des Jahres 1876 16 aufgelöst.

618) NESTRIEPKE a.a.O. S. 247: "Unter den aufgelösten Arbeitervereinigungen befand sich auch der Allgemeine Deutsche Schneiderverein, "der von seiner Statutenänderung ebensowenig Vorteil hatte wie von dem fast in jeder Nummer seines Vereinsblattes wiederholten Mahnung an die Mitglieder zu ruhigem, gesetztem Benehmen , zur Besonnenheit und Zurückhaltung in allem Äußerungen."

619) NESTRIEPKE a.a.O. S. 253.

620) KURTH, Geschichte S. 57 - Die Zahl der Gewerkschaftsmitglieder betrug 1886:81200; 1888:89700; 1889:121647; 1890: 320000; s. ferner KULEMANN, Berufsvereine Bd 2, S. 41.

621) G. A. RITTER, Arbeiterbewegung S. 18; vgl. auch LÜTGE, Wirtschaftsgeschichte S. 391 f.

622) Zu den Streikbewegungen und zur Praxis ihrer rechtlichen Behandlung in den neunziger Jahren s. LEGIEN, Koalitionsrecht passim.

Versuche, das öffentliche Vereinsrecht obrigkeitsstaatlicher zu gestalten, so durch die "Umsturzvorlage" im Reichstag von 1894 [623] und durch eine Vorlage der preußischen Regierung im Abgeordnetenhaus vom Jahre 1897[624].

Diese Ereignisse im Bereich der Politik und des öffentlichen Vereinsrechtes machten sich auch in der Entstehungsgeschichte der körperschaftsrechtlichen Bestimmungen des BGB bemerkbar. Zwar hatte die vom Bundesrat eingesetzte Vorkommission, welche 1874 die Grundsätze des zu schaffenden Kodifikationswerkes ausarbeitete[625], empfohlen, "das Recht der juristischen Personen, vornehmlich der Korporationen und Genossenschaften", in das Gesetzbuch aufzunehmen[626]; im Bericht des Bundesratsausschusses für Justizwesen[627] wurde dann aber angedeutet, daß es sich empfehlen werde, "bei manchen der von der Kommission angeführten Institute, beispielsweise dem ... Recht der juristischen Personen, Korporationen und Genossenschaften, bei der Schaffung eines neuen Gesetzbuches mit Vorsicht und Schonung zu verfahren"[628]. Allerdings, so fuhr der Bericht fort, werde die Rechtsstellung juristischer Personen nicht von Land zu Land verschieden bleiben dürfen[629]. Die Verweisung auf Landesrechte werde "niemals ein Ausweg sein dürfen, auf welchem man suchen könnte, über Schwierigkeiten hinwegzukommen"[630]. Eben diesen Weg wählte dann aber die vom Bundesrat eingesetzte 1. Kommission zur Ausarbeitung des BGB in der wichtigen Frage der Entstehung von Körperschaften, indem sie die Beantwortung dieser Frage den Landesgesetzen überließ. Dem fast geschlossenen Protest in Öffentlichkeit und Fachwelt gelang es dann zwar, eine reichseinheitliche Regelung der Materie zu erreichen; aber das Gesetz behielt schließlich für Vereine mit politischen, religiösen und sozialpolitischen Zielsetzungen ein kaum verschleiertes Konzessionssystem bei. Die politischen Bedenken der Ver-

623) Quellenverzeichnis D IX 18.
624) Entwurf eines Gesetzes zur Ergänzung und Abänderung von Bestimmungen über Versammlungen und Vereine in Preußen. Vom 12. Mai 1897 (STEN.BER.preußHDA, XVIII. Leg. Per., 4. Session (1896/97), Drucksache Nr. 232; auch abgedruckt in ARBEITERBEWEGUNG Bd 2, S. 661 ff.
625) S. dazu SCHUBERT, Entstehung S. 13 ff.
626) S. dazu RASSOW, Gruchot 21/167, 182.
627) SCHUBERT a.a.O. S. 16.
628) RASSOW, Gruchot 21/167, 200.
629) Ibidem.
630) Ibidem.

treter des Obrigkeitsstaates hatten sich weitgehend durchgesetzt.

II. Die Beratungen der 1. Kommission und der 1. Entwurf des BGB

1. Vorbereitende Sitzungen der 1. Kommission bis 1880

Bevor die im Jahre 1874 berufene 1. Kommission in die eigentlichen Beratungen eintrat, hielt sie in den Jahren 1874 bis 1880 jährlich nur jeweils kurze Vorbereitungssitzungen zu dem Zweck ab, die Arbeit der mit der Anfertigung von Teilentwürfen betrauten Redaktoren zu koordinieren und zu lenken[631]. Zum Redaktor des Allgemeinen Teil bestimmte die Kommission das badische Kommissionsmitglied Dr. Albert GEBHARD[632].

GEBHARD wurde am 3. Januar 1832 in Lahr/Schwarzwald als Sohn des dortigen Gymnasialdirektors geboren. Seine juristischen Studien begann er im Wintersemester 1849/50 in Tübingen, wechselte vom Wintersemester 1850/51 an für zwei Semester nach Göttingen und verbrachte die letzten drei Studiensemester in Heidelberg[633], wo MITTERMAIER (Kriminalrecht), ZOEPFL (Staatsrecht) und RENAUD (französisches und badisches Zivilrecht) zu seinen Lehrern gehörten[634]. 1853 bestand er die Erste Staatsprüfung und - nach Absolvierung des Vorbereitungsdienstes - 1856 die zweite Staatsprüfung[635]. Nach einigen Jahren, in denen er als Referendär und Finanzassessor tätig war, wurde er 1865 zum Kreisgerichtsrat und 1868 zum Ministerialrat ernannt[636]. 1860 hatte er Emilie EBERLIN geheiratet, und 1861 war als einziges Kind sein Sohn Karl geboren worden. 1871 erhielt GEBHARD mit seiner Berufung in die Kommission zur Ausarbeitung des Entwurfes der ZPO seinen ersten großen Auftrag in der Gesetzgebungsarbeit. Entscheidend für sein weiteres Leben wurde jedoch seine Berufung zur Mitarbeit an der Zivilrechts-Kodifikation; diese Aufgabe nahm seine volle Arbeitskraft bis zum Ende seiner Beamtendienst-

631) S. SCHUBERT, Entstehung S. 18 ff.

632) Über GEBHARD s. den Nachruf von PLANCK, DJZ 13/119, auf den sich teilweise die folgenden Ausführungen stützen; im einzelnen geben Aufschluß P. A. GEBHARD (1) - (3) (= Quellenverzeichnis U III 1-3); wenig ergiebig die Freiburger PA (Q.-Verz. U IV).

633) Die damals üblichen "Studien- und Sittenzeugnisse" der betreffenden Universitäten finden sich in P. A. GEBHARD (2). Neben den juristischen Vorlesungen bescheinigt das Tübinger Zeugnis GEBHARD den Besuch von Vorlesungen über "Aesthetik", "Psychologie", "Metaphysik", "Goethes Faust". GEBHARD bestand am 2. März 1854 seine Doktorprüfung "mit der besten Note" und wurde am 3. März 1854 promoviert. (Mitteilung des Archivs der Universität Heidelberg). Seine - lateinisch abgefaßten - "Dissertationes" befaßten sich mit einer Textstelle aus dem kanonischen Recht (c. 2 H 22) sowie einer Textstelle aus den Institutionen (Inst. 4.6. § 2). (s. Quellenverzeichnis Q V).

634) S. die Testate in den oben (Fußn. 632) angegebenen Zeugnissen.

635) Beide Examina mit dem Prädikat "Gut" (Zeugnisse in P. A. GEBHARD (2).

636) Ernennungsurkunden a.a.O.

zeit - insgesamt fast ein Vierteljahrhundert - in Anspruch. GEBHARD war nicht nur Mitglied der ersten Kommission; er wurde, wenn auch nur unter Schwierigkeiten[637], auch in die zweite Kommission berufen und vertrat neben anderen Mitgliedern dieser Kommission den Entwurf als Kommissar des Reichskanzlers im Bundesrat[638] sowie als Kommissar der Bundesregierungen im Reichstag[639]. Seine ihm 1890 übertragene Professur an der juristischen Fakultät der Universität Freiburg i.Br.[640] konnte er wegen seiner fortgesetzten Mitarbeit am Zustandekommen des BGB kaum wahrnehmen. Nach der Verabschiedung des BGB bat er 1896 um seine Versetzung in den Ruhestand, welches ihm angesichts der Erreichung der Altersgrenze gewährt wurde[641]. Aber auch jetzt ließ ihn die Arbeit an dem von ihm maßgeblich mitgestalteten Gesetzeswerk nicht los; denn 1897 erhielt er von der Reichsregierung den Auftrag, gemeinsam mit ACHILLES die Protokolle der 2. Kommission für die Drucklegung zu überarbeiten. Diese Arbeit wurde 1899 abgeschlossen[642]. GEBHARD starb am 23. Oktober 1907[643]

GEBHARD war ein Vertreter strenger juristischer Logik und Begrifflichkeit[644]. Auch war er, wie die Darstellung des weiteren Verlaufes der Gesetzgebungsarbeiten noch zeigen wird, ein loyaler Vertreter legitimistischer Interessen. Beide Einstellungen ließen von ihm kaum Vorschläge für eine Weiterentwicklung des Körperschaftsrechtes erwarten; denn das ihm besonders vertraute badische Recht stand den Vereinen, was den Erwerb der juristischen Persönlichkeit anging, sehr zurückhaltend gegenüber, und die Bundesregierungen - auch die badische Regierung, deren Wünsche GEBHARD stets weitgehend berücksichtigte - wehrten sich bis kurz vor dem Zustandekommen des Gesetzes gegen eine reichseinheitliche Regelung des Körperschaftsrechtes und vor allem gegen die Einführung eines anderen als des Konzessionssystems. In der Tat

637) Dazu unten S. 155.

638) PLANCK, DJZ 13/119 - s. ferner die Mitteilung des bad. Staatsministeriums an das Justizministerium v. 9. Juli 1895 (in: AKTE BADEN IX).

639) PLANCK, DJZ 13/119 - s. ferner Schreiben des bad. Justizministers an GEBHARD v. 27. August 1895 (in: AKTE BADEN IX).

640) Unter gleichzeitiger Ernennung zum Geheimrat II. Klasse (s. P. A. GEBHARD (1).

641) S. P. A. GEBHARD (3) (Quellenverzeichnis U III 3).

642) S. dazu das Schreiben GEBHARDS an die bad. Regierung v. 19. Januar 1897 (in: P. A. GEBHARD (3)).

643) Soweit aus P. A. GEBHARD (1) ersichtlich, hat GEBHARD einen Teil seines Nachlasses dem juristischen Seminar der Universität Heidelberg hinterlassen (a.a.O. letztes Blatt). - GEBHARD wurde mit zahlreichen Orden dekoriert. P. A. GEBHARD (1) nennt das Ritterkreuz I. und II. Klasse des preußischen Kronenordens (1872 bzw. 1873), das Commandeurkreuz II. Klasse des Zähringer Landesordens (1884), das Ritterkreuz II. Klasse des preußischen roten Adlerordens (1889), den kgl. preußischen Kronenorden II. Klasse mit Stern (1896).

644) PLANCK, DJZ 13/119.

teilte GEBHARD in dieser wie auch in anderen wichtigen und strittigen Fragen bis zum Schluß der Kommissionsarbeiten die Auffassungen der badischen Regierung und der anderen Bundesregierungen[645]. Diese loyale Haltung dürfte für den Beschluß des Reichsjustizamtes ausschlaggebend gewesen sein, GEBHARD auch nach Beendigung der Kommissionsarbeiten zu den Arbeiten in den parlamentarischen Gremien heranzuziehen und ihn schließlich mit der Mitherausgabe der Protokolle zu betrauen.

Bei aller Starrheit in der rechtsdogmatischen Behandlung der ihm gestellten Probleme scheint GEBHARD allerdings im Laufe seiner über zwanzigjährigen Tätigkeit in Berlin sich Geschick und diplomatische Wendigkeit im Umgang mit den entscheidenden Stellen der Reichshauptstadt sowie mit den anderen Kommissionsmitgliedern angeeignet zu haben. Die Berichte, die er später während der Beratungen der 2. Kommission nach Karlsruhe schickte, zeigen jedenfalls die Fähigkeit zu nüchterner Einschätzung der Kräftegruppierungen und ihrer politischen Möglichkeiten.

GEBHARD befaßte sich bereits im ersten Jahre seiner Tätigkeit mit dem Personenrecht. In der Sitzungsperiode des Jahres 1875 konnte er der Kommission berichten, daß der Entwurf insoweit fertiggestellt sei[646]. Die Motive seien jedoch lediglich für das Recht der "Physischen Personen" erstellt[647]. In der ersten Sitzung des Jahres 1876 berichtete er, es sei eine Vorlage, welche "die Behandlung der Privatvereine mit korporativer Tendenz" zum Gegenstande habe, vorbereitet worden. Diese Aufgabe habe aber von ihm als dem Redaktor des Allgemeinen Teils nicht voll erfüllt werden können, da hierzu die Abstimmung mit dem Redaktor des Obligationenrechtes, v. KÜBEL, erforderlich gewesen wäre, und es ihm aus Zeitgründen nicht mehr gelungen sei, mit diesem eine Verständigung herbeizuführen[648].

645) Schreiben vom 24. März 1894 an das Badische Justizministerium (in: AKTE BADEM IX); s. auch unten S. 173, Fußn. 852.

646) PROT.BGB I (V), Erste Sitzung von 1875 (18. September 1875).

647) Ibidem.

648) PROT.BGB I (V), Erste Sitzung von 1876 (4. Oktober 1876). Der Redaktor des Schuldrechtes, v. KÜBEL, hat der Kommission während der Vorberatungen (1875-1880) keine Vorlage über das Recht des Gesellschaftsvertrages unterbreitet. Er hat den Gesellschaftsvertrag lediglich im Rahmen eines Beratungsvorschlages über die Form von Verträgen im Jahre 1876 erwähnt. v. KÜBEL schlug für den Gesellschaftsvertrag - mit Ausnahme der Kollektivgesellschaften, welche er entsprechend dem Dresdener Entwurf in das Gesetzbuch aufnehmen

1879 brachte GEBHARD dann doch noch eine Vorlage über die "privatrechtliche Stellung der Vereine" ein[649]. Die Vorlage - die kürzeste, welche überhaupt während der gesamten Vorberatungen eingebracht wurde - bestand aus einem einzigen Satz. Dieser enthielt den Beschlußvorschlag:

"In dem bürgerlichen Gesetzbuche sind Normativbestimmungen, durch deren Beobachtung Personenvereine juristische Persönlichkeit erlangen, nicht aufzunehmen."

GEBHARD führte aus, dem Beschlußvorschlag, der sich nur auf Idealvereine beziehe, liege die Auffassung zugrunde, "wie die juristische Persönlichkeit oder die Eigenschaft einer juristischen Person, d.i. die Vermögensfähigkeit (!) für einen Verein erlangt werde, bestimme sich nach den besonderen reichsgesetzlichen Vorschriften und in deren Ermangelung nach dem Landesrechte"[650].

Hiergegen erhob sich in der Kommission aus zwei Richtungen Widerspruch: Von verschiedenen Seiten wurde die Forderung erhoben, den Erwerb der Rechtsfähigkeit durch Vereine im Gesetz zu ordnen und der Regelung das von SCHULZE-DELITZSCH wiederholt geforderte System der Normativbestimmungen zugrunde zu legen. Von anderer Seite wurde GEHARDS Vorschlag zwar grundsätzlich unterstützt, jedoch für solche Fälle, in denen das Reichs- und das Landesrecht keine Regelungen enthielten, die Aufnahme einer subsidiären Bestimmung im Gesetz gefordert. Nachdem dieser letzte Vorschlag von der Mehrheit der Kommission befürwortet worden war, schlug GEBHARD vor, als subsidiäre Regelung das Konzessionssystem zu normieren[651]. Bei der anschließenden Diskussion setzten sich die Befürworter dieses Vorschlages durch. Sie gaben zwar zu, daß das System der Normativbestimmungen an sich wünschenswert sei. Die Erfahrung habe jedoch genügend gelehrt, welche wichtigen politischen Bedenken sich gegen eine solche Regelung erhöben. Man solle deshalb diese Regelung einem besonderen, früher oder spä-

---

wollte - Formfreiheit vor. Hinsichtlich der Kollektivgesellschaft sollte die Beantwortung dieser Frage vorbehalten bleiben: PROT.BGB I (V), Dritte Sitzung von 1876 (21. September 1876). Der Entwurf v. KÜBELS, soweit er das Gesellschaftsrecht betraf, wurde auch bis zu den Hauptberatungen nicht mehr fertiggestellt.

649) PROT.BGB I (V), Vorlage Nr. 5 von 1879, betr. die privatrechtliche Stellung der Vereine.

650) PROT.BGB I (V), Vierte Sitzung von 1879 (2. November 1879).

651) Wortlaut des Vorschlages: "Sofern nicht reichs- oder landesgesetzlich etwas Anderes vorgeschrieben ist, erlangen Personenvereine juristische Persönlichkeit nur durch besondere,

ter doch zu erlassenden Reichsgesetz überlassen. Die Kommission hatte somit bereits in den vorbereitenden Sitzungen eine Vorentscheidung über diese wichtige Frage getroffen.

2. Der Teilentwurf des Allgemeinen Teils

Bei Abschluß der vorbereitenden Beratungen im Jahre 1880 waren die Teilentwürfe des Allgemeinen Teils und des Obligationenrechtes noch nicht fertiggestellt. Beide Redaktoren begründeten diese Verzögerung mit langwierigen Krankheiten[652)]. Während aber der Teilentwurf des Schuldrechtes überhaupt nicht mehr zu Ende gebracht wurde und daher den Hauptberatungen, wie vereinbart, statt der fehlenden Teile die entsprechenden Bestimmungen des Dresdener Entwurfes zugrundegelegt wurden, konnte GEBHARD den Teilentwurf des Allgemeinen Teils noch im Laufe der Hauptberatungen vorlegen.

Dieser Teilentwurf brachte im wesentlichen eine Bestätigung des von der Kommission in den Vorberatungen gefaßten Beschlusses. Er behandelte im ersten Titel des zweiten Abschnittes unter Ziffer II in 25 Paragraphen die juristischen Personen. In § 80^1 TEAT[653)] wurde das Wesen der juristischen Person in der Form umschrieben, die GEBHARD schon der Kommission gegenüber vertreten hatte[654)]:

"Personenvereine, Anstalten und Vermögensinbegriffe können die Fähigkeit besitzen, auf dem Gebiete des Vermögensrechtes Rechte und Verbindlichkeiten zu haben (Juristische Persönlichkeit).

§ 80^4 TEAT brachte die von der Kommission in den Vorberatungen bereits beschlossenen Bestimmungen über den Erwerb der Rechtsfähigkeit[655)]. Als Beendigungsgrund nannte § 80^{15} TEAT neben dem Wegfall sämtlicher Mitglieder und der Selbstauflösung den Fall,

---

im Einzelfall zu erwirkende Verleihung seitens der Landesverwaltung".

652) PROT.BGB I (V), Erste Sitzung von 1880 (28. Dezember 1880).

653) Da die die juristischen Personen betreffenden §§ nachgeschoben worden waren, wurde der einzig zur Verfügung stehende § 80 mit Hochzahlen durchnumeriert.

654) Auf die juristischen Personen sollten grundsätzlich die in Ansehung der natürlichen Personen geltenden vermögensrechtlichen Bestimmungen maßgebend sein (§ 80^2 TEAT).

655) "Für den Erwerb und Verlust der juristischen Persönlichkeit ist, sofern nicht reichsgesetzliche Vorschriften bestehen, das Landesrecht maßgebend. Personenvereine, die durch freien Zusammentritt ihrer Mitglieder gebildet werden und nicht auf Erwerb, Gewinn oder eigentlichen Geschäftsbetrieb abzielen, erlangen, sofern nicht im Wege der Gesetzgebung etwas Anderes vorgeschrieben ist, juristische Persönlichkeit nur durch besondere, im einzelnen Falle zu erwerbende Verleihung seitens der Landesverwaltung."

"3. (daß) nach Maßgabe des Reichs- oder Landesrechtes die Vereinigung obrigkeitlich verboten oder der Körperschaft die juristische Persönlichkeit entzogen wird."

Diese dogmatisch konsequente Formulierung, die deutlich zwischen "Auflösung" und "Entziehung der Rechtsfähigkeit" unterschied, wurde später von der 2. Kommission nicht durchgehalten und kehrte erst in der endgültigen Gesetzesfassung wieder.

Zu den Bestimmungen des Teilentwurfes über den Erwerb der juristischen Persönlichkeit wurde in der Begründung ausgeführt: Das System der freien Körperschaftsbildung sei von vornherein abzulehnen[656]. Zwar lasse sich aus dem W e s e n der juristischen Persönlichkeit nicht ableiten, "daß die Rechtsordnung die Persönlichkeit der Vereinigungen nicht ohne weiteres hinnehmen und gelten lassen könne"[657]. Dieses System sei jedoch vor allem deshalb ungeeignet, weil es "die mißlichste Rechtsunsicherheit" ergeben würde; denn der Wille der Teilnehmer, eine Körperschaft darzustellen, sei nicht immer ohne weiteres ersichtlich[658]. Es müsse jedoch von Anfang an klargestellt sein, ob eine Juristische Person oder eine Gesellschaft bestehen solle.

Mehr Wohlwollen brachte GEBHARD dem System der Normativbestimmungen entgegen. Unverkennbar - so gab er zu - spreche eine Reihe von Gründen dafür, korporativ angelegten Vereinen den Erwerb der Persönlichkeit nach diesem System zu ermöglichen. Die Mitglieder korporativ angelegter Personenverbindungen wollten in aller Regel, daß die Rechtsfolgen juristischer Persönlichkeit einträten. Werde einem solchen Verein diese Rechtspersönlichkeit nicht zuerkannt, so müsse er mitunter, um sein privatrechtliches Dasein zu fristen, "die Zuflucht zu künstlichen Mitteln nehmen, die häufig versagen, leicht zu Verwicklungen führen und vorgeschobenen Mitgliedern Opfer auferlegen"[659]. Da das Assoziationsrecht "an sich" zum Privatrecht gehöre und auf diesem Gebiete grundsätzlich nicht administratives Ermessen, sondern Rechtssatz und Richter den Beteiligten zu dem verhelfen sollten, was ihnen zukomme, und jedermann im voraus solcher Gewährung sicher sein solle, so erscheine es fraglich, weshalb der korporativ angeleg-

656) "Daß es sich in keiner Weise empfehlen könnte, in dem Gesetzbuch den Satz aufzunehmen, daß die in Rede stehenden Vereine, sobald sie juristische Personen sein wollen, als solche zu behandeln seien, dürfte schwerlich einem Einwand begegnen". (TEAT, Begründung Juristische Personen S. 70).
657) Ibidem.
658) Ibidem.
659) TEAT, Begr. JP S. 81.

ten Personenverbindung die von ihr beanspruchte privatrechtliche Rechtsfähigkeit nicht gewährt werden solle. Wenn der Staat glaube, aus öffentlichrechtlichen Gründen gewisse Vereine nicht zulassen zu können, so bleibe ihm deren Verbot unbenommen. Der Anreiz zur Bildung von Vereinen spreche ferner ebenso für dieses System wie die Tatsache, daß es reichsgesetzlich für die meisten Vereine mit wirtschaftlichen Zielsetzungen - und in Bayern und Sachsen auch für Idealvereine - bereits in Geltung stehe[660]. Auch bringe es im Vergleich mit dem Konzessionssystem geringeren Arbeitsaufwand für die Behörden mit sich. Der Staat übernehme schließlich bei diesem System auch nicht, wie beim Konzessionssystem, in den Augen der Öffentlichkeit "eine mindestens moralische Verantwortung für die Solidität des Vereins"[661].
Diesen Argumenten für das System der Normativbestimmungen stellte GEBHARD jedoch dessen Nachteile gegenüber: Vor allem würde, so meinte er, bei einer Normierung auf der Grundlage dieses Systems das Gesetz allen gegenwärtigen und zukünftigen Vereinen, die nicht offensichtlich unerlaubte Zwecke verfolgten, einen Freibrief auf die Persönlichkeit" ausstellen. Dies könnte bei wirtschaftlichen Personenvereinigungen noch hingehen, da diese sich auf dem Boden des Privatrechts bewegten und ihr Gebaren "durch das Geschäftsinteresse normirt" werde[662]. Anders stehe es dagegen mit den - hier praktisch allein noch in Rede stehenden - Idealvereinen. Sie seien dazu bestimmt, "der bürgerlichen Gesellschaft die freie Bethätigung der Lösung öffentlicher Aufgaben zu ermöglichen"[663]. Daher bewegten sie sich "in einer das Gemeinwohl unmittelbar berührenden Sphäre"[664] und könnten somit, je nach ihrer Einstellung, dem Gemeinwohl ebensowohl schädlich als auch förderlich sein. Verbindungen, welche namentlich auf politischem, religiösem und sozialem Gebiete[665] gemeinschädlich gewirkt hätten, habe es zu allem Zeiten gegeben.

660) "Das Vereinswesen weckt den Sinn für Gemeinwohl, verbreitet Einsicht, praktische Tüchtigkeit und Gesittung, fördert materielle Wohlfahrt und geistige Ausbildung; es ist berufen, Aufgaben zu lösen, die für den Staat von großen Bedeutung sind, an die er aber nicht selbst und unmittelbar herantreten kann."
661) Ibidem.
662) TEAT Begr. JP S. 82.
663) Ibidem.
664) Ibidem.
665) Diese Aufzählung deutet bereits auf die später von der 2. Kommission beschlossene Sonderbehandlung der politischen, religiösen und sozialpolitischen Vereine hin.

Wenn der Staat aufgrund der Assoziationsfreiheit diese Verbindungen gleichwohl nicht verbiete, so sei es doch in höchstem Maße bedenklich, weiter zu gehen und ihre Anerkennung als juristische Personen lediglich von der Erfüllung formaler Vorschriften abhängig zu machen. Immerhin sei die Vermögensfähigkeit für die Stellung von Vereinen im öffentlichen Leben von größter Bedeutung, da ihnen ohne diese Fähigkeit die ihren Bedürfnissen gemäße Gewähr dauernden Bestandes fehle. Erwägungen dieser Art seien es auch gewesen, welche bei den Beratungen des Entwurfes von SCHULZE-DELITZSCH vorgeherrscht hätten und diesen schließlich nicht zur Verwirklichung hätten gelangen lassen[666]. Auch die Regelungen in Sachsen und Bayern böten keinen zwingenden Anlaß zur Übernahme des Systems der Normativbestimmungen in das zu schaffende Gesetzbuch[667]; denn die erstere kenne Sonderbestimmungen für politische Vereine[667a] und die letztere habe ausdrücklich die Möglichkeit von abweichenden gesetzlichen Spezialregelungen offen gelassen[667b]. Im übrigen wurden angesichts der erheblichen Verschiedenheiten der Zwecke und Bedürfnisse der in Frage stehenden Vereine auch Schwierigkeiten bei der Formulierung der Normativbestimmungen bestehen.
Am Schluß der Ausführungen GEBHARDS zu diesem Thema findet sich ein Hinweis auf das rechtliche Schicksal derjenigen Personenverbindungen, welche zwar korporativ verfaßt waren, die Konzession oder die Registereintragung jedoch nicht nachgesucht oder doch nicht erreicht hatten[668]. GEBHARD gab zu, daß diese Verbindungen "eine Einschränkung an ihrem wahren Wesen erleiden, wenn und soweit der Verein in den privatrechtlichen Verkehr tritt"[669]. Dies sei jedoch für die Idealvereine nicht von allzu großem Gewicht, da sie im Gegensatz zu den Vereinen mit wirtschaftlichen Zielsetzungen nur wenige und meistens nur geringfügige Rechtsgeschäfte vornähmen. Immerhin entstünden unzählige der Persönlichkeit ermangelnde Vereine, ohne daß sie unter diesem Mangel zu leiden hätten[670]. Der Widerspruch dieser Überlegung zu derjenigen, mit welcher die Ablehnung des Systems der Normativbestim-

---

666) TEAT Begr. JP S. 82.
667) TEAT Begr. JP S. 84.
667a) S. o. S. 81.
667b) S. o. S. 88, FN 382.
668) Ibidem.
669) Ibidem.
670) Ibidem.

mungen begründet worden war, liegt auf der Hand. Wenn die Vornahme von Rechtgeschäften bei den Idealvereinen wirklich eine solch untergeordnete Rolle spielte, so war es nicht erforderlich, diesen Vereinen die Erlangung der Vermögensfähigkeit zu erschweren. Auch gab GEBHARD zu, daß die Vorenthaltung der Rechtsfähigkeit kein geeignetes Mittel zur Niederhaltung solcher Vereine sei. Deutlich hatte sich die juristische Logik hier politischen Erwägungen untergeordnet.

3. Die Hauptberatungen der 1. Kommission und der 1. Entwurf

a. Körperschaften

Da der Vorlage von GEBHARD zunächst noch die begründenden Motive fehlten[671], wurde die Beratung des Abschnittes über die Körperschaften erst 1884, nachdem bereits der überwiegende Teil des Allgemeinen Teils und ein großer Teil des Obligationenrechtes durchberaten worden waren, in Angriff genommen[672].

In der Frage des Erwerbs der juristischen Persönlichkeit schloß sich die Mehrheit ohne nochmalige Diskussion den Ausführungen des Redaktors an. Lediglich die subsidiäre Festsetzung des Konzessionssystems für den Fall, daß die Landesgesetzgebung keine Regelung getroffen haben sollte, wurde von der Mehrheit fallen gelassen. Begründet wurde dies damit, daß die betreffende Vorschrift zu der vorangehenden, welche die Landesgesetzgebung für maßgebend erkläre, wenig passe, da sie "anomalerweise nicht prinzipales, sondern subsidiäres Reichsrecht schaffe"[673]. Schließlich sei auch nicht zu vermuten, "daß die Landesgesetzgebung in Passivität verharre, obschon das bürgerliche Gesetzbuch die Aufforderung zum Eingreifen, soweit ein solches eine Bedürfnis sei, enthalte"[674]. Die übrigen Änderungen, welche die Kommission noch vornahm, waren bloß redaktioneller Art. Die einschlägigen Vorschriften des 1. Entwurfes lauteten schließlich folgendermaßen:

§ 41 E I :
Personenvereine und Stiftungen[675] können die Fähigkeit haben, als solche selbständig Vermögensrechte und Vermögenspflichten zu haben (Juristische Persönlichkeit).

---

671) S. den Bericht des Kommissionsvorsitzenden in PROT.BGB I, Bd I, S. 2 (1. Sitzung vom 4. Oktober 1881).
672) PROT.BGB I, Bd VII, S. 3087 ff (276. Sitzung v. 2. Januar 1884).
673) PROT.BGB I a.a.O. (Fußn. 672) S. 3096.
674) Ibidem.
675) Die Stiftungen hatte die Kommission in der Sitzung vom 18.

§ 42 E I :
Die juristische Persönlichkeit eines Personenvereins und der Verlust dieser Persönlichkeit bestimmen sich in Ermangelung besonderer reichsgesetzlicher Vorschriften nach den Landesgesetzen des Ortes, an welchem der Personenverein seinen Sitz hat.

b. Kollektivgesellschaften

Im Anschluß an die Beratungen über die Juristischen Personen befaßte sich die Kommission mit der Frage, ob in das Gesetzbuch auch Bestimmungen über Kollektivgesellschaften aufgenommen werden sollten. V. KÜBEL, der Redaktor des Schuldrechts, hatte zwar zum Gesellschaftsrecht keine Stellung mehr nehmen können[676]. Vereinbarungsgemäß waren jedoch insoweit die Bestimmungen des Dresdener Entwurfes der Beratung zugrunde zu legen. Dieser hatte, wie bereits dargestellt[676a], das Rechtsinstitut der Kollektivgesellschaft als einer Personenvereinigung mit einer Reihe von Körperschaftsmerkmalen einer ausgiebigen Regelung unterworfen; er hatte jedoch die Frage nach der dogmatischen Eingruppierung dieser Verbindungen bewußt offengelassen[677]. Die jetzige Kommission sprach sich einstimmig gegen eine Aufnahme der Kollektivgesellschaft in das Gesetzbuch aus[678]. Im Vordergrund stand die Befürchtung, daß im Falle der Normierung eines den Bestimmungen des Dresdener Entwurfes entsprechenden Abschnittes die soeben verabschiedeten Bestimmungen über juristische Personen umgangen werden könnten. Man ging davon aus, daß die im Dresdener Entwurf geregelten kollektiven Nichterwerbsgesellschaften "in Wahrheit mit Vermögensfähigkeit ausgestattete Vereine, mithin nichts anderes als juristische Personen (Körperschaften) seien"[679]. Auch die in Art. 812 Abs. 2 DE dem Landesgesetzgeber eröffnete Möglichkeit neben der Erfüllung von Normativbestimmungen noch eine staatliche Genehmigung zu verlangen, reichte nach Ansicht der Kommission nicht zur Ausräumung der Bedenken aus.

c. Nichtrechtsfähige Vereine

Nachdem die Kommission so für alle Personenverbindungen die Möglichkeit ausgeschlossen hatte, reichsrechtlich volle oder auch nur teilweise Rechtsfähigkeit auf der Grundlage des Systems

---

Januar 1884 beraten (PROT.BGB I Bd VII, S. 3199 ff., 283. Sitzung vom 18. Januar 1884). Die weitere Einteilung in Anstalten wurde gestrichen. S. dazu auch bereits Fußn. 2.

676) S. dazu oben S. 133, Fußn. 648.

676a) S. o. S. 105 ff.

677) S. o. S. 107.

678) PROT.BGB I, Bd VIII, S. 2307 (283. Sitzung vom 18. Januar 1884).

679) Ibidem.

der freien Körperschaftsbildung oder des Systems der Normativbestimmungen zu erlangen, hätte es an sich einer Vorschrift über die rechtliche Stellung der nichtrechtsfähigen Vereine bedurft. Dieses Problem wurde jedoch von der Kommission nur gestreift[680]. Man gab zu, "daß korporativ angelegte Vereine in Ermangelung der juristischen Persönlichkeit bei ihrem Auftreten nach Außen in mancher Beziehung gehemmt seien"[681], meinte aber, dies könne eben nicht anders als durch die Erlangung der juristischen Persönlichkeit behoben werden. Die Idealvereine, um die es hier praktisch nur noch gehe, bildeten nur eine geringe Zahl. Sofern sie von erheblicher Bedeutung und auf längere Zeit angelegt seien, werde es ihnen in der Regel gelingen, die juristische Persönlichkeit zu erwerben, falls ein wirkliches Bedürfnis danach vorliege. Sollten sie die Persönlichkeit nicht erreichen, so könnten sie immerhin ihre Rechtslage nach innen in der ihnen angemessenen Weise regeln, während sich, was ihr Verhältnis nach außen anbetreffe, gezeigt habe, daß "unzählige der Persönlichkeit entbehrende Vereine thatsächlich ihr Dasein zu sichern und zu wirken vermöchten, ohne unter dem Mangel der Persönlichkeit erheblich zu leiden."

Bedenkt man, daß eine Regelung, welche den nichtrechtsfähigen Vereinen, wenigstens einige Körperschaftsmerkmale zuerkannt hätte, nichts Anderes bewirkt hätte, als den für den größten Teil des Reiches bereits bestehenden Rechtszustand gesetzlich zu bestätigen[682a], so können die Argumente der Kommissionsmehrheit kaum überzeugen. Hier wie auch in der Frage des Erwerbs der Rechtsfähigkeit konnten die vorgebrachten juristischen Argumente nur spärlich die politischen Beweggründe der getroffenen Entscheidung verhüllen.

WIEACKER hat mit Recht darauf hingewiesen, daß die endgültige Fassung des BGB im Vereins- und Stifungsrecht noch polizeistaatliche Züge aufwies, welche sich besonders im "Negativabdruck der landesrechtlichen Vorbehalte" zeigten[683]. Dieser gegen die Endfassung des BGB gerichtete Vorwurf muß in noch stärkerem Maße gegen den ersten Entwurf und vor allem gegen dessen Körperschaftsrecht gerichtet werden.

---

680) <u>PROT.BGB I</u> a.a.O. S. 3208.
681) Ibidem.
682) entfällt.
682a) S. dazu unten S. 196.
683) <u>WIEACKER</u>, Privatrechtsgeschichte S. 480.

III. Stellungnahmen zum 1. Entwurf

1. Die Aussagen der "Motive"

Die Regelung - oder besser: Nichtregelung - der Voraussetzungen der juristischen Persönlichkeit von Vereinen gehörte zu den meistkritisierten Passagen des 1. Entwurfes. Welche Gründe die Kommission veranlaßt hatten, eine reichseinheitliche Regelung dieses Rechtsgebietes abzulehnen, konnten die Kritiker den von den Hilfsarbeitern der Kommission erarbeiteten Motiven entnehmen[684]. Diese wiederholten im wesentlichen die von GEBHARD in den Beratungen vorgetragenen Argumente, welche von der Kommission fast ohne Diskussion gutgeheißen worden waren. Die Kritiker konnten somit erkennen, daß das System der freien Körperschaftsbildung von vornherein abgelehnt worden war[685]. Ferner wiederholten die Motive ausgiebig die Vorteile des Systems der Normativbestimmungen und dessen - nach Ansicht der Kommission ausschlaggebende - Nachteile[686]. Sie legten dar, daß nach diesen Überlegungen nur das Konzessionssystem für eine reichseinheitliche Regelung in Frage gekommen wäre, daß es aber besser erschienen sei, die Regelung der Erlangung der juristischen Persönlichkeit den Landesgesetzen zu überlassen, weil einerseits das Konzessionssystem ohnehin schon in den meisten Bundesstaaten in Geltung stehe, andererseits aber kein Grund vorliege, denjenigen Bundesstaaten, welche das System der Normativbestimmungen bei sich eingeführt hätten, die Beibehaltung dieses Systems vorzuenthalten.

2. GIERKES umfassende Kritik

An die Spitze der zahlreichen Kritiker des 1. Entwurfes und vor allem seines Vereinsrechtes trat Otto GIERKE.

GIERKE[687] wurde am 11. Januar 1841 in Stettin geboren. Er starb 1921 in Berlin. Sein Vater, Stadtsyndikus in Stettin, 1848 Mitglied der preußischen Nationalversammlung und preußischer Landwirtschaftsminister, starb 1855 als Appellationsgerichtsrat zu Bromberg. Durch seine Mutter war GIERKE mit Ernst ZITELMANN

---

684) Quellenverzeichnis E II 4.

685) MOTIVE Bd 1, S. 88: "Die juristische Persönlichkeit kann selbstverständlich (!) den in Rede stehenden Vereinen nicht in der Weise zugänglich gemacht werden, daß im Wege eines allgemeinen Rechtssatzes ausgesprochen wird, ein solcher Verein erlange, wenn er korporativ angelegt sei und juristische Person sein wolle, mit seiner Begründung ohne weiteres die juristische Persönlichkeit."

686) MOTIVE Bd 1, S. 89 f.

687) Zum folgenden s. u.a. BADER, NDB Bd 6, S. 374 f.; PLANITZ, DBJ Bd 3, S. 110 ff.; E. WOLF Rechtsdenker S. 669 ff.; BEYERLE, Staatslexikon Bd 2, Sp. 737 ff.; WIEACKER, Privat-

verwandt; seine Frau, welche er 1873 heiratete, war eine Kusine von Heinrich DERNBURG.

Von 1857 bis 1860 studierte GIERKE in Heidelberg und Berlin Rechtswissenschaft. In Berlin wurde er Schüler von Georg BESELER. 1860 promovierte er bei Karl Gustav HOMEYER mit einer Arbeit über Lehenrecht und wandte sich dann unter dem Einfluß von BESELER demjenigen Gebiete zu, welchem von da an sein Lebenswerk gewidmet war: der Geschichte und dem Recht der deutschen Genossenschaft. Seine Habilitationsschrift bildete einen Teil der 1868 veröffentlichten "Rechtsgeschichte der deutschen Genossenschaft". 1867 bis 1872 war GIERKE zuerst Privatdozent, dann außerordentlicher Professor in Berlin. Anschließend lehrte er 12 Jahre in Breslau als Nachfolger auf dem Lehrstuhl von STOBBE. In dieser Zeit entstanden der zweite und der dritte Band des "deutschen Genossenschaftsrechtes" und ein Werk über Althusius. Nach kurzer Lehrtätigkeit in Heidelberg folgte GIERKE 1887 einem Ruf auf den Lehrstuhl BESELERs nach Berlin. Dort lehrte er anschließend noch 35 Jahre. Während dieser Zeit veröffentlichte er eine Reihe von Werken, welche sich vornehmlich ebenfalls mit dem Genossenschaftsrecht und Vereinsrecht, aber auch mit rechtssoziologischen Fragen und zuletzt mit dem gesamten System des Privatrechts befaßten.

Wie bei kaum einem anderen großen Juristen seiner Zeit überschneiden sich bei GIERKE konservativ-patriarchalische mit sozial-fortschrittlichen Elementen. "Zukunftsreiche Einsichten in die soziale Aufgabe der Rechtsordnung, ja in den Bau der Gesellschaft selbst" werden durch "romantisches und geschichtsphilosophisches Erbe und demokratisches Pathos seltsam überlagert"[688]. Dieses Nebeneinander verschiedener geistesgeschichtlicher Elemente wurde besonders deutlich in der von GIERKE maßgeblich geprägten Genossenschaftstheorie.

GIERKE erkannte, daß seine Zeit angesichts der immer deutlicher werdenden Auswüchse des wirtschaftlichen und gesellschaftlichen Individualismus neue Formen kollektiven Zusammenwirkens benötigte. Diese Formen suchte er jedoch nicht nur aus den Forderungen seiner Zeit zu entwickeln, sondern auch durch ein Wiedererwecken altdeutscher Organisationsformen[689]. Die hieraus sich ergebenden gelegentlichen Widersprücklichkeiten seiner Thesen konnten durch die für GIERKE charakteristischen pathetischen Formeln[689a] nicht immer verdeckt werden.

Soweit GIERKEs Lehren eine Rückkehr zu überholten mystischen Gemeinschaftsgedanken enthielten und dem Modell der vorindustriellen Gesellschaft verhaftet blieben[690], ist die Zeit inzwischen über sie hinweggegangen[691]. Die Anstöße jedoch zur Erprobung auch neuer Formen von Personenzusammenschlüssen und zur wissenschaftlichen Durchdringung des Körperschaftsrechtes ebenso wie der Gedanke sozialer Rücksichten und Pflichtigkeiten in der Rechtsordnung[692] gehen maßgeblich auf GIERKE zurück. In ihnen wirkt seine Lehre bis in das heutige Recht fort.

---

rechtsgeschichte S. 453 ff. GIERKE erhielt 1911 den erblichen Adel verliehen.

688) WIEACKER, Privatrechtsgeschichte S. 454.

689) Zu ständestaatlichen Vorstellungen GIERKES s. u.a. GIERKE, Entwurf HGB S. 8/9.

689a) WIEACKER a.a.O.

690) S. dazu LAUFS, JuS 1968/311, 312.

691) S. dazu NUSSBAUM, ABR 42/136, 166.

692) LAUFS, JuS 1968/311.

GIERKE nahm das Vereinsrecht des Entwurfes zum Anlaß, das gesamte Konzept des letzteren einer kritischen Würdigung zu unterziehen. Vor allem in seiner Schrift "Der Entwurf eines bürgerlichen Gesetzbuches und das deutsche Recht" bezeichnete er die Regelung der juristischen Persönlichkeit als die mißlungenste des gesamten Entwurfes. Er prangerte sie als eine durch und durch individualistische an, da der Entwurf sich geweigert habe, eine rechtliche Form der Körperschaftsbildung aufzustellen[693)]. Das Privatrecht des Entwurfes, so kritisierte er, erschöpfe sich in der Regelung der gegenseitigen Rechtsbeziehungen isolierter Individuen, welche in mechanistischem Stoß und Gegenstoß aufeinander wirkten. Der Entwurf wolle ein Privatrecht schaffen, dessen reine Linien kein Gemeinschaftsgedanke trübe[694)]. Von vornherein sei man entschlossen gewesen, das auch von der freieren romanistischen Wissenschaft längst aufgegebene Dogma der orthodoxen Pandekten von der persona ficta nicht zu opfern. Daher habe der Entwurf sich in der Hauptsache mit einer "toten Schablone" begnügt, welche alle wahrhaft bedeutenden Fragen des Körperschaftsrechtes unbeantwortet lasse[695)]. Gerade das Körperschaftsrecht des Entwurfes lasse dessen Grundanschauung des Entwurfes durchblicken, welche im Grunde seiner Seele mehr römisch als deutsch sei[696)]. Die Überweisung der Regelung von Entstehung und Untergang von juristischen Personen an den Landesgesetzgeber sei der Ausdruck des innersten Wesens des Entwurfes. Dieser "seltsame Akt der Enthaltsamkeit", zu welchem der Entwurf durch seine Grundanschauung gezwungen worden sei, bedeute einen "ungebührlichen und schlechthin unerträglichen Verstoß wider den Beruf eines deutschen Gesetzbuches"[697)].

GIERKE erkannte richtig die Tendenz zum Konzessionssystem innerhalb der Kommission, wenn er feststellte, daß der Entwurf angesichts seiner Grundeinstellung bei Bejahung einer reichseinheitlichen Regelung zur Normierung dieses Systems hätte gelangen müssen[698)]; er führte diese Einstellung der Kommission jedoch weniger auf die für die getroffene Regelung ausschlaggebenden politischen Bedenken als auf die romanistische Grundhaltung der

693) GIERKE, 19. DtJurTg Bd II, S. 260.
694) Ibidem.
695) GIERKE, Entwurf S. 144.
696) GIERKE, 19. DtJurTg Bd II, S. 260.
697) GIERKE, Entwurf S. 147/148.
698) GIERKE, Personengemeinschaften S. 11.

Kommissionsmehrheit zurück. Da der Entwurf die Fiktionstheorie zugrundegelegt habe[699] und daher das rechtliche Wesen der Gemeinschaften nicht in deren Steigerung zu einem Gemeinwesen, sondern in die Negation derselben durch eine außer und über ihr fingierte Einzelpersönlichkeit gelegt habe, hätte er als Regelfall der Entstehung die staatliche Verleihung und als Beendigungsgrund die staatliche Entziehung der Rechtsfähigkeit fordern müssen[700]. Nur die Tatsache, daß das System der freien Körperschaftsbildung in der vorangegangenen Zeit an Boden gewonnen habe, sei der Grund dafür gewesen, daß der Entwurf nicht das Konzessionssystem übernommen habe, welches GIERKE - hier einmal auf politischen Bedenke eingehend - als "eine durch die Überlieferungen des Polizeistaates gestützte Ruine" bezeichnete[701].

3. Die kritischen Stellungnahmen im einzelnen.

In manchen Stellungnahmen wurde die Kritik GIERKE an den vereinsrechtlichen Bestimmungen des 1. Entwurfes zwar als überspitzt bezeichnet[702]; dennoch überwog auch bei ihnen die Ablehnung. Kritik wurde zunächst geübt an der sprachlichen Fassung des § 41 E I[702a], welcher wegen seines lehrbuchhaften Charakters und wegen seines Eingreifens in den Aufgabenbereich der Rechtswissenschaft für überflüssig erklärt wurde[703]. Die Gegner des Begriffs "Juristische Person" monierten, daß der Entwurf diesen Begriff überhaupt verwendet habe[704], während andere, vor allem GIERKE, in der vom Entwurf vorgenommenen Gegenüberstellung von "Personen" und "Juristische Personen" einen Ausdruck der körperschaftsfeind-

699) GIERKE, Entwurf S. 146 - DERS., Soziale Aufgabe S. 31 - Die MOTIVE hatten allerdings die Frage nach den Theorien über die juristische Persönlichkeit ausdrücklich offen gelassen (MOTIVE Bd 1, S. 78); GIERKE bezeichnete dies jedoch als eine durch den Inhalt der MOTIVE selbst widerlegte Behauptung (GIERKE, Personengemeinschaften S. 5).

700) GIERKE, Entwurf S. 146.

701) GIERKE, 19. DtJurTg Bd II, S. 263.

702) S. u.a. WEBER, DtNotZ 19/10, 13; BÄHR, KVjS 32/188, 190; BEKKER, System und Sprache; HEUSLER, KVjS 32/177, 179; CRÖNERT, DWBl 9/235; wohl auch RING, ABR 3/122, 123.

702a) S. o. S. 140.

703) ROCHOLL, Vorschläge S. 20/21; GOLDSCHMIDT, Erörterungen S. 59/60; HOLDER, AcP 73/1, 39; ZRODLOWSKI, Kodifikationsfragen S. 31, 56; GIERKE, Personengemeinschaften S. 8 nannte die Vorschrift eine "Verstümmelung des Verbandsbegriffes durch eine Legaldefinition".

704) FISCHER, Grenzgebiete S. 30; MEISCHEIDER, Streitfragen S. 3; KLÖPPEL, Gruchot 32/611, 633 wies vor allem darauf hin, daß alle bis dahin ergangenen Reichsgesetze die Benutzung dieses Begriffes vermieden hatten.

lichen Haltung des Entwurfs erblickten[705], da dieser damit gezeigt habe, daß er die Körperschaften nicht vorbehaltlos als "Personen" betrachte[706]. HÖLDER nannte die Benutzung des Wortes "Personenverein" einen Pleonasmus, da der Sprachgebrauch andere als aus Personen bestehende Vereine gar nicht kenne[707]; GOLDSCHMIDT monierte, daß diese im Entwurf benutzte Bezeichnung den falschen Eindruck erwecken könne, als ob nur Menschen, nicht jedoch auch juristische Personen ihrerseits Mitglieder eines Vereins sein könnten[708]. Die in § 41 E I vorgenommene Umschreibung der juristischen Persönlichkeit als Fähigkeit, Träger von V e r m ö g e n s rechten und -pflichten zu sein, wurde von den einen als überflüssige Selbstverständlichkeit[709], von anderen als weitere Folge der körperschaftsfeindlichen Haltung des Entwurfes und als Ausdruck der von diesem vertretenen Fiktionstheorie[710] kritisiert.

Die schärfste und einhelligste Kritik traf die Verfasser des Entwurfes wegen der Nichtregelung der Voraussetzungen des Erwerbs und Verlustes der juristischen Persönlichkeit von Vereinen. So wies HÖLDER darauf hin, daß durch diese Haltung des Entwurfes die bis dahin bestehende Rechtszersplitterung und Rechtsunsicher-

705) S. die Beispiele bei BEKKER, System und Sprache S. 68; ferner ZRODLOWSKI, Kodifikationsfragen S. 55, Fußn. 67.

706) GIERKE, Personengemeinschaften S. 6; DERS., 19. DtJurTg Bd II, S. 259, 263; BEKKER, System und Sprache S. 69, sah allerdings hierin lediglich eine sprachliche Inkonsequenz; ähnlich FISCHER, Grenzgebiete S. 30.

707) HÖLDER, AcP 73/1, 39/40 - HÖLDER rügte ferner die Formulierung des § 41 E I, wonach die Personenvereine und Stiftungen "als solche selbständig" Rechte und Pflichten haben konnten, als weiteren Pleonasmus, obwohl, wie er zugab, die Verfasser des Entwurfes hier nur den Sprachgebrauch des ADHGB (Art. 213) nachvollzogen hatten (HÖLDER a.a.O. S. 40); ebenso GOLDSCHMIDT, Erörterungen S. 53, Fußn. 1; BEKKER, System und Sprache S. 70. - HÖLDER kritisierte außerdem, daß der Entwurf nur diejenigen "Personenvereine", welche Rechtsfähigkeit erlangt hatten, als "Körperschaften" bezeichnete (§ 43). Dies, so meinte er, entspreche nicht dem allgemeinen Sprachgebrauch, "welcher nicht nur zahlreiche Körperschaften ohne juristische Persönlichkeit kennt, sondern auch umgekehrt eine Lesegesellschaft u. dgl. nicht deshalb, weil sie juristische Persönlichkeit haben, eine Körperschaft nennt." (a.a.O. S. 40) - UHRIG, Jur. Personen S. 94, bezeichnete den Ausdruck "Personenverein" als eine Verengung, da der Sprachgebrauch auch andere Personenverbindungen als "Personenvereine" benenne.

708) GOLDSCHMIDT, Erörterungen S. 53; ebenso HÖLDER, AcP 73/1,40.

709) So z.B. von GOLDSCHMIDT, Erörterungen S. 60.

710) GIERKE, Personengemeinschaften S. 6; ROCHOLL, Vorschläge S. 20.

heit nicht nur nicht beseitigt würde, sondern daß noch weitere Lücken gerissen würden, wenn an die Stelle der gemeinrechtlichen Vorschriften, welche das Gesetz beseitigen solle, zahlreiche landesrechtliche Bestimmungen träten[711]. Erkläre sich der Entwurf zu einer Ersetzung des bisherigen Rechtes durch eine Reichsregelung außerstande, so sei dies als ein Zeichen zu werten, daß die Zeit für ein das gemeine Recht schlechthin abschaffendes Gesetzbuch noch nicht gekommen sei[712].

In nahezu allen Stellungnahmen aus Öffentlichkeit und Fachwelt wurden die Motive für den Verzicht auf eine reichsrechtliche Regelung als nicht durchschlagend bezeichnet[713]. Während GIERKE die Nichtregelung vornehmlich als Ausdruck der körperschaftsfeindlichen, romanistisch-individualistischen Grundhaltung des Entwurfes verstanden wissen wollte, setzten sich die anderen Kritiker überwiegend mit den konkreten, vor allem politischen Bedenken auseinander, wie sie in den Motiven zum Ausdruck gekommen waren. Fast einhellig wurde erklärt, die angestellten politischen Erwägungen seien mit dem privatrechtlichen Charakter des Körperschaftsrechtes unvereinbar und sollten ihren Ausdruck im öffentlichen Vereinsrecht finden[714]. Ohnehin sei der Weg über die Erschwerung des Erwerbs der Rechtsfähigkeit nicht der geeignete, um staatsgefährdende Vereinigungen niederzuhalten[715].

Allgemein wurde demgegenüber das Bedürfnis nach einer reichseinheitlichen Regelung betont. JACOBY meinte, es sei nicht zuviel verlangt gewesen, wenn man mit der Einführung des bürgerlichen Gesetzbuches einen Mißstand zu überwinden getrachtet habe,

---

711) HÖLDER, AcP 73/1, 40, 41; ebenso JACOBY, Gruchot 34/576,577.
712) HÖLDER a.a.O. S. 41 (s. dazu RING, ABR 1/190, 216).
713) S. u.a. BÄHR, KVjS 31/363; DERS., Gegenentwurf S. 9, Anmerkung zu Titel 5; BINGNER, SABRP 1/81, 83; HÖLDER, AcP 73/1, 42; FULD, Gruchot 35/636; JACOBY, Gruchot 34/576, 577; DERS., HirthsAnn 1889/293, 305; KLÖPPEL, Gruchot 32/611, 636 (dazu RING, ABR 1/190, 211 und PETERSEN, Gruchot 34/32/70); SCHERER, Besprechung S. 12; HARTMANN, JW 17/253, 254; FREY, SABRP 8/385 ff.
714) So z.B. BINGNER, SABRP 1/81, 83; JACOBY, HirthsAnn 1889/293, 306; ROCHOLL, Vorschläge S. 20, Abs. 2 der Anm.
715) BINGNER, SABRP 1/81, 83; ROCHOLL, Vorschläge S. 20, Abs. 2 der Anm.; JACOBY, Gruchot 34/576, 577; DERS., HirthsAnn 1889/293 - JACOBY äußerte sich befremdet, "daß die zur Abfassung eines bürgerlichen Gesetzbuches berufenen Juristen hier so schweres Gewicht auf die politische Seite einer Frage legen, deren Bedeutung für das Privatrecht jedenfalls in erster Linie in Betracht zu ziehen war" (JACOBY, Gruchot a.a.O.).

welcher sich im Verkehr zwischen den Bundesstaaten stets unangenehm fühlbar gemacht habe[716]. Nach HÖLDER hätte der Entwurf mit der rechtlichen Ausgestaltung des Erwerbs und Verlustes der juristischen Persönlichkeit "eine in ihren segensreichen Folgen unberechenbare Tat sozialpolitischen Charakters vollzogen"[717]. HÖLDER bezweifelte die Stichhaltigkeit der in der Kommission zum Ausdruck gebrachten Ansicht, daß wirtschaftliche Vereinigungen weniger gefährlich für das gemeine Wohl seien als Idealvereine. "Daß bis jetzt nur für die Erwerbsgesellschaften das System der Normativbestimmungen durchgedrungen ist, beruht wahrscheinlich nicht auf ihrer größeren Harmlosigkeit, sondern darauf, daß vermöge ihres Schwergewichtes die materiellen Interessen eine Freiheit der Bewegung sich erkämpft haben, welche auf ihrem Gebiet nicht etwa berechtigter ist, sondern nur bisher dringender begehrt war als auf anderen[718]. KAUSEN hielt es zwar wegen der verschiedenen staatsrechtlichen Schwierigkeiten in den Einzelstaaten für richtig, daß man auf die Landesgesetze Rücksicht genommen habe, meinte aber, daß die Grenze dieser grundsätzlich zu billigenden Nachgiebigkeit vom Entwurf nicht eingehalten worden sei[719]. - Für den Geltungsbereich des badisch-rheinischen Rechtes drückte HACHENBURG seine Enttäuschung darüber aus, daß durch den Entwurf die Rechtsunsicherheit nicht beseitigt worden sei, welche in diesem Gebiet durch die unklare Haltung des Code Civil und durch das strenge Festhalten des Reichsgerichtes am Konzessionssystem entstanden sei[720].

Auch von solchen Gutachtern, welche grundsätzlich die von der Kommission vorgebrachten politischen Bedenken teilten, wurde der Verzicht des Entwurfes auf eine reichseinheitliche Regelung kritisiert. Sie forderten, wenigstens das Konzessionssystem reichseinheitlich einzuführen[721].

Überwiegend wurde von den Kritikern allerdings die Einführung des Systems der Normativbestimmungen verlangt[722]. Manche deuteten die Möglichkeit an, nach dem Vorbild des sächsischen Vereinsgesetzes von 1868 eine Ausnahme von diesem System für Vereine

716) JACOBY, Gruchot 34/576.
717) HÖLDER, AcP 73/1, 39.
718) HÖLDER, AcP 73/1, 42.
719) KAUSEN, Anwaltsgutachten S. 19.
720) HACHENBURG, Entwurf S. 27.
721) So z.B. von UHRIG, Jur. Personen S. 96.
722) S. neben den oben, Fußn. 713, gegebenen Nachweisen noch ZstgA Bd 1, S. 73-76.

mit politischen und religiösen Zielsetzungen vorzusehen[723] oder die Regelung der Rechtsstellung dieser Vereinsgruppen der Landesgesetzgebung zu belassen[724]. KAUSEN forderte, zumindest eine subsidiäre reichsrechtliche Regelung auf der Grundlage des Systems der Normativbestimmungen aufzunehmen. Die von der Kommission gegen eine subsidiäre Regelung vorgebrachten Bedenken hielt er für nicht stichhaltig[725]. GIERKE, noch weitergehend als alle anderen Kritiker, forderte die reichseinheitliche Einführung des Systems der freien Körperschaftsbildung[726].

Auch diejenigen Kritiker, welche umfassende Gegenentwürfe vorlegten, sahen in diesen die reichseinheitliche Regelung der Entstehung von Körperschaften vor. ROCHOLL, Senatspräsident am Oberlandesgericht Breslau und Anhänger der Genossenschaftstheorie[727], schlug die Anwendung des Systems der Normativbestimmungen vor. Der Landesgesetzgebung sollte allerdings vorbehalten bleiben, die Eintragung solcher Vereine, welche politische oder religiöse Ziele verfolgten, von einer besonderen staatlichen Genehmigung abhängig zu machen[728]. Hier finden sich schon Anklänge an die spätere Regelung des 2. Entwurfes. - Ebenso wie von ROCHOLLS Vorschlag dürften auch von dem anderen bedeutenden Gegenentwurf, demjenigen von BÄHR, Anregungen für die 2. Kommission ausgegangen sein. BÄHR übernahm die Ausgangsbestimmung des 1. Entwurfes in leicht veränderter Form[729], wollte aber der Landesgesetzgebung neben der Regelung der öffentlichrechtlichen Körperschaften nur die Behandlung der bereits durch spezielle Landesgesetze geregelten besonderen Vereinsarten belassen[730]. Im übrigen schlug er eine reichsrechtliche Regelung auf der Grundlage des Systems der Normativbestimmungen vor[731]. Die Eintragung von Vereinen mit rechts- oder sittenwidriger Zielsetzung sollte von der zuständigen Behörde abgelehnt werden; für Vereine, welche politische oder religiöse Ziele verfolgten, sollte den Landesgesetzen

723) So z.B. SCHERER, Besprechung S. 11.
724) Ibidem.
725) KAUSEN, Anwaltsgutachten S. 19 (Zustimmend RING, ABR 1/190, 223). KAUSEN kritisierte ferner das Fehlen einer Regelung für nichtrechtsfähige Vereine.
726) Allerdings eingeschränkt durch ein Register, welches jedoch nicht Voraussetzung für die Entstehung der juristischen Persönlichkeit sein sollte (GIERKE, Personengemeinschaften S. 18).
727) S. ROCHOLL, Vorschläge S. 20, Abs. 1 u. 2 der Anm.
728) ROCHOLL, Vorschläge S. 20-22 (§ 41-43 des Gegenentwurfes).
729) BÄHR, Gegenentwurf § 33 (S. 9).
730) BÄHR, Gegenentwurf § 34 (S. 9).

die Möglichkeit offenstehen, die Eintragung von der Genehmigung der Verwaltungsbehörde abhängig zu machen[732].

Gegenüber der fast einhelligen Kritik am Körperschaftsrecht des Entwurfs sprachen sich nur wenige Stimmen für dessen Lösung aus[733].

Auch der 19. Deutsche Juristentag in Stettin befaßte sich unter anderem mit dem Vereinsrecht des Entwurfes. ROSIN und GIERKE hatten Gutachten zum selben Thema - "An welche Voraussetzungen kann die freie Körperschaftsbildung geknüpft werden? - erstellt. ROSIN, ein Schüler GIERKES, drückte seine "Verwunderung und Enttäuschung" über die Regelung des Entwurfes aus[734]. Er hielt es zwar noch für angängig, die Vereine mit wirtschaftlichen Zielsetzungen in dieser Weise zu regeln; dagegen hielt er es für "undenkbar, daß die Geschichte der Entwicklung unseres Korporationswesens ihren Schlußstein im Bürgerlichen Recht mit einer principiellen Billigung des Konzessionssystems und einer nachgiebigen Tolerirung freierer Particularrechte" finden sollte[735]. Die Frage nach der Korporationseigenschaft der Vereine berührte das öffentliche Vereinsrecht nicht, und letzteres sei der Ort, die Interessen der Staatssicherheit gegenüber der Potenzierung der Einzelkraft durch Vereinsbildung zur Geltung zu bringen. Politische Bedenken dürften nicht ihren Ausdruck im Privatrecht finden, zumal es sehr fraglich sei, ob man sie auf diesem Wege ausräumen könne. ROSIN stellte die Maxime auf: "Nur der Zweck, die mit der Korporation in rechtlichen Verkehr tretenden Personen vor wirtschaftlichem Schaden zu bewahren, sollte den Maßstab für die Zu-

731) BÄHR, Gegenentwurf § 35 (S. 10).

732) BÄHR, Gegenentwurf § 36 (S. 10).
Ein weiterer Gegenentwurf wurde verfaßt von ZRODLOWSKI. Er sah aber, ebenso wie der 1. Entwurf, keine Bestimmungen über den Erwerb der juristischen Persönlichkeit durch Vereine vor. (S. ZRODLOWSKI, Entwurf S. 8 f.). - SCHERER, Besprechung S. 12/13, schlug eine den Bestimmungen der §§ 1716-1719 des SOR nachgebildete Fassung vor.- Das - anonym erschienene - "REICHSGESETZBUCH" schlug, einer Anregung GIERKES folgend, einen eigenen Teil mit der Überschrift "Rechtsstellung der Vereine, der Stiftungen und des Staates" vor. Im übrigen richtete es sich nach den bei seinem Erscheinen bereits veröffentlichten Bestimmungen des 2. Entwurfs (S. REICHSGESETZBUCH S. 482 ff., Art. 2177 ff.).

733) So z.B. GRÜTZMANN, SABRP 2/424, 435. Er billigte insbesondere die politischen Motive der Kommission mit der Begründung, es sei kein Fehler, "wenn die einzelnen Thätigkeiten des Staates sich untereinander unterstützen".

734) ROSIN, 19. DtJurTg Bd II, S. 135, 137.

735) ROSIN a.a.O. S. 140.

lassung korporativer Personenverbindungen abgeben dürfen"[736]. Die Garantie für solchen Schutz sah er in dem - von ihm als ein Fall der freien Körperschaftsbildung bezeichneten - System der Normativbestimmungen[737].

GIERKE nahm in seinem Gutachten die Gelegenheit wahr, das Vereinsrecht des Entwurfes erneut einer umfassenden Kritik zu unterziehen. Nunmehr befaßte er sich auch mit den politischen Bedenken der Kommission, welche er für nicht berechtigt hielt[738]. Während ROSIN die Entstehung der juristischen Personen von ihrer Eintragung ins Vereinsregister und der Einreichung der Vereinssatzung abhängig machen wollte, wollte GIERKE "an den bloßen Thatbestand einer körperschaftlichen Existenz die Anerkennung derselben durch das Recht geknüpft" sehen[739]. Eine Einschränkung wollte er nur für den Erwerb der Grundbuchfähigkeit gelten lassen[740]. Man könne - so meinte er - verlangen, "daß ein Verein, der die vom Staate gebotenen öffentlichen Bücher benutzen will, ... auch für seine gehörige öffentliche Legitimation sorgt und deshalb seine Eintragung in ein Register erwirkt"[741]. Vor der Eintragung in das Register sollte damit nach Ansicht GIERKES nicht die Entstehung, sondern nur die volle Entfaltung der juristischen Persönlichkeit abhängen. - Ein weiterer Unterschied zwischen den Vorschlägen ROSINS und GIERKES bestand darin, daß GIERKE das Vereinsregister für alle nicht spezialgesetzlich geregelten Vereine offenhalten wollte, ROSIN dagegen nur für Vereine mit nichtwirtschaftlichen Zielsetzungen[742].

Angesichts der anscheinend nicht zu überwindenden politischen Bedenken der Bundesregierungen schlug GIERKE vor, der Landesgesetzgebung vorzubehalten, die Eintragung politischer und religiöser Vereine von staatlicher Genehmigung abhängig zu machen. Er wandte sich jedoch scharf gegen die Schaffung einer entsprechenden reichsgesetzlichen Regelung[743].

Die mit dem Vereinsrecht befaßten Abteilungen des Juristentages faßten schließlich folgende Beschlüsse, welche später vom Plenum einstimmig (Satz 1) bzw. mit großer Mehrheit (Satz 2) an-

---

736) ROSIN a.a.O. S. 147 unter Hinweis auf LABAND, ZHR 30/499.
737) ROSIN a.a.O.
738) GIERKE, 19. DtJurTg Bd II, S. 260; Bd III, S. 229.
739) GIERKE, 19. DtJurTg Bd III. S. 229.
740) GIERKE a.a.O. S. 230.
741) GIERKE a.a.O.
742) GIERKE a.a.O. S. 231; ROSIN a.a.O. Bd II S. 147.
743) GIERKE a.a.O. S. 232.

genommen wurden[744]:

1. Das bürgerliche Gesetzbuch hat, unter Vorbehalt der besonderen Reichs- und Landesgesetze über einzelne Körperschaftsgattungen, allgemeine Bestimmungen über Erwerb und Verlust der Körperschaftsrechte zu treffen. Es hat dabei das System der freien Körperschaftsbildung zugrundezulegen.

2. Privatrechtliche Körperschaften, welche nicht unter ein Spezialgesetz fallen ..., erlangen die öffentliche Anerkennung ihrer Persönlichkeit, wenn sie aufgrund gesetzlicher Normativbestimmungen in ein vom Gericht geführtes Vereinsregister eingetragen sind.

GIERKES Vorstellung waren somit weitgehend berücksichtigt worden.

4. Stellungnahmen der Bundesregierungen

Während die Kritik in Öffentlichkeit und Fachwelt überwiegend eine Revision des Körperschaftsrechts des Entwurfes forderte, erklärten sich die Bundesregierungen in ihrer Mehrzahl mit dem System des 1. Entwurfes einverstanden. Vor allem die PREUSSISCHE Regierung begrüßte es, daß die Regelung der Entstehung von Körperschaften an die Landesgesetze überwiesen worden war[745]. Sie räumte ein, daß das Gewicht der für eine reichsrechtliche Regelung sprechenden Gründe nicht zu verkennen sei[746] und daß angesichts des bestehenden Rechtszustandes der Wunsch nach einer anderen Gestaltung des Vereinsrechtes nicht ohne Berechtigung sei[747]; dennoch sprächen, so meinte sie, politische, aber auch eine Reihe in den Motiven nicht genannter technischer Bedenken gegen eine einheitliche Regelung. Lege man einmal das von den Kritikern des Entwurfes überwiegend geforderte System der Normativbestimmungen zugrunde, so würden vor allem die Fragen auftauchen, inwieweit die Eintragung zwingende Voraussetzung der Rechtsfähigkeit sei, wie die nicht eingetragenen Vereine zu behandeln seien, ob und in welchem Umfang die Rechtsverhältnisse der Vereine nach innen und außen geregelt werden sollen[748]. Alle diese Fragen für das gesamte Deutsche Reich in befriedigender

---

744) 19. DtJurTg Bd III, S. 321, 331/332. - Zustimmend zu den Beschlüssen des Juristentages: BOYENS, Anwaltsgutachten S. 1017 ff; PLANCK, AcP 75/336; RUDLOFF, AcP 73/225; SCHILLING, Aphorismen S. 28 ff.; ZRODLOWSKI, Kodifikationsfragen S. 55 ff. - Ablehnend KLÖPPEL, Gruchot 32/863 ff. Zustimmend dagegen auch das Kgl. preuß. Landes-Oekonomie-Kollegium, welches die Rechte der Landwirtschaft gesichert sah (Verhandlungen des LÖK a.a.O. S. 1a/1b).

745) BEMERKUNGEN PREUSSEN S. 11 ff.

746) BEMERKUNGEN PREUSSEN S. 12.

747) BEMERKUNGEN PREUSSEN S. 13.

748) BEMERKUNGEN PREUSSEN S. 13/14.

Weise einheitlich zu regeln, müsse als kaum ausführbar bezeichnet werden, weil die Bedürfnisse in den einzelnen Bundesstaaten zu unterschiedlich seien[749]. Eine reichsgesetzliche Regelung solle einerseits möglichst vollständig sein, müsse aber auf der anderen Seite viele eigenartige Verhältnisse berücksichtigen. Dies müsse letztlich doch dazu führen, der Landesgesetzgebung die Möglichkeit zu Ergänzungen zu belassen. Demgegenüber sei es weit besser, die Regelung von vornherein den Landesgesetzen zu übertragen[750]. - Die von den Motiven geltendgemachten Bedenken politischer Art wurden von der preußischen Regierung gegen die erhobene Kritik verteidigt. Insbesondere - so wurde ausgeführt - müsse die inzwischen grundsätzlich gewährte Vereinigungsfreiheit keineswegs die allgmeine Anerkennung der einmal entstandenen Vereine als Vermögensträger nach sich ziehen. Die Vermögensfähigkeit sei vielmehr so wichtig, daß ihr Erwerb nur bei Verträglichkeit mit dem öffentlichen Wohl erfolgen dürfe. Die von zahlreichen Landesrechten beibehaltenen öffentlichrechtlichen Sonderbestimmungen für politische Vereine und sonstige Vereine, welche sich mit öffentlichen Angelegenheiten befaßten, würden durch die Freigabe der Körperschaftsbildung unzureichend werden[751]. Ob der gesamte Fragenkomplex anders werde beurteilt werden könne, wenn erst einmal ein reichseinheitliches öffentliches Vereinsrecht bestehe, müsse abgewartet werden.

Die auf Vorschlag GIERKES vom Juristentag offengehaltene Möglichkeit, für Vereine mit politischen und religiösen Zielsetzungen den Landesgesetzen das Konzessionssystem vorzubehalten, wurde von der preußischen Regierung als unpraktikabel bezeichnet, weil der Entscheid über die Frage, ob ein Verein zu einer dieser Gruppen gehöre, nicht dem Registergericht überlassen werden dürfe[752].

Neben PREUSSEN stimmten von den größeren Bundesstaaten vor allem SACHSEN[753], BADEN[754] und WÜRTTEMBERG[755] der Regelung des Entwurfes zu. Die Regierung von MECKLENBURG-SCHWERIN äußerte sich ebenfalls zustimmend, wollte allerdings durch einen Vorbe-

749) BEMERKUNGEN PREUSSEN S. 14.
750) Ibidem.
751) BEMERKUNGEN PREUSSEN S. 15.
752) Ibidem.
753) ZstBReg Bd 1, S. 9.
754) BEMERKUNGEN BADEN S. 4, Ziff. 3.
755) ZstBReg Bd 1, S. 10.

halt zugunsten des Landesrechtes sichergestellt wissen, daß es für die "erlaubten Privatgesellschaften" des ALR und für diejenigen Vereine im Geltungsbereich des gemeinen Rechts, welche die Rechtsprechung mit gewissen Körperschaftsmerkmalen ausgestattet hatte, beim bisherigen Rechtszustand bleiben könne[756]. Unter derselben Bedingung erklärte sich BAYERN mit dem Entwurfe einverstanden[757].

Nur wenige Bundesregierungen sprachen sich für eine reichseinheitliche Regelung des Erwerbs und Verlustes der juristischen Persönlichkeit von Vereinen aus. Die Regierung von SCHAUMBURG-LIPPE erklärte sich für eine solche Regelung, und zwar auf der Grundlage des Systems der Normativbestimmungen. Ein ähnlicher Vorschlag wurde von ELSASS-LOTHRINGEN unterbreitet[758]. Auch die Regierung von LIPPE äußerte sich angesichts der angestrebten Rechtseinheit im Reiche Bedenken gegen die Regelung des Entwurfes[759]. Die Regierung von ANHALT schließlich schlug vor, wenigstens eine Bestimmung über die nichtrechtsfähigen Vereine in das Gesetzbuch aufzunehmen[760].

Diese wenigen Stimmen vermochten nicht darüber hinwegzutäuschen, daß die Mehrzahl der Bundesregierungen - vor allem die der größten Bundesstaaten - die Haltung des Entwurfes in der betreffenden Frage billigte. Angesichts dieses Auseinanderfallens der öffentlichen Kritik am Entwurf einerseits und der Einstellung der Mehrheit der Bundesregierungen andererseits war vorherzusehen, daß die zweite Kommission, welche die Ansicht beider Seiten zu berücksichtigen hatte, Schwierigkeiten haben würde, eine alle Beteiligten befriedigende Regelung zu finden.

IV. Die Beratungen der 2. Kommission und der 2. Entwurf

1. Der Beginn der Beratungen und die Anträge zum Vereinsrecht

Das Vereinsrecht war also einer der entscheidenden Prüfsteine

756) BEMERKUNGEN MECKLENBURG S. 15/16 - Die "Erlaubten Privatgesellschaften" des ALR und die als "Modifizierte Sozietäten" bezeichneten teilrechtsfähigen Personenverbindungen des gemeinen Rechts wurden zusammengefaßt unter der Bezeichnung "Vereine mit idealen Tendenzen" (BEMERKUNGEN MECKLENBURG S. 13; s. auch ZstBReg Bd 1, S. 11). Ebenso wie MECKLENBURG-SCHWERIN auch MECKLENBURG-STRELITZ (ZstBReg Bd 1, S. 11).
757) ZstBReg Bd 1, S. 9; vgl. auch JACUBETZKY, Bemerkungen S. 10 ff.
758) ZstBReg Bd 1, S. 12.
759) ZstBReg Bd 1, S. 12.
760) ZstBReg Bd 1, S. 11.

der 2. Kommission, welche am 15. Dezember 1890 zu ihrer konstituierenden Sitzung zusammentrat und Anfang April 1891 ihre Beratungen aufnahm. Der Kommission gehörte wieder GEBHARD an, der inzwischen badischer Geheimrat und Professor in Freiburg geworden war. "Nicht ohne Mühe", so berichtete aus Berlin der badische Gesandte v. JAGEMANN an seine Regierung, habe er die Zustimmung des Justizausschusses des Bundesrates zur Ernennung GEBHARDS gefunden[761]. Man hätte seitens des Ausschusses lieber einen Germanisten an Stelle von GEBHARD in der Kommission gesehen[762]. v. JAGEMANN hatte jedoch "auf die Nothwendigkeit hingewiesen, ... einen genauen Kenner des badischen Rechtsgebiets in der Kommission zu haben, wofür der Germanist SCHRÖDER in Heidelberg keineswegs einen genügenden Ersatz bieten könnte"[763]. GEBHARD war dann in der konstituierenden Sitzung der 2. Kommission am 15. Dezember 1890 vom damaligen Vorsitzenden der Kommission, Staatssekretär v. OEHLSCHLÄGER, zum Referenten für den Allgemeinen Teil und das Einführungsgesetz berufen worden[764]. Seine Aufgabe bestand, wie die der 2. Kommission, nach seinen eigenen Worten darin, "unter unbefangener Würdigung des Entwurfes[765] und der ihm zu Theil gewordenen Beurtheilungen diejenigen Änderungen herbeizuführen, welche sich als wirkliche Verbesserungen darstellen oder Anstände beseitigen, die dem Zustandekommen des Gesetzes gefährlich werden könnten. Enthaltsamkeit (werde) noth thun"[766]. GEBHARD hatte demnach die Absicht, die Änderungen am 1. Entwurf möglichst gering zu halten. Zudem hatte er gegenüber seiner Regierung versichert, er werde ihre "Intentionen ... mit gewissenhaftester Sorgfalt zu Rathe ziehen und nach Kräften bemüht sein, auch da, wo (er) einer anderen Anschauung folgen zu müssen glaube, den von der Großherzoglichen Regierung bethonten Gesichtspunkten" - zu denen, wie geschildert, auch die Unterstützung des

761) Bericht des bad. Gesandten v. 31. Oktober 1890 (in: AKTE BADEN VII).

762) Zu diesem Zwecke waren u.a. auch Kontakte mit GIERKE aufgenommen worden, welche sich aber zerschlugen (Bericht des badischen Gesandten v. 19. Oktober 1890 (in: AKTE BADEN VII)).

763) Bericht des badischen Gesandten v. 31. Oktober 1890 a.a.O. (Fußn. 761).

764) S. hierzu allgemein SCHUBERT, Entstehung S. 48 sowie den Bericht GEBHARDS über diese Sitzung im Schreiben an das badische Justizministerium v. 16. Dezember 1890 (in: AKTE BADEN VII).

765) Gemeint ist der 1. Entwurf.

766) Schreiben an das badische Justizministerium v. 28. Februar 1891 (in: AKTE BADEN VIII).

Vereinsrechtes des 1. Entwurfes gehörte - "bei der Berathung eingehende Würdigung zu sichern"[767]. Von GEBHARD als dem zuständigen Referenten war demnach eine Initiative zugunsten einer reichsrechtlichen Regelung der Voraussetzungen für den Erwerb und Verlust der juristischen Persönlichkeit der Vereine kaum zu erwarten. In der Tat sah der Antrag, welchen er der 2. Kommission zum Vereinsrecht vorlegte, lediglich eine redaktionelle Überarbeitung des 1. Entwurfes vor[768][769].

Im Reichs-Justizamt hatte unterdessen vom 5. Januar bis zum 23. März 1891 eine "Vorkommission für die zweite Lesung des Entwurfes eines Bürgerlichen Gesetzbuches für das Deutsche Reich" getagt und eine vollständige Überarbeitung des Allgemeinen Teils vorgenommen[770], welche dann von BÖRNER, Kommissar der Reichsregierung und seit dem 31. März 1895 ständigem Mitglied der 2. Kommission[771], als Antrag in die Beratungen der 2. Kommission eingebracht wurde. Auch dieser überarbeitete Allgemeine Teil hielt am Vereinsrecht des Entwurfes fest[772]. GEBHARD, dem die Protokolle der "Vorkommission" zwar nicht offiziell mitgeteilt wurden, "aber in vertraulicher Weise privatim zugänglich geworden" waren[773], dürfte durch das Ergebnis dieser Beratungen in seiner eigenen Einstellung noch bestärkt worden sein.

---

767) Ibidem - Die badische Regierung sah sich nach dieser Zusicherung in der Lage, auf die Bestellung eines eigenen Kommissars bei den Beratungen zu verzichten (Mitteilung des badischen Justizministeriums an das Staatsministerium v. 19. März 1891 in: AKTE BADEN VIII).

768) Von den Anträgen, welche zum Vereinsrecht eingebracht wurden, sind in den Protokollen - auch in den metallographierten Protokollen - nur drei wiedergegeben. GEBHARD hat jedoch seiner Regierung 19 metallographierte Anträge zum Vereinsrecht übersandt, von denen einige lediglich Einzelpunkte betrafen, andere jedoch umfassende Regelungsvorschläge für das gesamte Rechtsgebiet enthielten. (S. die Anlagen zu den Schreiben v. 6. Juli 1891 und vom 4. Oktober 1891 in: AKTE BADEN VIII). Im folgenden können nur die wichtigsten dieser Anträge berücksichtigt werden.

769) Antrag GEBHARDS vom März 1891 (Antrag Nr. 2).

770) Dieser neue Allgemeine Teil, welcher die Endfassung des BGB maßgeblich bestimmt hat, ist, soweit ersichtlich, in der Literatur bisher noch nicht erwähnt worden. Ob die von der genannten "Vorkommission" ebenfalls geplante Neubearbeitung des Obligationenrechts (Bericht GEBHARDs v. 6. Juli 1891 in: AKTE BADEN VIII) zu Ende geführt worden ist, kann aus den von mir eingesehenen Akten nicht entnommen werden, ist jedoch wahrscheinlich.

771) S. SCHUBERT, Entstehung S. 46/47.

772) Antrag Nr. 1 (BÖRNER) vom 23 März 1891 (Anlage zum Schreiben GEBHARDS vom 6. Juli 1891 a.a.O.).

773) Schreiben vom 28. Februar 1891 a.a.O. (Fußn. 766).

Bereits zu Beginn der Beratungen der 2. Kommission zeigte sich jedoch, daß in ihr eine starke Gruppe für eine reichsrechtliche Regelung der Voraussetzungen des Erwerbs und Verlustes der juristischen Persönlichkeit von Vereinen eintrat. Den weitestgehenden Antrag brachte SOHM, Professor in Leipzig und nichtständiges Mitglied der Kommission, ein[774]. Er vertrat den Grundsatz, daß "alle rechtmäßig bestehenden Vereine mit körperschaftlicher Verfassung .. als solche rechtsfähig" seien[775], also ohne weiteres die juristische Persönlichkeit besitzen sollten. Lediglich die Grundbuchfähigkeit des Vereins sollte von dessen Eintragung in das Vereinsregister abhängig sein[776], diese Eintragung aber ihrerseits von der Einreichung des schriftlichen Statuts, das elf Pflichtbestandteile enthalten mußte[777]. SOHM hatte seinem Antrag, welcher das gesamte private Vereinsrecht in nur acht Paragraphen zusammenfaßte, "Motive" hinzugefügt[778], welche die von ihm vorgeschlagene Regelung mit der Entwicklung der höchstrichterlichen Rechtsprechung in den vorangegangenen Jahren begründeten. Die Rechtsprechung, so führte er aus, widerspreche zwar dem Buchstaben des geltenden Rechts, befriedige aber die unabwendbaren Bedürfnisse des Rechtslebens. An der Spitze der Bewegung, welche zu der nunmehrigen Rechtsprechung geführt habe, habe die Lehre von der deutschen Genossenschaft gestanden, und zweifellos sei ihr Erfolg ein vollkommener gewesen. Wenn die Rechtsprechung nicht von "juristischen Personen", sondern von "Genossenschaften" spreche, so tue sie dies nur wegen des geltenden Rechtes. Der Begriff "Genossenschaft" sei jedoch ein unklarer, welcher manche Streitfragen übrig lasse. Die Aufgabe des Gesetzgebers, und zwar des deutschen Gesetzgebers, sei es nun, "das in der Praxis schon lebendige, nach Verwirklichung ringende Recht zu ergreifen, ihm zum klaren und zweifellosen Dasein zu verhelfen". Es gelte, "einfach den Satz auszusprechen: 'Jeder rechtmäßige Verein ist eine juristische Person!'" Hiermit werde nur angeordnet, was in der

---

774) Antrag Nr. 24 (SOHM) vom 5. April 1891. In den Protokollen der 2. Kommission ist dieser Antrag als Antrag A gekennzeichnet; S. PROT.BGB II A Bd II, S. 960 ff. (64. Sitzung v. 30. November 1891); PROT.BGB II B Bd 1, S. 476 ff. - Zur Biographie SOHMS s. die zahlreichen Nachweise bei WIEACKER, Privatrechtsgeschichte S. 471, Anm. 8.

775) § a Antrag SOHM.

776) § b Antrag SOHM.

777) § c Antrag SOHM.

778) Diese sind ebenfalls in den Protokollen abgedruckt (s. PROT.BGB II A a.a.O. S. 963 ff., PROT.BGB II B a.a.O. S. 477 ff.).

Praxis gerade so bereits gehandhabt werde[779]. SOHM sprach auch offen die politischen Bedenken an, welche gegen das System der freien Körperschaftsbildung vorgebracht wurden: "Sollte .. die Rücksicht auf die sozialdemokratischen Fachvereine als Gegengrund geltend gemacht werden, so sei darauf erwidert, daß für die Macht dieser Fachvereine die Gewährung oder Nichtgewährung der juristischen Persönlichkeit thatsächlich ganz unerheblich ist, und namentlich, daß die Gerechtigkeit fordert, wie den Arbeitgebern gerade so auch den Arbeitern das Kampfmittel der Organisation, ohne irgendwelche kleinlichen Hindernisse, von Rechtswegen zu gewähren"[780].

Ebenso wie SOHM schlug auch HOFFMANN, preußischer Richter und nichtständiges Kommissionsmitglied[781], eine reichseinheitliche Regelung der Frage vor[782]. Während jedoch SOHMS Antrag auf dem Boden des Systems der freien Körperschaftsbildung stand, so wie es GIERKE auf dem 19. Deutschen Juristentag gefordert hatte, verlangte HOFFMANNs Antrag die Einführung des Systems der Normativbestimmungen, und zwar ohne Einschränkungen, vor allem ohne einengende Sondervorschriften für bestimmte Vereinsgruppen, wie sie das sächsische Gesetz von 1868 und der letzte Entwurf von SCHULZE-DELITZSCH enthielten. Bei nichteingetragenen Vereinen sollten die Mitglieder "durch Handlungen des Vorstandes lediglich nach den Bestimmungen über auftragsweise geführte Geschäfte berechtigt und verpflichtet werden"[783]. Auch sollten für Verbindlichkeiten, welche der Vorstand eines solchen Vereins im Namen des Vereins eingehen würde, die Vorstandsmitglieder, vorbehaltlich des Rückgriffs "in das für die Vereinszwecke erworbene Vermögen", persönlich haften.

Zeitlich zwischen den Anträgen von SOHM und HOFFMANN brachte der Generalreferent der Kommission, Geheimrat PLANCK, einen Antrag zum Vereinsrecht ein[784]. PLANCK hatte vor Beginn der Beratungen öffentlich die Entscheidung der 1. Kommission bedauert

779) A.a.O.
780) A.a.O.
781) S. SCHUBERT, Entstehung S. 47.
782) Antrag Nr. 98 (HOFFMANN) v. 12. Juni 1891; wiedergegeben in den Protokollen als Antrag B (PROT.BGB II A a.a.O. S. 966 ff., PROT.BGB II B S. 479 ff.).
783) § 42 o des Antrages - Die Verweisung auf das Gesellschaftsrecht statt auf die Auftragsvorschriften wurde anheimgestellt.
784) Antrag Nr. 20 (PLANCK) vom 6. April 1891 - Dieser Antrag ist nicht identisch mit dem - ebenfalls von PLANCK stammenden - Antrag C der Protokolle. S. dazu die folgenden Ausführungen.

und sich für eine reichsrechtliche Regelung ausgesprochen[785]. Seinen jetzigen Antrag formulierte er, seiner Stellung als Generalreferent entsprechend, vorsichtiger. Er ließ in einer Präambel die Frage, ob eine reichsrechtliche Regelung erfolgen solle, noch offen und schlug nur "für den Fall, daß eine reichsrechtliche Regelung der juristischen Persönlichkeit der Vereine beschlossen werden sollte", für Vereine, "deren Zweck nicht auf einen wirthschaftlichen Geschäftsbetrieb gerichtet ist", grundsätzlich das System der Normativbestimmungen vor[786]. Allerdings sollte dieses System folgende Einschränkung erfahren: Nachdem der Antrag auf Eintragung beim Vereinsregister gestellt sein würde, sollte das Registergericht, falls die Normativbestimmungen eingehalten waren, den Antrag an die nach dem Landesrecht zuständige Verwaltungsbehörde weiterleiten. Diese sollte berechtigt sein, gegen die Eintragung Einspruch zu erheben, falls der Verein nach dem öffentlichen Vereinsrecht unerlaubt war oder von der Verwaltungsbehörde verboten werden konnte[787]. Im Falle der Erhebung des Einspruchs sollte die Eintragung unterbleiben; falls binnen zwei Monaten kein Einspruch erfolgt war, sollte der Verein eingetragen werden[788]. In Klammern sah der Antrag von PLANCK ferner vor, daß die Verwaltungsbehörde stets sollte Einspruch erheben können, wenn der Verein einen politischen oder religiösen Zweck hatte[789], und daß ferner der Vorstand dem zuständigen Amtsgericht "auf dessen Verlangen jederzeit ein Verzeichniß der Mitlgieder unverzüglich einzureichen" hatte[790]. Die Rechtsstellung der Vereine mit wirtschafltichen Zielsetzungen sollte sich, soweit sie nicht bereits durch spezielle Reichsgesetze geregelt war, nach Landesrecht richten[791]. Die nicht eingetragenen Vereine behandelte der Antrag nicht.

Da die Reichsregierung und die Bundesregierungen auf der Ausklammerung der umstrittenen Frage aus dem Gesetzbuch beharrten, kam es zu Verhandlungen der Reichsregierung mit den Kommissionsmitgliedern über einen Kompromiß[792]. Diese Verhandlungen zogen

785) PLANCK, AcP 75/336 (s. auch oben Fußn. 744).
786) § 35 a Antrag PLANCK I.
787) § 35 h Antrag PLANCK I.
788) § 35 i Antrag PLANCK I.
789) § 35 h Antrag PLANCK I (Abs. 2 in Klammern).
790) § 35 p Antrag PLANCK I (in Klammern).
791) § 19 Satz 1 Antrag PLANCK I.
792) S. hierzu GRÜTZMANN,SABRP 2/211; DERS., SABRP 2/424, 435; GREIFF, JbNST 58/534; REATZ, Zweite Lesung S. 14.

sich in die Länge, und so sah die Kommission sich gezwungen, die Beratungen über das Vereinsrecht zunächst zurückzustellen und in der Sommersession (April bis Juli) 1891 nur die restlichen Abschnitte des Allgemeinen Teils durchzuberaten[793].

Die Meinungen innerhalb der Kommission waren in der Frage des Erwerbs der juristischen Persönlichkeit durch Vereine so gespalten, daß es nach der Einschätzung von GEBHARD noch am Ende dieser Sitzungsperiode offen war, welche Ansicht bei der Beratung den Sieg davontragen würde[794]. GEBHARD glaubte allerdings schon jetzt (Ende Juli 1891) vorhersagen zu können, daß "der von SOHM vertretene extreme Standpunkt des Prinzips der s.g. thatsächlichen Körperschaftsbildung seiner praktischen Unbrauchbarkeit wegen schwerlich Aussicht haben dürfte, eine Majorität zu gewinnen"[795]. Dagegen gab er dem System der Normativbestimmungen Erfolgsaussichten. Die gestiegene Neigung der Kommission zu einer reichseinheitlichen Regelung führte er auf "die den Abgeordnetenkreisen angehörigen Kommissionsmitglieder" zurück[796].

In der Sitzungspause des Sommers 1891 wurde die umstrittene Frage Gegenstand von Beratungen auf den verschiedensten Ebenen. Die der Kommission angehörenden Reichstagsabgeordneten hielten Rücksprache mit ihren Parteifreunden[797]. Auch das preußische Staatsministerium befaßte sich "mit der Frage, ihrer politischen Bedeutung wegen"[798].

Im Reichsjustizamt trat erneut die "Vorkommission" zusammen, um den Fragenkomplex noch einmal durchzuberaten. Zu diesen Beratungen wurde diesmal GEBHARD hinzugezogen[799]. Dieser hatte seiner Regierung nach Abschluß der ersten Sitzungsperiode der 2. Kommission ausführlich Bericht erstattet[800] und von ihr die

793) Daß es der Kommission gelang, den gesamten Allgemeinen Teil - mit Ausnahme des Vereinsrechts - innerhalb eines Vierteljahres durchzuberaten, dürfte wohl auf die Vorarbeiten der oben erwähnten "Vorkommission" zurückzuführen sein. Im einzelnen bedarf dieser Komplex aber noch genauerer Untersuchung.

794) Schreiben GEBHARDs v. 8. Juli 1891 a.a.O.

795) Ibidem.

796) Ibidem.

797) Ibidem.

798) Ibidem.

799) Schreiben GEBHARDs an das bad. Justizministerium vom 4. Oktober 1891 (in: AKTE BADEN VIII).

800) In dem bereits mehrfach zitierten Schreiben vom 8. Juli 1891. Im badischen Justiz- und im Innenministerium herrschte Einigkeit darüber, daß in erster Linie die Regelung des

Empfehlung erhalten, "daß in erster Linie der Standpunkt des Entwurfs den Vorzug verdient, und daß eventuell der Antrag PLANCK, selbstverständlich unter Aufrechterhaltung des § 35 h" - der das Einspruchsrecht der Verwaltungsbehörde auch auf Vereine mit politischen und religiösen Zielsetzungen erstreckte - "annehmbar erscheint"[801]. Die erneuten Beratungen der Vorkommission erbrachten einen neuen Vorschlag. Dieser sollte zunächst unter GEBHARDs Namen als Antrag in die 2. Kommission eingebracht werden. Da sich GEBHARD jedoch, "um freie Hand zu behalten, der Einbringung desselben entschlagen" hatte[802], beschloß die Vorkommission, ihn vom Generalreferenten PLANCK einbringen zu lassen, "aber nur und erst dann, wenn die Kommission die reichsgesetzliche Regelung des Erwerbs der juristischen Persönlichkeit in Ansehung der Vereine beschließen sollte"[803].

Die neue Vorlage baute auf dem ersten Antrag von PLANCK auf, sah aber diesem gegenüber einige Änderungen vor. So wurde die Abgrenzung der Idealvereine von den Vereinen mit wirtschaftlicher Zielsetzung nicht mehr nur negativ vorgenommen, sondern erfolgte eine beispielsweise Aufzählung der in Frage kommenden Vereinstypen: "Vereine, welche wohlthätige, gesellige, wissenschaftliche, künstlerische oder andere auf einen wirtschaftlichen Geschäftsbereich nicht gerichtete Zwecke verfolgen", sollten grundsätzlich Rechtsfähigkeit nach dem System der Normativbestimmungen erlangen[804]. Neu war gegenüber dem ersten PLANCKschen Antrag auch, daß die Vereine mit wirtschaftlicher Zielsetzung in die reichsrechtliche Regelung einbezogen wurden[805]. Maßgebend hierfür war "der Gedanke, in Ansehung .. dieser Vereine die in den gemeinrechtlichen Gebieten bestehende Controverse über die Erfordernisse der Körperschaftsbildung durch Aufstellung eines

---

ersten Entwurfes aufrecht erhalten werden sollte, eventualiter der Antrag von PLANCK in Erwägung zu ziehen sei, jedoch nur, wenn die eingeklammerte Regelung des § 35 h des Antrages erhalten bleibe (Schreiben des badischen Justizministeriums an das Innenministerium v. 13. Juli 1891; Antwort vom 12. August 1891 (beide in: AKTE BADEN VIII)).

801) Schreiben des badischen Justizministeriums an GEBHARD v. 19. August 1891 (in: AKTE BADEN VIII).

802) Schreiben vom 4. Oktober a.a.O. (Fußn. 799).

803) Ibidem.

804) Antrag Nr. 125 (handschriftlich mitgeteilt von GEBHARD im Schreiben v. 4. Oktober 1891, Anlage B). In dieser Fassung ist der Antrag von PLANCK als Antrag C in den Protokollen wiedergegeben (PROT.BGB II A a.a.O. (Fußn. 774) S. 972; PROT.BGB II B a.a.O. S. 482).

805) § 41 Abs. 2 Antrag PLANCK II.

reichsrechtlichen Satzes zu beseitigen"[806]. Allerdings sah der Antrag insoweit die Zugrundelegung des Konzessionssystems vor[807]. Ferner wurde nun vorgesehen, daß die Verwaltungsbehörde gegen die Registereintragung von Idealvereinen dann ein Einspruchsrecht haben sollte, wenn "der Verein nach dem öffentlichen Vereinsrecht unerlaubt ist oder politischen oder religiösen Zwecken dient"[808]. Der Einspruch sollte im Wege des Verwaltungsstreitverfahrens oder, wo ein solches nicht bestand, im Wege des Rekurses nach Maßgabe der §§ 20, 21 GewO angefochten werden können. Schließlich wurde vorgeschlagen, der Verwaltungsbehörde immer dann ein Recht zu "Auflösung" des Vereins zu geben, wenn dieser andere als die im Statut angegebenen Zwecke verfolgte[809].

Hinsichtlich der nicht eingetragenen Vereine verwies der Antrag auf das Gesellschaftsrecht[810].

Der 2. Kommission lagen somit bei Wiederaufnahme der Beratungen im Oktober 1891 im wesentlichen drei Anträge vor, nämlich der überarbeitete Antrag von PLANCK sowie die Anträge von SOHM und HOFFMANN[811]. Die Kommissionsmitglieder hatten also, falls sie sich für die reichsrechtliche Regelung der Materie entschieden, die Auswahl zwischen einer Regelung, welche als ein Mittelding zwischen Konzessionssystem und System der Normativbestimmungen bezeichnet werden kann und insoweit Ähnlichkeit mit dem österreichischen Vereinsgesetz von 1867 und mit dem sächsischen

806) Schreiben GEBHARDS vom 4. Oktober a.a.O.
807) § 41 Abs. 2 Antrag PLANCK II.
808) § 57 h Abs. 1 Antrag PLANCK II.
809) § 57 t Antrag PLANCK II.
810) § 57 d Antrag PLANCK II.
811) Erwähnenswert sind außer den bisher dargestellten noch folgende Anträge: Antrag Nr. 68 (BÖRNER II) v. 9. September 1891 enthielt für den Fall, daß eine reichsrechtliche Regelung beschlossen werden sollte, ähnliche Vorschläge wie Antrag PLANCK II. Das Einspruchsrecht der Verwaltungsbehörde sollte immer bei Vereinen mit politischer oder religiöser Zielsetzung bestehen, bei anderen Vereinen nur, wenn eine Gefährdung des Gemeinwohls durch sie zu besorgen war. - Antrag Nr. 69 (GEBHARD II) vom 16. September 1891 schlug - ebenfalls nur eventualiter - eine ähnliche Regelung vor. (Wie ungeklärt manche Bezeichnungen noch waren, zeigt der Umstand, daß sowohl in diesen beiden Anträgen als auch in den bereits vorher geschilderten Anträgen die Bezeichnungen "Auflösung" und "Erlöschen" einmal für das Ende des Vereins überhaupt, ein anderes mal nur für das Ende des Vereins als Körperschaft benutzt wurden. Die Unklarheiten wurden erst im Reichstagsausschuß endgültig beseitigt). - Antrag Nr. 74 (STRUCKMANN) wollte die Anfechtung des Einspruches gegen

Gesetz von 1868 aufwies, sowie zwei weiteren Regelungsvorschlägen, welche das System der freien Körperschaftsbildung bzw. das uneingeschränkte System der Normativbestimmungen als Grundlage einer solchen Regelung forderten.

Auffällig ist, daß keiner der Anträge mehr das Konzessionssystem verteidigte. Diese gegenüber den Beratungen der 1. Kommission gewandelte Einstellung dürfte nicht nur auf die veränderte personelle und strukturelle Zusammensetzung der 2. Kommission im Gegensatz zu ihrer Vorgängerin zurückzuführen sein, sondern auch auf die veränderte innenpolitische Situation zu Beginn der neunziger Jahre des 19. Jahrhunderts. So war vor allem das Sozialistengesetz nach seinem erneuten Auslaufen im Jahre 1890 nicht wieder erneuert worden. Diese Umstände sowie die massive öffentliche Kritik am 1. Entwurf mögen vor allem bei denjenigen Kommissionsmitgliedern, welche Abgeordnetenkreisen nahestanden, die Bereitschaft verstärkt haben, die Aussichten für eine reichseinheitliche Regelung - möglichst eine solche nach dem System der Normativbestimmungen - und das Ausmaß der Kompromißbereitschaft der Reichsregierung und der Bundesregierungen in diesem Punkte auf die Probe zu stellen[812]. Dies führte in den folgenden Monaten zu zähen Verhandlungen, in denen die Regierungen zunächst möglichst starre Positionen bezogen, um ein etwaiges Eingehen auf den Antrag von PLANCK als Nachgeben von ihrer Seite hinstellen zu können. Andererseits hatten die Regierungen zu gewärtigen, daß das Vereinsrecht, falls sie nicht nachgaben, im Reichstag erneut Diskussionsgegenstand sein würde und damit das Inkrafttreten des Gesetzwerkes verzögert oder gar verhindert werden könnte[813].

Beim Wiederzusammentritt der 2. Kommission am 12. Oktober 1891 wurde den Kommissionsmitgliedern von den anwesenden Kommissaren des preußischen Innenministeriums und des Reichsamts des Innern

---

die Eintragung nicht für politische und religiöse Vereine zulassen.

812) Zur Bedeutung der Hinzuziehung auch von Politikern zu den Arbeiten der 2. Kommission allgemein s. SCHUBERT, Entstehung S. 47; speziell für das Vereinsrecht ANDRÉ, DJZ 1/101, 102 r. Sp.; s. ferner die Mitteilung von GEBHARD an die badische Regierung, daß vor allem denjenigen Kommissionsmitgliedern, welche Abgeordnetenkreisen nahestünden, die Einführung des Systems der Normativbestimmungen besonders wichtig erscheine (Schreiben vom 6. Juli 1891 a.a.O.)

813) S. den Hinweis von GEBHARD im Schreiben vom 24. März 1894 an das badische Justizministerium (in: AKTE BADEN IX).

mitgeteilt, "daß der Herr Reichskanzler aus den der Kommission unterbreiteten Anträgen Veranlassung genommen habe, über die Frage, ob es sich empfehle, die Voraussetzungen des Erwerbs der juristischen Persönlichkeit in Ansehung gewisser Vereinskategorien im bürgerlichen Gesetzbuch zu regeln, mit der kgl. preußischen Regierung in vertraute Verhandlungen zu treten, daß aber eine Äußerung des kgl. preußischen Staatsministeriums bis jetzt noch nicht erfolgt sei"[814]. Die Kommission vertagte daraufhin erneut die Beratungen über das Vereinsrecht und begann mit der Beratung des Obligationenrechts[815].

Im November 1891 ging die Stellungnahme des Reichsjustizamtes ein. In ihr wurde der Kommission mitgeteilt, daß es sich nach übereinstimmender Ansicht des Reichsjustizamtes und des preußischen Staatsministeriums empfehle, die Regelung des 1. Entwurfes beizubehalten. In diesem "verzweifelten Dilemma"[816], in dem sich die Kommission befand, wurde in ihrer Sitzung vom 30. November 1891 von einer Seite aus angeregt, abweichend vom üblichen Geschäftsordnungsverfahren die Frage, "ob es sich empfehle, .. die Bedingungen der Entstehung und Endigung der juristischen Persönlichkeit reichsgesetzlich zu regeln", zunächst offen zu lassen, für den Fall ihrer späteren Bejahung den Inhalt der dann zu erlassenden Vorschriften jedoch schon vorab zu beraten[817]. Zur Begründung wurde ausgeführt, der Inhalt der aufzustellenden Bestimmungen und die Frage nach der reichseinheitlichen Regelung hingen eng zusammen. Eine nähere Formulierung der Bestimmungen sei sowohl für die Entscheidung der Kommission als auch für die weitere Behandlung der Frage in den gesetzgebenden Körperschaften des Reiches von Bedeutung[818]. Dem Antrag wurde zugestimmt. So wurde es allen Kommissionsmitgliedern ermöglicht, den Entscheid über die Frage, ob überhaupt eine reichseinheitliche Regelung der Materie erfolgen sollte, vom Ergebnis der Beratungen über den Inhalt einer solchen Regelung abhängig zu machen. Vor allem konnte der Reichsregierung und den Bundesregierungen gegenüber ein deutlicherer Standpunkt dadurch bezogen werden, daß man ihnen

---

814) Schreiben GEBHARDS an das badische Justizministerium v. 12. Oktober 1891 (in: AKTE BADEN VIII).
815) Ibidem.
816) ENDEMANN, PrVwBl 17/205.
817) PROTOKOLL BGB II A Bd II, S. 958; PROT.BGB II B Bd 1, S. 490 (64. Sitzung vom 30. November 1891).
818) PROT.BGB II jeweils a.a.O.

für den Fall der Aufnahme des Rechtsgebietes in das Gesetzbuch eine konkrete Regelung vorlegte.

2. Stellungnahme zu den Zulassungssystemen

Die Kommission wandte sich in der Sitzung vom 1. Dezember 1891 der Diskussion der eingebrachten Anträge zu. Mit großer Mehrheit machte sie den von der Vorkommission überarbeiteten Antrag von PLANCK zu ihrer Diskussionsgrundlage. Die Protokolle führen die Gründe für diese Vorentscheidung in ungewöhnlicher Breite aus und bringen gleichzeitig eine umfassende Bestandsaufnahme aller Argumente, welche in den vorausgegangenen fünfzig Jahren für und gegen die verschiedenen Zulassungssysteme vorgebracht worden waren.

Die Befürworter des Systems der freien Körperschaftsbildung wiederholten im wesentlichen die dem Antrag von SOHM mitgegebene Begründung[819)]. Ausdrücklich wiesen sie noch einmal die politischen Bedenken gegen dieses System zurück. Diese Bedenken zum Ausdruck zu bringen, sei Aufgabe des öffentlichen Vereinsrechtes. Andererseits werde das vorgeschlagene System gerade in den Kreisen der Arbeiterbevölkerung das Vertrauen auf die Gerechtigkeit der bestehenden Staatsordnung stärken und auf diese Weise zu einer Versöhnung der sozialen Gegensätze beitragen[820)]. Die Mehrheit der Kommission lehnte jedoch das System der freien Körperschaftsbildung ab. Die Richtigkeit der Ausführungen SOHMs[820a)] und der ihn unterstützenden Kommissionsmitglieder zur geltenden Rechtslage wurde bestritten. Man berief sich vor allem auf die Entscheidungen des Reichsgerichts über den Rechtszustand im Geltungsbereich des französischen Rechts[821)]. Auch war die Mehrheit der Meinung, daß die Rechtsprechung des Reichsgerichts für die Geltungsbereiche des ALR und des gemeinen Rechts es nicht rechtfertige, davon auszugehen, daß das System der freien Körperschaftsbildung dort gelte. Widersprochen wurde auch den politischen Argumenten SOHMs. Es wurde ihm entgegengehalten, er "unterschätze die Bedeutung, welche die Vermögensfähigkeit für die Vereine in Ansehung ihrer Machstellung im öffentlichen Leben habe"[822)].

---

819) PROT.BGB II A Bd II, S. 991-993; PROT.BGB II B Bd 1, S. 492 (65. Sitzung vom 1. Dezember 1891).
820) PROT.BGB II a.a.O. S. 993 bzw. S. 492.
820a) S. o. S. 157.
821) Ibidem.
822) Ibidem.

Während der Kommissar des preußischen Innenministeriums das Konzessionssystem zuvor als einzig annehmbare Grundlage einer reichsgesetzlichen Regelung bezeichnet hatte[823)], setzte sich kein Kommissionsmitglied mehr für dieses ein. Man berief sich darauf, daß angesichts der zahlreichen reichsgesetzlichen Regelungen auf dem Gebiete der wirtschaftlichen Personenverbindungen, welchen durchweg das System der Normativbestimmungen zugrundegelegt worden sei, das Konzessionssystem allgemein als ein Rückschritt empfunden werden müßte. Dies würde vor allem in Bayern und Sachsen der Fall sein, wo das System der Normativbestimmungen bereits landesgesetzlich eingeführt worden sei. Auch bestehe die Gefahr, daß bei der Beurteilung eines Genehmigungsgesuches Verwaltungsgrundsätze zur Anwendung kämen, welche keine genügende Garantie gegen die Hemmung an sich berechtigter Vereinsbestrebungen zu bieten geeignet seien[824)]. Ferner sei zu befürchten, daß trotz gewissenhaftester Ausübung der Amtspflicht in gleichartigen Fällen ungleiche Entscheidungen ergehen würden[825)]. Dies könnte das Vertrauen des Volkes in die Unparteilichkeit der Exekutive erschüttern[826)].

Von den Befürwortern des von HOFFMANN eingebrachten Antrages, der die uneingeschränkte Einführung des Systems der Normativbestimmungen vorsah[826a)], wurde vorgetragen, dieses System biete die beste Handhabe, dem gesellschaftlichen Bedürfnis nach Förderung der Privattätigkeit von Vereinen einerseits und dem Schutz der Vereinsmitglieder und der mit dem Verein in Verbindung tretenden Dritten andererseits in gleicher Weise gerecht zu werden. Neben der Führung des öffentlichen Registers, welche den Schutz der Vereinsgläubiger gewährleisten solle, seien weitere Kautelen, insbesondere solche, welche der Staatssicherheit Rechnung tragen sollten, nicht erforderlich. Es bestünden auch keine Gründe dagegen, das System der Normativbestimmungen auf alle reichsgesetzlich noch nicht geregelten Vereine anzuwenden. Vielmehr könnten so am besten die Abgrenzungsschwierigkeiten zwischen wirtschaftlichen Vereinen und Idealvereinen vermieden werden[827)]. Abgelehnt wurde von den Befürwortern dieses Antrages vor allem das im An-

823) PROT.BGB II a.a.O. S. 988/89 bzw. S. 491.
824) PROT.BGB II a.a.O. S. 990 bzw. S. 492.
825) Ibidem.
826) PROT.BGB II a.a.O. S. 997 bzw. S. 495.
826a) S. o. S. 158.
827) Ibidem.

trag von PLANCK vorgesehene Einspruchsrecht der Verwaltungsbehörde gegen Registereintragungen bestimmter Vereinsgruppen. Die Mehrheit der Kommission befürwortete indessen die in dem Antrag von PLANCK vorgeschlagene unterschiedliche Behandlung der Vereine mit wirtschaftlichen Zielsetzungen einerseits und der Idealvereine andererseits. Sie war der Meinung, daß ein Bedürfnis für die Einführung des Systems der Normativbestimmungen nur hinsichtlich der Idealvereine bestehe. Die Zahl der vom BGB zu erfassenden wirtschaftlichen Vereine sei angesichts der zahlreichen bereits spezialgesetzlich geregelten Gestaltungsarten und des in Kürze zu erwartenden Reichsgesetzes über die Gesellschaften mit beschränkter Haftung so gering, daß es gerechtfertigt sei, sie vom System der Normativbestimmungen auszuschließen, da die Aufstellung von Normativbestimmungen bei ihnen auf Schwierigkeiten stoßen würde.

Die Kommission beschloß daher, den Antrag von PLANCK zur Diskussionsgrundlage zu machen, behielt sich jedoch ausdrücklich die Entscheidung über eine eventuelle Mitwirkung der Verwaltungsbehörde bei der Erlangung der Rechtsfähigkeit durch Idealvereine vor.

3. Beschlüsse

Zunächst ergänzte die Kommission die im Antrag von PLANCK enthaltene beispielsweise Aufzählung der Idealvereine, indem sie die Vereine mit "gemeinnütziger Zielsetzung" hinzufügte. Einigkeit bestand ferner darüber, daß für die Abgrenzung der Idealvereine von den Vereinen mit wirtschaftlicher Zielsetzung die h a u p t s ä c h l i c h e Zielsetzung ausschlaggebend sein solle[828]. Zur Klarstellung, daß bei Ungewißheit über die Zuordnung in jedem Falle der Erwerb der Rechtsfähigkeit durch staatliche Verleihung möglich sein solle, wurde jedoch der Antragstext dahin geändert, daß Idealvereine Rechtsfähigkeit "durch Eintragung in das Vereinsregister o d e r durch staatliche Verleihung"[829] erlangen könnten.

Die im Antrage vorgeschlagenen Normativbestimmungen wurden größtenteils ohne längere Aussprache angenommen. Eine Debatte rief lediglich die Bestimmung hervor, welche den Vereinsvorstand verpflichten wollte, bei der Anmeldung des Vereins beim Amtsge-

828) Vgl. zu diesem Problem auch SAMTER, DJZ 5/311 ff.
829) PROT.BGB II a.a.O. (Fußn. 819) S. 1003 bzw. S. 498.

richt ein Mitgliederverzeichnis vorzulegen. Einige Kommissionsmitglieder sahen in dieser Bestimmung eine unnötige Belästigung der Vereine, vor allem derjenigen mit größerer Mitgliederzahl. Die Bestimmung sei auch deshalb unpraktisch, weil der Antrag von PLANCK keine regelmäßige Berichtigung des Mitgliederverzeichnisses vorsehe, sondern lediglich dem Amtsgericht das Recht einräume, jederzeit ein auf den neuesten Stand gebrachtes Mitgliederverzeichnis anzufordern[830].

Die Mehrheit der Kommission behielt jedoch das betreffende Erfordernis bei. Man wies darauf hin, daß die Erfahrungen, die mit ähnlichen gesetzlichen Regelungen gemacht worden seien, durchaus für die Praktikabilität der Bestimmung sprächen[831]. Auch § 4 des Entwurfs von SCHULZE-DELITZSCH sowie Art. 816 des Dresdener Entwurfs hätten eine Bestimmung dieses Inhaltes vorgesehen. Vor allem aber gebe die Bestimmung "der Verwaltungsbehörde ein Mittel an die Hand .., zu prüfen, ob sie von dem ihr ... zugedachten Rechte, gegen die Eintragung Einspruch zu erheben, Gebrauch machen solle"[832].

Dieses Einspruchsrecht löste die längste Diskussion aus. Die Mehrheit der Kommission befürwortete die entsprechenden Bestimmungen des Antrags von PLANCK und fügte ihnen sogar noch weitere Einschränkungen des Systems der Normativbestimmungen hinzu. Die Verwaltungsbehörde sollte ein Einspruchsrecht gegen die Eintragung nicht nur dann haben, wenn der Verein nach dem öffentlichen Vereinsrecht unerlaubt war, sondern - entsprechend der ersten Fassung des Antrages von PLANCK - auch dann, wenn er nach dem öffentlichen Vereinsrecht verboten werden k ö n n t e. Ferner wurde den Vereinen mit religiösen und politischen Zwecken, gegen welche nach dem Antrag ein Einspruchsrecht bestand, noch die Gruppe der Vereine mit "sozialpolitischen" Zielsetzungen hinzugefügt. Das System der Normativbestimmungen, welches schon durch den Antrag von PLANCK stark durchlöchert worden war, wurde damit noch weiter in Richtung auf das Konzessionssystem abgeschwächt.

Ein Antrag des Kommissionsmitgliedes v. MANDRY, wenigstens das Einspruchsrecht gegen die Eintragung von Vereinen mit politischen, religiösen und sozialpolitischen Zwecken fallen zu las-

830) PROT.BGB II A Bd II, S. 1116; PROT.BGB II B Bd 1, S. 557/558 (Prot. der 68. Sitzung vom 8. Dezember 1891).
831) Verwiesen wurde auf § 11 Abs. 2 GenG, § 16 des sächsichen Gesetzes von 1868 und Art. 5 des bayerischen G von 1869.
832) PROT.BGB II a.a.O. (Fußn. 830).

sen[833]) und es auf die nach dem öffentlichen Vereinsrecht verbotenen Vereine zu beschränken, wurde abgelehnt[834]).

Die Kommissionsmehrheit begründete die Übernahme und Erweiterung dieser Bestimmungen des PLANCK'schen Antrages damit, daß einzig diese Regelung die Aussicht biete, das Ziel reichseinheitlicher Regelung der privatrechtlichen Stellung der Vereine überhaupt zu erreichen und die Bedenken der Bundesregierungen gegen eine solche Regelung zu zerstreuen. Ob diese Bedenken berechtigt seien, müsse dahingestellt bleiben. Zur Lösung politischer Streitfragen sei die Kommission nicht die richtige Instanz. Sie müsse lediglich auf die Bedenken der für die Politik zuständigen Stellen Rücksicht nehmen[835]).

Das Recht der Verwaltungsbehörde zur "Auflösung" des Vereins paßte die Kommission den von ihr beschlossenen Einspruchsgründen an. Hatte der Antrag von PLANCK der Verwaltungsbehörde noch das Recht eingeräumt, jeden Verein, welcher andere als die im Statut bezeichneten Ziele verfolgte, aufzulösen, so beschränkte die Kommission dieses Recht nunmehr auf drei Fälle. Es sollte ausgeübt werden können[836]),

1) wenn der Verein durch gesetzwidrige Beschlüsse der Mitgliederversammlung oder durch gesetzwidriges Verhalten des Vorstandes das Gemeinwohl gefährdete;

2) wenn der Verein entgegen seinem Statut wirtschaftliche Zwecke verfolgte;

3) wenn der Verein entgegen dem Statut politische, sozialpolitische oder religiöse Zwecke verfolgte.

Das Problem der Behandlung der nichtrechtsfähigen Vereine, während der Beratungen des Vereinsrechtes zunächst ausgesetzt und auf die Beratungen über das Gesellschaftsrecht verschoben[837]), wurde ebenfalls nach dem Vorschlag des Antrages von PLANCK geregelt[838]). Doch waren zu diesem Antrag mehrere Änderungsanträge

---

833) Antrag Nr. 129 (v. MANDRY) v. 11. Oktober 1891 (Anlage z. Schreiben GEBHARDS an das badische Justizministerium v. 13. Oktober 1891 (in: AKTE BADEN VIII)). Ein Antrag von v. CUNY vom selben Tage (Antrag Nr. 130) sah Ähnliches vor.

834) PROT.BGB II A Bd III, S. 1120; PROT.BGB II B Bd 1, S. 560 (72. Sitzung v. 16. Dezember 1891).

835) Ibidem.

836) § 40 E II.

837) Beschluß der Kommission in PROT.BGB II A Bd III, S. 1109, PROT.BGB II B Bd 1, S. 554 (71. Sitzung v. 15. Dezember 1891).

838) PROT.BGB II A Bd VI, S. 2480 ff; PROT.BGB II B Bd 2, S.

eingebracht worden. Alle Mitglieder der Kommission waren sich zwar darüber einig, daß grundsätzlich das Gesellschaftsrecht auf solche Vereinigungen anwendbar sein sollte; es wurden jedoch mehrere Modifikationen zugunsten dieser Vereine vorgeschlagen. Die Vertreter dieser Anträge verwiesen vor allem auf die erlaubten Privatgesellschaften des ALR, welche man mit den Nichtrechtsfähigen Vereinen vergleichen könne. Hinzu komme, daß die Rechtsprechung diesen nach innen körperschaftlich organisierten Vereinigungen auch nach außen hin gewisse Körperschaftsmerkmale beigelegt habe[839]. Ähnliches gelte für die Behandlung der nichtrechtsfähigen Vereine in Sachsen und Bayern. - Die Mehrheit der Kommission entschied sich diesen Anträgen gegenüber für die uneingeschränkte Anwendung des Gesellschaftsrechtes auf diese Vereine. Sie hielt dem Vorbringen der Minderheit entgegen, nachdem nun einmal wirtschaftliche und politische Bedenken zur Ablehnung des Prinzips der freien Körperschaftsbildung geführt hätten, gehe es nicht an, den nichtrechtsfähigen Vereinen doch noch im wesentlichen die Stellung von juristischen Personen zu geben.

Nachdem alle Bedenken gegen eine reichseinheitliche Regelung des Vereinsrechtes ausgeräumt schienen, wurde die anfangs zurückgestellte Frage, ob eine solche Regelung erfolgen solle, von der Mehrheit der Kommission bejaht[840].

Bei der Abstimmung in der Sitzung vom 17. Dezember 1891 - die Kommission hatte für die Beratung des Vereinsrechtes neun Sitzungen aufgewandt - waren außer dem erkrankten Oberforstmeister DANCKELMANN sämtliche Kommissionsmitglieder anwesend. Berücksichtigt man, wie weit die Anhänger der reichsrechtlichen Regelung den Vertretern der Gegenmeinung entgegengekommen waren, so fiel die Entscheidung für diese Regelung verhältnismäßig knapp aus. Vierzehn Kommissionsmitglieder, darunter auch der Vorsitzende, Staatssekretär BOSSE, stimmten für die Regelung, neun Mitglieder

---

452 ff (139. Sitzung vom 29. Juni 1892 und 140. Sitzung vom 4. Juli 1892).

839) PROT.BGB II a.a.O. S. 2489 ff. bzw. S. 456 ff.

840) PROT.BGB II A Bd III, S. 1153 ff; PROT.BGB II B Bd 1, S. 578 ff. (73. Sitzung vom 17. Dezember 1891). - Eine zunächst vorgenommene Regelung der kollektiven Erwerbsgesellschaften in dem Entwurf (§ 659 E II; PROT.BGB II A, Bd VI, S. 2473 ff; PROT.BGB II B Bd 2 S. 448 ff.; (139. Sitzung vom 29. Juni 1892) gelangte später nicht in das Gesetzbuch, weil sie sich wegen der Ausgestaltung des Gesellschaftsrechtes als überflüssig erwies. Siehe dazu GIERKE, ABR 19/114, 115/116.

(KÜNTZEL, EICHHOLZ, JACUBETZKI, RÜGER, v. MANDRY[841]), v. MANTEUFFEL, v. HELLDORF, v. GAGERN und GEBHARD) votierten dagegen[842].

Die Minderheit vermochte sich nicht davon zu überzeugen, "daß das Ergebnis der eventuell gepflogenen Berathung geeignet sei, dem Versuche, die in Rede stehende Materie im BGB zu regeln, zur Stütze zu dienen"[843]. Angesichts der nicht zu leugnenden politischen Dimension der Materie und der Zustimmung der Bundesregierungen zum Standpunkt des 1. Entwurfes könne es sich nicht empfehlen, diesen Standpunkt zu verlassen. Man verwies auf die Mißerfolge der wiederholt eingebrachten Gesetzentwürfe von SCHULZE-DELITZSCH sowie darauf, daß die Bundesregierungen, insbesondere das preußische Staatsministerium, der 2. Kommission gegenüber ihre Ablehnung einer reichsrechtlichen Regelung zum Ausdruck gebracht hatten. So besehen erscheine der Beschluß, "gleichwohl bei der Regelung der Materie zu beharren, nicht nur nicht zweckmäßig, sondern bedenklich. Ob man in naher Zukunft auf eine Gestaltung der sozialen Verhältnisse hoffen dürfe, welche dazu angethan sei, die bestehenden politischen Bedenken zu beseitigen, könne dahin gestellt bleiben; die zu Tage tretende Verschärfung der politischen und gesellschaftlichen Gegensätze spreche einer solchen Erwartung nicht das Wort"[844].

Die Mehrheit wies demgegenüber darauf hin, daß bereits die Vorkommission des Bundesrates im Jahre 1874 eine reichseinheitliche Regelung des Rechts der juristischen Personen empfohlen habe[845]. Die seinerzeit vom Justizausschuß des Bundesrates dazu abgegebene Stellungnahme habe zwar empfohlen, in dieser Hinsicht mit Schonung und Vorsicht zu verfahren. Dem habe aber die nunmehr vorliegende Regelung "durch die Ausgestaltung der Einzelbestimmungen, namentlich durch die Vorschriften über den Einspruch gegen die Eintragung in das Vereinsregister und über die Auflösung der Vereine, in so vorsichtiger Weise Rechnung getragen, daß für jene (sc.: politischen) Bedenken kein Raum mehr bleibe"[846].

---

841) Dieses Votum v. MANDRYS erstaunt angesichts des von ihm eingebrachten, in Fußn. 833 erwähnten Antrages.

842) Bericht GEBHARDS an das badische Justizministerium vom 18. Dezember 1891 (in: AKTE BADEN VIII).

843) PROT.BGB II A Bd III, S. 1155 ff.; PROT.BGB II B Bd 1, S. 579 f. (73. Sitzung vom 17. Dezember 1891).

844) PROT.BGB II a.a.O. S. 1156 bzw. S. 580.

845) PROT.BGB II a.a.O. - Zu dem erwähnten Bericht der Vorkommission von 1874 s. o. S. 130.

846) PROT.BGB II a.a.O. S. 1155 bzw. S. 579.

Es ist nicht leicht möglich, das Abstimmungsverhalten der Kommissionsmitglieder mit bestimmten Gruppierungen innerhalb der Kommission in Verbindung zu bringen. Daß die konservativen Reichstagsabgeordneten v. MANTEUFFEL und v. HELLDORF gegen die Regelung stimmten, kann nicht erstaunen. Eigenartig wirkt es dagegen, daß die Mehrheit der s t ä n d i g e n Kommissionsmitglieder g e g e n die Aufnahme der umstrittenen Bestimmungen in das Gesetzbuch stimmte[847].

Bereits vor dem Eintritt in die eigentlichen Beratungen über das Vereinsrecht hatte sich GEBHARD in einer Stellungnahme gegenüber seiner Regierung unmißverständlich über den Wert der eventuell zu erwartenden Kommissionsentscheidung geäußert: "Bleiben die landesgesetzlichen Vorschriften über Zulassung, Schließung und Auflösung[848] der Vereine unberührt, kann ferner die Verwaltungsbehörde Vereine, welche religiösen oder politischen Zwecken dienen, durch Einspruch an der Erlangung der juristischen Persönlichkeit hindern und erstreckt sich das Verwaltungsstreitverfahren nur auf die Ermittlung der Zweckbethätigung, nicht auch auf die Frage der Angemessenheit des Einspruches, so löst sich der für die Vereine erstrebte Rechtsschutz und die der Gewährung desselben entsprechende Beschränkung der administrativen Freiheit im wesentlichen in Schein auf"[849]. In der Tat kann man das Ergebnis der Beratungen der 2. Kommission, verglichen mit dem 1. Entwurf, zwar insoweit als einen Fortschritt bezeichnen, als eine reichseinheitliche Regelung dieses wichtigen Rechtsgebietes vorgesehen wurde. Inhaltlich war der Fortschritt dagegen gering. Daß die Vereine mit wirtschaftlicher Zielsetzung grundsätzlich dem Konzessionssystem unterstellt wurden, fiel allerdings angesichts der zahlreichen bereits ergangenen Spezialgesetze auf Reichsebene nicht allzu sehr ins Gewicht und war wohl im übrigen auch erforderlich, um eine Umgehung der in diesen Spezialgesetzen aufgestellten Erschwerungen, welche sich als notwendig erwiesen hatten, zu verhindern. Daneben war aber auch für die wichtigsten Idealvereine ein System geschaffen worden, welches dem Konzessionssystem nicht sehr fern stand. Mit der Diskriminierung der nichtrechtsfähigen Vereine gab der Entwurf, ebenso wie spä-

847) Mit 6:5 Stimmen.
848) S. zur Verwendung dieser Bezeichnung Fußn. 811 a.E.
849) Schreiben GEBHARDS vom 4. Oktober 1891 an das badische Justizministerium (in: AKTE BADEN VIII).

ter das Gesetz, "bewußt klassenstaatlichen Tendenzen nach"[850]; denn angesichts der politischen Verhältnisse lag das hauptsächlich ins Auge gefaßte Ziel dieser Diskriminierung zweifellos in der Niederhaltung von Vereinigungen der Arbeiterbewegung, insbesondere der stark im Aufschwung begriffenen Gewerkschaften[851]. So blieb vor allem für politische Vereine nur die Wahl, sich entweder dem langwierigen und ungewissen Anmeldungsverfahren zu unterwerfen oder von vornherein auf die Rechtsfähigkeit zu verzichten und damit den unpassenden Vorschriften des Gesellschaftsrechts unterworfen zu werden.

Obwohl das System der Normativbestimmungen in Entwurf einschneidenden Beschränkungen unterworfen worden war, hielt der Widerstand der Bundesregierungen gegen die Regelung an. So empfahl die von der badischen Regierung eingesetzte Gutachterkommission noch im Frühjahr 1894, auf die reichsrechtliche Regelung der Entstehung und Endigung der juristischen Personen zu verzichten[852], und die badische Regierung machte sich diesen Standpunkt zu eigen[853]. Im preußischen Innenministerium machte sich dagegen im Herbst 1894 ein Stimmungsumschwung zugunsten der Regelung des 2. Entwurfes bemerkbar. Der Grund hierfür lag einmal darin, daß "diese Frage, nachdem ihre Lösung durch den Entwurf einmal urbi et orbi publicirt ist, von den Parteien im Reichstag doch begehrt werden wird und man sich nicht in die Lage versetzen wolle, ihretwegen die Annahme des Gesetzes en bloc oder gar überhaupt zu gefährden"[854]; außerdem hatte sich inzwischen im preußischen Innenministerium ebenso wie im Reichsjustizamt die Erkenntnis durchgesetzt, daß "möglichen Maßregeln gegenüber der Sozialdemo-

---

850) WIEACKER, Privatrechtsgeschichte S. 480; DERS., Sozialmodell S. 11

851) S. dazu BORN, Strukturwandel a.a.O. S. 274.

852) Bericht der Kommission in Akte Baden IX; GEBHARD stimmte der Ansicht dieser Kommission mit Schreiben vom 24. III. 1894 (in AKTE BADEN IX) zu: "Ich theile die Ansicht, daß die Kommission besser gethan hätte, wenn sie sich beschieden hätte, an die Regelung dieser Frage nicht heranzutreten. Der Versuch, Vereinen mit s.g. idealen Tendenzen beim Vorhandensein gewisser Voraussetzungen die Erlangung juristischer Persönlichkeit reichsrechtlich zu gewähren, während es dabei verbleibt, daß die Gestaltung des publizistischen Vereinsrechts Sache der Landesgesetzgebung ist, hat zu einem legislativen Ergebniß geführt, welches unbefangene Beurtheiler nicht befriedigen kann."

853) S. BEMERKUNGEN BADEN II, Ziff. II a.a.O. (Quellenverzeichnis U III 12).

854) Bericht des badischen Gesandten in Berlin an die Großher-

kratie durch die Sammlung des Vermögens in offenen Verbänden eher ein günstiger Boden geschaffen werde, als daß man befürchten müßte, ihr zu helfen, zumal daneben die öffentlichrechtlichen Mittel verbleiben"[855]. Im preußischen Kultusministerium tauchten allderdings zu dieser Zeit Bedenken auf, "daß mit Schulvereinen der Staats- (Gemeinde-) Schule Abbruch bereitet werden könnte"[856]. Diese neu aufgekommenen Bedenken schlugen sich dann in den Beschlüssen des Bundesrates nieder.

V. Bundesrat und Denkschrift

Der Bundesrat, welchem der Entwurf im Oktober 1895 zugeleitet wurde, überwies diesen ohne Beratung an den Justizausschuß[857]. Dieser nahm am Vereinsrecht des Entwurfes einige Änderungen vor, welche vom Plenum des Bundesrates später einstimmig übernommen wurden[858].

Vor allem die Rücksicht auf den Bundesrat und auf die Befürchtungen der in ihm repräsentierten Bundesregierungen hatte die 2. Kommission bewogen, das von ihr grundsätzlich bevorzugte System der Normativbestimmungen durch ein Einspruchsrecht der Verwaltungsbehörde insbesondere gegen die Eintragung von Vereinen mit politischen, religiösen und sozialpolitischen Zielsetzungen sowie durch ein entsprechendes Auflösungsrecht der Verwaltungsbehörde abzuschwächen und so dem Konzessionssystem anzunähern. Dem Bundesrat erschienen diese Beschränkungen des Systems der Normativbestimmungen jedoch zu gering. Er dehnte daher das Einspruchsrecht der Verwaltungsbehörde auf solche Vereine aus, welche einen der Erziehung und dem Unterrichte angehörenden Zweck verfolgten[859]. Eine gleiche Ausdehnung nahm der Bundesrat hinsichtlich des Auflösungrechtes der Verwaltungsbehörde vor[860]. Ferner sollte sich das Verwaltungsstreitverfahren gegen den Einspruch der Verwaltungsbehörde nicht - wie im 2. Entwurf - nach den §§ 20,21

zogl. badische Regierung v. 20. September 1894 (in: AKTE BADEN IX).

855) Ibidem.

856) Bericht des badischen Gesandten in Berlin an die badische Regierung v. 9. Oktober 1894 (in: AKTE BADEN IX).

857) PROT.BR, Sitzung v. 24. Oktober 1895 (31. Sitzung der Session 1895), § 560 (S. 461). S. ferner PROT.BR, Sitzung v. 27. Juni 1895 (26. Sitzung der Session 1895), § 407 (S. 288), zur geschäftsmäßigen Behandlung des Entwurfs.

858) PROT.BR, Sitzung vom 16. Januar 1896 (2. Sitzung der Session 1896), § 26 (S. 13).

859) § 58 der Reichstagsvorlage.

860) § 40 der Reichstagsvorlage.

GewO richten, vielmehr wurde die Bestimmung des Verfahrens der Landesgesetzgebung zugewiesen.

Die DENKSCHRIFT, welche das Reichsjustizamt zusammen mit dem Entwurf dem Reichstag zuleitete, wiederholte die Bedenken gegen das System der freien Körperschaftsbildung, welche bereits von beiden Kommissionen zum Ausdruck gebracht worden waren[861]. Allerdings wurde auch das Konzessionssystem nicht mehr verteidigt. Zwar wurde hervorgehoben, daß es der Forderung nach einer öffentlichen Feststellung der Entstehung eines rechtsfähigen Vereins durchaus entspreche[862]; dennoch wurde zugegeben, daß in ihm "eine geeignete Grundlage für das Reichsrecht nicht zu erblicken" sei[863], da sich die neuere Rechtsentwicklung weitgehend von ihm abgewandt habe und ungleichmäßige Behandlung der Anträge stellenden Vereine nicht auszuschließen sein würde. Andererseits, so fuhr die DENKSCHRIFT fort, müsse "die Rücksicht auf die Folgen, welche sich für das Gemeinwohl und den öffentlichen Frieden aus dem Machtzuwachs ergeben können, der unverkennbar mit der Erlangung der Rechtsfähigkeit verbunden ist, davon abhalten, den politischen, sozialpolitischen und religiösen Vereinen" - und ebenso den weiteren, vom Bundesrat genannten Vereinen[864] - "die Rechtsfähigkeit unter den gleichen Voraussetzungen zugänglich zu machen wie den übrigen Vereinen zu idealen Zwecken"[865].

VI. Kritische Stellungnahmen zum 2. Entwurf

Während der 2. Entwurf insgesamt erheblich weniger Beachtung in der Öffentlichkeit fand als sein Vorgänger[866], wurden die in ihm enthaltenen vereinsrechtlichen Bestimmungen bis zu ihrer endgültigen Verabschiedung durch die Gesetzgebungskörperschaften von teilweise heftigen Diskussionen begleitet. Zahlreiche Stellungnahmen wurden von den ersten Veröffentlichungen der Kommission bis zum Beginn der Beratungen im Reichstag abgegeben. Das von der Kommission dem Entwurf zugrundegelegte System der Normativbestimmungen[867] wurde von den meisten Rezensenten gutgehei-

861) DENKSCHRIFT S. 11.
862) Ibidem.
863) Ibidem.
864) DENKSCHRIFT S. 13.
865) Ibidem.
866) SCHUBERT, Entstehung S. 51.
867) Von FULD, AcP 85/134, 135, wurde das System des 2. Entwurfes als System der freien Körperschaftsbildung bezeichnet. Zu dieser allgmeinen Einordnungsfrage s. oben S.12; s. ferner S. 151; FULD, SozPr 4/288, r. Sp.

ßen. Hingegen wurden die vom Bundesrat noch verstärkten Rechte der Verwaltungsbehörde überwiegend negativ beurteilt.

Heftigster Kritiker des Entwurfes war wiederum GIERKE. Er gab zu, daß der zweite Entwurf dem Gemeinschaftsrecht viel mehr Wohlwollen entgegengebracht habe als sein Vorgänger, insbesondere habe er das individualistische Gesellschaftsrecht des 1. Entwurfes durch Aufnahme der Gesamthand im sozialen Sinne umgestaltet und auch den individualistischen Bestimmungen des 1. Entwurfes über juristische Personen ein sozialeres Gepräge verliehen. Somit stelle er insgesamt einen unbestreitbaren Fortschritt dar[868]. Sogar das Fehlen der freien Körperschaftsbildung sei notfalls zu verschmerzen[869]. Alle Tugenden des Entwurfes vermochten jedoch nach GIERKEs Ansicht nicht die "häßlichen Fehler" auszugleichen, welche das neue Vereinsrecht "entstellten"[870]. Schon die Unterwerfung der wirtschaftlichen Vereine unter das Konzessionssystem hielt GIERKE für eine bedenkliche Einschränkung. Schlimmer jedoch empfand er das Einspruchsrecht der Verwaltungsbehörde. Sein Resumé: Insgesamt liefen die Normativbestimmungen des Entwurfes auf ein verschleiertes Konzessionssystem hinaus[871]. Der Entwurf wolle polizeilich bedenklichen Vereinen, denen das öffentliche Recht nicht beikommen könne, durch Versagung oder Entziehung der Vermögensfähigkeit das Leben erschweren und das private Vereinsrecht zu "polizeiliche(n) Handlangerdienste(n)" heranziehen[872]. Als geradezu unerträglich bezeichnete GIERKE die Einbeziehung der sozialpolitischen Vereine in das Einspruchs- bzw. Auflösungsrecht der Verwaltungsbehörde. Unter diesen "Kautschukbegriff", so meinte er, lasse sich alles bringen. Jeder Verein verfolge irgendeinmal einen sozialpolitischen Zweck im weitesten Sinne. Ein Wohltätigkeitsverein, ein Bildungsverein, ein Verein zur Fürsorge entlassener Sträflinge, eine Mägdeherberge, ein Jugendheim, eine Volksküche, sie alle könnten unter diesem Begriff subsumiert werden[873]. Vor allem aber sollten offenbar die Arbeitervereine betroffen werden. Dies aber bedeute eine Verletzung von

868) GIERKE, Reichstag S. 48; ähnlich ANDRÉ, DJZ 1/101, 102; OERTMANN, ABR 11/1, 20.
869) GIERKE, Reichstag S. 48.
870) Ibidem.
871) GIERKE, Reichstag S. 49.
872) GIERKE, Reichstag S. 50; zustimmend FULD, SozPr 4/288, 289, welcher jedoch betonte, daß der umgekehrte Aspekt: die Freiheit der Vereinsbildung als Voraussetzung der Körperschaftsfreiheit, ebenfalls noch nicht befriedigend gesetzlich geregelt sei.
873) GIERKE, Reichstag S. 50.

Gerechtigkeit und gesunder Sozialpolitik. Kein Verein sei mehr sicher vor dem Damoklesschwert des Einspruchs und der Auflösung aufgrund des Vorwurfes, "sozialpolitische" Ziele zu verfolgen[874]. GIERKE schloß: "Wo bleiben die Wohlthaten dieses neuen Vereinsrechtes? Es nimmt einen verheißungsvollen sozialen Anlauf. Alsbald aber erschrickt es vor der eigenen Kühnheit, macht kehrt und endet damit, dem Vereinsrecht allen Rechtsschutz zu entziehen"[875].

In die gleiche Richtung, wenn auch nicht mit dieser Schärfe, ging die von anderer Seite vorgebrachte Kritik. Positiv hervorgehoben wurde dagegen von allen, daß der Entwurf eine reichseinheitliche Regelung des Vereinsrechts vorsah[876]. HÖLDER wiederholte seinen bereits anläßlich des 1. Entwurfes gemachten Hinweis, daß die Unterlassung einer solchen Regelung angesichts des in vielen Partikularstaaten fehlenden Landesrechtes und des erklärten Zieles, mit der Kodifikation das gemeine Recht aufzuheben, eine Lücke geschafften hätte[877]. Dagegen bezeichnete er es als einen "merkwürdigen Widerspruch", daß die 1. Kommission das System der Normativbestimmungen noch allenfalls für Vereine mit wirtschaftlichen Zielsetzungen, nicht jedoch für Idealvereine für vertretbar gehalten hatte, ihre Nachfolgerin dagegen gerade umgekehrt den wirtschaftlichen Vereinigungen dieses System vorenthalten habe[878]. Schwer begreiflich schien ihm auch, daß für Idealvereine neben dem Erwerb der Rechtsfähigkeit durch Registereintragung auch noch derjenige im Wege staatlicher Verleihung möglich sein solle[879]. Scharf kritisierte HÖLDER das vorgesehene Einspruchsrecht der Verwaltungsbehörde. Soweit es sich auf unerlaubte Vereine beziehe, sei es überflüssig, hinsichtlich der Vereine, welche verboten werden k ö n n t e n, sei es bedenklich[880]. Ebenso wie GIERKE lehnte auch er die Einbeziehung der sozialpolitischen Vereine in das Einspruchsrecht der Verwaltungs-

874) GIERKE, Reichstag S. 51.
875) GIERKE a.a.O.
876) S. z.B. FULD, AcP 85/134; CRETSCHMAR, AdP 81/146; ANDRÉ, DJZ 1/101, 102; BINGNER, SABRP 3/270, 276. BINGNER war jedoch der Ansicht, die Spezialvorschriften über eingetragene Vereine sollten nicht dem BGB einverleibt, sondern in einem besonderen Reichsgesetz geregelt werden. Gleicher Ansicht STROHAL, IhJb 34/333 ff.
877) HÖLDER, AcP 80/1, 15.
878) HÖLDER, AcP 80/1, 18.
879) HÖLDER, AcP 80/1, 19.
880) HÖLDER, AcP 80/1, 21.

behörde ab. Vor allem die von der Kommission ausdrücklich in den Kreis der eintragungsfähigen Vereine aufgenommenen "gemeinnützigen" Vereine seien selten ohne sozialpolitische Zielsetzung[881].

Auch andere Stellungnahmen stellten das Einspruchs- und Auflösungsrecht der Verwaltungsbehörde in den Mittelpunkt ihrer Kritik. Nach Auffassung von JASTROW war vor allem wegen jener Regelungen das Vereinsrecht des Entwurfes "die denkbar schwächlichste Lösung"[882]. Auch CONRAD hielt die Sonderbehandlung der politischen und sozialpolitischen Vereine für bedenklich[883].

Das den Vereinen gegenüber dem Einspruch und gegenüber der Auflösung zugestandene Rechtsmittelverfahren wurde von einigen Kritikern als belanglos bezeichnet, nachdem die Kommission ausdrücklich beschlossen habe, daß Gegenstand des Verfahrens nicht die Frage sein solle, ob die Verwaltungsbehörde von ihrem Einspruchsrecht sachgemäß Gebrauch gemacht habe, sondern lediglich, ob es sich bei dem betreffenden Verein tatsächlich um einen religiösen, politischen oder sozialpolitischen Verein handele[884].

Den grundsätzlichen Kritikern des Vereinsrechtes des 2. Entwurfes standen diejenigen gegenüber, welche den Kommissionsentwurf als einen angesichts der politischen Kräfteverhältnisse angemessenen Kompromiß ansahen und nur die vom Bundesrat vorgenommenen weiteren Einschränkungen der Körperschaftsfreiheit für zu weitgehend hielten. ECK warf den oben genannten Kritikern des zweiten Entwurfes vor, sie gingen in ihrer Kritik viel zu weit und würdigten gar nicht die in vielen deutschen Ländern bestehenden Unzulänglichkeiten des öffentlichen Vereinsrechts[885]. Andererseits aber überschreite die vom Bundesrat vorgenommene Erweiterung des Einspruchs- und Auflösungsrechtes der Verwaltungsbehörde entschieden das richtige Maß. Durch sie würde in der Tat für

---

881) HÖLDER a.a.O.

882) JASTROW, SozPr 5/385, 388: " Alle Vereine können Korporationsrechte erlangen mit Ausnahme derjenigen Vereine, die sie nöthig haben." Kritisch auch CONRAD, JbNST 58/368, 394.

883) CONRAD a.a.O., ebenso ENDEMANN, PrVwBl 17/205; ENNECCERUS bezeichnete die Erweiterung des Verfahrens auf die Überprüfung der Notwendigkeit und Billigkeit des Einspruches als einzige noch an das Vereinsrecht des Entwurfes zu stellende Forderung (DJZ 1/6, 7 r. Sp.). Zur Einstellung von ENDEMANN s. einschränkend Fußn. 889-891.

884) S. dazu JASTROW, SozPr 5/481, 482; FULD, AcP 85/134, 140 wies ferner darauf hin, daß angesichts der (damals noch) nicht bestehenden einheitlichen Verwaltungsgerichtsbarkeit Ungleichbehandlungen nicht auszuschließen seien.

885) ECK, Vorträge Heft 1, S. 15.

die meisten Vereine ein sogar noch verschärftes Konzessionssystem eingeführt; denn trotz Einhaltung der Normativbestimmungen des Gesetzes müßten die betreffenden Vereine noch das Einspruchsrecht der Verwaltungsbehörde überwinden[886]. Kritik übte ECK ferner daran, daß der Bundesrat das von der Kommission vorgesehene Verwaltungsstreitverfahren beseitigt und die Regelung der Anfechtung des Einspruches der Landesgesetzgebung überlassen habe. Damit sei der ohnehin schon bescheidene Rechtsschutz der Vereine völlig ins Ungewisse gerückt worden[888]. ECK schlug vor, sich wieder auf die Fassung des 2. Entwurfes zu einigen und den Kreis der von der Sonderregelung betroffenen sozialpolitischen Vereine schärfer abzugrenzen.

Ähnlich wie ECK lobte auch ENDEMANN die 2. Kommission dafür, daß sie sich entgegen der eigenen Überzeugung in weiser Selbstbeschränkung geübt und damit den Widerstand der Bundesregierungen gegen eine reichseinheitliche Regelung der Materie überwunden habe[889]. Die Frage sei gewesen: "Nichts oder wenigstens dies?"[890]. ENDEMANN bedauerte es allerdings, daß der Bundesrat die Bestimmung des Rechtsweges der Landesgesetzgebung zugewiesen habe. Damit sei "ein neues Stück aus dem Zusammenhang der Einheit des bürgerlichen Rechts herausgerissen und partikularistischen Rücksichten ohne Grund geopfert" worden[891].

Auf ein verhältnismäßig wenig beachtetes Problem des Entwurfes ging JASTROW ein. Er wies darauf hin, daß der Entwurf statt der Entziehung der Rechtsfähigkeit nur die "Auflösung" des Vereins kenne[892]. JASTROW bezeichnete es als Inkonsequenz, daß ein Verein aus den im Entwurf genannten Gründen nicht nur die Rechtsfähigkeit verlieren, sondern sogar seine Existenz schlechthin aufgeben soll[893]. Die Konsequenz hieraus sei, daß "die Erlangung der Körperschaftsrechte geradezu .. eine Gefahr für Vereine" darstelle[894].

Besondere Bedeutung erlangte im weiteren Verlauf der Entwicklung ein Vortrag, welchen SOHM im Jahre 1895 vor der Juristi-

---

886) ECK, Vorträge Heft 1, S. 18.
887) entfällt.
888) ECK, Vorträge Heft 1, S. 19.
889) ENDEMANN, PrVwBl 17/205.
890) Ibidem.
891) ENDEMANN a.a.O. S. 206.
892) JASTROW, SozPr 5/481, 482, Fußn 1.
893) S. allgemein zu dieser Frage oben S. 25 ff. sowie S. 162, Fußn. 811.
894) JASTROW a.a.O. (Fußn. 892).

schen Gesellschaft in Berlin hielt[895]. Obwohl SOHM mit seinem viel weiter gehenden Antrag in der Kommission überstimmt worden war, bezeichnete er das Vereinsrecht des Entwurfes als dessen bedeutsamste Schöpfung[896]. In dieser Hinsicht stand er in scharfem Gegensatz zu seinem persönlichen Freund GIERKE[897]. Nach Ansicht von SOHM entsprach der Entwurf der damaligen Tendenz zu einer freiheitlicheren Gestaltung des Vereinsrechtes und Vereinslebens. Angesichts dieser grundsätzlichen Befürwortung des Entwurfs mußte es allerdings umso mehr ins Gewicht fallen, daß SOHM Kritik an einem Punkt desselben anmeldete. Er gab zwar zu, "daß die Einschränkung bezüglich der politischen und religiösen Vereine beachtenswerte Gründe" gehabt haben mochte[898]; hinsichtlich der sozialpolitischen Vereine sei solches jedoch sehr fraglich. Hier habe die Angst vor der sozialdemokratischen Bewegung dem Gesetzgeber die Feder geführt, und die Angst sei immer ein schlechter Ratgeber. Es sei ein Irrtum zu glauben, man könne die Macht der Arbeiterbewegung durch Erschwerung des Erwerbs der juristischen Persönlichkeit mindern oder überhaupt beeinflussen. Dennoch sei das Vereinsrecht des Entwurfes ein wertvoller Fortschritt[899].

Obwohl sich die Kritik SOHMs somit auf einen verhältnismäßig kleinen Ausschnitt des Vereinsrechtes bezog, wurde SOHM von Sozialdemokraten und Freisinnigen bei den Beratungen im Reichstag mehrfach als Kronzeuge für die freiheitswidrige Grundeinstellung des Entwurfes zitiert[900]. Diese Auffassung verkehrte jedoch den Standpunkt SOHMs fast in sein Gegenteil. SOHM verwahrte sich auch während der Beratungen im Reichstag, an denen er als Kommissar der Reichsregierung teilnahm, gegen sie und griff vor allem die Sozialdemokraten wegen ihrer ablehnenden Einstellung zum Entwurf heftig an[901].

895) S. dazu auch SCHUBERT, Entstehung S. 51/52.
896) SOHM, Gruchot 39/737, 750.
897) S. dazu CRÖNERT, DWBl 9/235.
898) SOHM, Gruchot 39/737, 752.
899) SOHM, Gruchot 39/737, 752.
900) S. z.B. die Ausführungen des SPD-Abgeordneten FROHME in der 1. Lesung des BGB im Reichstag (STEN.BER.RT., IX. Leg. Per., 4. Session, 33. Sitzung vom 6. Februar 1896, S. 781, 782 f.).
901) S. die Rede SOHMs in der 1. Lesung des BGB im Reichstag (STEN.BER.RT. a.a.O., 32. Sitzung vom 5. Februar 1896, S. 754ff.) Die sozialdemokratische Presse zahlte die ungewöhnlich scharfen, teilweise sehr persönlichen Angriffe SOHMS in gleicher Münze heim; der VORWÄRTS (v. 6. Februar 1896)

Ebenso wie nach der Veröffentlichung des 1. Entwurfes führte auch diesmal der JURISTENTAG zu einer umfassenden Bestandsaufnahme der Ansichten zu den vereinsrechtlichen Bestimmungen des Entwurfes. Die Beratungen des Juristentages fanden allerdings statt, bevor der Bundesrat die oben[901a)] erwähnten Änderungen an dem Entwurf vornahm.

Das zu Beginn der Beratungen des Juristentages erstattete Gutachten von LEONHARD schloß mit der Empfehlung, "die Sonderbestimmungen des Entwurfes über wirtschaftliche, politische, sozialpolitische und religiöse Vereine abzulehnen, weil sie dem Vereinsleben den Rechtsschutz entziehen, ... im übrigen aber das Vereinsrecht des Entwurfes zu billigen"[902)].

LEONHARD begrüßte es, daß der Entwurf eine reichseinheitliche Regelung des Vereinsrechtes enthielt, und bewertete es ferner positiv, daß er sich sowohl vom Konzessionssystem als auch vom System der freien Körperschaftsbildung ferngehalten hatte[903)]. Damit seien die Gefahren dieser Systeme - beim Konzessionssystem dessen polizeistaatlicher Charakter, beim System der freien Körperschaftsbildung die Gefahr für die Staatssicherheit - vermieden worden. Hinsichtlich der vier genannten Vereinsgruppen habe der Entwurf jedoch einen "Ersatz für das abgelehnte Concessionssystem" geschaffen[904)]. Besser wäre es gewesen, für diese Vereine, wie im sächsischen Vereinsgesetz von 1868 geschehen, schlechthin das Konzessionssystem einzuführen. Faktisch habe man dies ja doch getan, da die Nichtausübung des Einspruchsrechtes seitens der Verwaltungsbehörde einer Konzession gleichkomme. Hier zumindest gelte der Satz: "Qui tacet, consentire videtur"[905)].

GIERKE, als Referent des Gutachtens von LEONHARD, erklärte sich zwar erneut bereit, für den Erwerb der Grundbuch- und Erbfähig-

---

bezeichnete seine Rede als "hohles Gepolter", "geistloses Pathos", "seichte Deklamationen von nationaler Einheit", "kunterbuntes Gemengsel von Schlagwörtern". Ferner: "Als GOTTSCHED vor 150 Jahren in Leipzig den Hanswurst verbrannte, scheint er nicht gründlich verfahren zu sein."

901a) S. o. S. 174 f.

902) LEONHARD, 23. DtJurTg Bd I, S. 257. - LEONHARD schlug zunächst vor, an Stelle der Bestimmungen des 2. Entwurfes über wirtschaftliche, politische, sozialpolitische und religiöse Vereine die entsprechenden Vorschriften des sächsischen Gesetzes von 1868 zu übernehmen. Diesen Antrag zog er jedoch im Laufe der Diskussion zurück.

903) LEONHARD, 23. DtJurTg Bd I, S. 257.

904) Ibidem.

905) Ibidem.

keit eine Registereintragung zuzugestehen. Im übrigen aber - so forderte er - solle man den Vereinen Partei- und Rechtsfähigkeit ohne das Erfordernis der Eintragung gewähren[906]. Bei der Besprechung des Entwurfes wies GIERKE auf eine Inkonsequenz des Entwurfes hin, welche erstaunlicherweise in der weiteren Entstehungsgeschichte des BGB nicht mehr angesprochen wurde; auf den Umstand nämlich, daß das Auflösungsrecht der Verwaltungsbehörde nur denjenigen Vereinen gegenüber gelten sollte, welche entgegen ihrer ursprünglichen Zielsetzung politische, sozialpolitische, regligiöse oder wirtschaftliche Ziele verfolgten: "Also wenn ein Verein von ursprünglich ganz correct nationalliberaler oder streng conservativer Richtung im Laufe der Jahre degeneriert oder die Maske abwirft und ein ausgesprochen republicanischer oder socialdemokratischer Verein wird - dem ist nichts anzuhaben"[907]. Dagegen könnten harmlose Vereine unter dem Vorwand, von unpolitischen zu politischen Zielsetzungen übergegangen zu sein, aufgelöst werden.

GIERKE schlug dem Juristentage vor, zu empfehlen, daß, wenn schon eine Eintragung erfolgen solle, nur die formellen Erfordernisse geprüft werden dürften und jedem Verein, dessen Bestand vom öffentlichen Rechte anerkannt sei, der Erwerb der Privatrechtsfähigkeit ermöglicht werden müsse[908].

LEVY als Korreferent schlug dagegen der Versammlung vor, den Kommissionsentwurf in seinen Grundzügen zu billigen[909]. Im Verlauf der anschließenden Diskussion machte ENNECCERUS den Vorschlag, den Entwurf in den Grundzügen gutzuheißen, aber einen wirksamen verwaltungsrechtlichen Schutz für die Vereine gegen den Einspruch und gegen die Auflösung seitens der Verwaltungsbehörde zu fordern.

GIERKE erklärte sich außerstande, diese grundsätzliche Billigung des Entwurfes zu unterstützen. Er wandte sich vor allem gegen den verschiedentlich lautgewordenen Hinweis darauf, daß die Entwürfe von SCHULZE-DELITZSCH für bestimmte Vereinsgruppen Sonderbestimmungen enthalten hätten. Diese Entwürfe, so entgegnete er, hätten es grundsätzlich bei dem bisherigen Rechtszustand belassen und nur einige zusätzliche reichsrechtliche Verbesserungen bringen wollen. Der vorliegende Entwurf aber werde mit sei-

---

906) GIERKE, 23. DtJurTg Bd II, S. 14.
907) GIERKE, 23. DtJurTg Bd II, S. 17.
908) GIERKE, 23. DtJurTg Bd II, S. 20.
909) LEVY, 23. DtJurTg Bd II, S. 34.

nem "verschleierten Concessionssystem" für weite Teile des Reichs einen Rückschritt bringen[910].

Die Mehrheit des Juristentages schloß sich dem Antrag von ENNECCERUS an[911]. Wie die Mehrheit votiert hätte, wenn die Änderungsvorstellungen des Bundesrats bereits bekannt gewesen wären, ist ungewiß. Es hatte sich jedoch gezeigt, daß auch schon vor diesen Änderungen dem Vereinsrecht des neuen Entwurfes zwar erheblich mehr Verteidiger erwachsen waren als seinem Vorgänger, daß aber dennoch niemand recht mit ihm zufrieden war. Alle Hoffnungen richteten sich jetzt auf den Reichstag, welchem der Entwurf nunmehr zugleitet wurde und von welchem man noch einige Verbesserungen erhoffte.

VII. Weitere Entwicklung bis zur Verabschiedung des BGB

1. Erste Lesung im Reichstag

Nach den vom Bundesrat vorgenommenen Änderungen sah sich der Reichstag einer Vorlage gegenüber, welche hinsichtlich der Frage des Erwerbs juristischer Persönlichkeit noch obrigkeitsstaatlicher ausgestaltet war als die ohnehin schon nicht sehr vereinsfreundliche Regelung des 2. Entwurfes. Es war daher vorherzusehen, daß es im Reichstage zu heftigen Diskussionen über das Vereinsrecht kommen würde[912]. Vor allem die Sozialdemokraten mußten die Vorschriften über politische und sozialpolitische Vereine als direkt gegen sich gerichtet empfinden[913]. - In der Tat war das Vereinsrecht des Entwurfes eines der wenigen Rechtsgebiete, welche auch noch bei den Beratungen im Reichstag lebhafte Debatten auslöste. Neben dem Eherecht dürfte es das umstrittenste Rechtsgebiet überhaupt gewesen sein.

Neben den Sozialdemokraten übten vor allem die Abgeordneten des Zentrum, der Freisinnigen sowie der deutschsozialen Reformpartei Kritik an den vereinsrechtlichen Bestimmungen des Entwurfes. Der Zentrums-Abgeordnete RINTELEN[914] wies u.a. darauf hin,

910) GIERKE, 23. DtJurTg Bd II, S. 63.
911) Über die Vorstellungen von ENNECCERUS s. o. Fußn. 883.
912) S. JASTROW, SozPr 5/385, 388; v. BUCHKA, DJZ 1/135,136 r.Sp.
913) BEBEL, NZ 14, Bd 1/577, 582: " .. ist eine Ausnahmerecht geschaffen worden für alle unbequemen politische, sozialpolitische und religiöse Zwecke verfolgenden Vereinen". S. aber auch SOHM, DJZ 5/6, 8 r. Sp., wonach auch in der SPD-Fraktion "wie man hörte, das Gesetzbuch einflußreiche Anhänger gewonnen hatte."
914) STEN.BER.RT., IX. Leg. Per., 4. Session (30. Sitzung v. 3. Februar 1896), S. 714/715.

daß jeder Verein einmal in die Lage komme, sich mit einer der Materien zu befassen, bei welchen der Verwaltungsbehörde nach dem Entwurf ein Einspruchsrecht bzw. ein Auflösungsrecht zustehen sollte. Er bezeichnete die Diskriminierung der Vereine mit politischen, sozialpolitischen, religiösen, erzieherischen und Unterrichtszielen als unzweckmäßig und unpolitisch[915].

Der freisinnige Abgeordnete KAUFFMANN[916] lobte zwar, daß die 2. Kommission sich, anders als ihre Vorgängerin, für die reichsrechtliche Regelung des Vereinsrechtes entschieden hatte, meldete jedoch Bedenken gegen den Inhalt dieser Regelung an. Er bezeichnete das Konzessionssystem und das diesem teilweise nahestehende System des Entwurfes als "alten Zopf" und empfahl die Handhabung des Systems der Normativbestimmungen. Ebenso wie sein Vorredner wies auch er auf die für das Vereinsleben gefährliche gegenseitige Ergänzung von Einspruchsrecht und Auflösungsrecht der Verwaltungsbehörde hin: "Wenn der Verein die Scylla des Einspruchsrechts umschifft hat, dann droht ihm noch die Charybdis der Auflösung durch staatliches Belieben"[917]. Man solle das freie Vereinsrecht zum Bundesgenossen in dem Kampf für die sozialen Aufgaben der Zeit machen, statt es unter der politischen Aufsicht verkümmern zu lassen[918].

Sehr viel härtere Kritik am Vereinsrecht des Entwurfes übten die Redner der deutschsozialen Reformpartei und der SPD.

FÖRSTER als deutschsozialer Abgeordneter nannte die Bestimmungen des Entwurfes kleinlich, freiheitswidrig und ein Angstprodukt. Man habe im Bereiche des Vereinsrechts das bürgerliche Gesetzbuch "der sogenannten 'Staatserhaltung' dienstbar machen" wollen. In Wirklichkeit sei dergleichen aber nicht staatserhalten, sondern gefährlich[919].

Von Seiten der Sozialdemokraten setzte sich der Abgeordnete FROHME mit dem Vereinsrecht des Entwurfes auseinander. Er wies auf die Erfahrungen hin, welche die sozialdemokratischen Arbeiterorganisationen in den vorausgegangenen 25 Jahren mit den Verwaltungsbehörden gemacht hätten[920]. Man wisse, wie man in

---

915) STEN.BER.RT. a.a.O. S. 715.
916) STEN.BER.RT. a.a.O. (31. Sitzung v. 4. Februar 1896), S. 728 ff.
917) STEN.BER.RT. a.a.O. (Fußn. 914) S. 715.
918) KAUFFMANN berief sich vor allem auf die Kritik von SOHM am Vereinsrecht des Entwurfes. (S. dazu oben S. 179 f.)
919) STEN.BER.RT. a.a.O. (32. Sitzung v. 5. Februar)S. 762, 768.
920) STEN.BER.RT. a.a.O. (33. Sitzung v. 6. Februar)S. 781.

Deutschland behördlicherseits das Koalitionsrecht der Arbeiter zu vergewaltigen und illusorisch zu machen imstande sei. Aufgrund der alltäglichen Unterstellung, daß irgendein gewerkschaftlicher oder wirtschafltlicher Verein politische Ziele verfolge, sei eine außerordentlich große Anzahl von Arbeiterorganisationen aufgelöst worden. Es lägen auch Anzeichen dafür vor, daß einige Bundesregierungen die Absicht hegten, das Einspruchsrecht der Behörden landesrechtlich so auszugestalten, daß aus dem System des Entwurfes wieder ein vollständiges Konzessionssystem würde[921].

Demgegenüber hatten PLANCK und ENNECCERUS das Vereinsrecht des Entwurfs in seinen Grundzügen verteidigt. Vor allem die Rede von PLANCK wurde auch außerhalb des Reichstages stark beachtet, und sogar die Sozialdemokraten sprachen PLANCK ihre Hochachtung aus [922]. PLANCK gab zu, daß es sich bei der Regelung des Vereinsrechtes um "eine der schwierigsten und zweifelhaftesten Materien" der gesamten Vorlage handele. Er meinte, es wäre zwar wünschenswert gewesen, in das Vereinsrecht des BGB weniger öffentlichrechtliche Kautelen einzubauen; der uneinheitliche Rechtszustand auf dem Gebiete des öffentlichen Vereinsrechtes der Bundesstaaten habe jedoch die Aufnahme des Einspruchsrechtes der Verwaltungsbehörde in den Entwurf erforderlich gemacht. Dieses Einspruchsrecht bedeutete jedoch nach Ansicht von PLANCK keine Einmischung der Polizeiwillkür in das bürgerliche Recht, sondern die notwendige Konsequenz der bürgerlichen Rechtsordnung, zu gleicher Zeit mit der Einführung des Systems der Normativbestimmungen auch diejenigen Garantien hinzuzufügen, welche gegen die Gefährdung des öffentlichen Wohls durch Vereine erforderlich seien[923].

Ähnlich wie bei PLANCK hatte sich auch ENNECCERUS geäußert. Er hatte vor allem auf den Fortschritt hingewiesen, den seiner Ansicht nach die Regelung des Entwurfes gegenüber dem bisherigen Rechtszustande bedeutete, hatte jedoch die Ansicht vertreten,

---

921) STEN.BER.RT. a.a.O. (Fußn. 920) S. 785/786.

922) Bericht des VORWÄRTS am 5. Februar 1896 über die Reichstagssitzung vom 4. Februar: "... Herr PLANCK hat vor 18 Jahren das Augenlicht verloren, und es ist staunenswert, wie der blinde Mann, unterstützt von einem phänomenalen Gedächtnis, das gesamte Material beherrscht... Das Haus, welches dem sowohl sachlich wie auch durch die Gegenwart des Redners hochinteressanten Vortrag mit gespanntester Aufmerksamkeit zuhörte, spendete zum Schlusse lauten und allgemeinen Beifall". - Kritisch zum Inhalt der Rede PLANCKS BEBEL, NZ 14, Bd 2/ 577, 581.

923) STEN.BER.RT. a.a.O. (Fußn. 916) S. 737.

daß das Einspruchsrecht der Verwaltungsbehörde auf politische und religiöse Vereine beschränkt werden sollte, und gefordert, eine wirksame Garantie gegen willkürliche Maßnahmen der Verwaltungsbehörden in die Regelung aufzunehmen[924].

2. Die Beratungen und Beschlüsse der Reichstagskommission und deren Bericht

Der von ENNECCERUS verfaßte Bericht über die Beratungen der XII. Reichstagskommission, welcher der Reichstag den Entwurf nach der ersten Lesung überwiesen hatte, zeigt, daß sich diese Kommission in ihren zwei Lesungen mit dem Vereinsrecht besonders ausführlich befaßt hat.

Aus der Mitte der Kommission wurden in erster Lesung im wesentlichen drei Anträge gestellt, von denen sich der erste grundsätzlich auf den Boden des Systems der freien Körperschaftsbildung stellte und nur für den Erwerb der Grundbuchfähigkeit das System der Normativbestimmungen forderte[925].

Der zweite Antrag verlangte die ausschließliche Geltung des Systems der Normativbestimmungen[926]; das Amtsgericht sollte aber die Eintragung eines Vereines ablehnen können, falls dessen Zweck auf einen wirtschaftlichen Geschäftsbetrieb gerichtet war oder gegen ein gesetzliches Verbot oder die guten Sitten verstieß[927]. Auf diese Weise hoffte man, die Bedenken des Bundesrates gegen den Wegfall des Einspruchsrechtes der Verwaltungsbehörde beseitigen zu können. Aus dem gleichen Grunde wurde auch die Möglichkeit der Auflösung durch die Verwaltungsbehörde nicht völlig abgeschafft, sondern ersetzt durch die auf Antrag der Staatsanwaltschaft zulässige Auflösung durch das Amtsgericht. Gegen die Ablehnung der Eintragung und gegen die Auflösung sollten dem Verein, gegen die Ablehnung der Auflösung dem Staatsanwalt der Klageweg offen stehen.

Der dritte Antrag schließlich stellte sich grundsätzlich auf den Standpunkt des Entwurfs in seiner ursprünglichen Fassung, forderte aber einen wirksameren verwaltungsrechtlichen Schutz der Vereine gegen das Einspruchs- und Auflösungsrecht der Verwaltungsbehörde[928].

---

924) STEN.BER.RT. a.a.O. (Fußn. 919) S. 775 ff.
925) BERICHT a.a.O. (Quellenverzeichnis E III 5) S. 5 unter I; Begründung S. 6.
926) BERICHT S. 5 unter II; Begründung S. 7.
927) BERICHT S. 7.
928) BERICHT S. 6; Begründung S.8 ff.

Der bei den Beratungen der Reichstagskommission anwesende Bevollmächtigte des Reichsjustizamtes und der Bundesregierungen bezeichnete die beiden ersten Anträge als für die Bundesregierungen unannehmbar[929)]. Die Regierungen seien nach wie vor der Ansicht, daß es besser gewesen wäre, wenn die Regelung des privaten Vereinsrechtes nicht in den Entwurf aufgenommen worden wäre. Da es aber nun auf Drängen der Öffentlichkeit hin doch zu einer solchen Regelung gekommen sei, hätten die Bundesregierungen zwar ihren Widerstand gegen eine reichseinheitliche Regelung der Materie aufgegeben, dafür aber die entsprechenden Kautelen zugunsten der öffentlichen Sicherheit einfügen müssen, da die von der 2. Kommission vorgeschlagene Regelung insoweit nicht ausgereicht habe[930)]. Wenn man sich im Reichstag mit den vorgenommenen Änderungen nicht befreunden oder gar die Stellung der Vereine dem Einfluß der Verwaltung noch weiter entziehen wolle, als dies die 2. Kommission bereits getan habe, so müßte bei den Bundesregierungen der Gedanke eines gänzlichen Verzichts auf eine reichseinheitliche Regelung der Materie wieder in den Vordergrund rücken[931)].

Die Kommission beschloß dennoch mit großer Mehrheit[932)], von dem im 2. Antrag vorgeschlagenen System auszugehen. Einige Kommissionsmitglieder wiesen allerdings schon bei dieser Gelegenheit darauf hin, daß es sich bei dieser Grundsatzentscheidung für sie nur um den Ausdruck einer prinzipiellen Einstellung handele, daß man aber nicht gewillt sei, die Gesetzesvorlage am Vereinsrecht scheitern zu lassen[933)].

Die Kommission beschloß daraufhin - entsprechend dem System des zweiten Antrages - eine Fassung des Vereinsrechtes, welche für Idealvereine uneingeschränkt das System der Normativbestimmungen aufstellte. Das Auflösungsrecht wurde umgewandelt in ein

929) BERICHT S. 10.
930) Ibidem.
931) BERICHT S. 11.
932) Mit 13:8 Stimmen.
933) Der badische Gesandte von JAGEMANN berichtete unter dem 27. Februar 1896 seiner Regierung, die Sitzung der Reichstagskommission vom selben Tage, "in welcher das Verwaltungsverfahren gänzlich beseitigt und das Civilgericht zur Entscheidung der Streitfälle eingesetzt wurde", habe bei ihm "den Eindruck hinterlassen, daß dieser specielle Punkt in einem späteren Stadium durch eine Einigung auf Zulassung des Verfahrens vor den Verwaltungsgerichten seine Erledigung finden wird". (in: AKTE BADEN X). S. i. Ü. BERICHT S. 13.

Recht zur Entziehung der Rechtsfähigkeit[934]. Dieses Recht sollte dem Amtsgericht nach vorangegangenem Antrag der Staatsanwaltschaft zustehen. Die jeweilige Entscheidung des Amtsgerichtes sollte von beiden Seiten im ordentlichen Rechtsweg angefochten werden können. Die Entziehung sollte zulässig sein, wenn ein Verein verbotene oder sittenwidrige Ziele und wenn ein Idealverein wirtschaftliche Ziele verfolgte sowie dann, wenn durch gesetzwidriges Verhalten des Vorstandes oder Beschlüsse der Mitgliederversammlung das Gemeinwohl gefährdet wurde.[935].

Die in den Beratungen der 2. Kommission umstrittene[936] Verpflichtung des Vorstandes, bei der Anmeldung ein Mitgliederverzeichnis vorzulegen, wurde gestrichen.

Zu Beginn der 2. Lesung der Reichstagskommission erklärte der Staatssekretär des Reichsjustizamtes, die in erster Lesung gefaßten Beschlüsse der Kommission hätten die Bundesregierungen noch in ihrer Auffassung bestärkt, daß das Vereinsrecht nicht im BGB geregelt werden sollte[937]. Die preußische Regierung sei allenfalls bereit, ihren Wunsch nach einem behördlichen Einspruchs- und Auflösungsrecht gegenüber Vereinen mit Zielsetzungen auf den Gebieten der Erziehung und des Unterrichts zurückzustellen und über die Berechtigung des behördlichen Einspruchs bzw. der behördlichen Auflösung ein Verwaltungsstreitverfahren zuzulassen, wenn das BGB im übrigen "eine annehmbare Gestalt" erhalte; ähnlich sei auch die Einstellung der anderen Bundesregierungen.

Inzwischen war die Mehrheit, welche in der 1. Lesung der Kommission die geschilderten weitgehenden Beschlüsse gefaßt hatte, abgebröckelt. Ein Teil der Dissidenten wies auf die am Ende der 1. Lesung abgegebene Erklärung hin, daß man nicht bereit sei, wegen des Vereinsrechtes das gesamte Gesetzeswerk scheitern zu lassen. Diese Kommissionsmitglieder erklärten sich nunmehr mit der Wiederherstellung der Bundesratsfassung unter Berücksichtigung der vom Staatssekretär angebotenen Zugeständnisse bereit. Eine ähnliche Erklärung gaben auch die Vertreter des Zentrums ab. Ihnen war das Abrücken von den in 1. Lesung gefaßten Beschlüsse dadurch erleichtert worden, daß von nationalliberaler Seite Zuge-

---

934) Begründet wurde dies mit der dogmatischen Inkonsequenz der bisherigen Fassung.
935) <u>BERICHT</u> S. 14.
936) <u>S. o. S.</u> 167 f.
937) <u>BERICHT</u> S. 21/22.

ständnisse im Eherecht gemacht worden waren[938]. Durch diese Vorgänge, welche von den Sozialdemokraten als "Schachergeschäft" bezeichnet wurden[939], kehrten sich die Mehrheitsverhältnisse in der Kommission um. Von dem verbliebenen Befürwortern der ursprünglichen Beschlüsse - vor allem den sozialdemokratischen Kommissionsmitgliedern - wurde den Ausführungen der oben genannten Kommissionmitglieder entgegengehalten, man sei den Bundesregierungen mit den in der ersten Lesung gefaßten Beschlüssen bereits genügend entgegengekommen. Scheitere das gesamte Gesetzeswerk am Vereinsrecht oder scheide das Vereinsrecht aus dem Entwurf aus, so könne dies zwar bedauert werden, nicht jedoch zum Verlassen der richtigen Position führen[940].

Die neue Kommissionsmehrheit faßte neben einigen redaktionellen Änderungen[941] folgende Beschlüsse zum Vereinsrecht:

Es blieb bei der in der 1. Lesung beschlossenen Änderung des Auflösungsrechtes der Verwaltungsbehörde in ein Recht zur Entziehung der Rechtsfähigkeit. Wiederhergestellt wurde die Verpflichtung des Vorstandes, bei der Anmeldung eines Mitgliederverzeichnis einzureichen, und auch sonst wurde die ursprüngliche Fassung des 2. Entwurfes wiederhergestellt: Das Einspruchsrecht gegen die Eintragung von politischen, sozialpolitischen und religiösen Vereinen kehrte wieder; an die Stelle der ordentlichen Gerichte traten wieder die Verwaltungsgerichte. Das Verfahren sollte sich aber nunmehr, falls eine Verwaltungsstreitverfahren nicht eingerichtet war, nach §§ 20, 21 GewO richten. Auch insoweit war man also wieder zum 2. Entwurf zurückgekehrt. Die einzige Verbesserung, welche die Reichstagskommission für die Vereine herbeiführte, bestand demnach darin, daß sie die Eingriffe des Bundesrates wieder rückgängig machte und an die Stelle des Auflösungsrechtes ein Recht zur Entziehung der Rechtsfähigkeit setzte[942].

938) BERICHT S. 20; kritisch zur Haltung des Zentrum in der Reichstagskommission CRÖNERT, DWBl 9/235, 237.
939) VORWÄRTS, 1. Beilage v. 9. Juni 1896, S. 1.
940) BERICHT S. 21.
941) Die beispielsweise Aufzählung der Idealvereine wurde fallen gelassen. Der Idealverein war jetzt nur noch definiert als "ein Verein, dessen Zweck nicht auf einen wirtschaftlichen Geschäftsbetrieb gerichtet ist". Die Klarstellung, daß Idealvereine außer durch Eintragung auch durch staatliche Verleihung Rechtsfähigkeit erlangen könnten, wurde ebenfalls fallen gelassen.
942) Zum letzteren s. HATSCHEK, DJZ 5/492 ff.; v. BUCHKA, DJZ 1/307, 308.

Die Beratungen der Reichstagskommission über das Vereinsrecht waren in der Öffentlichkeit mit lebhaftem Interesse verfolgt worden. Man war sich bewußt, daß von der befriedigenden Regelung dieses Rechtsgebietes weitgehend das Gelingen des gesamten Gesetzgebungswerkes abhing[943]. Das Echo auf die unterschiedlichen Beschlüsse der Kommission in erster und zweiter Lesung war zwiespältig. Während von der einen Seite erklärt wurde, die Kommission habe durch ihren in erster Lesung beschlossenen extremen Standpunkt die Bundesregierungen zum Abrücken von dem im Bundesrat beschlossenen Verschlechterungen veranlaßt[944], wurde sie von anderer Seite wegen ihres Sinneswandels verspottet. JASTROW stellte die Situation so dar: Der Bundesrat habe durch seine zusätzlichen Verschlechterungen ein Kompensations-Objekt geschaffen und die Aufgabe dieser Verschlechterungen werde nun als wichtige Konzession hingestellt. Damit sei für die Zukunft den diplomatischen Aktionen zwischen Regierung und Volksvertretung "ein sicherer Wegweiser gegeben"[945].

In der Tat konnte die Kommission in den wichtigsten Fragen den entscheidenden Durchbruch nicht erzielen. Der in erster Lesung gefaßte Beschluß, die der Verwaltungsbehörde übertragenen Rechte auf den Richter übergehen zu lassen, hätte sicherlich im Falle seiner Verwirklichung einen bedeutenden Fortschritt dargestellt und in einem Punkte die Regelung des schweizerischen ZGB vorweggenommen. In der vorliegenden Fassung aber mußte das Ergebnis der Kommissionsberatungen noch einmal zu heftigen Debatten während der zweiten und dritten Lesung des Gesetzes im Reichstag führen.

3. Zweite und dritte Lesung im Reichstag

Die Entscheidung des Reichstages zugunsten der nunmehr vorliegenden Fassung des Entwurfes stand allerdings bereits fest, nachdem die Reichstagskommission ihre Annahme mit großer Mehrheit empfohlen hatte.

In dieser Situation brachte der SPD-Abgeordnete AUER einen Antrag im Reichstag ein[946], welcher im wesentlichen eine Wiederholung des bereits in der ersten Lesung der Reichstagskommission

943) S. u.a. v. BUCHKA, DJZ 1/135, 137; LEONHARD, DJZ 1/227; JASTROW, SozPr 5/1015.
944) v. BUCHKA, DJZ 1/135, 137; ähnlich DERS., DJZ 1/307, 308.
945) JASTROW, SozPr 5/1015.
946) STEN.BER.RT., IX. Leg. Per., IV. Session, Drucksache Nr. 465, S. 2250.

gestellten Antrages auf uneingeschränkte Einführung des Systems der freien Körperschaftsbildung darstellte[946]; hilfsweise beantragte AUER, die Vorschriften über das Recht der Verwaltungsbehörde zur Entziehung der Rechtsfähigkeit zu streichen und lediglich dann, wenn der Vorstand oder die Hauptversammlung des Vereins das Gemeinwohl gefährdeten, dem Amtsgericht das Recht zu geben, auf Antrag der Staatsanwaltschaft dem Verein die Rechtsfähigkeit zu entziehen[947].

Für die Freisinnige Partei beantragte der Abgeordnete ANCKER [948], das System der Normativbestimmungen wiederherzustellen, und zwar in der Form, wie es die Reichstagskommission in erster Lesung zunächst beschlossen, in zweiter Lesung aber verworfen hatte.

ENNECCERUS empfahl dem Reichstag dagegen dringend, beide Anträge abzulehnen, da eine Änderung der vorliegenden Fassung der Vorlage angesichts des Widerstandes der Bundesregierungen keine Aussicht auf Verwirklichung habe[949].

Die Parteifreunde der Antragsteller unterstützten deren Anträge. Der freisinnige Abgeordnete LENZMANN setzte sich vor allem für die Ersetzung der verwaltungsbehördlichen Entscheidungen durch richterliche ein. Er wies darauf hin, daß die Verwaltung, welche nach dem Entwurf so einschneidend in das Recht vor allem der politischen Vereine eingreifen können sollte, selber aus politischen Persönlichkeiten bestehe und somit den Vereinen, die auf einem anderen politischen Standpunkt stünden, das Leben erschweren könnte. Die Vergangenheit habe bewiesen, daß eine solche Befürchtung nicht aus der Luft gegriffen sei. Scharfe Angriffe richtete er gegen das Zentrum, welchem er vorwarf, in den Beratungen der Reichstagskommission "umgefallen" zu sein[950].

Diesem Vorwurf trat der Zentrum-Abgeordnete GRÖBER mit der Behauptung entgegen, der in der 2. Lesung der Reichstagskommission gefaßte Beschluß unterscheide sich gar nicht von dem zunächst in erster Lesung gefaßten. Diese Behauptung stützte er auf die öffentlichrechtlichen Bestimmungen der Bundesstaaten, die seiner Ansicht nach eine freiheitlichere Regelung des privaten Vereinsrechtes im BGB ohnehin wieder neutralisiert haben würden. Inso-

947) STEN.BER.RT. a.a.O., Drucksache Nr. 465, Ziff. 2b.
948) STEN.BER.RT. a.a.O., Drucksache Nr. 466.
949) STEN.BER.RT. a.a.O. S. 2735 (109. Sitzung v. 19. Juni 1896).
950) STEN.BER.RT. a.a.O. S. 2736.

weit setzte sich GRÖBER allerdings in Widerspruch zu den anderen Befürwortern des Entwurfes, welche die Beschränkungen, die der Entwurf enthielt, gerade mit der uneinheitlichen Rechtslage und der deshalb zu geringen sonstigen öffentlichrechtlichen Garantien gegen schädliche Vereine begründet hatten. Scharf wandte sich GRÖBER auch gegen die Ansicht seines Vorredners, man hätte es auf eine Kraftprobe mit den Bundesregierungen ankommen lassen sollen, weil diese es vor der Öffentlichkeit nicht hätten wagen können, das gesamte Gesetz wegen des Vereinsrechtes zu Fall zu bringen[951)]. GRÖBER hielt dem entgegen, die Bundesregierungen hätten kategorisch und glaubwürdig erklärt, eine weitere Liberalisierung des Vereinsrechtes würde das gesamte Gesetzbuch in Frage stellen. Erst auf diese Erklärung hin hätten sich die Zentrums-Abgeordneten bereit erklärt, auf den dann beschlossenen Kompromiß einzugehen[952)].

Die schärfsten Angriffe gegen den Entwurf in der vorliegenden Form richtete der SPD-Abgeordnete STADTHAGEN[953)], welcher den Entwurf bereits in der ersten Lesung des Reichstages als "kodifiziertes Unrecht der Ausbeutung" bezeichnet hatte[954)]. STADTHAGEN bezeichnete den von seinem Parteifreund AUER eingebrachten Antrag als den einzig konsequenten und lehnte sowohl den Antrag der Freisinnigen als auch die von der Reichstagskommission in zweiter Lesung gefaßten Beschlüsse ab. Welcher der beiden Anträge vom Reichstag angenommen werde, das sei - so führte er aus - der deutschen Arbeiterklasse völlig gleich[955)]; ein prinzipiel-

951) STEN.BER.RT. a.a.O. S. 2736.

952) In der Sitzung des Bundesrates vom 26. Februar 1896 hatten "auch die Vertreter von Bayern, Württemberg und Baden für den Entwurf bezüglich des Vereinsrechts sich ausgesprochen, um damit ad oculos zu demonstrieren, daß der Bundesrath in der Hauptfrage sich in den Concessionen nicht weiter hinauftreiben lasse" (Bericht des badischen Gesandten v. JAGEMANN v. 27. Februar 1896 in: AKTE BADEN X); s. auch die Empfehlung des badischen Justizministeriums an das badische Staatsministerium, den badischen Gesandten anzuweisen, den in erster Kommissionslesung beschlossenen Änderungen "entschieden entgegenzutreten". (Schreiben vom 28. Mai 1896 in: AKTE BADEN XI).

953) STEN.BER.RT. a.a.O. (Fußn. 949) S. 2743 ff.

954) STEN.BER.RT. a.a.O. (fußn. 914) S. 741; S. auch BEBEL, NZ 14, Bd 2/ 577, 581: "Ein wichtiges Stück politischen Klassenrechts wurde durch die Vorschriften über die Vereine geschaffen".

955) Auch der VORWÄRTS sprach bereits am 21. Juni nach Beendigung der Beratungen der Reichstagskommission von den "für die Arbeiterklasse trotz ihrer rückschrittlichen Inhalts

ler Unterschied zwischen beiden sie nicht ersichtlich. Beide Anträge gäben nicht das Recht, auf welches politisch mündige Menschen einen Anspruch hätten[956]. Zwar hätten auch die Sozialdemokraten in der ersten Lesung der Reichstagskommission dem Beschluß über die Einführung des reinen Systems der Normativbestimmungen zugestimmt, dies aber nur deshalb, weil sie gehofft hätten, daß diese Regelung eine Diskussionsgrundlage für eine noch bessere hätte sein können. Diese Hoffnung sei nun wegen des Sinneswandels des Zentrums hinfällig geworden[957]. Ebenso wie der Verwaltung durch die Kommissionsvorlage, werde dem Staatsanwalt durch den Antrag der Freisinnigen volle Erdrosselungsfreiheit gegeben[958]. An der Kommissionsvorlage kritisierte STADTHAGEN vor allem die Rechte der Verwaltung gegenüber politischen Vereinen. Man kenne auf sozialdemokratischer Seite den Mißbrauch, welcher mit solch auslegungsfähigen Begriffen wie "politisch" in der Vergangenheit getrieben worden sei. Nach dem Entwurf werde die Verwaltungsbehörde jedem an sich unpolitischen Skatverein die Rechtsfähigkeit entziehen können, sobald seine Mitglieder anfingen, während des Kartenspielens politische Gespräche zu führen[959]. In dem gesamten Vereinsrecht habe der Gesetzgeber seine Aufgabe verfehlt. Diese Aufgabe bestehe nämlich darin, die tatsächlichen wirtschaftlichen und politischen Verhältnisse festzustellen und ihnen gerecht zu werden, nicht aber darin, einen Hemmschuh gegen den Zug der Zeit zu werfen oder - wie es der Antrag der Freisinnigen vorsehe - die alten Hemmschuhe durch neue zu ersetzen[960]. Die SPD fürchte zwar nicht die vor allem auf sie gemünzten Beschränkungen des Vereinsrechtes; denn soweit das politische und wirtschaftliche Bedürfnis Vereine notwendig mache, gehe es, wenn nicht mit dem Gesetz, dann eben auch neben dem Gesetz[961]. Dennoch habe die SPD ihre Hilfsanträge eingebracht, um wenigstens die schlimmsten Mängel der Vorlage zu beseitigen[962].

---

gleichgültigen Beschlüssen der Kommission". - Insoweit bestand offenbar keine einheitliche Einschätzung des privaten Vereinsrecht innerhalb der SPD (S. oben S. 127 , Fußn. 610).

956) STEN.BER.RT. a.a.O. (Fußn. 949) S. 2743.

957) STEN.BER.RT. a.a.O. S. 2745.

958) STEN.BER.RT. a.a.O. S. 2744.

959) STEN.BER.RT. a.a.O. S. 2745: "Wird der Skatclub ein politischer Verein in dem Augenblick, wo klar wird, daß vier Buben mehr wert sind als vier Könige?"

960) STEN.BER.RT. a.a.O. S. 2744.

961) Ibidem.

962) Ibidem.

Für den Fall, daß der Hauptantrag der Sozialdemokraten grundsätzlich angenommen werden sollte, stellte STADTHAGEN die Bereitschaft seiner Fraktion in Aussicht, einem Vereinsregister zuzustimmen, welches jedoch über ein reines Bestandsverzeichnis nicht hinausgehen dürfe[963)].

Die Mehrheit des Reichstages ging jedoch weder auf den Haupt- noch auf den Hilfsantrag der Sozialdemokraten ein. Der Sprecher der konservativen Reichspartei, v. STUMM-HALBERG, drohte sogar die Ablehnung des gesamten Gesetzes durch seine Fraktion an, falls über die Kommissionsbeschlüsse hinaus noch eine weitere Erleichterung der körperschaftlichen Bestimmungen beschlossen werden sollte[964)]. Auch der Abänderungsantrag der Freisinnigen wurde vom Reichstag mit Mehrheit abgelehnt. Die Beschlüsse der Reichstagskommission zum Vereinsrecht wurden somit unverändert übernommen[965)]. Ihnen stimmte dann auch der Bundesrat zu[966)]. Damit erhielten sie Gesetzeskraft.

---

963) STEN.BER.RT. a.a.O S. 2746.
964) Ibidem - Über STUMM-HALBERG s. G. A. RITTER, Arbeiterbewegung S. 16.
965) STEN.BER.RT. a.a.O. S. 2759.
966) PROT.BR, Sitzung vom 9. Juli 1896 (29.Sitzung der Session 1896), § 451 (S. 293).

FÜNFTES KAPITEL

RÜCKBLICK UND AUSBLICK

I. Zusammenfassung und Würdigung

Will man die Entwicklung des privaten Vereinsrechts in Deutschland im 19. Jahrhundert würdigen, so gilt es zwei Gesichtspunkte zu berücksichtigen:
- die Entwicklung des geltenden Rechts bis zum Ende des 19. Jahrhunderts und
- die neue Rechtslage, welche durch das BGB geschaffen wurde.

Eine Zusammenschau beider Gesichtspunkte wird es ermöglichen, Vor- und Nachteile, welche die Ablösung des alten Rechts durch das BGB mit sich brachte, abzuwägen.

Die Rechtsentwicklung der deutschen Partikularrechte im 19. Jahrhundert läßt sich folgendermaßen zusammenfassen:
Bis 1868 wurde in allen deutschen Partikularrechten ausnahmslos an dem Grundsatz festgehalten, daß der Erwerb der Rechtsfähigkeit durch Vereine der ausdrücklichen staatlichen Verleihung bedürfen. Aus dieser Phalanx brachen 1868 und 1869 Sachsen und Bayern mit der gesetzlichen Einführung des Systems der Normativbestimmungen aus. Diejenigen Vereine, welche sich den Normativbestimmungen nicht unterwarfen oder die Registereintragung nicht beantragten, entbehrten von nun an in Sachsen jeglicher Körperschaftsmerkmale, während sie in Bayern weiterhin den gemeinrechtlichen Regeln unterworfen blieben[966a)]. Diese Regeln sprachen zwar - ebenso wie die Bestimmungen des preußischen ALR - den nicht konzessionierten Vereinen mit wechselndem Mitgliederbestand die juristische Persönlichkeit ab. Die Rechtsprechung für die beiden größten deutschen partikulären Rechtsbereiche gestand ihnen jedoch eine Reihe von Körperschaftsmerkmalen zu. Diese Vereine - die "erlaubten Privatgesellschaften" des ALR und die "modifizierten Sozietäten" bzw. "Genossenschaften" des gemeinen Rechts - wurden, da durch die Reichsgesetzgebung die wirtschaftlichen Personenverbindungen dem Landesrecht zunehmend entzogen wurden, bisweilen auch unter der wenig glücklichen Bezeichnung "Vereine mit idealen Tendenzen" zusammengefaßt[966b)]. Immerhin

966a) S. die Nachweise über die Rspr. bei JAKUBETZKI, Bemerkungen S. 11; ROTH, Genossenschaften S. 90 ff.; GIERKE, Genossenschaftstheorie S. 73/74; DANZER, Landrecht S. 9 (Anm. zu I,3 § 3 Cod.Max.)
966b) S. S. 154, Fußn. 756.

drückte diese Bezeichnung aus, wie sehr sich die Rechtsentwicklung dieser beiden großen Rechtsgebiete angenähert hatte.

Infolge dieser Annäherung war im Bereich des Körperschaftsrechtes die ansonsten zu Recht beklagte Rechtszersplitterung keineswegs so gravierend wie in anderen Belangen. Immerhin galt für einen räumlichen Bereich mit etwa drei Vierteln der deutschen Bevölkerung hinsichtlich der nicht konzessionierten bzw. - in Bayern - nicht "anerkannten" Vereine im wesentlichen derselbe Rechtszustand[966c]. Völlig aus dem Rahmen fiel lediglich der Bereich des Rheinischen Rechts. Sonderbestimmungen für bestimmte Vereinsgruppen, wie sie dann das BGB kannte, bestanden im Rahmen des privaten Vereinsrechts nur in Sachsen[966d].

Dieses Bild vervollständigt sich, wenn man die gesamtdeutsche Gesetzgebung hinzunimmt. Sie berührte das private Vereinsrecht zum ersten Mal im ADHGB und fand ihre Fortsetzung in einer Reihe von Spezialgesetzen sowie im HGB von 1897. Durch diese Gesetzgebung wurden die privatrechtlichen Verhältnisse der wichtigsten Vereine mit wirtschaftlichen Zielsetzungen reichseinheitlich geregelt, wenn auch noch eine Reihe von Vereinstypen bei der Landesgesetzgebung verblieb[966e]. Völlig ergebnislos blieben dagegen die Versuche, für Vereine mit nichtwirtschaftlichen Zielsetzungen eine reichseinheitliche Regelung zu schaffen, bis dann das BGB nach jahrelangen heftigen Kontroversen endlich eine solche Regelung brachte.

Daß eines der wichtigsten Gebiete des Privatrechts damit grundsätzlich eine reichseinheitliche Regelung gefunden hatte, war sicherlich ein Fortschritt. Er wurde jedoch dadurch beeinträchtigt, daß das EGBGB mit seinen landesrechtlichen Vorbehalten die Einheitlichkeit des Vereinsrechtes einschränkte. Nach Art. 82 EGBGB blieben die landesrechtlichen Vorschriften über die Verfassung solcher Vereine unberührt, deren Rechtsfähigkeit auf staatlicher Verleihung beruhte[967]. Ebenfalls unberührt blieben gem. Art. 84 EGBGB diejenigen landesrechtlichen Vorschriften, nach welchen eine Religionsgemeinschaft oder eine geistliche Gesellschaft Rechtsfähigkeit nur durch Gesetz erlangen konnte[968]. Fer-

---

966c) Zu den Einwohnerzahlen in den Geltungsbereichen der deutschen Partikularrechte s. <u>DENKSCHRIFT</u> S. 293 ff. (Anl. II).
966d) S. o. S. 81.
966e) S. dazu den folgenden Absatz.
967) Diese Vorschrift gilt bis heute.
968) Dazu unten S. 201, Fußn. 991, Abs. 1.

ner blieben ohne reichsrechtliche Regelung diejenigen Vereine, welche den der Landesgesetzgebung durch das Einführungsgesetz vorbehaltenen Rechtsmaterien angehörten, wie z.B. dem Agrarrecht (Art. 113 EGBGB), dem Wasserrecht (Art. 65 EGBGB), dem Jagd- und Fischereirecht (Art. 69 EGBGB), dem Bergrecht (Art. 67 EGBGB) und dem Versicherungsrecht (Art. 75 EGBGB)[969].

Den wichtigsten Vorbehalt enthielt Art. 86 EGBGB, wonach diejenigen landesgesetzlichen Bestimmungen unberührt blieben, welche den Erwerb von Rechten durch juristische Personen beschränkten oder von staatlicher Genehmigung abhängig machten, soweit diese Vorschriften Gegenstände im Werte von mehr als 5000 Mark betrafen[970]. Diese Bestimmung wurde erst 1953 aufgehoben[971]. Sie sollte den Landesgesetzen die Möglichkeit eröffnen, "den Gefahren entgegenzutreten, welche sich aus übermäßigen Zuwendungen an juristische Personen für das öffentliche Interesse ergeben"[972].

Für die Vereine mit wirtschaftlichen Zielsetzungen war das Inkrafttreten des BGB angesichts der zahlreichen bereits ergangenen Spezialgesetze verhältnismäßig belanglos. Betrachtet man dagegen die Lage, welche für die Idealvereine entstand, so blieb es lediglich für die sächsischen und bayrischen Vereine, welche bis zum Inkrafttreten des BGB Rechtsfähigkeit erlangt hatten, gem. Art. 165 und 166 EGBGB bei der bisherigen Regelung[973]. Dagegen traten alle anderen partikulären vereinsrechtlichen Vorschriften aufgrund der Generalklausel des Art. 55 EGBGB außer

969) S. insgesamt PLANCK, BGB Bd 1, S. 79. - Art. 113 EGBGB gilt bis heute; s. aber seine bei SOERGEL-SIEBERT (-HARTMANN) Bd VII, Art. 113 EGBGB aufgeführten Einschränkungen. - Art. 65 ist hinsichtlich der Wasserverbände gegenstandlos geworden durch das Wasserverbandsgesetz von 1937 (RGBl. I, S. 188). - Art. 69 ist, soweit er das Jagdrecht betraf, endgültig aufgehoben durch § 46 BJagdG i.d.F. v. 30. März 1961 (BGBl. I, S. 304). - Art. 67 gilt im wesentlichen bis heute fort (s. aber Gesetz v. 28. Februar 1935, RGBl. I, S. 315). - Art. 75 ist bereits seit 1908 aufgrund des Versicherungsvertragsgesetzes überholt.

970) Sie galt in denjenigen Staaten, in welchen noch die sogenannten Amortisationsgesetze in Geltung standen, insb. Preußen, Bayern, Württemberg, Baden, Hessen, Sachsen-Weimar, Sachsen-Meiningen, Sachsen-Altenburg, Sachsen-Coburg und Elsaß-Lothringen.

971) S. Teil II, Art. 2 des Wiederherstellungsgesetzes; ferner SOERGEL-SIEBERT (-HARTMANN) Bd VII, Art. 86 EGBGB, RN 1 u. 2; zu den Vorbildern der Vorschrift s. PLANCK, BGB Bd VI, S. 200, Ziff. 4.

972) PLANCK, BGB Bd VI, S. 198, Art. 86 EGBGB, Ziff. 1.

973) PLANCK, BGB Bd VI, S. 199, Art. 86 EGBGB, Ziff. 2 (s. aber oben S. 89!).

Kraft. Für die Geltungsbereiche des ALR und des gemeinen Rechts führte dies in zweierlei Hinsicht zu wichtigen Konsequenzen: Einerseits brachte das BGB den in diesen Gebieten beheimateten Vereinen einen Fortschritt dadurch, daß für sie die volle Rechtsfähigkeit nunmehr auf verhältnismäßig einfache Weise erreichbar wurde und damit die Unsicherheiten über die diesen Vereinen zustehenden Körperschaftsmerkmalen überwunden waren. Diese Feststellung gilt jedoch nicht ohne weiteres für Vereine mit politischen, religiösen und sozialpolitischen Zielsetzungen; insoweit hatte die vom BGB getroffene Regelung erhebliche juristische und politische Mängel: Indem sie reichseinheitlich den genannten drei Vereinsgruppen Schwierigkeiten beim Erwerb der Rechtsfähigkeit bereitete, hob sie ein Problem gleichsam auf die Reichsebene, welches bisher im Geltungsbereich des ALR und des gemeinen Rechts unbekannt war und welches von nun an der Rechtswissenschaft und der Rechtsprechung manches Kopfzerbrechen bereiten sollte: das Problem nämlich der Behandlung der nichtrechtsfähigen Vereine [973a]. Daß das BGB dieses Problem überdies auf denkbar schwache Weise zu lösen versuchte, macht die Fragwürdigkeit der Ausgangsposition des Gesetzgebers nur noch augenfälliger. Dem Vereinswesen in weiten Teilen des Reichs brachte das neue Vereinsrecht somit neben seinen Vorteilen auch manche deutlichen Nachteile. In den beiden zuletzt genannten Punkten - der Diskriminierung gewisser Vereinsgruppen und der mißglückten Regelung der Rechtsstellung der nichtrechtsfähigen Vereine - hatten die politischen Ängste der Spitzen des Kaiserreiches den Sieg über die Notwendigkeiten des Rechtslebens davongetragen. Diese Kräfte hatten es verstanden, entscheidende Verbesserungen zu verhindern. So wies denn das Vereinsrecht des BGB in seiner endgültigen Fassung deutlich "autoritäre Züge" auf[974], welche noch längere Zeit Gegenstand der Kritik blieben[975].

Auf der Seite der Verfechter des Systems der freien Körperschaftsbildung waren die Sozialdemokraten eine bemerkenswerte

---

973a) Dazu ausführlich unten S. 203 ff.

974) WIEACKER, Sozialmodell S. 16.

975) Zur Praxis des Einspruchs in der Zeit unmittelbar nach dem Inkrafttreten des BGB s. FULD, SozPr 9/1167 ff.; zu Problemen bei der Eintragung von Berufsvereinen s. DERS., Recht 4/228; zum Verwaltungsstreitverfahren ZELLER, VwA 6/27 ff.; zur Abgrenzung von wirtschaftlichen Vereinen s. HÖLDER, DJZ 4/412 ff.; ECK-LEONHARD, Vorträge S. 53 ff.; KOEPCHEN, DJZ 18/Sp. 1296 ff.; über Schwierigkeiten bei der Frage nach der Anmeldungsberechtigung s. LEHMANN, DJZ 5/527.

Zufalls-Allianz mit den ihnen sonst keineswegs nahestehenden Vertretern der Genossenschaftstheorie eingegangen. Einem anderen als diesem System konnte die SPD schwerlich ihre Zustimmung geben. Zieht man zum Vergleich das Ausmaß an Vereinsfreiheit und Körperschaftsfreiheit heran, welches zu dieser Zeit bereits in der Schweiz und kurz darauf in Frankreich erreicht wurde, berücksichtigt man ferner den vom SPD-Sprecher hilfsweise gemachten Vorschlag, ein Bestandsregister einzuführen, so muß man der Ansicht der sozialdemokratischen Presse zustimmen, daß die SPD als Bedingung für ihre Zustimmung zum Vereinsrecht des Entwurfes keine unbilligen Gegenforderungen aufgestellt hat[976)].

Allerdings ist fraglich, ob die Bundesregierungen vor einem energischen Auftreten des Reichstages tatsächlich noch weiter zurückgewichen wären. Von den Vertretern der bürgerlichen Parteien war angesichts der bestehenden Kräfteverhältnisse jedenfalls kaum zu erwarten, daß sie das gesamte Gesetzeswerk wegen des Vereinsrechtes in Gefahr bringen würden. Eine Sonderrolle unter ihnen nahm in den Debatten das ZENTRUM ein, welches als Vertreter kirchlicher Interessen seine ursprüngliche positive Einstellung zu einer liberalen Regelung des Körperschaftsrechtes gegen Konzessionen in eherechtlichen Fragen aufgab[977)].

V. BÜLOW, ein Vertreter der Genossenschaftstheorie, schrieb im Hinblick auf das Vereinsrecht des BGB kurz nach dessen Inkrafttreten:[978)]

"Die Fehler des BGB werden sich zeigen. Man muß sie nur fest anpacken, wenn möglich fortdeuten, wo nicht, sein Unvermögen eingestehen und - auf Novellen warten."

II. Ausblick: Weitere Entwicklung nach Inkrafttreten des BGB[979)]

Die folgenden Schlußbetrachtungen sollen einen kurzen Überblick darüber geben, welche Wege Gesetzgebung und Praxis zur Lösung der ihnen durch das BGB gestellten Probleme einschlugen.

1. Öffentliches Vereinsrecht

Bereits wenige Jahre nach Inkrafttreten des BGB wurde mit dem Reichsvereinsgesetz von 1908 ein einheitliches öffentliches Vereinsrecht geschaffen[980)]. Die Gewährleistung der Vereinsfreiheit,

976) VORWÄRTS vom 2. Juli 1896, S. 2.
977) S. dazu ENNECCERUS, DJZ 1/6, 7 l. Sp.
978) V. BÜLOW, Vereinsrecht S. 5.
979) Zum folgenden vgl. insb. SCHNORR, Vereinsrecht S. 23 ff.
980) Zu den früheren Versuchen, ein reichseinheitliches öffentli-

welche § 1 des Gesetzes brachte, unterlag nur noch dem Vorbehalt des Gesetzes[981]. Erstmals wurde auch den politischen Vereinen die Vereinigungsfreiheit, obwohl noch unter einigen Vorbehalten, zugestanden (s. insb. §§ 3, 17 RVereinsG).

Nachdem 1918 durch den Aufruf des Rates der Volksbeauftragten das Vereins- und Versammlungsrecht endgültig von allen Beschränkungen befreit worden war[982], wurde es durch die Weimarer Reichsverfassung zum ersten Mal mit Verfassungsrang ausgestattet[983].

Gegen Ende der Weimarer Republik wurde die Vereinsfreiheit durch Notverordnungen wieder zahlreichen Beschränkungen unterworfen[984], unter der Herrschaft des Nationalsozialismus dann völlig beseitigt[985].

Nach 1945 wurde die Vereinsfreiheit durch die Alliierten schrittweise wieder hergestellt und erhielt schließlich in der Bundesrepublik durch Art. 9 GG wieder Verfassungsrang. Neu ist gegenüber der Weimarer Verfassung die durch Art. 21 vorgenommene Privilegierung der politischen Parteien. Zur Ausführung der Verfassungsbestimmungen wurden 1964 das Vereinsgesetz[986] und 1967 das Parteiengesetz erlassen[987].

2. Rechtsfähige Vereine

Was Personenverbindungen mit wirtschaftlicher Zielsetzung anbetrifft, so hat im Bereich des privaten Vereinsrechts das Aktienrecht seit der Jahrhundertwende zwar einige tiefgreifende Änderungen erfahren[988]; diese betrafen aber nicht den Kern des hier

---

ches Vereinsrecht zu schaffen, s. ausführlich STIER-SOMLO, Vereinsgesetz S. 5-12 (mit Materialien). Hervorzuheben sind vor allem der Entwurf des Abg. WIGGERS von 1873 (RT, I. Leg. Per., 4. Session, Drucks. Nr. 36, 239) und des Abg. RICHERT von 1895 (RT IX. Leg. Per., 4. Session, Drucks. Nr. 321).

981) § 1 RVereinsG: "Alle Reichsangehörigen haben das Recht, zu Zwecken, welche den Strafgesetzen nicht zuwiderlaufen, Vereine zu bilden und sich zu versammeln. Dieses Recht unterliegt polizeilich nur den in diesem Gesetz enthaltenen Beschränkungen". - Bereits 1899 war das "Verbindungsverbot" für politische Vereine (s. o. S. 67/68 u. 91) aufgehoben worden (s. Quellenverzeichnis D IX 25)

982) Quellenverzeichnis F III.

983) Art. 123, 124 WRV.

984) S. die Nachweise bei SCHNORR, Vereinsrecht S. 27.

985) Ibidem.

986) Quellenverzeichnis G XIII.

987) Quellenverzeichnis G XIV.

988) Seit 1937 äußerlich sichtbar durch die Herausnahme des Aktienrechts aus dem HGB. Zu den Änderungen im Recht der Han-

behandelten Themas[989]. Im folgenden wird daher lediglich ein Überblick über die Fortentwicklung des Rechts der vom BGB erfaßten Vereine mit nichtwirtschaftlichen Zielsetzungen gegeben.

Mit dem Erlaß des Vereinsgesetzes von 1908 war die Zersplitterung des öffentlichen Vereinsrechts beseitigt. Diese Zersplitterung war, wie geschildert, eines der Hauptargumente dafür gewesen, das im BGB zugrundegelegte System der Normativbestimmungen starken Beschränkungen zu unterwerfen[990]. Dennoch wurde das BGB in dieser Hinsicht bis 1953 nicht geändert[990a]. Durch die Weimarer Reichsverfassung (Art. 124 Abs. 2) wurden allerdings die Vorschriften der §§ 43 Abs. 2 und 61 Abs. 2 über das Einspruchsrecht bzw. das Recht zur Entziehung der Rechtsfähigkeit gegenüber den Vereinen mit politischen, sozialpolitischen und religiösen Zielsetzungen außer Kraft gesetzt[991]. Eben diese Verfas-

---

delsgesellschaften s. die knappen Übersichten bei HUECK, Gesellschaftsrecht S. 57 und S. 109.

989) Zum Einfluß des BGB auf das Aktienrecht, insb. zur Frage der Anwendung des § 43 Abs. 3 BGB damaliger Fassung auf Aktiengesellschaften, s. SIMON, ZHR 49/1 ff., insb. S.5 ff.

990) S. z.B. oben S. 185 (Ausführungen von PLANCK).

990a) Mit einer Ausnahme: Durch § 22 des RVereinsG von 1908 wurde § 72 BGB dahin geändert, daß nunmehr nicht mehr auf Verlangen des Amtsgerichts ein Mitgliederverzeichnis, sondern nur noch eine Bescheinigung über die Z a h l der Mitglieder einzureichen ist.

991) Art. 124 Abs. 2 WRV: "Der Erwerb der Rechtsfähigkeit steht jedem Verein gemäß den Vorschriften des bürgerlichen Rechts frei. Er darf einem Verein nicht aus dem Grunde versagt werden, daß er einen politischen, sozialpolitischen oder religiösen Zweck verfolgt".

Die Pläne, für B e r u f s vereine ein besonderes Gesetz zu schaffen, hatten bereits früh eingesetzt. Sie führten aber niemals zu einem Erfolg: Der Reichstag hatte gleichzeitig mit dem Erlaß des BGB eine Resolution verabschiedet, welche u.a. eine baldige reichseinheitliche Regelung der Privatrechtsverhältnisse der Berufsvereine forderte. Diese Absicht stieß jedoch auf den Widerstand der Bundesregierungen, welche bei Behandlung dieses Fragenkreises "unliebsame Erörterungen" im Reichstag befürchteten (S. Schreiben des badischen Staatsministeriums an das Justizministerium v. 10. November 1897 in: AKTE BADEN VI). Der entsprechende Antrag des Abg. SCHNEIDER im Reichstag (Quellenverzeichnis D IX 23) wurde daher vom Bundesrat nicht weiter verfolgt. Aufgrund eines Antrages des Abgeordneten BARGMANN (Quellenverzeichnis G I), welcher mit dem Antrag weitgehend übereinstimmte, den SCHNEIDER eingebracht hatte, wurde der Bundesrat vom Reichstag aufgefordert, zu der Frage Stellung zu nehmen. In der gemeinsamen Sitzung des IV. und VI. Ausschusses des Bundesrates vom 5. Januar 1905 sprachen sich die Vertreter fast aller Bundesregierungen gegen eine solche Regelung aus. Der preußi-

sungsbestimmung wurde nach der Machtübernahme durch die Nationalsozialisten im Jahre 1933 durch Notverordnung suspendiert[992]. Als Vorwand für diese und andere Grundrechtsbeschränkungen nannte die Verordnung in ihrem Vorspruch die "Abwehr kommunistischer staatsgefährdender Gewaltakte"[993].

Es tauchte nunmehr die Frage auf, ob durch diese Suspendierung des Art. 124 WRV die ursprüngliche - und redaktionell nach wie vor bestehende - Fassung der §§ 43 Abs. 3 und 61 Abs. 2 BGB wieder aufgelebt sei; umstritten war ferner, ob die im Vorspruch der Verordnung ausgesprochene Zweckbestimmung zu einer Beschränkung des Anwendungsbereiches der Verordnung führen solle. Daß es sich bei der juristischen Kontroverse über diese Frage um ein Scheingefecht handelte, bei welchem das Ergebnis von vornherein feststand, machen die beiden damals hierzu vertretenen Ansichten deutlich:

Nach der ersten Ansicht waren durch die Verordnung vom 28. Februar 1933 - ungeachtet ihres Vorspruches - allgemein die Schranken des verwaltungsbehördlichen Einschreitens gegenüber den Vereinen gefallen, so daß auch die nunmehr überraschend zu S c h u t z - Vorschriften gewordenen Bestimmungen der §§ 43 Abs. 3 und 61 Abs. 2 BGB keine Geltung mehr besaßen[994].

---

sche Vertreter, Graf POSADOWSKY, erklärte jedoch, es sei die Ansicht des Reichskanzlers, daß, "da man das allgemeine Wahlrecht ohne ungeheure Katastrophen nicht ändern könne, ... man die radikale, phantastische sozialdemokratische Bewegung in verständige Bahnen lenken" müsse. "Auf den Antrag BARGMANNS und Gen., d.h. auf Privilegierung unkontrollierter Berufsvereine, könne man sich freiwillig nicht einlassen; wenn aber die ohnehin bestehenden Gewerkvereine juristische Personen werden wollten, dann müßten sie auch alle Pflichten solcher Personen übernehmen, und dann seien sie auch besser zu kontrollieren als bisher". (Vertraulicher Bericht des badischen Bevollmächtigten zum Bundesrat, v. BERCKHEIM, an das bad. Staatsministerium v. 5. Januar 1904 in: AKTE BADEN VI). Auch diese Pläne gediehen jedoch nicht zu einem Gesetz.

992) NotVO v. 28. Februar 1933, § 1: "Die Artikel ... 124 ... der Verfassung des Deutschen Reiches werden bis auf weiteres außer Kraft gesetzt. Es sind daher Beschränkungen ... des Vereins- und Versammlungsrechtes ... auch außerhalb der sonst hierfür bestimmten Grenzen zulässig".

993) Ibidem - Zur Selbstdarstellung der nationalsozialistischen Auffassung von Vereinsfreiheit und zu ihrer Kritik an Art. 124 WRV s. ZSCHUCKE, DJZ 38/1597 ff.

994) So die überwiegende Auffassung im Schrifttum; s. u.a. HOCHE, DJZ 38/395; CREMER, JW 1933/2257; SCHEUNER, DJZ 40/666; HÖFFLER, Vereinsautonomie S. 48 f.; ähnlich KNAUTH, ZschrAkDtR 1o/56.

Dagegen stellte sich die Rechtsprechung, voran diejenige des Reichsverwaltungsgerichtes, auf den Standpunkt, daß die Verordnung allein - wenn auch im weitesten Sinne - für die Abwehr kommunistischer Bestrebungen gelte[995]. Dennoch bejahte sie das völlig freie Ermessen der Verwaltungsbehörde, da sich dieses "unmittelbar aus dem Wesen des nationalsozialistischen Reiches" ergebe[996].

Nach der Beseitigung der nationalsozialistischen Herrschaft stellte sich die herrschende Meinung auf den Standpunkt, daß Art. 124 Abs. 2 WRV wieder aufgelebt sei[997][998].

1953 wurde das BGB endgültig redaktionell geändert[999]. Seitdem betrifft das Einspruchsrecht der Verwaltungsbehörde nur noch diejenigen Vereine, welche nach dem öffentlichen Vereinsrecht unerlaubt sind oder verboten werden können (§ 61 Abs. 2 BGB). Das Recht zur Entziehung der Rechtsfähigkeit erstreckt sich nur noch auf diejenigen Fälle, in denen der Verein durch einen gesetzwidrigen Beschluß der Mitgliederversammlung oder durch gesetzwidriges Verhalten des Vorstandes das Gemeinwohl gefährdet (§ 43 Abs. 1 BGB n.F.) oder in denen er entgegen seiner Satzung einen wirtschafltichen Geschäftsbetrieb zum Ziele hat (§ 43 Abs. 2 BGB n.F.).

Inzwischen sind durch Art. 21 GG und durch das Parteiengesetz die politischen Parteien privilegiert worden. Vor allem wegen der noch zu besprechenden Verbesserungen, welche das Parteiengesetz für diejenigen Parteien geschaffen hat, die nicht nach dem BGB Rechtsfähigkeit erlangt haben, hat das Recht der Verwaltungsbehörde zur Entziehung der Rechtsfähigkeit kaum noch Bedeutung. Über das V e r b o t von Parteien kann gem. Art. 21 Abs. 2 GG ohnehin nur noch das Bundesverfassungsgericht entscheiden.

3. Nichtrechtsfähige Vereine[1000]

Um jede Möglichkeit zur Umgehung der in den §§ 21 ff. BGB aufgestellten Bedingungen für die Erlangung der Rechtsfähigkeit aus-

995) RVwG, Entsch. v. 3. September 1942, III C 1/42 = ZschrAkDtR 10/62, LS 1, sowie dort r. Sp. u. angegebene weitere Rspr.-Nachweise.
996) RVwG a.a.O. S. 63.
997) S. u.a. LVG SCHLESWIG-HOLSTEIN, Urteil v. 6. November 1947 (StVL 34/47) = DÖV 3/60 ff.; ferner PALANDT, BGB, 8. Auflage (DANCKELMANN), Anm. 4 zu §§ 43, 44;Anm. 2 zu §§ 61-63.
998) Die folgenden Ausführungen beziehen sich nur auf den Bereich der BRD. Zur Rechtslage in der DDR s. ROTTER, Juristische Personen sowie die Rezension von LENK, KJ 3/368.
999) Durch das Wiederherstellungsgesetz (Quellenverzeichnis G XI).
1000) Der folgenden Übersicht hat ein Referat von Christian

zuschließen, hatten die Schöpfer des BGB diejenigen Personenverbindungen, welche trotz körperschaftlicher Verfassung nicht um die Eintragung nachgesucht hatten[1001], den Regeln des Gesellschaftsrechtes unterworfen (§ 54 BGB). Diese Regelung, bereits von der 2. Kommission als nicht passend erkannt, erwies sich in der Folgezeit als eine der schwersten Fehlentscheidungen bei der Schaffung des BGB. Das Urteil von WIEACKER über die politischen Motive dieser Entscheidung wurde bereits wiedergegeben[1002]. Auch für die praktische Rechtsanwendung erwies sich die Vorschrift als ungeeignet. Einer der schärfsten Kritiker der Regelung, G. BOEHMER, handelt sie unter der Überschrift "Ursprüngliche gesetzgeberische Fehlentscheidungen" ab[1003] und bezeichnet sie als "Musterbeispiel einer von Anfang an verfehlten, bewußt tendenziösen Vergewaltigung der Rechtswirklichkeit"[1004]. Sogar die in den §§ 50 Abs. 2, 735 ZPO und 213 KO vorgenommene Annäherung an das Korporationsrecht sei von Anfang an als ein privilegium odiosum gedacht gewesen[1005], da hierdurch nur die passive Parteifähigkeit des Vereins und die Vollstreckungsfähigkeit seines Vermögens, nicht aber die diesen Fähigkeiten entsprechenden Aktivrechte normiert worden seien. - Trotz aller Kautelen ver-

---

MÜNZER über "Die Entwicklung des Vereinsrechts unter der Herrschaft des BGB" (gehalten im Wintersemester 1867/68 an der Universität Münster im rechtsgeschichtlichen Seminar von Prof. GMÜR) als Vorlage gedient.

1001) Nur diese werden im folgenden betrachtet. Außer Betracht bleiben diejenigen Vereine, welche zur Erlangung der Rechtsfähigkeit staatlicher Genehmigung bedürfen. (§ 22 BGB).

1002) S. o. S. 164 - S. ferner WIEACKER, Sozialmodell S. 11 f.: "Die Mißform des Vereins ohne Rechtsfähigkeit ist ein Zeugnis .. elementarer Ungerechtigkeit ... Der Gegensatz von Vertragsfreiheit und Vereinigungs-Unfreiheit ist eines der wenigen traurigen Kapitel, welche der Interpretation der bürgerlichen Rechtsordnung als eines Mittels der Klassenherrschaft Nahrung gegeben haben."

1003) BOEHMER, Rechtsschöpfung S. 167; kritisch auch WESTERMANN, HbPG S. I/15; s. ferner STOLL, RG-Praxis Bd 2, S. 49 f.: "Das BGB hat .. den Versuch unternommen, die nichtrechtsfähigen Vereine dem Gesellschaftsrecht zu unterstellen. Aber wenn der Gesetzgeber die Natur der Dinge übersieht und glaubt, die Welt nach seinem Wunsche gestalten zu dürfen, so muß er bald die Wahrheit der horatischen Lebensweisheit verspüren: 'naturam expellas furca, tamen usque recurret'."

1004) BOEHMER, Rechtsschöpfung S. 168.

1005) Ibidem - Auch die Vorschriften der §§ 50 Abs. 2, 735 ZPO waren umstritten. WÜRTTEMBERG (Antrag v. 11. November 1897) und HAMBURG (Antrag vom 13. November 1897) beantragten im Bundesrat, die §§ 49a Abs. 2 und 668a des E des Änderungsgesetzes zur ZPO (= §§ 50 Abs. 2, 735 ZPO nF) zu streichen

fehlte die Konstruktion des § 54 ihr Ziel. Was Kritiker wie GIERKE bereits vor dem Inkrafttreten des Gesetzes vorausgesagt hatten[1006], traf ein:

Ein großer Teil der Vereine zog es gar nicht in Betracht, sich um die Eintragung zu bemühen[1007]. Die abschreckende Wirkung der §§ 43 Abs. 3 und 61 Abs. 2 BGB war stärker als die Drohung des § 54 mit den Risiken des Gesellschaftsrechts. Zwar bereitete der Mangel der Rechtsfähigkeit manche Unannehmlichkeiten in vermögensrechtlicher Hinsicht; dennoch fanden die betreffenden Vereine mit der Zeit genügend Wege, um diesen Folgen zu entgehen. Häufig half die Möglichkeit der Treuhänderschaft[1008]. Der Gefahr des Mißbrauches der Treuhänderstellung konnte dadurch entgangen werden, daß die Vorstandsmitglieder des Vereins eine GmbH als Treuhänderin ins Leben riefen[1009]. Diese und andere Möglichkeiten wurden vor allem von den Gewerkschaften genutzt, welche wegen des drohenden Einspruchs der Verwaltungsbehörde (§ 61 Abs. 2 BGB) zunächst gar nicht um die Eintragung ins Handelsregister nachsuchten[1010] und später aus Tradition bei der einmal gewählten Rechtsform verblieben[1011][1012].

Nachdem bereits durch das Arbeitsgerichtsgesetz[1013] und dann

---

(S. AKTE BADEN IV).

1006) GIERKE hatte bereits auf dem 23. DtJurTg auf die große Anzahl von nichtrechtsfähigen Vereinen in BAYERN hingewiesen, welche dort trotz des verhältnismäßig freien Zulassungssystems des Gesetzes von 1869 bestanden. - S. auch GIERKE, Vereine ohne Rechtsfähigkeit S. 3-12, sowie STAUDINGER, DJZ 5/375, 376.

1007) S. STOLL, RG-Praxis Bd 2, S. 53 ff.; ERMAN (-WESTERMANN), BGB Bd 1, § 54, Anm. 1; STAUDINGER (-COING), BGB Bd 1, § 54 Anm. I, 1 (RN 1); RGRK (-DENECKE), BGB Bd 1, § 54, Anm. 1; SOERGEL-SIEBERT (-SCHULZE- v. LASAULX), BGB Bd 1, § 54, Anm. 4.

1008) S. RG, Urteil v. 25. Oktober 1910, Rep. VII. 589/09 = RGZ 74/371, sowie RG, Urteil v. 11. Juli 1914, Rep. VI. 11/14 = RGZ 85/256.

1009) S. dazu STOLL, RG-Praxis Bd 2, S. 54.

1010) Ein weiterer Grund für den Verzicht auf die Erlangung der Rechtsfähigkeit lag vor allem für die Gewerkschaften in der Bestimmung des § 79 BGB, wonach die Einsicht in das Vereinsregister jedem gestattet ist; s. dazu HIRSCH, SozPr 9/164, 167; BALLERSTEDT, Arbeiterorganisation S. 17/18.

1011) Zu der anfänglichen Streitfrage, ob Berufsvereine überhaupt "Vereine mit sozialpolitischen Zielsetzungen" i.S.d. BGB seien, s. FULD, Recht 4/228.

1012) Zu den Versuchen, für Berufsvereine den Erwerb der Rechtsfähigkeit zu erleichtern s. o. Fußn. 991 Abs. 2 sowie BALLERSTEDT, Arbeiterorganisation S. 62 ff.

1013) § 10 ArbGG v. 1926.

durch weitere Spezialgesetze[1014]) den Gewerkschaften und Arbeitgeberverbänden ohne Rücksicht auf ihre Rechtsfähigkeit aktive Parteifähigkeit zugesprochen worden ist, hat in jüngster Zeit der Bundesgerichtshof den Gewerkschaften unter Hinweis auf Art. 9 Abs. 3 GG die aktive Parteifähigkeit vor den ordentlichen Gerichten zuerkannt[1015]).

Auch die politischen Parteien, welche die Rechtsform des nichtrechtsfähigen Vereins beibehalten hatten - vor allem die SPD - lernten, ähnlich wie die Gewerkschaften, mit dem neuen Recht zu leben. Heute ist die Rechtsstellung auch dieser Parteien durch das Parteiengesetz weitgehend abgesichert: § 3 ParteienG gewährt allen Parteien die Aktiv- und Passivlegitimation vor Gericht und hat damit kraft Gesetzes vollzogen, was die Rechtsprechung für die Gewerkschaften inzwischen ebenfalls anerkannt hat. § 37 ParteienG erklärt ferner § 54 Abs. 2 BGB bei Parteien für nicht anwendbar, so daß auch hier die ärgste Diskriminierung beseitigt ist.

Weniger günstig als für Parteien und Gewerkschaften stellt sich aber nach wie vor die Lage für die übrigen nichtrechtsfähigen Vereine dar[1016]). Auch für sie hat allerdings die Rechtsprechung die schlimmsten Unzuträglichkeiten inzwischen beseitigt.

Für die V e r m ö g e n s z u s t ä n d i g k e i t gelten weiterhin über § 54 Abs. 1 BGB die §§ 718, 719 BGB, wonach die Vermögensrechte den Mitgliedern zur gesamten Hand zustehen. Vermögensverfügungen müssen grundsätzlich von allen Mitgliedern gemeinsam vorgenommen werden. Diese können sich allerdings durch den Vorstand als geschäftsführenden Gesellschafter (§§.710, 714 BGB) vertreten lassen.

Für sehr mitgliederstarke Vereine können G r u n d b u c h - e i n t r a g u n g e n praktisch nur im Wege der Treuhänderschaft vorgenommen werden[1017]).

1014) S. u.a. § 1 TVG und §§ 15 BetrVerfG aF sowie § 19 BetrVerfG nF.

1015) Zunächst nur im Rahmen der gewerkschaftlichen Tätigkeit (s. BGH, Urteil v. 6. Oktober 1964, VI ZR 176/63 = BGHZ 42/210), in allerletzter Zeit uneingeschränkt (s. BGH, Urteil v. 11. Juli 1968, VII ZR 63/66 = NJW 68/1830).

1016) S. ERMAN (-WESTERMANN), BGB Bd 1, § 54, Anm. 1; LARENZ, NJW 1965/1, 3; HAFF, RG-Fschr Bd 2, S. 178, 181.

1017) Nach Ansicht des RG ist eine Grundbucheintragung unter dem Namen eines nichtrechtsfähigen Vereins unheilbar nichtig; vgl. RG, Beschluß v. 1. März 1930, V B 1/30 = RGZ 127/309 ff.

Was die H a f t u n g betrifft, so müßten an sich alle Mitglieder durch ein seitens des Vorstandes abgeschlossenes Geschäft verpflichtet werden (§§ 54, 714 BGB). Hinzu kommt noch die persönliche Haftung der sonstigen Handelnden gem. § 54 Satz 2 BGB. Die Praxis betrachtet aber die persönliche Haftung der Vereinsmitglieder für Vertragsschulden des Vereins als stillschweigend ausgeschlossen[1018)]. Die Haftung der Handelnden nach § 54 Satz 2 BGB ist durch die Rechtsprechung dahin eingeengt worden, daß unter den "Handelnden" im Sinne dieser Vorschrift nur die unmittelbar mit dem Geschäftsabschluß Befaßten verstanden werden[1019)]. Keine Haftung tritt demnach ein bei denjenigen, mit deren Genehmigung das Geschäft abgeschlossen ist.

Hinsichtlich der d e l i k t i s c h e n H a f t u n g stellte sich die h.M. zunächst auf den Standpunkt, daß § 31 BGB auf den nichtrechtsfähigen Verein nicht anwendbar sei[1020)], weil die Vorschrift über die Haftung des Vereins für seine Organe eine Folgerung aus der Rechtsfähigkeit des Vereins sei. Doch sprach sich schon sehr früh eine Mindermeinung für die analoge Anwendung des § 31 BGB auf nichtrechtsfähige Vereine aus[1021)]. Heute wird diese Ansicht überwiegend vertreten[1022)].

In der Frage der P r o z e ß f ä h i g k e i t ist heute anerkannt, daß die dem nichtrechtsfähigen Verein in § 50 Abs. 2 ZPO zugestandene passive Parteifähigkeit in gewissen Fällen die Aktivlegitimation nach sich zieht, so im Falle der Widerklage[1023)].

1018) RG, Urteil v. 16. März 1906, Rep. II. 355/05 = RGZ 63/62; RG, Urteil v. 10. November 1907, 155/06 VI = JW 1907/136.

1019) OLG BRESLAU, Urteil v. 10. November 1905 (4. ZS) = OLGE 12/3; OLG STETTIN, Urteil v. 26. Februar 1923, 2 U 414/22 = JW 1924/218.

1020) v. TUHR, Allgemeiner Teil S. 583; ECK, Vorträge S. 85; GIERKE, Vereine ohne Rechtsfähigkeit S. 19; RG, Urteil vom 18. Oktober 1917, Rep. VI. 193/17 = RGZ 91/75; RG, Urteil vom 18. Februar 1932, VIII 537/31 = RGZ 135/242, 244; RG, Urteil vom 18. Januar 1934, VI. 369/33 = RGZ 142/212, 214; RG, Urteil vom 12. April 1913, VI. 523/12 = JW 1913/737.

1021) DERNBURG, Bürgerliches Recht Bd 1, § 66 IV; ROMBACH, AcP 120/267.

1022) LAG FRANKFURT, Urteil v. 18. September 1950, I LA 344/49 = RdA 1950/427, 428; LAG FRANKFURT, Urteil v. 29. April 1953, IV/I LA 444/52 = RdA 1953/354; vgl. ferner WESTERMANN, JuS 1961/333, 336.

1023) ENNECCERUS-NIPPERDEY, Allgemeiner Teil § 116, II; BOEHMER, Rechtsschöpfung S. 182; HABSCHEID, AcP 155/375, 409; STAUDINGER (-COING), BGB Bd 1, § 54, RN 53.

Ob die Rechtsprechung des BGH, welche den Gewerkschaften contra legem die aktive Parteifähigkeit zugesprochen hat, demnächst auf weitere nichtrechtsfähige Vereine ausgedehnt und damit ein Rechtszustand hergestellt werden wird, wie er im Geltungsbereich des gemeinen Rechts und des preußischen ALR bereits vor 100 Jahren schon einmal bestanden hat, bleibt abzuwarten.

QUELLENVERZEICHNIS

UNGEDRUCKTE QUELLEN (U)

U I CELLE, Bibliothek des Oberlandesgerichts

1 Signatur: Eb 53 - Commission zur Ausarbeitung des Entwurfs eines bürgerlichen Gesetzbuches. Protokolle 1877-188o und Vorlagen der Redaktoren von 1875-189o.

U II HAMBURG, Staats- und Universitätsbibliothek

1 Signatur: B/9o5 - Protokolle der 1.Kommission zur Ausarbeitung des Entwurfs eines bürgerlichen Gesetzbuches für das Deutsche Reich. Metallographiert.

2 Signatur: B/15 - Protokolle der 2. Kommission zur Ausarbeitung des Entwurfs eines bürgerlichen Gesetzbuchs für das Deutsche Reich. Metallographiert.

U III KARLSRUHE, Badisches Generallandesarchiv

1 Signatur: Abt. 76, No.9928 - Großherzogthum Baden. Ministerium der Justiz, des Kultus und Unterrichts. Universität Freiburg. Diener, Gebhard, Dr. Albert von Lahr.

2 Signatur: Abt. 76, No.9928a - Großherzogthum Baden. Kreis- und Hofgericht Karlsruhe. Generalia. Rubrum: Diener. Den Kreisgerichtsrath Dr. Albert Gebhard von Lahr betreffend.

3 Signatur: Abt. 76, No.1o668 - Finanzministerium. Freiburg. Studien. Die Zuruhesetzung des Professors Geheimrath Dr. Albert Gebhard betreffend.

4 Signatur: Abt. 231, No.7o93 - Landstände des Großherzogthums Baden. IIte Kammer. Justizverwaltung und Rechtspflege. Gesetzentwurf, die Ausführung des bürgerlichen Gesetzbuchs betreffend. Landtag von 1897/99

5 Signatur: Abt. 233, No.1o113 - Ministerium des Großherzoglichen Hauses und der auswärtigen Angelegenheiten. Generalia. Justizverwaltung. Die Ausführung des bürgerlichen Gesetzbuches betreffend. Jahr: 1898-1919

6 Signatur: Abt. 233, No.314o3 - Staatsministerium. Generalia. Justizverwaltung. Den Entwurf eines bürgerlichen Gesetzbuches und Gesetz, die Ausführung des bürgerlichen Gesetzbuches betreffend. Vol. I, Jahr: 1895-1918

7 Signatur: Abt. 233, No.14o19 - Staatsministerium. Reichssachen. Rechtspflege. Betreff: Die durch den Entwurf eines bürgerlichen Gesetzbuchs bedingten Änderungen des Gerichtsverfassungsgesetzes, der Civilprozeßordnung und der bezüglichen Einführungsgesetze. Jahr: 1896-19o9

8 Signatur: Abt. 233, No.12738 - Staats-Ministerium. Reichssachen. Rechtspflege. Betreff: Die Einführung des bürgerlichen Gesetzbuchs, hier: die durch dieselbe bedingte Änderung der badischen Gesetzgebung.

9 Signatur: Abt. 234, No.3543 - Baden. Justizministerium. Normalia. Bürgerliche Rechtspflege. Das bürgerliche Gesetzbuch für das Deutsche Reich. Jahr: 1897-192o

1o Signatur: Abt. 234, No.3548-355o - Großherzogthum Baden.
11 Ministerium der Justiz, des Kultus und Unterrichts. Ge-
12 neralia. Bürgerliche Rechtspflege. Den Entwurf eines bürgerlichen Gesetzbuches für das Deutsche Reich betreffend. I. Theil: 1881-189o; II. Theil: 1891-1894; III. Theil: 1894-1896

13 Signatur: Abt. 234, No.3552 und 3553 - Großherzogthum
14 Baden. Ministerium der Justiz, des Kultus und Unterrichts. Generalia. Bürgerliche Rechtspflege. Den Entwurf eines bürgerlichen Gesetzbuchs, hier: die Berathungen des Reichstags, über denselben betreffend. Theil I: 1896; Theil II: 1896

U IV FREIBURG, Universitäts-Archiv

Signatur: Personalakten Fak.iur. IV e 47 - Universität Freiburg. Juristische Fakultät. Professoren. Dr. Albert Gebhard, Geheimer Rath und Professor für deutsches Civilrecht. 189o.

U V HEIDELBERG, Universitätsarchiv

Signatur: III, 3a, Nr.65 - Promotionsakte Albert Gebhard. 1854

GEDRUCKTE QUELLEN

A FRANKREICH

I Décret relatif aux assemblées d'ouvriers et artisans du même état et profession (14-17 juin 1791). in: Lois annotées. 1re Série. S.119

II Décret qui défend les clubs et sociétés populaires des femmes (9 Brumaire an 2 = 29 octobre 1793). in: Lois annotées. 1re Série. S.271

III Décret qui prohibe en France les voeux monastiques de l'un et de l'autre sexe (13-19 février 179o). in: Lois annotées. 1re Série. S.13

IV Code civil vom 2o.März 18o4. in: Das rheinische Civilrecht in seiner heutigen Geltung. Dargestellt und erläutert von Dr. CRETSCHMAR. Düsseldorf 1883. S. 5-534

IVa Code civil des Français. Édition originale. Paris 18o4.

V Code pénal vom 12.Februar 181o. in: CRAMER, Johann: Die fünf französischen Gesetzbücher. Neu übersetzt von einem praktischen Juristen. 8.Ausgabe. Crefeld 1841.

VI Code de commerce vom 15.Februar 18o7. in: Code de commerce. Expliqué par ses motifs, par des exemples, et par la jurisprudence. Ouvrage destiné aux étudiants en droit. Par J.-A. ROGRON. Nouvelle édition. Bruxelles 1843.

VII Loi sur les sociétés (24 juillet 1867). in: Lois annotées. 11e Série. S.2o5

VIII Loi portant modification de la loi du 24 juillet 1867 sur les sociétés par actions (1er août 1893). in: Lois annotées. 11e Série. S.569

IX Loi relative à la création des syndicats professionnels (21 mars 1881). in: Lois annotées. 9e Série. S.644

X Loi relative au contrat d'association (1er juillet 19o1). in: Lois annotées. Nouvelle Série. 1er Volume. S.241

XI Loi portant réforme du droit des incapables majeurs (3 janvier 1968).
in: Recueil DALLOZ SIREY de doctrine de jurisprudence et de législation. Année 1968. Paris o.J. Législation S.74

B ÖSTERREICH

I Der Urentwurf und die Berathungsprotokolle des Österreichischen Allgemeinen bürgerlichen Gesetzbuches. Hrsg. von Dr. Julius OFNER. Wien 1889. (Zit.: OFNER, Protokolle)
Bd I: Urentwurf. Berathungsprotokolle der k.k.Hofkommission in Gesetzessachen: Erste Lesung des I.Theils und Erste Lesung des II.Theils.
Bd II: Erste Lesung des III.Theils. Revision des Bürgerlichen Gesetzbuches. Superrevision des Bürgerlichen Gesetzbuches. Nachträgliche Berathungen. Revidirter und superrevidirter Entwurf.

II Allgemeines bürgerliches Gesetzbuch für die gesamten deutschen Erbländer der österreichischen Monarchie. Vom 1.Juni 1811.
in: Das Allgemeine bürgerliche Gesetzbuch samt den einschlägigen Gesetzen und Verordnungen, verweisenden und erläuternden Anmerkungen und einer Übersicht der Rechtsprechung der Gerichte, insbesondere des Obersten Gerichtshofes. Auf der Grundlage der von Dr. Josef SCHEY eingerichteten Ausgabe hrsg. von Dr. Hans KAPFER. 25. Auflage. Wien 1955.

III Kaiserliches Patent vom 26.November 1852, wirksam für den ganzen Umfang des Reiches, mit Ausnahme der Militärgrenze, wodurch neue gesetzliche Bestimmungen über Vereine (Vereinsgesetz) angeordnet werden.
in: TEZNER, Vereinsrecht Bd 1. S.137 ff.

IV Allgemeines Berggesetz. Kundgemacht mittels kaiserlichen Patents vom 23.Mai 1854.
in: TEZNER, Vereinsrecht Bd 1. S.439 ff.

V Einführungsgesetz zum allgemeinen Deutschen Handelsgesetzbuch für das Kaiserthum Österreich. Vom 17.Dezember 1862.
in: LUTZ, Protokolle, Beilagenband 3. S.2o1 ff.

VI Staatsgrundgesetz. Vom 21.Dezember 1867.
in: RGBl 1867. Nr. 134.

VII Gesetz vom 15.November 1867 über das Vereinsrecht.
in: TEZNER, Vereinsrecht Bd 2. S.469 ff.

VIII Gesetz über das Coalitionsrecht. Vom 7.April 187o.
in: TEZNER, Vereinsrecht Bd 2. S.74o ff.

C SCHWEIZ

I Bundesverfassung der Schweizerischen Eidgenossenschaft. Vom 29.Mai 1874.
in: Bereinigte Sammlung der Bundesgesetze und Verordnungen 1848-1947. Bd 1. S.3 ff.

II Privatrechtliches Gesetzbuch für den Kanton Zürich. Vom 28. Dezember 1853/31.März 1854.
in: Privatrechtliches Gesetzbuch für den Kanton Zürich. Mit Erläuterungen hrsg. von Dr. BLUNTSCHLI, Redaktor des Gesetzes. Bd 1: Das zürcherische Personen- und Familienrecht mit Erläuterungen.2.Auflage.Zürich 1854.

III Schweizerisches Obligationenrecht von 1881.
in: SCHNEIDER, A.: Das Schweizerische Obligationenrecht samt den Bestimmungen des Bundesgesetzes, betreffend die persönliche Handlungsfähigkeit mit allgemeinfaßlichen Erläuterungen. Unter Mitwirkung von H.FICK. 2.Auflage der größeren, unter Benutzung der Praxis bearbeiteten Ausgabe. 2 Bde. Zürich 1896.

IV Schweizerisches Zivilgesetzbuch. Vom 1o.Dezember 19o7.
in: Bereinigte Sammlung der Bundesgesetze und Verordnungen 1848-1947. Bd 2. S.3 ff.

D DEUTSCHLAND BIS 1900 (OHNE MATERIALIEN ZUM BGB)

I Baden

1 Das badische Landrecht vom 3.Februar 18o9. Mit den Einführungsedikten,Gesetzen, welche das Landrecht abändern und ergänzen, sowie Verweisungen auf Parallelstellen. Nach dem Stand vom 1.Januar 1891.2. Auflage. Tauberbischofsheim 1891.

2 Zweites Konstitutionsedikt. Vom 14.Juli 18o7. (Über die Verfassung der Gemeinheiten, Körperschaften und Staatsanstalten)
in: Bad.Reg.Bl. 18o7. Nr. 21.

3 Gesetz, das Vereins- und Versammlungsrecht betreffend. Vom 14.Februar 1851.
in: Bad.Reg.Bl. 1851. S.143.

4 Allerhöchstlandesherrliche Verordnung, das Vereinswesen betreffend. Vom 2o.Januar 1855.
in: Bad.Reg.Bl. 1855. S.29.

5 Einführungsgesetz zum allgemeinen Deutschen Handelsgesetzbuch für das Großherzogthum Baden. Vom 6.August 1862.
in: Bad.Reg.Bl. 1862. S.337.
sowie in: LUTZ, Protokolle, Beilagenband 3, S.129 ff.

6 Gesetz, das Vereins- und Versammlungsrecht betreffend. Vom 21.November 1867.
in: Bad.Reg.Bl. 1867. S.54o.

7 Gesetz, die Rechtsverhältnisse und Verwaltung der Stiftungen betreffend. Vom 5.Mai 187o.
in: Bad.GVBl. 187o. S.399.

8 Landesherrliche Verordnung, die Ertheilung der Körperschaftsrechte betreffend. Vom 17.November 1883.
in: Bad. GVBl. 1883. S.324.

9 Berggesetz für das Großherzogthum Baden. Vom 22.Juni 189o.
in: Bad.GVBl. 189o. S.447.

II Bayern

1 a Codex Maximilianeus Bavaricus Civilis. Oder Neu Verbessert= und Ergänzt=Chur=Bayrisches Land=Recht. München 1756.

b Wigiläus Xaverius Aloysius KREITTMAYR:
Anmerkungen über den Codicem Maximilianeum Bavaricum Civilem. 5 Bde. München 1758-1768.
(Zit.: KREITTMAYR, Anmerkungen)

2 Verfassungs-Urkunde des Königreichs Baiern. Vom 26.May 1818. in: GBl.f.d.Kgr.Bayern 1818. S.92.

3 Gesetz vom 26.Februar 185o, die Versammlungen und Vereine betreffend.
in: GBl.f.d.Königreich Bayern 1849/5o. S.53.

4 Entwurf eines bürgerlichen Gesetzbuches für das Königreich Bayern.München 1861.
Theil I : Hauptstück ... Von den Rechtsgeschäften.
Theil II: Recht der Schuldverhältnisse.

5 Gesetz, die Einführung des allgemeinen deutschen Handelsgesetzbuches betreffend. Vom 1o.Februar 1862.
in: GBl.f.d.Kgr.Bayern 1861/62. S.425.
sowie in: LUTZ, Protokolle, Beilagenband 3, S.41-66

6 Berggesetz für das Königreich Bayern. Vom 2o.März 1869.
in: GBl.f.d.Kgr.Bayern 1866-69. S.673.

7 Gesetz, die privatrechtliche Stellung der Erwerbs- und Wirtschaftsgenossenschaften betreffend. Vom 28.Mai 1869.
in: GBl.f.d.Kgr.Bayern 1866-69. S.1153.

8 Gesetz, die privatrechtliche Stellung von Vereinen betreffend. Vom 31.Mai 1869.
in: GBl.f.d.Kgr.Bayern 1866-69. S.1197.

9 Gesetz, die Actiengesellschaften, bei welchen der Gegenstand des Unternehmens nicht in Handelsgeschäften besteht, betreffend. Vom 2.Juni 1869.
in: GBl.f.d.Kgr.Bayern 1866-69. S.1217.

1o Verhandlungen der Kammer der Abgeordneten des bayerischen Landtages in den Jahren 1866/69. Beilagenband V. (Enthaltend die Beilagen CLXXV-CCLV)

a Beilage CLXXXIV (Vortrag.Protokoll des I.Ausschusses "den Entwurf eines Berggesetzes für das Königreich Bayern betreffend"). a.a.O. S.93.

b Beilage CXCVIII (Vortrag.Protokoll des I. Ausschusses über den Entwurf eines Gesetzes: "die Privatrechtsverhältnisse der Genossenschaften betreffend"). a.a.O. S.321.

c Beilage CXCIX (Vortrag.Protokoll des I. Ausschusses über den Entwurf eines Gesetzes: "die privatrechtliche Stellung von Vereinen betreffend"). a.a.O. S.351.

d Beilage CC (Vortrag.Protokoll des I.Ausschusses über den Gesetzentwurf: "Actiengesellschaften, bei welchen der Gegenstand des Unternehmens nicht in Handelsgeschäften besteht, betreffend") a.a.O. S.357.

11 Gesetz, betreffend die Einführung des Gesetzes des Norddeutschen Bundes über die privatrechtliche Stellung der Erwerbs- und Wirtschaftsgenossenschaften vom 4.Juli 1868 im Königreich Bayern. Vom 23.Juni 1873.
in: GVBl.f.d.Kgr.Bayern 1874. S.2.

12 Bekanntmachung, die Einführung Norddeutscher Bundesgesetze als Reichsgesetze in Bayern betreffend.
in: GVBl.f.d.Kgr.Bayern 1874. S.1.

13 Ausführungsgesetz zum Bürgerlichen Gesetzbuche. Vom 9. Juni 1899.
in: Beilage zu Nr. 28 des GVBl.f.d.Kgr.Bayern 1899.S.1.

14 Gesetz, Übergangsvorschriften zum Bürgerlichen Gesetzbuch betreffend. Vom 9.Juni 1899.
Beilage zu Nr.28 des GVBl.f.d.Kgr.Bayern 1899. S.83.

III Preussen

1 Allgemeines Landrecht für die preußischen Staaten nebst den ergänzenden und abändernden Bestimmungen der Reichs- und Landesgesetzgebung. Mit Erläuterungen von H.REHBEIN und O.REINCKE. 5.verbesserte Auflage. 4 Bde, Berlin 1894.

2 Edikt wegen Verhütung und Bestrafung geheimer Verbindungen, welche der allgemeinen Sicherheit nachtheilig werden könnten. Vom 2o.Januar 1798.
in: Pr.GS. 1816. S.7.

3 Verordnung wegen der angeblichen geheimen Gesellschaften. Vom 6.Januar 1816.
in: Pr.GS. 1816. S. 5.

4 Publikations-Patent, die Beschlüsse der deutschen Bundesversammlung vom 5ten Juli 1832, über die Maaßregeln zur Aufrechterhaltung der gesetzlichen Ordnung und Ruhe in Deutschland betreffend. Vom 25sten September 1832.
in: Pr.Gs. 1832. S. 216.

5 Gesetz über die Bestrafung von Studentenverbindungen. Vom 7ten Januar 1838.
in: Pr.GS. 1838. S.13.

6 Gesetz über die Actiengesellschaften. Vom 9.November 1843.
in: Pr.GS. 1843. S.341.

7 Verordnung über einige Grundlagen der künftigen Preussischen Verfassung. Vom 6.April 1848.
in: Pr.GS. 1848. S.87.

8 Verfassungsurkunde für den Preußischen Staat. Vom 31. Januar 185o.
in: Pr.GS. 185o. S.17.

9 Verordnung über die Verhütung eines die gesetzliche Freiheit und Ordnung gefährdenden Mißbrauchs des Versammlungs- und Vereinigungsrechtes. Vom 11.März 185o.
in: Pr.GS. 185o. S.277.

1o Einführungsgesetz zum Allgemeinen Deutschen Handelsgesetzbuch. Vom 24.Juni 1861.
in: Pr.GS. 1861. S.449.
sowie in: BORNEMANN-WALDECK, ADHGB S.457 ff.

11 Gesetz über die Actiengesellschaften, bei denen der Gegenstand des Unternehmens nicht in Handelsgeschäften besteht. Vom 15.Februar 1864.
in: PrGS. 1864. S.57.

12 Gesetz betreffend die Genehmigung zu Schenkungen und letztwilligen Zuwendungen, sowie zur Übertragung von unbeweglichen Gegenständen an Korporationen und andere juristische Personen. Vom 23. Februar 187o.
in: Pr.GS. 187o. S.118.

13 Allgemeines Berggesetz für die Preußischen Staaten. Vom 24.Juni 1865.
in: Pr.GS. 1865. S.7o5.

14 Ausführungsgesetz zum Bürgerlichen Gesetzbuch. Vom 2o. September 1899.
in: Pr.GS. 1899. S.177.

IV S a c h s e n

1 Gesetz, das Vereins- und Versammlungsrecht betreffend. Vom 22.November 185o.
in: GBl.f.d.Kgr.Sachsen 185o. S.264.

2 Verordnung zur Ausführung des Gesetzes vom 22.November dieses Jahres, das Vereins- und Versammlungsrecht betreffend. Vom 23.November 185o.
in: GBl.f.d.Kgr.Sachsen 185o. S.27o.

3 Verordnung, die Erlassung eines Gesetzes über den Regalbergbau betreffend. Vom 22.Mai 1851.
in: GBl.f.d.Kgr.Sachsen 1851. S.193.

4 Gesetz, den Regalbergbau betreffend. Vom 22.Mai 1851.
in: GVBl.f.d.Kgr.Sachsen 1851. S.2ol.

5 Gesetz, die Einführung des allgemeinen deutschen Handelsgesetzbuches betreffend. Vom 3o.Oktober 1861.
in: GVBl.f.d.Kgr.Sachsen 1861. S.3o7,
sowie in: LUTZ, Protokolle. Beilagenband 3. S.67.

6 Verordnung zur Ausführung des allgemeinen deutschen Handelsgesetzbuches und des Gesetzes vom 3o.Oktober 1861, die Einführung des allgemeinen deutschen Handelsgesetzbuches betreffend. Vom 3o.Dezember 1861.
in: GVBl.f.d.Kgr.Sachsen 1861. S.559,
sowie in: LUTZ, Protokolle. Beilagenband 3. S.75.

7 Bürgerliches Gesetzbuch für das Königreich Sachsen. Vom 2.Januar 1863. In Kraft getreten am 1.März 1863.
in: GVBl.f.d.Kgr.Sachsen 1863. S.6.

8 Verordnung, die Publication des bürgerlichen Gesetzbuches betreffend. Vom 2.Januar 1863.
in: GVBl.f.d.Kgr.Sachsen 1863. S.1.
7 und 8 auch in: Das Bürgerliche Gesetzbuch für das Königreich Sachsen nebst der Publikationsverordnung vom 2.Januar 1863. Leipzig 1863.

9 Verordnung, die Erlassung eines allgemeinen Berggesetzes betreffend. Vom 16.Juni 1868.
in: GVBl.f.d.Kgr.Sachsen 1868. S.351.

1o Allgemeines Berggesetz. Vom 16.Juni 1868.
in: GVBl.f.d.Kgr.Sachsen 1868. S.353.

11 Gesetz, die juristischen Personen betreffend. Vom 15. Juli 1868.
in: GVBl.f.d.Kgr.Sachsen. S.315.

12 Gesetz vom 25.März 1874 wegen theilweiser Aufhebung des Gesetzes vom 15.Juni 1868, die juristischen Personen betreffend.
in: GVBl.f.d.Kgr.Sachsen 1874. S.3o.

13 Verordnung vom 25.März 1874 zur Ausführung des Gesetzes vom 25.März 1874 wegen theilweiser Aufhebung des Gesetzes vom 15.Juni 1868, die juristischen Personen betreffend.
in GVBl.f.d.Kgr.Sachsen 1874. S.3o.

V W e i t e r e d e u t s c h e E i n z e l s t a a t e n

1 Anhalt-Dessau
Einführungsgesetz zum Allgemeinen Deutschen Handelsgesetzbuch für das Herzogthum Anhalt-Dessau-Cöthen. Vom 1.September 1863. Publicirt am 3o.September 1863.
in: LUTZ, Protokolle, Beilagenband 3. S.247.

2 Bremen
Einführungsverordnung zum Allgemeinen Deutschen Handelsgesetzbuch für die Freie und Hansestadt Bremen. Publicirt am 6. Juni 1864.
in: LUTZ, Protokolle, Beilagenband 3. S.247.

3 Frankfurt
Einführungsgesetz zum Allgemeinen Deutschen Handeslgesetzbuche für die Freie Stadt Frankfurt. Vom 17.Oktober 1862.
in: LUTZ, Protokolle, Beilagenband 3. S.177.

4 Hamburg
Einführungsgesetz zum Allgemeinen Deutschen Handelsgesetzbuch für die Freie Hansestadt Hamburg. Publicirt den 22. December 1868.
in: LUTZ, Protokolle, Beilagenband 3. S.261.

5 Hessen-Darmstadt
a Verfassungsurkunde des Großherzogthums Hessen.Vom 17. December 1820.
in: ZACHARIÄ, Verfassungsgesetze Bd 1. S.400.
b Entwurf eines bürgerlichen Gesetzbuches für das Großherzogthum Hessen.Erste Abtheilung. Darmstadt 1844. Motive zu dem Entwurfe des bürgerlichen Gesetzbuches für das Großherzogthum Hessen. Erste Abtheilung. Darmstadt 1844.
c Einführungsgesetz zum Allgemeinen Deutschen Handelsgesetzbuche für das Großherzogthum Hessen.Vom 29.September 1862.
in: LUTZ, Protokolle, Beilagenband 3. S.109.

6 Lübeck
Einführungsgesetz zum Allgemeinen Deutschen Handelsgesetzbuche für den Lübeckischen Freistaat.Vom 26. Oktober 1963. Publicirt am 2.November 1863.
in: LUTZ, Protokolle, Beilagenband 3. S.349.

7 Nassau
Einführungsgesetz zum Allgemeinen Deutschen Handelsgesetzbuche für das Herzogthum Nassau. Publicirt am 9.November 1861.
in: LUTZ, Protokolle, Beilagenband 3. S.33.

8 Oldenburg
Einführungsgesetz zum Allgemeinen Deutschen Handelsgesetzbuche für das Großherzogthum Oldenburg.Vom 18.April 1864. Publicirt am 18.Mai 1864.
in: LUTZ, Protokolle, Beilagenband 3. S.414.

9 Sachsen-Meiningen
Grundgesetz für die vereinigte landschaftliche Verfassung des Herzogthums Sachsen-Meinigen.Vom 23.August 1829.
in: ZACHARIÄ, Verfassungsgesetze Bd 1. S.536.

10 Sachsen-Coburg-Gotha
Staatsgrundgesetz für die Herzogthümer Coburg und Gotha. Vom 3.Mai 1852. Publicirt am 15.Juni 1852.
in: ZACHARIÄ, Verfassungsgesetze Bd 1, S.652.

11 Sachsen-Altenburg
Grundgesetz für das Herzogthum Sachsen-Altenburg.Vom 29. April 1831.
in: ZACHARIÄ, Verfassungsgesetze Bd 1. S.574.

12 Waldeck
Einführungsgesetz zum Allgemeinen Deutschen Handelsgesetzbuch für das Fürstenthum Waldeck.Vom 11. Februar 1862. Publicirt am 1.April 1862.

in: LUTZ, Protokolle, Beilagenband 3. S.487.
13 Württemberg
Einführungsgesetz zum Allgemeinen Deutschen Handelsgesetzbuch für das Königreich Württemberg. Publicirt am 13. August 1865.
in: LUTZ, Protokolle, Beilagenband 3. S.I.

VI Römisches Recht
Corpus Iuris Civilis. Volumen primum: Institutiones (Recognovit Paulus KRÜGER). Digesta (Recognovit Theodorus MOMMSEN). Edition stereotypa sexta. Berling 1893.

VII Deutscher Bund
1 Bundesbeschluß vom 20.September 1819. XXXV.Sitzung.Protokoll § 220.
in: ZOEPFL, Grundsätze Bd 2. S.653.
2 Bundesbeschluß vom 5.Juli 1832. XXIV.Sitzung.Protokoll § 231.
in: ZOEPFL, Grundsätze Bd 2. S.653.
3 Bundesbeschluß vom 3.December 1840,das Wandern und die Verbindungen der Handwerksgesellen betreffend. XXVII.Sitzung. Protokoll § 310.
in: ZOEPFL, Grundsätze Bd 2. S.654.
4 Beschluß der deutschen Bundesversammlung vom 2.April 1848, die Aufhebung der seit dem Jahre 1819 erlassenen s.g. Ausnahmegesetze betreffend.
in: ZACHARIÄ, Verfassungsgesetze Bd 1. S.41.
5 Die Verfassung des Deutschen Reiches vom Jahre 1849. Hrsg. von Ludwig BERGSTRÄSSER. Bonn 1913.
6 Bundesbeschluß vom 13.Juli 1854, das Vereinsweisen betreffend. XXI.Sitzung. Protokoll § 219.
in: ZACHARIÄ, Verfassungsgesetze Bd 1. S.57.
7 Protokolle der Commission zur Berathung eines allgemeinen deutschen Handelsgesetzbuches. 6 Bde Sitzungsprotokolle, 5 Bde Beilagen. Nürnberg 1857-1861.
Protokolle der Kommission zur Berathung eines allgemeinen deutschen Handelsgesetzbuches. Im Auftrage der Kommission herausgegeben von J. von LUTZ.
9 Bde Sitzungsprotokolle, 3 Bde Beilagen.
Würzburg 1858-1867.
8 Entwurf eins Handelsgesetzbuches für die preußischen Staaten.
in: PROT.ADHGB, 1. Beilagenband. S.I.
sowie in: LUTZ, Protokolle. 1.Beilagenband. S.1.
9 Entwurf eins österreichischen Handelsrechtes. Revidirter Entwurf.
in: PROT.ADHGB. 1. Beilagenband. 2.Teil. S.I.
sowie in: LUTZ, Protokolle. 1. Beilagenband. S.69.
10 Entwurf eines österreichischen Handelsrechtes. Ministerieller Entwurf.
in: PROT.ADHGB. 1. Beilagenband. 1. Teil. S.I.
sowie in: LUTZ, Protokolle. 1. Beilagenband. S.107.
11 Allgemeines Deutsches Handelsgesetzbuch nebst Einführungs- und Ergänzungsgesetzen unter Ausschluß des Seerechts. Hrsg. von E. LITTHAUSER.
5. Auflage. Berlin und Leipzig 1883.
12 Protokolle der Commission zur Ausarbeitung eines Allgemeinen Deutschen Obligationenrechtes. 6 Bde. Dresden 1863-1866.

13 Entwurf eines allgemeinen deutschen Gesetzes über die Schuldverhältnisse, bearbeitet von den durch die Regierungen von Österreich, Bayern, Sachsen, Hannover, Württemberg, Hessen-Darmstadt, Mecklenburg-Schwerin, Nassau, Meinigen und Frankfurt hierzu abgeordneten Commissaren und im Auftrage der Commission herausgegeben von Dr. L. FRANCKE. Dresden 1866.

VIII N o r d d e u t s c h e r B u n d

1 Gesetz, betreffend die privatrechtliche Stellung der Erwerbs- und Wirtschaftsgenossenschaften. Vom 4.Juli 1868.
in: BGBl.NDB. 1868. S.45.

2 Gewerbeordnung für den Norddeutschen Bund. Vom 21.Juni 1869.
in: BGBl.NDB. 1869. S.245.

3 Antrag des Abgeordneten SCHULZE auf Erlaß eines Gesetzes, betreffend die privatrechtliche Stellung von Vereinen.
in: STEN.BER.RTNDB., I. Leg.Per., Session 1869. Bd 3. Drucksache Nr.164.

4 Bericht der Vierzehnten Kommission über den Antrag des Abgeordneten SCHULZE auf Erlaß eines Gesetzes, betreffend die privatrechtliche Stellung von Vereinen.
in: STEN.BER.RTNDB., I. Leg.Per., Session 1869. Druckdache Nr.273.

5 Gesetz, betreffend die Einführung der Allgemeinen Deutschen Wechselordnung, der Nürnberger Wechselnovellen und des Allgemeinen Deutschen Handelsgesetzbuches als Bundesgesetze. Vom 5.Juni 1869.
in: BGBl.NDB. 1869. S.379.

6 Gesetz, betreffend die Kommanditgesellschaften auf Aktien und die Aktiengesellschaften. Vom 11.Juni 1870.
in: BGBl.NDB. 1870. S.375.

IX D e u t s c h e s R e i c h

1 Gesetz, betreffend die Verfassung des Deutschen Reiches. Vom 16.April 1871.
in: BGBl. DB.(!). S.63.

2 Antrag des Abgeordneten SCHULZE-DELITZSCH und Genossen auf Erlaß eines Gesetzes, betreffend die privatrechtliche Stellung von Vereinen.
in: STEN.BER.RT., I. Leg.Per., 1.Session (1871). Drucksache Nr.45.

3 Zusammenstellung des von dem Abgeordneten SCHULZE und Genossen eingebrachten Gesetzentwurfes mit dem Königlich Bayrischen Gesetz vom 29.April 1869, betreffend die privatrechtliche Stellung von Vereinen.
in: STEN.BER.RT., Leg.Per., 1. Session (1871). Drucksache Nr.91.

4 Bericht der V. Kommission über den Antrag des Abgeordneten SCHULZE-DELITZSCH auf Erlaß eines Gesetzes, betreffend die privatrechtliche Stellung von Vereinen.
in: STEN.BER.RT., I. Leg.Per., 1. Session (1871). Drucksache Nr.151.

5 Antrag des Abgeordneten SCHULZE und Genossen auf Erlaß eines Gesetzes, betreffend die privatrechtliche Stellung von Vereinen.
in: STEN.BER.RT., I. Leg.Per., 3. Session (1872). Drucksache Nr.13.

6 Gesetz, betreffend Einführung Norddeutscher Bundesgesetze in Bayern. Vom 16.April 1871.
in: RGBl. 1871. S.87.
7 Gesetz, betreffend den Orden der Gesellschaft Jesu. Vom 4.Juli 1872.
in: RGBl. 1872. S.253.
8 Gesetz, betreffend die Einführung des Gesetzes des Norddeutschen Bundes über die privatrechtliche Stellung der Erwerbs- und Wirtschaftsgenossenschaften vom 4.Juli 1868 im Königreiche Bayern. Vom 23.Juni 1873.
in: RGBl. 1873. S.146.
9 Interpellation des Abgeordneten LASKER vom 27.März 1873.
in: STEN.BER.RT., I. Leg.Per., 4. Session (1873). Drucksache Nr.30.
10 Gesetz über die eingeschriebenen Hülfskassen. Vom 7. April 1876.
in: RGBl. 1876. S.125.
11 Gesetz gegen die gemeingefährlichen Bestrebungen der Sozialdemokratie. Vom 21.Oktober 1878.
in: RGBl. 1878. S.35.
12 Gesetz, betreffend die Krankenversicherung der Arbeiter. Vom 15.Juni1883.
in: RGBl. 1883. S.73.
13 Gesetz, betreffend die Kommanditgesellschaften auf Aktien und die Aktiengesellschaften. Vom 18.Juli 1884.
in: RGBl. 1884. S.123.
14 Entwurf eines Gesetzes, betreffend die Erwerbs- und Wirtschaftsgenossenschaften. Nebst Begründung und Anlage. Amtliche Ausgabe. Berlin 1888.
15 Gesetz, betreffend die Erwerbs- und Wirtschaftsgenossenschaften. Vom 1.Mai 1889.
in: RGBl. 1889. S.55.
16 Gesetz, betreffen die Gesellschaften mit beschränkter Haftung. Vom 20.April 1892.
in: RGBl. 1892. S.477.
17 Antrag der Abgeordneten Dr. HIRSCH und Dr. SCHNEIDER (Nordhausen) auf Erlaß eines Gesetzes, betreffend die eingetragenen Berufsvereine.
in: STEN.BER.RT., VIII. Leg.Per., 2. Session (1892/93). Drucksache Nr.37.
18 Entwurf eines Gesetzes, betreffend Änderungen und Ergänzungen des Strafgesetzbuches, des Militärstrafgesetzbuches und des Gesetzes über die Presse. Vom 5.Dezember 1895.
in: STEN.BER.RT., IX. Leg.Per., 3. Session (1894/95). Drucksache Nr. 49.
19 Verzeichniß der Bevollmächtigen zum Bundesrath sowie Alphabetisches Verzeichnis der Mitglieder des Reichstages mit angehängter Fraktionsliste.
in: STEN.BER.RT., IX. Leg.Per., 4. Session (1895/97). Drucksache Nr.1.
20 Denkschrift zu dem Entwurf eines Handelsgesetzbuches und eines Einführungsgesetzes.
in: STEN.BER,RT., IX. Leg.Per., 4. Session (1895/97). Drucksache Nr.632.
21 Die gesammelten Materialien zu den Reichsjustizgesetzen. Von C.HAHN. Fortgeführt von B.MUGDAN. Auf Veranlassung des Kaiserlichen Reichs-Justizamtes.
Sechster Band: Materialien zum Handelsgesetzbuch. Berlin 1897.

22 Handelsgesetzbuch. Vom 10.Mai 1897.
in: RGBl. 1897. S.219.
23 Antrag des Abgeordneten Dr. SCHNEIDER auf Erlaß eines Gesetzes, betreffend die eingetragenen Berufsvereine.
in: STEN.BER.RT, IX. Leg.Per., 5. Session (1897/98). Drucksache Nr.60.
24 Bekanntmachung der Texte verschiedener Reichsgesetze in der vom 1.Januar 1900 an geltenden Fassung. Vom 20.Mai 1898.
in: RGBl. 1898. S.369.
(Neufassung des Gesetzes, betreffend die Erwerbs- und Wirtschaftsgenossenschaften: S.810)
25 Gesetz, betreffen das Vereinswesen. Vom 11.Dezember 1899.
in: RGBl. 1899. S.699.
26 Bürgerliches Gesetzbuch und Einführungsgesetz zum Bürgerlichen Gesetzbuche.
in: RGBl. 1896. S.195.

E MATERIALIEN ZUR ENTSTEHUNG DES BGB

I Bundesrat

1 Protokolle über die Verhandlungen des Bundesraths des Deutschen Reiches. Sessionen 1872-1874, 1888-1896. Berlin 1872-1896.
2 Drucksache des Bundesraths Nr.53 der Session 1874. Vom 16.April 1874. Abgedruckt bei RASSOW, Verhandlungen S. 175-195.
3 Drucksache des Bundesraths Nr. 74 der Session 1874. Vom 9.Juni 1874. Bericht des Ausschusses für Justizwesen, betreffend 1) das Gutachten der zur Ausarbeitung eines Planes und der Methode für die Aufstellung des Entwurfes eines deutschen bürgerlichen Gesetzbuches gewählten Kommission (Nr.53 der Drucksachen). Abgedruckt bei RASSOW, Verhandlungen S.195-214.

II Kommissionsarbeiten

1 Kommission zur Ausarbeitung des Entwurfs eines bürgerlichen Gesetzbuches. Entwurf eines bürgerlichen Gesetzbuches für das Deutsche Reich. ... Buch. Allgemeiner Teil. Vorlage des Redaktors Dr. GEBHARD.
1.) Entwurf des Allgemeinen Theils. Berlin 1881.
2.) Begründung. Berlin o.J. (1. und 2. in einem Band)
(Erster Band der Vorlagen)
2 Kommission zur Ausarbeitung des Entwurfs eines bürgerlichen Gesetzbuches. Entwurf eines bürgerlichen Gesetzbuches für das Deutsche Reich. ... Buch. Recht der Schuldverhältnisse. II. Besonderer Theil mit Begründung. Vorlage des Redaktors Dr. von KÜBEL, ergänzt durch Bestimmungen des Dresdener Entwurfes.
2. Abtheilung (Auftrag; Bürgschaft und Kreditauftrag. Trödlervertrag.Pfandvertrag.Vergleich.Glücksverträge. Leibrentenvertrag und Leibgedingsvertrag.Schuldverhältnisse aus Zuständen.Hinterlegungsvertrag.Unerlaubte Handlungen.Rechtsgemeinschaft.)
Berlin o.J. (Vierter Band der Vorlagen)
3 Entwurf eines bürgerlichen Gesetzbuches für das Deutsche Reich. Erste Lesung. Ausgearbeitet durch die von dem Bundesrathe berufene Kommission. Amtliche Ausgabe. Berlin und Leipzig 1888.

4 Motive zu dem Entwurfe eines bürgerlichen Gesetzbuches für das Deutsche Reich. Amtliche Ausgabe. Bd 1. Berlin und Leipzig 1888.

5 Protokolle der Kommission für die zweite Lesung des Entwurfes des Bürgerlichen Gesetzbuches. Im Auftrage des Reichs-Justizamtes bearbeitet von Dr. ACHILLES, Dr. GEBHARD, Dr. SPAHN, 7 Bde. Berlin 1897-1899.
Bd 1: Allgemeiner Theil und Recht der Schuldverhältnisse Abschnitt I, Abschnitt II, Thitel I.
Berlin 1897.

6 Entwurf eines Bürgerlichen Gesetzbuches für das Deutsche Reich. Zweite Lesung. Nach den Beschlüssen der Redaktionskommission. Auf amtliche Veranlassung.
Berlin 1895.

III Reichstag

1 Stenographische Berichte über die Verhandlungen des Reichstages. IX. Legislaturperiode, 4. Session (1895/97). Berlin 1896-1897.

2 Entwurf eines Bürgerlichen Gesetzbuches nebst einer zugehörigen Denkschrift.
in: STEN.BER.RT., IX. Leg.Per., 4. Session (1895/97). Drucksache Nr. 87.

3 Sonderdruck der Denkschrift:
Denkschrift zu dem Entwurf eines Bürgerlichen Gesetzbuches nebst drei Anlagen. Dem Reichstage vorgelegt in der 4. Session der 4. Legislaturperiode. (Reichstagsdrucksache Nr. 87 der Session 1895-1897).
2.Auflage. Berlin 1896.

4 Entwurf eines Einführungsgesetzes zum Bürgerlichen Gesetzbuch.
in: STEN.BER.RT., IX. Leg.Per., 4. Session (1895/97). Drucksache Nr. 87a.

5 Bericht über den Entwurf eines Bürgerlichen Gesetzbuches in Verbindung mit dem Entwurfe eines Einführungsgesetzes zum Bürgerlichen Gesetzbuche. Erstes Buch, Allgemeiner Theil und Zweites Buch, Recht der Schuldverhältnisse. Berichterstatter: Dr. ENNECCERUS.
in: STEN.BER.RT., IX. Leg.Per., 4. Session (1895/97). Drucksache Nr. 440.

IV Entwurf eines Bürgerlichen Gesetzbuches und eines zugehörigen Einführungsgesetzes sowie eines Gesetzes, betreffend Änderungen des GVG, der CPO, der KO und des Einführungsgesetzes zur CPO und zur KO. Auf amtliche Veranlassung.
Berlin 1898.

V Zusammenstellung von Kritiken

1 Zusammenstellung der gutachtlichen Äußerungen zum Entwurf eines Bürgerlichen Gesetzbuches. Gefertigt im Reichs-Justizamte. Als Manuskript gedruckt. 6 Bde. Berlin 1890-1891.

2 Zusammenstellung der Äußerungen der Bundesregierungen zu dem Entwurfe eines Bürgerlichen Gesetzbuches. Gefertigt im Reichs-Justizamte. Als Manuskript gedruckt. 2 Bde. Berlin 1891.

F KRITISCHE SCHRIFTEN ZU DEN ENTWÜRFEN DES BGB+)

ANDRÉ, Friedrich - Die zweite Lesung eines Bürgerlichen Gesetzbuches gegenüber der ersten. Ein Vergleich. in: DJZ 1 (1896)/S.101-104.

BÄHR, Otto - Besprechung des Entwurfs eines bürgerlichen Gesetzbuchs für das Deutsche Reich. in: KVjS 31 (N.F.12) (1889)/S.351-372.

DERS. Rezension: GIERKE, Soziale Aufgabe; GIERKE, Entwurf; GOLDSCHMIDT, Erörterungen; BEKKER-FISCHER; in: KVjS 32 (N.F.13) (1890)/S.188-207.

DERS. Gegenentwurf zu dem Entwurfe eines Bürgerlichen Gesetzbuches für das Deutsche Reich. 5 Hefte. Kassel 1891/92.

BEBEL, August - Das Bürgerliche Gesetzbuch umd die Sozialdemokratie. in: NZ 14,Bd 2(1895/96)/S.554-560;577-585.

BEKKER, Ernst Immanuel - System und Sprache des Entwurfs eines Bürgerlichen Gesetzbuches für das Deutsche Reich. Berlin und Leipzig 1888. (BEKKER-FISCHER Heft 2).

Bemerkungen der Großherzoglichen Badischen Regierung zu dem Entwurf erster Lesung eines Bürgerlichen Gesetzbuchs.Als Manuskript gedruckt. o.O. (Karlsruhe) o.J.(1890). (Zit.: BEMERKUNGEN BADEN).

Bemerkungen der Großherzoglich Mecklenburg-Schwerin'schen Regierung zu dem Entwurf eines bürgerlichen Gesetzbuches für das Deutsche Reich und eines Einführungsgesetzes zu diesem Gesetzbuch. Als Manuskript gedruckt. 2 Bde. Schwerin 1891/92. (Zit.: BEMERKUNGEN MECKLENBURG).

Bemerkungen des königlich preußischen Justizministers über die in dem Rundschreiben des Reichskanzlers vom 27.Juni 1889 hervorgehobenen Punkte. Als Manuskript gedruckt. Berlin 1891. (Zit.: BEMERKUNGEN PREUSSEN).

BINGNER, Adrian - Bemerkungen zu dem Entwurfe eines Bürgerlichen Gesetz-Buches für das Deutsche Reich. in: SABRP 1(1891)/ S.11-112;161-193.

DERS. Bemerkungen zu dem zweiten Entwurfe eines Bürgerlichen Gesetzbuches für das Deutsche Reich. in: SABRP 3(1893)/ S.270-296.

BOYENS - Gesellschaft unter Vergleichung mit anderen Rechtsgemeinschaften. in: Anwaltsgutachten S.1015-1062.

BUCHKA, Gerhard - Das Bürgerliche Gesetzbuch und die Reichstagskommission. in: DJZ 1(1896)/S.135-138.

DERS. Das Bürgerliche Gesetzbuch nach den Beschlüssen des Reichstages. in: DJZ 1(1896)/S.307-310.

CONRAD, J. - Die Verleihung der Corporationsrechte nach der zweiten Lesung des BGB. in: JbNSt 58(N.F.3)(1892)/S.379-404.

CRETSCHMAR, Cornelius - Besprechungen der zweiten Lesung des Entwurfes eines bürgerlichen Gesetzbuchs. §§ 23-239. in: AcP 81(1893)/S.146-176.

CRÖNERT - Das Bürgerliche Gesetzbuch und Professor Dr. Otto GIERKE. in: DWBl 9(1896)/S.235-237.

ECK, Ernst - Sammlung von Vorträgen über den Entwurf eines Bürgerlichen Gesetzbuches in der Fassung der dem Reichstag gemachten Vorlage. Heft 1: Allgemeiner Theil. Eine Darstellung und Erläuterung der Hauptbestimmungen. Berlin 1896.

+) Zitierweise: Soweit nicht anders angegeben, wird der Name und der unterstrichene Teil des Titels zitiert.

DERS. Vorträge über das Recht des Bürgerlichen Gesetzbuches. Nach dem Tode des Verfassers im Wortlaut fortgeführt und mit Anmerkungen versehen von Rudolf LEONHARD. 1./2. Auflage. Berlin 1902/04. (Zit.: ECK-LEONHARD).

ENDEMANN, Friedrich - Die rechtliche Stellung der juristischen Personen, insbesondere der Vereine nach dem Entwurfe des bürgerlichen Gesetzbuches. in: PrVwBl 17(1896)/S.205-207.

ENNECCERUS, Ludwig - Die parlamentarischen Aussichten des Bürgerlichen Gesetzbuches. in: DJZ 1(1896)/S.6-8.

FISCHER, Otto - Recht und Rechtsschutz. Eine Erörterung der Grenzgebiete zwischen Privatrecht und Civilprozeß in Beziehung auf den Entwurf eines Bürgerlichen Gesetzbuchs für das Deutsche Reich. Berlin und Leipzig 1889. (BEKKER-FISCHER Heft 6).

FREY Über die juristischen Personen mit Ausschluß der Stiftungen. in: SABRP 8(1898)/S.385-402.

FULD, Ludwig - Das Bürgerliche Gesetzbuch und die Sozialpolitik. in: Gruchot 35(1891)/S.635-657.

DERS. Das Bürgerliche Gesetzbuch und die Corporationsbildung. in: SozPr 4(1894/95)/S.288-289.

DERS. Die Stellung der juristischen Personen im zweiten Entwurf des bürgerlichen Gesetzbuchs. in: AcP 85(1896)/S. 134-147.

GIERKE, Otto - Die soziale Aufgabe des Privatrechts. Vortrag, gehalten am 5. April 1889 in der Juristischen Gesellschaft zu Wien. Berlin 1889. Neuauflage Frankfurt/M. 1948.

DERS. Der Entwurf eines Bürgerlichen Gesetzbuchs und das Deutsche Recht. II. veränderte und vermehrte Ausgabe. Leipzig 1889. (I. Auflage in SCHMOLLER'S Jahrbuch für Gesetzgebung, Verwaltung und Volkswirtschaft).

DERS. Gutachten über die Frage: "An welche Voraussetzungen kann die freie Korporationsbildung geknüpft werden?" in: 19.Dt.JurTg Bd 2, S.259-311.

DERS. Personengemeinschaften und Vermögensbegriffe in dem Entwurf eines bürgerlichen Gesetzbuches für das Deutsche Reich. Berlin und Leipzig 1889. (BEKKER-FISCHER Heft 18).

DERS. Das Bürgerliche Gesetzbuch und der deutsche Reichstag. Aus: Tägliche Runschau. Berlin 1896.

GOLDSCHMIDT, Ludwig - Kritische Erörterungen zum Entwurf eines bürgerlichen Gesetzbuchs für das Deutsche Reich. Heft 1: Die formalen Mängel des Entwurfs. Leipzig 1889.

GREIF Die zweite Lösung des Entwurfs eines Bürgerlichen Gesetzbuches für das Deutsche Reich. in: JbNSt 58(D.F.3) (1892)/S.543-580.

GRÜTZMANN - Die zweite Lösung des Entwurfs eines Deutschen Bürgerlichen Gesetzbuchs. in: SABRP 1(1891)/S.452-468, 2 (1892)/S.211-229;424-445.

HACHENBURG, Max - Das französisch-badische Recht und der Entwurf eines deutschen Bürgerlichen Gesetzbuchs. Mannheim 1889-1891.

HARTMANN, Bernhard - Die Aufgaben der Kritik des Bürgerlichen Gesetzbuchs. in: JW 17(1888)/S.253-254.

HEUSLER, A. - Rezension: GIERKE, Entwurf. in: KVjS 32(N.F.13) (1890)/S.177-188.

HÖLDER, Eduard - Zum Allgemeinen Theil des deutschen Civilgesetzentwurfes in zweiter Lesung. in: AcP 80(1893)/S.1-62.

JACOBY, Samuel - Der Entwurf eines bürgerlichen Gesetzbuches für das Deutsche Reich. Auf volkswirthschaftlicher Grundlage besprochen. II. Der Allgemeine Theil des Gesetzentwurfes. in: HirthsAnn. 1889/S.293-322.

JACOBY, Samuel - Legislative Erörterungen zum allgemeinen Theile eines Bürgerlichen Gesetzbuches für das Deutsche Reich (§ 1-71). V. Juristische Personen. in: Gruchot 34(1890)/ S.576-580.
JAKUBETZKI, Karl - Bemerkungen zu dem Entwurfe eines Bürgerlichen Gesetzbuchs für das Deutsche Reich. Dem königlich bayerischen Staatsministerium der Justiz vorgelegt. München 1892.
JASTROW, Hermann - Die geschäftliche Behandlung des Bürgerlichen Gesetzbuches im Reichstag. in: SozPr 5(1895/96)/Sp.385-391.
DERS. Der neueste Entwurf eines Bürgerlichen Gesetzbuches. in: SozPr 5(1895/96)/Sp.481-486.
DERS. Zur Plenarberathung des Bürgerlichen Gesetzbuchs: Die Rechtsfähigkeit der Vereine. in: SozPr 5(1895/96)/Sp. 1013-1018.
KAUSEN, Hermann - Juristische Personen mit besonderer Berücksichtigung der modernen Personenvereine. in: Anwalts-Gutachten S.19-40.
KEMNITZ, Alfred von - Die allgemeinen Rechtsgrundsätze des Entwurfs eines Bürgerlichen Gesetzbuches. Für das Gebiet des Preußischen Allgemeinen Landrechts dargestellt. Frankfurt a.O. 1890.
KLÖPPEL, Paul - Der Entwurf eines Bürgerlichen Gesetzbuchs für das Deutsche Reich. in: Gruchot 32(1888)/S.611-656.
KÜNTZEL - Beschlüsse, die von der Kommission für die zweite Lesung des Entwurfs eines Bürgerlichen Gesetzbuchs bei der Revision der zweiten Lesung gefaßt worden sind. in: Gruchot 39(1895)/S.
LEONHARD, Rudolf - Zu den Beschlüssen der Reichstagskommission über eingetragene Vereine. in: DJZ 1(1896)/S.227-229.
LESKE, Franz - Der Entwurf eines Bürgerlichen Gesetzbuches für das Deutsche Reich und das preußische Allgemeine Landrecht. Eine vergleichende Darstellung zur Einführung in das Studium des Entwurfes. Leipzig 1889.
LESSE Die privatrechtlichen Körperschaften im Entwurf eines bürgerlichen Gesetzbuchs für das Deutsche Reich. in: ABR 5(1891)/S.266-274.
LEVY, Meyer - Das Bürgerliche Gesetzbuch im Bundesrath. in: DJZ 1(1896)/S.81-85.
MEISCHEIDER, Emil - Die alten Streitfragen gegenüber dem Entwurfe eines Bürgerlichen Gesetzbuches für das Deutsche Reich. Berlin und Leipzig 1889. (BEKKER-FISCHER Heft 3).
NEUMANN, Carl - Literatur zum Entwurfe eines bürgerlichen Gesetzbuchs für das Deutsche Reich (Forts.). in: Gruchot 34(1899)/S.686-712.
PETERSEN, Julius - Der Entwurf eines Bürgerlichen Gesetzbuches für das Deutsche Reich und die Kritik. in: Gruchot 34 (1890)/S.32-78.
PLANCK, Gottlieb - Zur Kritik des Entwurfes eines bürgerlichen Gesetzbuchs für das Deutsche Reich. in: AcP 75(1889)/S. 327-429.
RASSOW, Henning - Die Verhandlungen der Kommission zur Ausarbeitung eines bürgerlichen Gesetzbuches für Deutschland. in: Gruchot 21(1877)/S.167-235.
REATZ, Carl Ferdinand - Die zweite Lesung des Entwurfes eines Bürgerlichen Gesetzbuches für das Deutsche Reich unter Gegenüberstellung der ersten Lesung. Im Auftrage des Vorstandes des Deutschen Anwaltsvereins dargestellt und aus

den Protokollen der zweiten Lesung erläutert. Berlin 1892. (ABR. Außerordentliche Beilage. Heft 1).
Ein Reichsgesetzbuch - für das Privatrecht. In sieben Büchern entworfen von ++. (ABR. Außerordentliche Beilage).
RING, Victor - Der Entwurf eines bürgerlichen Gesetzbuchs und seine Beurtheiler. in: ABR 1(1889)/S.191-232.
DERS. Die Beurtheilung des Entwurfs eines Bürgerlichen Gesetzbuches (Rezensionen von GIERKE, Entwurf; GOLDSCHMIDT, Erörterungen; BEKKER-FISCHER). in: ABR 2(1890)/S.122-140.
ROCHOLL, Carl - Vorschläge zur Abänderung des Entwurfes eines deutschen Bürgerlichen Gesetzbuches in Form eines Gegenentwurfes mit kurzer Begründung. 1.Buch. Allgemeiner Theil. Breslau1890.
ROSIN, Heinrich - Gutachten über die Frage: "An welche rechtlichen Voraussetzungen kann die freie Corporationsbildung geknüpft werden?" in: 19.DtJurTg Bd 2, S.135-152.
RUDLOFF - Glossen zum Civilgesetzentwurf. in: AcP 73(1888)/S. 225-235.
SCHERER, Martin - Besprechung des Entwurfs eines Bürgerlichen Gesetzbuches für das Deutsche Reich mit Gegenvorschlägen. Mannheim 1891.
SCHILLING, B. - Aphorismen zu dem Entwurf eines Bürgerlichen Gesetzbuches für das Deutsche Reich. Allgemeiner Theil. Köln 1888.
SOHM, Rudolf - Über den Entwurf eines Bürgerlichen Gesetzbuches für das Deutsche Reich in zweiter Lesung. Ein Vortrag, gehalten in der juristischen Gesellschaft zu Berlin am 15.Juni 1895. in: Gruchot 39(1895)/S.737-766.
STROHAL, Emil - Bemerkungen zu dem Entwurf eines bürgerlichen Gesetzbuchs in zweiter Lesung. Juristische Personen. in: IhJb 34(1895)/S,333.339.
UHRIG Zur Kritik des Entwurfs eines Bürgerlichen Gesetzbuchs über das Deutsche Reich. VII.Juristische Personen. in: Ergänzungshefte der Juristischen Rundschau für das katholische Deutschland. Heft I(1890)/S.94-114.
Verhandlungen des 19. und 23.Deutschen Juristentages. Herausgegeben von dem Schriftführeramt der ständigen Deputation. Berlin 1888 und 1895. (Zit.: 19. bzw. 23.DtJurTg).
Verhandlungen des Königlichen Landes-Oekonomie-Kollegiums über den Entwurf eines bürgerlichen Gesetzbuchs für das Deutsche Reich und andere Gegenstände. III.Session der IV. Sitzungsperiode vom 11. bis 22.November 1889. in: Landwirtschaftliche Jahrbücher. XVIII. Bd, Ergänzungsband II. (Zit.: VerhLÖK).
WEBER, Friedrich - Der Entwurf eines Bürgerlichen Gesetzbuches für das Deutsche Reich und dessen weitere Behandlung. Zur Frage der weiteren Behandlung des Reichs-Civil-Gesetzbuch. in: DtNotZ 19(1890)/S.10-28.
ZRODLOWSKI, Ferdinand - Codifikationsfragen und Kritik des Entwurfes eines bürgerlichen Gesetzbuches für das Deutsche Reich. Als Beilage: Entwurf einer Civilprozeßordnung. Prag 1888.
DERS. Entwurf eines bürgerlichen Gesetzbuches. Prag 1893.

G DEUTSCHLAND NACH 1900 (DEUTSCHES REICH UND BUNDESREPUBLIK)

I Antrag des Abgeordneten BARGMANN und Genossen auf Erlaß eines Gesetzes, betreffend die eingetragenen Berufsvereine, in STEN.BER.RT., XI.Leg.Per., 1.Session, erster Sessionsabschnitt (1903/1904). Drucksache Nr.127.
II Vereinsgesetz. Vom 19.April 1908. in: RGBl. 1908. S.151.

III Aufruf des Rates der Volksbeauftragten an das deutsche Volk. Vom 12.November 1918. in: RGBl. 1918. S.1303.
IV Übergangsgesetz. Vom 4.März 1919. in: RGBl. 1919. S.285.
V Die Verfassung des Deutschen Reiches (Weimarer Reichsverfassung). Vom 11.August 1919. in: RGBl. 1919 I. S. 1383.
VI Arbeitsgerichtsgesetz. Vom 23.Dezember 1926. in: RGBl. 1926 I. S.507.
VII Verordnung des Reichspräsidenten zum Schutz von Volk und Staat. Vom 28.Februar 1933. in: RGBl. 1933 I. S.83.
VIII Gesetz über Aktiengesellschaften und Kommanditgesellschaften auf Aktien. Vom 30.Januar 1937. in: RGBl. 1937 I. S.107.
IX Tarifvertragsgesetz (TVG). Vom 9.April 1949. in: WiGBl. 1949. S.55.
X Grundgesetz für die Bundesrepublik Deutschland. Vom 23. Mai 1949. in: BGBl. 1949 I. S.1.
XI Gesetz zur Wiederherstellung der Gesetzeseinheit auf dem Gebiete des bürgerlichen Rechts. Vom 5.März 1953. in: BGBl. 1953 I. S.33.
XII Arbeitsgerichtsgesetz. Vom 3.September 1953. in: BGBl. 1953 I. S.1267.
XIII Gesetz zur Regelung des öffentlichen Vereinsrechts (Vereinsgesetz). Vom 5.August 1964. in: BGBl. 1964 I. S.593.
XIV Gesetz über die politischen Parteien (Parteiengesetz). Vom 24.Juli 1967. in: BGBl. 1967 I. S.773.
XV Bekanntmachung der Neufassung des Tarifvertrages (TVG). Vom 25.August 1969. in: BGBl. 1969 I. S.1323.
XVI Betriebsverfassungsgesetz. Vom 11.Oltober 1952. in: BGBl. 1952 I. S.681.
XVII Betriebsverfassungsgesetz. Vom 15.Januar 1972. in: BGBl. 1972 I. S.13.

LITERATURVERZEICHNIS+)

A. LITERATUR BIS 1900

ADELMANN VON ADELMANNSFELDEN, Raban Graf - Die Legitimation der Vereine ohne juristische Persönlichkeit zur Führung von Prozessen nach gemeinem Recht und B.G.B. (Greiswald Diss. jur.) Greifswald 1899.
AFFOLTER, A. - Civile Deliktsfähigkeit juristischer Personen. in: ZBJV 32(1896)/S.312-327.
DERS. Die rechtliche Natur der offenen Handelsgesellschaft. in: ABR 5(1891)/S.1-11.
AMIRA, Karl von - Paul Rudolf von ROTH. in: ADB Bd 53, S.538-549.
ANLEITUNG zur Benutzung des Vereins- und Versammlungsrechtes in Deutschland. Hrsg. von der Generalkommission der Gewerkschaften Deutschlands. 3.Auflage. Hamburg 1900.
ANSCHÜTZ, August und VÖLDERNDORFF, Otto von - Kommentar zum Allgemeinen Deutschen Handelsgesetzbuche. 2.Bd, 1.Abtheilung. Erlangen 1870. (Zit.: ANSCHÜTZ-VÖLDERNDORFF,ADHGB).
ARNDTS, Ludwig - Rezension: Entwurf der ersten Abtheilung des bürgerlichen Gesetzbuchs für das Großherzothum Hessen und Motive. in: KJbDtR 10(1846), Bd 19/S.128-154, 215-260.
DERS. Rezension: Entwurf eines bürgerlichen Gesetzbuches für das Großherzogthum Hessen, 2.Abtheilung. in: KJbDtR 11 (1847), Bd 22/S.799-835.
DERS. Die neuesten Versuche deutscher Civilgesetzgebung. in: KÜDGR 1(1853)/S.128-149, 339-368.
DERS. Lehrbuch der Pandekten. Zwölfte Auflage. Nach des Verfassers Tod besorgt von L. PFAFF und F. HOFMANN. Stuttgart 1883.
BÄHR, O. - Gesellschaften mit beschränkter Haftung. Sonderabdruck aus dem GRENZBOTEN. Leipzig o.J. (1892). (Zit.: BÄHR,GmbH).
DERS. Zum neuen Aktiengesetz. in: IhJb 21(1883)/S.430-471.
BAMBERG, Hugo - Zur Lehre von der Deliktsfähigkeit der Juristischen Personen. (Greifswald Diss.iur.) Berlin 1899.
BARAZETTI, Caesar - Einführung in das französische Civilrecht (Code Napoléon) und das badische Landrecht. Mit einer Beilage: Der Code de la convention. (Zit.: BARAZETTI,FrzZivR).
DERS. Das Personenrecht mit Ausschluß des Familienrechts nach dem Code Napoléon und dem Badischen Landrecht. Karlsruhe 1893.
BARON, Julius - Pandekten. 6.Auflage. Leipzig 1890.
BEHAGHEL, Wilhelm - Das badische bürgerliche Recht und der Code Napoléon mit besonderer Rücksicht auf die Bedürfnisse der Praxis dargestellt. Dritte verbesserte und durch Verweisung auf die Rechtsprechung des Reichsgerichts für das Gebiet des Rheinischen Rechts und der badischen Gerichtshöfe vermehrte Auflage. 2 Bde, Tauberbischofsheim 1892.
BEHREND, (Joh.Friedr.) - Zur Reform des Actiengesellschaftswesens. Gutachten auf Veranlassung der Eisenacher Versammlung zur Besprechung der socialen Frage. in: Schriften des Vereins für Socialpolitik Bd I. Leipzig 1873. S.37-90.
BEHREND, Johannes Friedrich - Die neueren Privatrechts-Kodifikationen und der Entwurf eines Bürgerlichen Gesetzbuches für das Deutsche Reich. in: Holtz.Enc. Bd 1, S.387-422.
DERS. Das deutsche Privatrecht. in: Holtz.Enc. Bd 1, S.565-625.
BEKKER, Ernst Immanuel - Zur Lehre vom Rechtssubjekt: Genuß und Verfügung; Zwecksetzungen, Zweckvermögen und juristische Personen. in: IhJb 12(1873)/S.1-135.

+) Zur Zitierweise s. Fußn. auf Seite 222.

BEKKER, Ernst Immanuel - System des heutigen Pandektenrechts. 1. Bd: Einleitung, Allgemeine Lehren I (Die Rechte,die Personen.Die Sachen). Weimar 1886.

BERGER, Paul - Die Politik der Gesetze, das Vereins- und Versammlungsrecht betreffend, in den deutschen Einzelstaaten. in: VwA 1(1893)/S.540 ff.; VwA 2(1894)/S.290 ff.

BESCHORNER - Über den Entwurf eines bürgerlichen Gesetzbuches für Sachsen. in: AcP 37(1857)/S.180 ff.

BESELER, Georg - Die Vergabungen von Thodes wegen nach dem älteren deutschen Rechte. Göttingen 1835. (Die Lehre von den Erbverträgen, Erster Theil).

DERS. Volksrecht und Juristenrecht. Leipzig 1843.

DERS. System des gemeinen deutschen Privatrechts. Erste Abtheilung: Allgemeiner Theil. Das allgemeine bürgerliche Recht. 4.Auflage. Berlin 1885.

BLUNTSCHLI, J.C. - Schweizerisches Obligationen- und Handelsrecht. in: ZVR 2(1880)/S.337-358.

DERS. Deutsches Privatrecht. 2.Auflage. München 1860.

BÖHLAU, Hugo - Zur Lehre von den sogenannten juristischen Personen. Kritisches und Positives. in: AcP 56(1873)/S.351-366.

DERS. Rechtssubjekt und Personenrolle. Weimar 1871.

BOLZE, Albert - Der Begriff der juristischen Person. Stuttgart 1879.

BORNEMANN,WALDECK,STROHN,BÜRGERS - Das Allgemeine Deutsche Handelsgesetzbuch mit Erläuterungen nach den Materialien und Benutzung der sämtlichen Vorarbeiten. Berlin 1862. (Zit.: BORNEMANN-WALDECK, ADHGB).

BÖRNER - Der Allgemeine Theil des Bürgerlichen Gesetzbuchs. in: SABRP 8(1898)/S.22-53.

BOZI, A. -Aktive Parteifähigkeit eines am 1.Januar 1900 bestehenden Vereins. in: RECHT 4(1900)/S.227-228.

BRINZ, Alois - Lehrbuch der Pandekten. Bd 1 - Bd 3, Abtheilung 2, Lieferung 2; 2.Auflage. Erlangen und Leipzig 1873-1888. Bd 3, Abtheilung 2, Lieferung 2 und Bd 4. 2.Auflage; nach dem Tode des Verfassers besorgt von Dr. Philipp LOTMAR. Leipzig 1889/92.

BRÜCKNER, Hermann Das Vereins- und Versammlungsrecht, nach der Gesetzgebung des deutschen Reiches und der zur Thüringischen Gerichtsgemeinschaft zusammengetretenen Staaten. in: BlfRTh 38(1891)/S.1-35, 97-119.

BRUNS, Carl Georg -Das heutige Römische Recht. Neu durchgesehen und ergänzt von Ernst ECK. in: HoltzEnc. Bd 1, S.423-564.

BUCHKA, Gerhard von - Vergleichende Darstellung des Bürgerlichen Gesetzbuches für das Deutsche Reich und des Gemeinen Rechts. 3.Auflage. Berlin 1899.

BURCKARD, Max Eugen - Zur Lehre von den juristischen Personen. in: ZfPÖR 18(1891)/S.1-41.

DERS. System des österreichischen Privatrechts. Zweiter Theil: Die Elemente des Privatrechtes (Allgemeiner Theil des Privatrechtes). Wien 1884.

COHN, Fritz - Die Schuldenhaftung des nicht rechtsfähigen Vereins unter Berücksichtigung seines rechtlichen Charakters nach gemeinem Recht und Bürgerlichem Gesetzbuch. (Jena Diss. iur.) Jena 1900.

COSACK, Conrad - s. unter GERBER.

CRETSCHMAR, Leopold Cornelius -Das rheinische Civilrecht in seiner heutigen Geltung dargestellt und erläutert. 4.Auflage. Düsseldorf 1896.

CROME, Carl - System des deutschen Bürgerlichen Rechts. Erster Band. Allgemeiner Theil. Tübingen und Leipzig 1900.

CROME, Carl - Allgemeiner Teil der modernen französischen Rechtswissenschaft. Mannheim 1892.
CURTIUS, Friedrich - Über das Handeln der Corporationen. in: AcP 64(1881)/S.151-169.
DAHN, Felix - Über Handelsgesellschaften nach dem deutschen Handelsgesetzbuch. in: Felix DAHN, Handelsrechtliche Vorträge. Leipzig 1875. S.67-103.
DANZER, Max - Das Bayerische Landrecht (Codex Maximilianeus Bavaricus Civilis) vom Jahre 1756 in seiner heutigen Geltung. Text mit Anmerkungen und Sachregister. München 1894.
DERNBURG, Heinrich - Lehrbuch des Preußischen Privatrechts und der Privatrechtsnormen des Reichs. 1. Bd: Die allgemeinen Lehren und das Sachenrecht des Privatrechts Preußens und des Reiches. 5.Auflage. Halle a.S. 1894.
DERS. Pandekten. 1.Band, Allgemeiner Theil und Sachenrecht. Berlin 1896.
ECCIUS - Die Stellung der offenen Handelsgesellschaft als Prozeßpartei. in: ZHR 32(1886)/S.1-18.
EHEBERG - Franz Hermann SCHULZE, genannt SCHULZE-DELITZSCH. in: ADB Bd 33, S.18-29.
EISENHART - Wiguläus (!) Xaverius Aloysius Freiherr von KREITTmayr. in: ADB Bd 17, S.102-115.
ENDEMANN, W. - Handbuch des Deutschen Handels- und Wechselrechts. Leipzig 1881.
DERS. Einführung in das Studium des Bürgerlichen Gesetzbuches. Lehrbuch des bürgerlichen Rechts. 1.Bd: Allgemeiner Theil. 5. Auflage. Berlin 1899.
ENGELMANN, A. - Das Bürgerliche Recht Deutschlands mit Einschluß des Handelsrechts historisch und dogmatisch dargestellt. 2.Auflage. Berlin 1900.
FICK, H. - Mittheilungen über den gegewärtigen Stand der Gesetzgebung betreffend die Bildung von Handelsgesellschaften mit beschränkter Haftbarkeit, insbesondere von anonymen und Kommanditen-Aktiengesellschaften. in: ZHR 13(1869) /S.405-417.
FISCHER, Otto - Lehrbuch des preußischen Privatrechts. Berlin und Leipzig 1887.
FÖRSTER, Franz - Theorie und Praxis des heutigen gemeinen preußischen Privatrechts auf der Grundlage des gemeinen deutschen Rechts. IV.Band, 3.Auflage. Berlin 1874. 7.Auflage. Auf der Grundlage des Werkes von Franz FÖRSTER bearbeitet von M.E. ECCIUS. (Zit.: FÖRSTER-ECCIUS).
FÖRTSCH, Richard - Vergleichende Darstellung des Code civil und des Bürgerlichen Gesetzbuches für das Deutsche Reich. Berlin 1899.
FRANKEN, Alex - Lehrbuch des deutschen Privatrechts. Leipzig 1894.
FULD, Ludwig - Der Erwerb körperschaftlicher Rechte in der Praxis. in: SozPr 9(1900)/S.1167-1169.
DERS. Die Eintragung der Berufsvereine. in: RECHT 4(1900)/S.228.
GAREIS, Karl - Die Literatur des Privat- und Handelsrechts 1884-1894. Leipzig 1896.
GENGLER, Heinrich Gottfried - Das deutsche Privatrecht in seinen Grundzügen für Studierende erörtert. 4.Auflage. Leipzig 1892.
GERBER, Carl Friedrich Wilhelm von - System des Deutschen Privatrechts. 15.Auflage. Jena 1886. 17.Auflage. Auf der Grundlage des Entwurfes eines Bürgerlichen Gesetzbuchs für das Deutsche Reich neu bearbeitet von Conrad COSACK. Jena 1895. (Zit.: GERBER-COSACK).

GERBER, Carl Friedrich Wilhelm von - Über den Begriff der Autonomie. in: AcP 37(1854)/S.35-62.
GIERKE, Otto - Das deutsche Genossenschaftsrecht. Erster Band: Die Rechtsgeschichte der deutschen Genossenschaft. Berlin 1868.
DERS. Besprechung von KOCH, Beiträge zum Recht der Erwerbs- und Wirtschaftsgenossenschaften. in: KVjS 24(N.F.5) (1882) /S.400-404.
DERS. Die Genossenschaftstheorie und die deutsche Rechtsprechung. Berlin 1887.
DERS. Georg BESELER. in: ZSRG, G.A. 10(1889)/S.1-24.
DERS. Deutsches Privatrecht. Erster Band: Allgemeiner Theil und Personenrecht. Leipzig 1895.
DERS. Das Recht der Verbandspersönlichkeit. Besprechung reichsgerichtlicher Entscheidungen. Nachtrag von Theodor KIPP. in: IhJb 35(1896)/S.169-254.
DERS. Der Entwurf eines neuen Handelsgesetzbuches. Vortrag, gehalten in der Gehe-Stiftung zu Dresden am 27.März 1897. Dresden 1897. (Zit.: GIERKE, Entwurf HGB).
GLÜCK, Christian Friedrich - Versuch einer ausführlichen Erläuterung der Pandekten nach HELLFELD. Ein Commentar. Nach des Verfassers Tode fortgesetzt von Christian Friedrich MÜHLENBRUCH. 45 Bände. Erlangen 1793 ff.
GOLDSCHMIDT - Erwerbs- und Wirtschaftsgenossenschaften. Studien und Vorschläge. in: ZHR 27(1882)/1-118.
DERS. Zur Reform des Actiengesellschaftswesens. Gutachten auf Veranlassung der Eisenacher Versammlung zur Besprechung der socialen Frage. in: Schriften des Vereins für Socialpolitik Bd I (1873). S.29-36.
GREIFF, Martin - Sachregister zu dem Entwurfe eines Bürgerlichen Gesetzbuches für das Deutsche Reich. Berlin 1888.
GRÜTZMANN, Paul - Lehrbuch des königlich sächsischen Privatrechts. 1. Bd: Allgemeine Lehren und Sachenrecht. Leipzig 1887.
GRÜNHUT, C.S. - Zur Reform des Actiengesellschaftsrechts. in: ZfPÖR 1(1874)/S.79-113.
HACHENBURG, Max - Das badische Landrecht unter Berücksichtigung des Rheinischen Rechts, annotirt nach der Rechtsprechung der deutschen Gerichte. Mannheim 1887. Ergänzungsband Mannheim 1896.
HÄNEL, Friedrich - Einige Bemerkungen zu dem Entwurfe eines neuen bürgerlichen Gesetzbuchs für das Königreich Sachsen, mit besonderer Rücksicht auf sein Verhältnis zum Römischen Recht. in: SZRuV 11(1853)/S.481-509.
HATSCHEK, Julius - Auflösung und Entziehung der Rechtsfähigkeit eingetragener und konzessionierter Vereine. in: DJZ (1900) /S.492-494.
HELLMANN, Friedrich - Vorträge über das bürgerliche Gesetzbuch für das Deutsche Reich. Allgemeiner Theil. Freiburg i.B. 1897.
DERS. Rezension: BRINZ, Pandekten. in: KVjS 37(D.F.1) (1895)/S. 59-94.
HENLE, Wilhelm und SCHNEIDER, Heinrich - Die bayerischen Ausführungsgesetze zum Bürgerlichen Gesetzbuche vom 9.Juni 1899. I. Ausführungsgesetz zum BGB. II. Gesetz, Übergangsvorschriften betreffend. Handausgabe mit Einleitung, erläuternden Anmerkungen und Sachregister. München 1900.
HERGENHAHN, Th. - Das Reichsgesetz, betreffend die Gesellschaften mit beschränkter Haftung. Vom 2.April 1892. Mit einer Einleitung über die Entstehungsgeschichte des Gesetzes und

die Charkteristik der Gesellschaftsform. 3.Auflage, bearbeitet von Dr. J. LIEBMANN. Berlin 1895.

HEUSLER, Andreas - Zur Lehre von den juristischen Personen. ZfSR 30(1889)/S.365-379.

DERS. Institutionen des Deutschen Privatrechts. Erster Band. Leipzig 1885. (Systematisches Handbuch der Deutschen Rechtswissenschaft. Hrsg. von Dr. Karl BINDING. Zweite Abtheilung, zweiter Theil, erster Band).

HIRSCH, Max - Das BGB und die Berufsvereine. in: SozPr 9(1889)/Sp. 164-168.

HÖLDER, Eduard - Pandekten. Allgemeine Lehren. Mit Rücksicht auf den Civilgesetzentwurf. Freiburg i.Br. 1891.

DERS. Über das Wesen des eintragungsfähigen Vereins. DJZ 5 (1900) /S.412-413.

HOFFMANN, Stephan - Das bürgerliche Gesetzbuch für das Königreich Sachsen. Mit Erläuterungen aus der Rechtsprechung unter Berücksichtigung der neueren Gesetzgebung in Gemeinschaft mit Paul KADEN und Georg SCHEELE herausgegeben. 2 Bde Leipzig 1889.

HUBER, Eugen - System und Geschichte des Schweizerischen Privatrechts. Bd 4. Basel 1893.

HUGELMANN, Karl Gottfried - Studien zum österreichischen Vereins- und Versammlungsrechte. Graz 1897.

IHERING, Rudolf von - Der Geist des römischen Rechts auf den verschiedenen Stufen seiner Entwicklung. 4 Bde.- 1.Auflage 1852-1865. Zitiert nach der 8./9.Auflage. Darmstadt 1953/54.

DERS. Der Zweck im Recht. Bd 1. Leipzig 1877.

JASTROW, Hermann - Sachregister zu dem Entwurfe eines BGB für das Deutsche Reich und den dazu herausgegebenen Motiven nebst Inhaltsübersicht über die fünf Bände der Motive. Berlin und Leipzig 1888.

KAH, K. - Das badische Landrecht nach Einführung der Reichsjustizgesetze. Bearbeitet unter Hinweisung auf Reichs- und Landesgesetze, Verordnungen und Parallelstellen. Mannheim 1879.

KAYSER, Paul - Gesetz, betreffend die Kommanditgesellschaften auf Aktien und Aktiengesellschaften. Vom 14.Juli 1884. Mit Erläuterungen. Berlin 1884. (Zit.: KAYSER, Aktiengesetz).

KIRCHSTÄTTER, Ludwig Ritter von - Commentar zum Oesterreichischen Allgemeinen bürgerlichen Gesetzbuche mit vorzüglicher Berücksichtigung des gemeinen deutschen Privatrechts. 5.Auflage. Hrsg. von Ferdinand MAITISCH. Wien 1884.

KIERULFF, J.F. - Theorie des gemeinen Civilrechts. Erster Band. Altona 1839.

KIRCHHOFER, Leo - Beiträge zum schweizerischen Genossenschaftsrecht. (Zürich Diss.iur.) Winterthur 1888.

KOCH, C.F - Allgemeines Landrecht für die Preußischen Staaten. Unter Andeutung der obsoleten oder aufgehobenen Vorschriften und Einschaltungen der jüngeren noch geltenden Bestimmungen. 8.Auflage. Bearbeitet von A. ACHILLES, P. HINSCHIUS, R. JOHOW, F. VIERHAUS. Berlin und Leipzig 1886.

KOHLER, Josef - Über die Interpretation von Gesetzen. in: ZfPÖR 13(1886)/S.1-61.

KOLLIGS, R. - Die Centralvereine nach dem Bürgerlichen Gesetzbuch. in. DJZ 2(1897)/S.319-320.

DERS. Die wichtigsten civilrechtlichen Entscheidungen des Reichsgerichts auf dem Gebiete des gemeinen Rechts. Systematisch zusammengestellt. Berlin 1893. (Zit.: KOLLIGS, EntschGemR).

KRASNOPOLSKI, H. - Renzension: BOLZE, Begriff. in: KVjS 22(N.F.3) (1880)/S.188-194.

KRIWZOW, Alexander - Beiträge zur Lehre von den juristischen Personen nach römischen Recht. I. Die Deliktsfähigkeit der Gemeinden. Berlin 1894.
KRÜCKMANN - Verein,Verbindung,Gesellschaft,Korporation. in: Gruchot 37(1893)/S.217-248.
KÜBEL, Friedrich - Rechtsgrundsätze der gemeinrechtlichen Entscheidungen der Reichsgerichts. Ansbach 1894.
KUHLENBECK, Ludwig - Die Handlungsfähigkeit, insbesondere Deliktsfähigkeit sogenannter juristischer Personen. in: JW 24 (1895)/S.499-504.
DERS. Juristische Personen des öffentlichen Rechts, insbesondere Fiskus und Gemeinde. in: JW 24(1895)/S.497-499.
DERS. Von den Pandekten zum Bürgerlichen Gesetzbuch. Berlin 1897. (Zit.: KUHLENBECK, Pandekten bis BGB).
KUNTZE - Prinzip und System der Handelsgesellschaften. in: ZHR 6 (1863)/S.177-245.
LABAND - Beiträge zur Dogmatik der Handelsgesellschaften. in: ZHR 30(N.F.15)(1885)/S.469-532.
LADENBURG - Über Handelsgesellschaften. in: ZHR 1(1858)/S.132-141.
LANG, Johann Jakob - Der Entwurf eines bürgerlichen Gesetzbuchs für das Königreich Baiern mit Berücksichtigung des hessischen und sächsischen Entwurfs kritisch beleuchtet. 2 Bde. München 1861/62.
LEGIEN, C. - Das Koalitionsrecht der deutschen Arbeiter in Theorie und Praxis. Denkschrift der Generalkommission der Gewerkschaften Deutschlands. Hamburg 1899.
LEHMANN, Walter - Anmeldungen zum Vereinsregister. in: DJZ 5(1900) /S.527.
LEIST, Alexander - Vereinsfreiheit und Vereinsherrschaft im künftigen Reichsrecht. Jena 1899.
LESKE, Franz - Vergleichende Darstellung des Bürgerlichen Gesetzbuchs für das Deutsche Reich und des Preußischen Allgemeinen Landrechts. Erste Hälfte. Allgemeiner Teil, Recht der Schuldverhältnisse, Sachenrecht. 1./2.Auflage. Berlin 1900.
LEWIS Zur Literatur des deutschen Genossenschaftsrechts. (Rezension: GIERKE, Genossenschaftsrecht) in: KVjS 16 (1874) /S.560-575; 17(1875)/S.87-111.
LOENIG, Edgar - Der Einfluß des Bürgerlichen Gesetzbuches auf das Verwaltungsrecht. in: DJZ 5(1900)/S.9-12.
MAAS, Georg - Bibliographie der amtlichen Materialien zum Bürgerlichen Gesetzbuche für das Deutsche Reich und zu seinem Einführungsgesetze. Berlin 1897.
DERS. Bibliographie des Bürgerlichen Rechts 1899. in: ABR 18 (1900)/S.93-257.
DERS. Bibliographie des Bürgerlichen Rechts 1900. in: ABR 19 (1901)/S.345-426.
DERS. Bibliographie des Bürgerlichen Rechts. Verzeichnis der Einzelschriften und Aufsätze über das im Bürgerlichen Gesetzbuch für das Deutsche Reich vereinigte Recht. 1888-1898. ABR 16 (1899) (Gesamter Band).
MAKOWER, Heinrich - Das allgemeine Deutsche Handelsgesetzbuch. Mit Kommentar herausgegeben. 9.Auflage mit einem Nachtrage, enthaltend das Gesetz, betreffend die Kommanditgesellschaften auf Aktien und die Aktiengesellschaften. Vom 18. Juli 1884. Berlin und Leipzig 1884.
MANDRY, Gustav - Der civilrechtliche Inhalt der Reichsgesetze systematisch zusammengestellt und verarbeitet. Vierte Auflage, besorgt von Otto GEIB. Freiburg i.Br., Leipzig, Tübingen 1898.

MAURENBRECHER, Romeo - Lehrbuch des gesamten heutigen gemeinen deutschen Privatrechts. Bonn 1840-1855.

MAURER - Das Reichsgesetz, betreffend die Erwerbs- und Wirtschaftsgenossenschaften vom 1.Mai 1889. Berlin 1890. (Zit.: MAURER, Genossenschaftsgesetz).

MAYER, E. - Rezension: SOHM, Genossenschaft. in: KVjS 32(N.F.13) (1890)/S.373-377.

MENGER, Anton - Das bürgerliche Recht und die besitzlosen Volksklassen. 1890. 4.Auflage Tübingen 1908. Nachdruck Darmstadt 1968.

MEYER, Georg - Lehrbuch des Deutschen Staatsrechts. 4.Auflage. Leipzig 1895.

MITTERMAIER, Karl J.A. - Die neuesten Gesetzgebungsarbeiten auf dem Gebiet der Civilgesetzgebung mit besonderer Beziehung auf die neueren Civilgesetzbücher oder Entwürfe für das Königreich Sachsen, für das Großherzogthum Hessen, für das Großherzogthum Modena und die Schweizer Gesetzbücher oder Entwürfe für Zürich, Solothurn, Freiburg, Thurgau, Wallis, Aargau mit Entwicklung der Rücksichten, welche die Prüfung dieser neuen Arbeiten leiten müssen. in: AcP 36(1853)/S.94 ff.

MÜHLENBRUCH, Christian Friedrich - Lehrbuch des Pandekten-Rechts. Nach der dritten Auflage der doctrina Pandectarum deutsch bearbeitet. Erster Theil. Halle 1835.

NUSSBAUM, R. - Beiträge zur Auslegung des § 54 Abs. 2 des BGB in: SABRP 10(1900)/S.337-358.

MUNCKEL, A.- Der Begriff des "Vereins". in: SozPr 5(1895)/Sp. 281-281.

OERTMANN, Paul - Das bürgerliche Gesetzbuch im Deutschen Reichstag. in: ABR 11(1896)/S.1-25.

OTTO, Hermann - Die Verschiedenheiten des neuen deutschen vom geltenden sächsischen Bürgerlichen Rechte. Bd II (Sachenrecht), Anhang IV: Juristische Personen. (S.95-97). Dresden 1899.

PARISIUS, Ludolf und CRÜGER, Hans - Das Reichsgesetz, betreffend die Gesellschaften mit beschränkter Haftung. Vom 20.April 1892. Systematische Darstellung und Kommentar. Berlin 1893. (Zit.: PARISIUS-CRÜGER, GmbHG).

PFAFF, Leopold - Über die Materialien des österreichischen allgemeinen bürgerlichen Gesetzbuches. in: ZfPÖR 2(1875)/S. 254-327.

PFEIFER, K. - Die Lehre von den juristischen Personen nach gemeinem und württembergischem Recht. Tübingen 1847. Neudruck o.O. 1970.

PLANCK, Gottlieb - Bürgerliches Gesetzbuch nebst Einführungsgesetz. Erläutert von G. PLANCK, F. RITGEN, K. UNZNER, A. ACHILLES. Erster Band: Einleitung und Allgemeiner Teil. 2. Auflage. Berlin 1898.

PLATENIUS, A. - Grundriß des badischen Landrechts (mit Ausschluß des Obligationenrechts, LRS 1101 ff.). Unter besonderer Berücksichtigung der neueren deutschen Rechtsprechung für Studium und Praxis dargestellt. Freiburg i.Br. und Leipzig 1896.

PUCHTA, Georg Friedrich - Kritik von Georg BESELERS Volksrecht und Juristenrecht. (Aus den Jahrbüchern für wissenschaftliche Kritik besonders abgedruckt). Berlin 1844.

DERS. Cursus der Institutionen. Bd 2: System und Geschichte des römischen Privatrechts. 9.Auflage, nach dem Tode des Verfassers besorgt von Paul KRÜGER. Leipzig 1881.

DERS. Pandekten. 3.Auflage. Leipzig 1845.

PUCHTA, Georg Friedrich - Vorlesungen über das heutige römische Recht. Aus dem Nachlaß herausgegeben von August Ad. Friedrich RODORFF. 4.Auflage. 1.Bd. Leipzig 1854.
REGELSBERGER, Ferdinand - Pandekten. Erster Band. Allgemeine Lehren. Leipzig 1893.
RENAUD, Achill - Lehrbuch des gemeinen deutschen Privatrechts. Erster Band. Pforzheim 1848.
DERS. Das Recht der Aktiengesellschaften. 2.Auflage, Leipzig 1875. (Zit.: RENAUD, Aktienrecht).
RING, Victor - Das Reichsgesetz, betreffend die Erwerbs- und Wirtschaftsgenossenschaften vom 1.Mai 1889 und dessen Literatur. in: ABR 5(1891)/S.140-149.
DERS. Das Reichsgesetz, betreffend die Gesellschaften mit beschränkter Haftung vom 20.April 1892 und dessen Literatur. in: ABR 7(1893)/S.356-366.
ROSIN, Heinrich - Zur Lehre von den Korporationen und Gesellschaften, insbesondere der Erlaubten Privatgesellschaft nach ALR und heutigem preußischen Recht. in: Gruchot 27(1883)/ S.108-146; 31(1887)/S.753-767.
DERS. Rezension: GIERKE, DtPrR. in: KVjS 39(D.F.3)(1897)/S.63-103).
RÖNNE, Ludwig von - Ergänzungen und Erläuterungen des Allgemeinen Landrechts für die Preußischen Staaten durch Gesetzgebung und Wissenschaft. Unter Benutzung der Justizministerialakten und der Gesetzrevisionsarbeiten. 7.Ausgabe. 3.Bd. Berlin 1888.
ROSSHIRT - Über juristische Personen. in: AcP 10(1827)/S.313-328.
ROTH, Paul von - Kurhessisches Privatrecht. Marburg 1858.
DERS. Bayerisches Civilrecht. 1.Theil. Tübingen 1880.
DERS. System des deutschen Privatrechts. 1.Theil. Tübingen 1880.
DERS. Zur Lehre von der Genossenschaft. München 1876.
ROUSSEAU, Jean Jacques - Der Gesellschaftsvertrag oder Die Grundsätze des Staatsrechtes. In der verbesserten Übersetzung von H. DENHARDT mit einem Nachwort hrsg. von Heinrich WEINSTOCK. Stuttgart 1971 (RUB 1769/70).
RÜMELIN, Gustav - Zweckvermögen und Genossenschaft. (Fschr. IHERING). Freiburg i.Br. 1892.
RUMP, Max - Bayerisches Gesetz vom 29.April 1869, die privatrechtliche Stellung von Vereinen betreffend mit specieller Berücksichtigung des sächsischen Gesetzes vom 15.Juni 1869 sowie des künftigen Reichscivilrechtes. München 1895.
SALKOWSKI, Karl - Bemerkungen zur Lehre von den juristischen Personen, insbesondere der sogenannten corporativen Societäten und Genossenschaften. Leipzig 1863.
SAMTER - Das Wesen des eintragungsfähigen Vereins. in: DJZ 5(1900) /S.311-313.
SAVIGNY, Friedrich Carl von - System des heutigen römischen Rechts. Zweyter Band. Berlin 1840.
SCHERER, Martin - Das Rheinische Recht und die Reichs- und Landesgesetzgebung. 2 Bde. 2.Auflage. Mannheim 1889/90.
DERS. Die Entscheidungen des Reichsgerichts und des bayrischen Obersten Landesgerichts zum gemeinen Recht. Geordnet nach der Reihenfolge der Paragraphen des Entwurfs I des BGB. Leipzig 1895. (Zit.: SCHERER. Entsch.GemR).
DERS. Die Entscheidungen des Reichsgerichts zum allgemeinen preußischen Landrecht. Nach der Reihenfolge der Paragraphen geordnet. Leipzig 1894. (Zit.: SCHERER,Entsch.ALR).
SCHÜCK, Otto - Die Auflösung der Körperschaft nach dem Bürgerlichen Gesetzbuch. (Göttingen Diss.iur.) Göttingen 1898.

SCHUSTER, Heinrich - Rezension: ROTH, Genossenschaften. in: ZfPÖR 4(1877)/S.547-591,769-781.

SCHWARTZ, Ernst - Die Geschichte der privatrechtlichen Kodifikationsbestrebungen in Deutschland und die Entstehungsgeschichte des Entwurfs eines bürgerlichen Gesetzbuchs für das Deutsche Reich. in: ABR 1(1889)/S.1-189.

SIEBENHAAR, Eduard - Commentar zu dem bürgerlichen Gesetzbuche für das Königreich Sachsen. 1.Bd: Publicationsverordnung, Allgemeiner Theil und Sachenrecht. 2.Auflage. Leipzig 1869.

SIMON, Hermann Veit - Der Einfluß des BGB auf das Aktienrecht. in: ZHR 49(1900)/S.1-28.

SINTENIS, C.F.F. - Anleitung zum Studium des bürgerlichen Gesetzbuches für das Königreich Sachsen. Leipzig 1864.

DERS. Das practische gemeine Civilrecht. Erster Band. Die allgemeinen Lehren und das Sachenrecht. Leipzig 1844.

SOHM, Rudolf - Die Entstehung des deutschen Bürgerlichen Gesetzbuchs. in: DJZ 5(1900)/S.6-9.

DERS. Die deutsche Genossenschaft. (Sonderdruck aus der Festgabe der Leiziger Juristenfakultät für B. WINDSCHEID zum 22.December 1888). Leipzig 1889.

STAUDINGER, Julius von - Skizzen zum Bürgerlichen Gesetzbuch. III. Vereinsrecht. in: Seuff.Bl. 62(1897)/S.305-348.

DERS. Zur Rechtsnatur der nicht rechtsfähigen Vereine im BGB. in: DJZ 5(1900)/S.375-378.

STOBBE, Otto - Handbuch des Deutschen Privatrechts. Erster Band. 3.Auflage. Berlin 1893.

STUBENRAUCH, Moritz von - Commentar zum österreichischen allgemeinen bürgerlichen Gesetzbuche. 6.Auflage, neu bearbeitet von Max SCHUSTER, v. BONNOTT und Karl SCHREIBER. Erster Band. Wien 1892.

SWART, Otto Der nichtrechtsfähige Verein nach dem Bürgerlichen Gesetzbuch. (Göttingen Diss.iur.) Göttingen 1899.

THIBAUT, Anton Friedrich Justus - System des Pandektenrechts. Zweyte Auflage. Erster Band. Jena 1805.

THÖNE, Johann Franz - Fundamental-Lehren des Preußischen Privatrechts einschließlich der Abfassungsgeschichte des Allgemeinen Landrechts und der Lehre von dem Besitz und der Verjährung. Bd 1. Leipzig 1833.

TÖBBEN, August - Die Theorien über die Auffassung der juristischen Personen. (Göttingen Diss.iur.) Göttingen 1893.

UNGER, Josef - System des österreichischen allgemeinen Privatrechts. 2 Bde. 3.Auflage. Leipzig 1868.

DERS. Personengesammtheit und Offene Handelsgesellschaft. in: IhJb 25(1887)/S.239-261.

VIERHAUS, Friedrich - Die Entstehungsgeschichte des Entwurfs eines Bürgerlichen Gesetzbuches für das Deutsche Reich. In Verbindung mit einer Übersicht der privatrechtlichen Kodifikationsbestrebungen in Deutschland. Berlin und Leipzig 1888. (BEKKER-FISCHER Heft1).

WÄCHTER, Karl Georg von - Pandekten. Hrsg. von O. v. WÄCHTER. 1. Bd. Allgemeiner Theil. Leipzig 1881.

WAGNER, Adolf - Referat über Actiengesellschaftswesen. in: Verhandlungen des Vereins für Socialpolitik am 12. und 13. October 1873. Hrsg. vom Ständigen Ausschuß. Leipzig 1874. (Schriften des Vereins für Socialpolitik, Bd IV).

WENDT, Otto - Lehrbuch der Pandecten. Jena 1888.

WIENER, H. - Zur Reform des Actiengesellschaftswesens. Gutachten auf Veranlassung der Eisenacher Versammlung zur Besprechung der socialen Frage. in: Schriften des Vereins für Socialpolitik Bd I. Leipzig 1873. S.1-28.

WINDSCHEID, Bernhard - Lehrbuch des Pandektenrechts. 3 Bde. 7. Auflage 1891.
ZACHARIÄ, Heinrich Albert - Deutsches Staats- und Bundesrecht. Erster Theil: Allgemeine Lehren und Verfassungsrecht der Bundesstaaten. 3.Auflage. Göttingen 1865.
ZACHARIÄ VON LINGENTHAL - Handbuch des französischen Zivilrechts. Bearbeitet von Carl CROME. Erster Band. 8.Auflage. Freiburg i.Br. 1894. (Zit.: ZACHARIÄ, FrzZivR).
ZELLER, Wilhelm - Das Verwaltungsstreitverfahren bei Einspruch gegen Vereine in den §§ 6 ff. (sic!) des Bürgerlichen Gesetzbuches. in VwA 6(1898)/S.27-47.
DERS. Das Recht der Vereine im deutschen Bürgerlichen Gesetzbuch. in: AöR 12(1897)/S.241-266.
DERS. Das Vereins- und Versammlungsrecht in Deutschland. in: AöR 10(1895)/S.239-288.
ZIMMERMANN, Friedrich - Über den Gesetzentwurf: die privatrechtliche Stellung von Vereinen im norddeutschen Bund betreffend. in: AcP 54(1871)/S.130-138.
ZITELMANN, Ernst - Begriff und Wesen der sogenannten juristischen Personen. Von der Juristenfakultät in Leipzig gekrönte Festschrift. Leipzig 1873.
DERS. Das Recht des Bürgerlichen Gesetzbuchs. Allgemeiner Teil. Leipzig 1900.
ZOEPFL, Heinrich - Grundsätze des allgemeinen und deutschen Staatsrechtes, mit besonderer Rücksicht auf die neuesten Zeitverhältnisse. Zweiter Theil. Leipzig und Heidelberg 1856.

B. LITERATUR NACH 1900

ABENDROTH, Wolfgang - Sozialgeschichte der europäischen Arbeiterbewegung. 6.Auflage. Frankfurt/M. 1969.
ABRAHAMSOHN, Wilhelm - Die Schuldenhaftung des nicht rechtsfähigen Vereins nach bisherigem Recht und dem Recht des Bürgerlichen Gesetzbuches. Berlin 1901.
ADAMOVICH, Ludwig - Handbuch des österreichischen Verwaltungsrechts. 2.Band: Materiellrechtlicher Teil. 5.Auflage. Wien 1953.
ADLER, Sigmund - Die politische Gesetzgebung in ihren geschichtlichen Beziehungen zum allgemeinen bürgerlichen Gesetzbuche. in: Fschr zur Jahrhundertfeier des Allgemeinen Bürgerlichen Gesetzbuchs. 1.Juni 1911. Erster Teil. Wien 1911. S.88 ff.
ANSCHÜTZ, Gerhard - Die Verfassungsurkunde für den Preußischen Staat. Vom 31.Januar 1850. Ein Kommentar für Wissenschaft und Praxis. Erster Band: Einleitung. Die Titel Vom Staatsgebiete und Von den Rechten der Preußen. Berlin 1912.
BADER, Karl S. - Otto Friedrich GIERKE. in: NDB Bd 6, S.374-375.
BALLERSTEDT, Otto - Arbeiterorganisation und Rechtsfähigkeit der Berufsvereine - Eine Mahnung. Berlin 1905. (Sozialwissenschaftliche Zeitfragen. hrsg.v. Alexander TILLE, 7.Heft.
BAUMBACH, Adolf - Handelsgesetzbuch mit Nebengesetzen ohne Seerecht. Fortgeführt von Konrad DUDEN. 16.Auflage. München und Berlin 1964. (Zit.: BAUMBACH-DUDEN, HGB).
BECHTEL, Heinrich - Wirtschafts- und Sozialgeschichte Deutschlands. Wirtschaftsstile und Lebensformen von der Vorzeit bis zur Gegenwart. München 1967.
BEITZKE, Günther - Konzessionssystem, Normativsystem und freie Körperschaftsbildung. in: ZHR 108(1941)/S.32-62.
BINDER, Julius - Das Problem der juristischen Persönlichkeit. (Fschr der juristischen Fakultät Erlangen für Ferdinand REGELSBERGER zum 50jährigen Doktorjubiläum). Leipzig 1907.

BOGENG, G.A.E. - Erwerbsbeschränkungen juristischer Personen nach deutschem Reichs- und Landesprivatrecht. Mit besonderer Berücksichtigung der Beschränkungen des unentgeltlichen Erwerbs. Berlin und Leipzig 1908.

BOEHMER, Gustav - Grundlagen der bürgerlichen Rechtsordnung. Erstes Buch: Das Bürgerliche Recht als Teilgebiet der Gesamtrechtsordnung. Tübingen 1950. Zweites Buch, zweite Abteilung: Praxis der richtlichen Rechtsschöpfung. Tübingen 1952.

BORN, Karl Erich - Der soziale und wirtschaftliche Strukturwandel Deutschlands am Ende des 19.Jahrhunderts. in: Moderne deutsche Sozialgeschichte. Hrsg. von Hans-Ulrich WEHLER (Neue Wissenschaftliche Bibliothek Bd 10). Köln, Berlin 1966. S.271-286.

BREMER, Eleonore H. - Die Beschränkung der juristischen Personen, insbesondere ihrer Rechtsfähigkeit im deutschen, französischen, englischen und sowjetrussischen Recht (Köln Diss. iur). Köln 1936.

BÜLOW, Joachim von - Das Vereinsrecht des Bürgerlichen Gesetzbuches. Berlin 1902.

CONRAD, Hermann - Preußen und das französische Recht in den Rheinlanden. in: Fschr.OLG Köln S. 78-112.

CREMER - Wann kann die Verwaltungsbehörde gegen die Eintragung von Vereinen Einspruch erheben (§ 61 Abs. 2 BGB)? in: JW 51 (1933)/S.2257.

CRÜGER, Hans und CRECELIUS, Adolf - Das Reichsgesetz, betreffend die Erwerbs- und Wirtschaftsgenossenschaften. Kommentar zum praktischen Gebrauch für Juristen und Genossenschaften. Bis zur 3.Auflage hrsg. von Ludolf PARISIUS und Hans CRÜGER. 10.Auflage. Berlin und Leipzig 1926.

DERNBURG, Heinrich - Das bürgerliche Recht des Deutschen Reichs und Preußens. 1./2.Auflage. Halle 1898-1905. Bd 1, Allgemeine Lehren. 1902.

DORNER, Emil und SENG, Alfred - Badisches Landesprivatrecht. Halle a.S. 1906. (Das bürgerliche Recht des Deutschen Reiches und Preußens. Von Heinrich DERNBURG. Ergänzungsband IV).

DUVERGER, Maurice und SFEZ, Lucien - Die staatsbürgerlichen Freiheitsrechte in Frankreich und in der Union Française. in: BETTERMANN,NEUMANN,NIPPERDEY: Die Grundrechte. 1.Bd, 2. Halbband. Berlin 1967. S.563-658.

ECCIUS, M.E. - Rezension: GIERKE, Vereine ohne Rechtsfähigkeit. MEURER, Juristische Personen. in: Gruchot 48(1904)/S. 691-694.

DERS. Rezension: PLANCK, Bürgerliches Gesetzbuch. in: Gruchot 48(1904)/S.141-144.

ECK, Ernst - Vorträge über das Recht des Bürgerlichen Gesetzbuches. Bd 1 (Buch I und II des BGB). Nach des Verfassers Tode fortgeführt durch Feststellung des Wortlautes und Anmerkungen von R. LEONHARD. 1. und 2.Auflage. Berlin 1903. (Zit.: ECK-LEONHARD).

EHRENZWEIG, Armin - System des österreichischen allgemeinen Privatrechts. Zweite Auflage des von Prof. Dr. L. PFAFF aus dem Nachlasse des Prof. Dr. Josef KRAINZ herausgegebenen Systems des allgemeinen österreichischen Privatrechts. 1.Bd, 1.Hälfte (Allg. Teil). Wien 1951.

ENGISCH, Karl - Empfiehlt es sich, die Strafbarkeit der jurstischen Person gesetzlich vorzusehen? - Referat mit Korreferat von F.HARTUNG zum gleichen Thema. Tübingen 1954.

Engisch - Sonderdruck aus: Verhandlungen des 40. Deutschen Juristentages. Hamburg 1953. Band II (Sitzungsberichte), Teil E (Strafrechtliche Abteilung).
ENNECCERUS, L. - Allgemeiner Teil des Bürgerlichen Rechts. Lehrbuch. 15.Auflage von H.C. NIPPERDEY. 1. Halbband: Allgemeine Lehren, Personen, Rechtsobjekte. Tübingen 1959. (Zit.: ENNECERUS-NIPPERDEY, Allge.Teil).
ERMAN, Walter (+ Verfasser) - Handkommentar zum Bürgerlichen Gesetzbuch. 4.Auflage. Münster 1967.
FABRICIUS, Fritz - Relativität der Rechtsfähigkeit. Ein Beitrag zur Theorie und Praxis des privaten Personenrechts. München und Berlin 1963.
FERID, Murad Das französische Zivilrecht. Erster Bd: Allgemeine Lehren, Recht der Schuldverhältnisse. Frankfurt/M., Berlin 1971.
FORSTHOFF, Ernst - Lehrburch des Verwaltungsrechts. Erster Bd: Allgemeiner Teil. 9.Auflage. München und Berlin 1966.
FRICKE, Dieter - Die deutsche Arbeiterbewegung 1869-1890. Ihre Organisation und Tätigkeit. Leipzig 1964.
DERS. Zur Organisation und Tätigkeit der deutschen Arbeiterbewegung 1890-1914. Dokumente und Materialien. Leipzig 1962.
FRIEDBERG, Emil - Die Handelsgesetzgebung des Deutschen Reichs. 6.Auflage. Leipzig 1901.
DERS. Juristische Personen. in: VwA 23(1915)/S.1 ff.
FÜSSLEIN, Rudolf Werner - Vereins- und Versammlungsfreiheit. in: NEUMANN,NIPPERDEY,SCHEUNER, Die Grundrechte. Bd 2 (Die Freiheitsrechte in Deutschland). Berlin 1954. S. 425-455.
GASTROPH, Claus - Die politischen Vereinigungen. Inhalt und Grenzen der Vereinigungsfreiheit des Art. 9 des Grundgesetzes im politischen Bereich in der Verfassungsstruktur der Bundesrepublik Deutschland. Berlin o.J. (1970). (Schriften zum Öffentlichen Recht Bd 118).
Geschichte der deutschen Arbeiterbewegung. Hrsg. vom Institut für Marxismuns-Lenismuns beim Zentralkomitee der SED. Bd 1: Von den Anfängen der deutschen Arbeiterbewegung bis zum Ausgang des 19. Jahrhunderts. Berlin (DDR) 1966.
GIERKE, Julius von - Handelsrecht und Schiffahrtsrecht. 7.Auflage. Berlin 1955.
GIERKE, Otto - Handelsgesellschaftsrecht und bürgerliches Recht. Vortrag gehalten in der juristischen Gesellschaft zu Berlin am 15.Dezember 1900. in: ABR 19(1901)/S.114-137.
DERS. Das Wesen der menschlichen Verbände. Berlin 1902.
DERS. Vereine ohne Rechtsfähigkeit nach dem neuen Rechte. 2.Auflage. Berlin 1902.
GMÜR, Rudolf - Savigny und die Entwicklung der Rechtswissenschaft. Münster 1962. (Schriftenreihe der Gesellschaft zur Förderung der Universität Münster, Heft 49).
DERS. Das Schweizerische Zivilgesetzbuch verglichen mit dem deutschen Bürgerlichen Gesetzbuch. Bern 1965 (Abhandlungen zum schweizerischen Recht N.F. Bd 366).
DERS. Die Emder Handelscompagnien des 17. und 18.Jahrhunderts. in: Fschr. für Harry WESTERMANN z. 65.Geburtstag, hrsg. von Wolfgang HEFERMEHL, Rudolf GMÜR und Hans BROX. Karlsruhe 1974. S.167-197.
GOLDMANN, Eduard, LILIENTHAL, L. - Das Bürgerliche Gesetzbuch. Systematisch dargestellt. Erster Band: Allg. Teil und Recht der Schuldverhältnisse. 2., nach dem System des BGB bearbeitete Auflage. Berlin 1903.

GOLDMANN, Samuel - Das Handelsgesetzbuch vom 10.Mai 1897 (mit Ausschluß des Seerechts). Zweiter Band (II. Buch: Handelsgesellschaften und stille Gesellschaften). Berlin 1905.

GREBING, Helga - Geschichte der deutschen Arbeiterbewegung. München 1966.

GROSSFELD, Bernhard - Aktiengesellschaft, Unternehmungskonzentration und Kleinaktionär. Tübingen 1968. (Tübinger Rechtswissenschaftliche Abhandlungen Bd 21)

Großkommentar zum Handelsgesetzbuch. Begründet von Hermann STAUB, weitergeführt von Mitgliedern des Reichsgerichts. 1.Bd (§§ 1-104). Von Dieter BRÜGGEMANN, Roland FISCHER, Paul RATZ, Wolfgang SCHILLING und Hans WÜRDINGER. 3.Auflage. Berlin 1967. (Zit.: BRÜGGEMANN-WÜRDINGER).

GSCHNITZER, Franz - Allgemeiner Teil des bürgerlichen Rechts. Wien, New York 1966.

HABSCHEID - Der nicht rechtsfähige Verein zwischen juristischer Person und Gesellschaft. in: AcP 155(1956)/S.375-418.

HAFF, Karl - Institutionen der Persönlichkeitslehre und des Körperschaftsrechts. Zugleich ein Lehrbuch zum Personenrecht des BGB und des schweizerischen ZGB. Zürich 1918.

DERS. Die juristischen Personen des bürgerlichen und Handelsrechts in ihrer Umbildung. in: RG-Fschr. Bd 2 S.178-190.

HEDEMANN, Justus Wilhelm - Die Fortschritte des Zivilrechts im 19. Jahrhundert. Ein Überblick über die Entfaltung des Privatrechts in Deutschland, Österreich und der Schweiz. Erster Teil: Die Neuordnung des Verkehrslebens. Berlin 1910.

DERS. Der Dresdener Entwurf von 1866. Ein Schritt auf dem Wege zur deutschen Rechtseinheit. Berlin 1935.

HEGEL, Georg Wilhelm Friedrich - Grundlinien der Philosophie des Rechts oder Naturrecht und Staatswissenschaft im Grundrisse. (1.Auflage Berlin 1821). in: HEGEL, Werke Bd 7, Frankfurt/M. 1970.

HEYMANN, Ernst - Handelsgesetzbuch (ohne Seerecht) mit Erläuterungen. Nach dem Stand vom 1.Juli 1970 neu bearbeitet von Hans Wilhelm KÖTTER. 4.Auflage (21.Gesamtauflage). Berlin, New York 1971. (Zit.: HEYMANN-KÖTTER, HGB).

HOCHE Die Verordnungen zum Schutze von Volk und Staat und gegen Verrat am deutschen Volke. in: DJZ 38(1933)/S.394.

HÖFFLER, Siegfried - Die Vereinsautonomie und ihre Grenzen. (Erlangen Diss.iur.) Neuruppin 1936.

HÖLDER, Eduard Natürliche und juristische Personen. Leipzig 1905.

DERS. Das Problem der juristischen Persönlichkeit. in: IhJb 53 (1908)/S.40-107.

HUBER, Hans - Vereinsfreiheit für Ausländer. in: Fschr. Jahrreiß S.101-114.

HUBRICH, Eduard - Begriff und Entstehung der moralischen Personen nach dem preußischen Allgemeinen Landrecht und ihre wechselvolle Beurteilung durch die preußische Theorie und Praxis. in: Gruchot 62(1918)/S.1-75.

HUECK, Alfred - Gesellschaftsrecht. Ein Studienbuch. 14.Auflage. München 1969.

JOSEF, Eugen - Letztwillige Zuwendungen an Vereine ohne Rechtsfähigkeit. in: ABR 20(1902)/S.229-239.

KANT, Immanuel - Die Metaphysik der Sitten. in: Kants gesammelte Schriften, hrsg. von d. Königlich Preußischen Akademie der Wissenschaften. Bd 6. Berlin 1907. S.203 ff.

KIEFNER, Hans - Der Einfluß KANTS auf Theorie und Praxis des Zivilrechts im 19. Jahrhundert. in:Philosophie und Rechts-

wissenschaft. Zum Problem ihrer Beziehung im 19.Jahrhundert. Hrsg. von J. BLÜHDORN und J. RITTER. Frankfurt 1969. S.3 ff.
KAYSER, Pierre - Société ou association? Paris 1928.
KLANG, Heinrich - Kommentar zum Allgemeinen bürgerlichen Gesetzbuch. 1.Band, 1.Halbband: Einleitung, Kundmachungspatent, §§ 1-352. Wien 1933.
KLANG, Heinrich und GESCHNITZER, Franz - Kommentar zum Allgemeinen bürgerlichen Gesetzbuch. 2.,neubearbeitete Auflage. Wien 1964. (Zit.: KLANG-GESCHNITZER).
KNAUTH - Zur Lage des Vereinsrechts. in: ZschrAkDtR 10(1943)/S. 56-58.
KOEPCHEN - Die Unterscheidungsmerkmale des wirtschaftlichen und des nichtwirtschaftlichen Vereins. DJZ 18(1913)/Sp.1296-1300.
Kommentar zum Bürgerlichen Gesetzbuch, herausgegeben von Reichsgerichtsräten und Bundesrichtern. 1.Bd, 1.Teil (Allgemeiner Teil, §§ 1-240). 11.Auflage.Berlin 1959. (Zit.: RGRK + Bearb.).
KRAINZ, Josef - System des österreichischen allgemeinen Privatrechts. Aus dem Nachlaß herausgegeben und redigiert von L. PFAFF. 4.Auflage, besorgt von Armin EHRENZWEIG. 1.Bd: Der allgemeine Teil und das Sachenrecht. Wien 1905.
KÜHNL, Reinhard - Formen bürgerlicher Herrschaft. Liberalismus - Faschismus. Reinbek b. Hamburg 1971.
KULEMANN, W. - Die Berufsvereine. Erste Abteilung: Geschichtliche Entwicklung der Berufsorganisationen der Arbeitnehmer und Arbeitgeber aller Länder. 2.Auflage. 2.Bd: Deutschland II. Jena 1908.
KUNKEL, W. - Juristische Personen. in: Rechtsvergleichendes Handwörterbuch für das Zivil- und Handelsrecht des In- und Auslandes. Hrsg. von Franz SCHLEGEL-BERGER. Berlin 1933 Bd 4, 560-597.
KURTH, Josef - Geschichte der Gewerkschaften in Deutschland. Hannover und Frankfurt/M. 1957.
LARENZ, Karl - Allgemeiner Teil des deutschen bürgerlichen Rechts. München 1967.
DERS. Rechtsperson und subjektives Recht. (Zur Wandlung der Rechtsgrundbegriffe). Berlin 1935.
DERS. Richterliche Rechtsfortbildung als methodisches Problem. in: NJW 1965/1-10.
LAUFS, Adolf - Genossenschaftsdoktrin und Genossenschaftsgesetzgebund vor hundert Jahren. in: JuS 1968/S.311-315.
LEHMANN, Heinrich - Allgemeiner Teil des Bürgerlichen Gesetzbuches. 15.Auflage von Heinz HÜBNER. Berlin 1966.
LENK, Klaus - Rezension: ROTTER, Juristische Person. in: KJ 3 (1970)/S.368-369.
LÜTGE, Friedrich - Deutsche Sozial- und Wirtschaftsgeschichte. Ein Überblick. Berlin, Göttingen Heidelberg 1952.
MATTHIASS, Bernhard - Lehrbuch des Bürgerlichen Rechtes mit Berücksichtigung des gesamten Reichsrechtes. 6. und 7.Auflage. Berlin 1914.
MERTENS, Hans-Georg - Die Entstehung der Vorschriften des BGB über die gesetzliche Erbfolge und das Pflichtteilsrecht. Berlin 1970.
DERS. Otto von GIERKE. Zum 50.Todestage des großen Germanisten. in: JuS 1971, S.508 ff.
MEURER, Christian - Die juristischen Personen nach deutschem Reichsrecht. Festgabe der rechts- und staatswissenschaft-

lichen Fakultät der Universität Würzburg für Johann Friedrich RITTER von SCHULTE. Stuttgart 1901.

MÜLLER, Friedrich - Korporation und Association. Eine Problemgeschichte der Vereinigungsfreiheit im deutschen Vormärz. Berlin 1965.

NESTRIEPKE, Siegfried - Die Gewerkschaftsbewegung. 1.Bd. 2.Auflage. Stuttgart 1922.

NIPPERDEY, Thomas - Interessenverbände und Parteien in Deutschland vor dem ersten Weltkrieg. in: PVS 2(1961)/S.262-280.

DERS. Verein als soziale Struktur in Deutschland im späten 18. und 19.Jahrhundert. in: Geschichtswissenschaft und Vereinswesen im 19.Jahrhundert. S.1-43.

NUSSBAUM, Arthur - Theoreme und Wirklichkeit in den allgemeinen Lehren des Bürgerlichen Rechts. in: ABR 42(1916)/S.136-193.

OGRIS, Werner - Der Entwicklungsgang der österreichischen Privatrechtswissenschaft im 19.Jahrhundert. Vortrag, gehalten vor der Berliner Juristischen Gesellschaft am 13.Dezember 1967. Berlin 1968.

OPPENHEIMER, Hugo - Die beiden Vereinsklassen des Bürgerlichen Gesetzbuches (§§ 21/22). in: IhJb 47(1904)/S.99-192.

OSTHEIM, Rolf - Zur Rechtsfähigkeit von Verbänden im österreichischen bürgerlichen Recht. Ein Beitrag zur Auslegung des § 26 ABGB. Wien, New York 1967.

PALANDT (+ Bearbeiter) - Bürgerliches Gesetzbuch. Kommentar. 8. Auflage. München + Berlin 1950. 27.Auflage. München 1968.

PLANCK, Gottlieb - Geheimer Rat Professor Dr. Albert GEBHARD + in: DJZ 13(1908)/S.119.

PLANITZ, Hans - Otto von GIERKE. in: DBJ 3(1927)/S.110-118.

RADBRUCH, Gustav - Vorschule der Rechtsphilosophie. 3.Auflage besorgt von Arthur KAUFMANN. Göttingen 1965.

DERS. Klassenrecht und Rechtsidee. in: DERS., Der Mensch im Recht. Ausgewählte Vorträge und Aufsätze über Grundfragen des Rechts. 2.Auflage. Göttingen o.J. S.23-34.

REDSLOB, Robert - Die Staatstheorien der französischen Nationalversammlung. Leipzig 1912.

REICHERT, Bernhard, DANNECKER, Franz J., KÜHR, Christian - Hand-Buch des Vereins- und Verbandsrechts. Neuwied und Berlin 1971. (Zit.: REICHERT-DANNECKER-KÜHR).

RHODE, Heinz - Juristische Person und Treuhand. Berlin 1952.

RITTER, Gerhard A. - Die Arbeiterbewegung im Wilhelminischen Reich. Die Sozialdemokratie und die freien Gewerkschaften. 1890-1900. Berlin-Dahlem 1959.

ROMBACH, Edgar - Findet § 31 BGB auf nicht rechtfähige Vereine Anwendung? in: AcP 120(1922)/S.267-279.

ROSENBERG, Hans - Wirtschaftskonjunktur, Gesellschaft und Politik in Mitteleuropa 1873-1896. in: Moderne deutsche Sozialgeschichte. Hrsg. von Hans Ulrich WEHLER. Köln, Berlin 1966. (Neue Wissenschaftliche Bibliothek Bd 10) S.225-253.

ROTTER, Frank - Zur Funktion der Juristischen Person in der Bundesrepublik Deutschland und in der DDR. Karlsruhe 1968.

SALEILLES, Raymond - De la personnalité juridique. Histoire et théories. Vingt-cinq le cons d'introduction à un cours de droit civil comparé sur les personnes juridiques. Paris 1922.

SCHEUNER, U. - Die Neugestaltung des Vereins- und Verbandsrechts. in: DJZ 40(1935)/S.666-670.

SCHLEGELBERGER - Handelsgesetzbuch in der seit dem 1.Oktober 1937 geltenden Fassung (Ohne Seerecht). 2.Bd (§§ 105-342). Er-

läutert von Ernst GESSLER. 4.Auflage. (Zit.: SCHLEGELBERGER-GESSLER, HGB).
SCHMIDT, Eberhard - Einführung in die Geschichte der deutschen Strafrechtspflege. 3.Auflage. Göttingen 1965.
SCHNORR, Gerhard - Öffentliches Vereinsrecht. Kommentar zum Vereinsgesetz. Köln, Berlin, Bonn, München 1965.
SCHNORR VON CAROLSFELD, Ludwig - Geschichte der Juristischen Person. Bd 1: Universitas,Corpus,Collegium im Klassischen Römischen Recht. München 1933.
SCHÖNFELD, Walther - Zur Ehrenrettung der Juristischen Person (Mit Entgegnung von Heinz RHODE). in: AcP 136(1932)/S.331-356.
SCHUBERT, Werner - Die Entstehung der Vorschriften des BGB über Besitz und Eigentumsübertragung. Ein Beitrag zur Entstehungsgeschichte des BGB. Berlin 1966.
SCHULTZE, A.-Otto von GIERKE als Dogmatiker des bürgerlichen Rechts. in: IhJb 73(1923)/S. I-XLVI.
SCHULZ, Gerhard - Über Entstehung und Formen von Interessengruppen in Deutschland seit Beginn der Industrialisierung. in: PVS 2(1961)/S.124-154.
SCHUMACHER, Detlef - Das Rheinische Recht in der Gerichtspraxis des 19.Jahrhunderts. Ein Beitrag zur Auslegung rezipierter Rechtsnormen. Stuttgart, Bruxelles 1969.
SCHWARZ, G. - Rechtssubjekt und Rechtszweck. in: ABR 32(1908)/S. 12-139.
DERS. Kritisches über Rechtssubjekt und Rechtszweck. in: ABR 35(1910)/S.10-90.
SILBERSCHMIDT, W. - Gewerkschaft, Gesellschaft, Juristische Person. ARuWPh 11(1917/18)/S.239-254;329-346.
DERS. Lockerung des Begriffs der Juristischen Person? in: LZ 19(1925)/S.422-430.
SOERGEL, Hans Theodor und SIEBERT, Wolfgang (+ Bearbeiter) - Bürgerliches Gesetzbuch mit Einführungsgesetz und Nebengesetzen. Bd 1: Allgemeiner Teil. 10.Auflage. Stuttgart 1967.
SPECKER, Christian - Die Abgrenzung des Vereins von der wirtschaftlichen Verbandsperson. (Freiburg/Schweiz Diss.iur.) Zürich 1948.
STAUDINGER, J.v. (+ Bearbeiter) - Kommentar zum Bürgerlichen Gesetzbuch mit Einführungsgesetz und Nebengesetzen. I.Bd, Allgemeiner Teil. Erläutert von F. BRÄNDL und H.COING. 11.Auflage. Berlin 1957.
STEINLE - Aufsatz "Aktiengesellschaft". in: Staatslexikon. Unter Mitwirkung von Fachmännern hrsg. im Auftrage der Görres-Gesellschaft zur Pflege der Wissenschaft im katholischen Deutschland von Julius BACHEM. Bd 1. 4.Auflage. Freiburg i.Br. 1911. Sp.167-174.
STIER-SOMLO, Fritz Reichsvereinsgesetz vom 19.April 1908. Systematischer Kommentar. Stuttgart, Leipzig 1908.
STOLL, Heinrich - Gegenwärtige Lage der Vereine ohne Rechtsfähigkeit (Rückblick und Ausblick). in: RG-Fschr Bd 2,S.49-81.
SWOBODA, Ernst - Das österreichische Allgemeine bürgerliche Gesetzbuch. Eine systematische Darstellung für das Studium und für die Praxis. Erster Teil: Einleitung,Personenrecht, Familienrecht. Wien 1940.
TEZNER, Friedrich - Österreichisches Vereins- und Versammlungsrecht. 2 Bde. Wien 1913. (Manz'sche Taschenausgabe der österreichischen Gesetze. 33. und 34. Band).

TUHR, Alexander von - Der Allgemeine Teil des Deutschen Bürgerlichen Rechts. 1. Bd: Allgemeine Lehren und Personenrecht. Leipzig 1910.
TUOR, Peter - Das Schweizerische Zivilgesetzbuch. Eine systematische Darstellung mit Berücksichtigung der Rechtsprechung des Schweizerischen Bundesgerichts. 7.Auflage, bearbeitet von Bernhard SCHNYDER. Hrsg. von Peter JÄGGI. Zürich 1965.
UNTERSEHER, Lutz - Bürgerliches Arbeitsrecht und die Zerstörung der formalen Rationalität. in: KJ 1(1969)/S.95 ff.
VORMBAUM, Thomas - Autonomie, Zentralismus und Selbstverwaltung. Die westfälische Kommunalverfassung und ihre Anwendung in Hamm vom Ausgang der altpreußischen Zeit bis zur Einführung der Revidierten Städteordnung (1700-1835). in: 750 Jahre Stadt Hamm (Fschr. Hamm). Hamm 1976.
WAGNER, Wolfgang - 1.Die Gebiete des französischen Rechts in den Ländern am Rhein (linksrheinisches Gebiet in den Grenzen der Bundesrepublik Deutschland); 2.Die Gebiete des französischen Rechts in den Ländern am Rhein (Rechtsrheinisches Gebiet). Karten mit Erläuterungen. in: Fschr OLG Köln S.99, 100,101.
WALDECKER, Ludwig - Die eingetragene Gesellschaft. Ein Lehrbuch. Tübingen 1916.
WESTERMANN, Harry - Gesellschaftsrecht. in: WESTERMANN, H.;SCHERF, Peter;PAULICK, Heinz;BULLA, Gustav Adolf;HACKEBEIL, Werner: Handbuch der Personengesellschaften. Systematische Darstellung in gesellschaftsrechtlicher,steuerrechtlicher, betriebswirtschaftlicher und arbeitsrechtlicher Sicht. Loseblattsammlung. Köln-Marienburg 1967 ff. Stand der 4. Lieferung v. Juli 1971. hier: 1.Teil des HbPG.
DERS. Haftung für fremdes Handeln. in: JuS 1(1961)/S.333-343; 382-387.
WIEACKER, Franz - Privatrechtsgeschichte der Neuzeit unter besonderer Berücksichtigung der deutschen Entwicklung. 2.Auflage. Göttingen 1967.
DERS. Das Sozialmodell der klassischen Privatgesetzbücher und die Entwicklung der modernen Gesellschaft. Vortrag, gehalten vor der juristischen Studiengesellschaft in Karlsruhe am 12.Dezember 1952. Karlsruhe 1953. (Schriftenreihe der Juristischen Studiengesellschaft Karlsruhe, Heft 3).
WIEDEMANN, C.P. - Beiträge zur Lehre von den idealen Vereinen. Die Voraussetzungen und Wirkungen der Eintragung in Deutschland und der Schweiz. Zürich 1908.
WILKE, Otto; EDER, Karl; BERG, Karl; GOTTSCHLING, Helmut; GAUL, Dieter - Handbuch der GmbH. Praktische Rechtshilfe für die Organe der GmbH und ihre Berater. 3./4.Auflage. Köln-Marienburg 1969/70. (Loseblattausgabe).
WOLF, Erik - Otto von GIERKE. in: DERS., Große Rechtsdenker der deutschen Geistesgeschichte. 4.Auflage. Tübingen 1963. S.669-712.
WÜRDINGER, Hans - Kommentar zum Handelsgesetzbuch, früher hrsg. von Mitgliedern des Reichsgerichts. Erster Band: §§ 1-104 HGB und Gesetz über die Kaufmannseigenschaft von Handwerkern. 2.Auflage. Berlin 1953.
ZORN, Wolfgang - Wirtschafts- und sozialgeschichtliche Zusammenhänge der deutschen Reichsgründungszeit 1850-1879. in: Moderne deutsche Sozialgeschichte. Hrsg. von Hans Ulrich WEHLER. Köln, Berlin 1966. (Neue Wissenschaftliche Bibliothek Bd 10) S.254-270.
ZSCHUCKE - Zur Neugestaltung des deutschen Vereinsrechts. in: DJZ 38(1933)/Sp.1597-1600.

FSC
www.fsc.org
MIX
Papier | Fördert gute Waldnutzung
FSC® C083411

Kolibri 360 GmbH
Ferdinand-Jühlke-Straße 7
99095 Erfurt, Deutschland
produktsicherheit@kolibri360.de